FEMMES ÉDUCATRICES
AU SIÈCLE DES LUMIÈRES

Collection Interférences

dirigée par Pierre BAZANTAY, Sophie MARRET et Michèle TOURET

(*Derniers titres parus*)

Hélène et Gilles MENEGALDO (dir.),
Les imaginaires de la ville. Entre littérature et arts, 2007, 504 p.

Francine DUGAST-PORTES et Marie-Françoise BERTHU-COURTIVRON,
Les Bretagnes de Colette. Régénération et ambivalences, 2007, 144 p.

Jackie PIGEAUD (dir.),
La couleur, les couleurs. XIes Entretiens de La Garenne-Lemot, 2007, 264 p.

Christine FERLAMPIN-ACHER et Denis HÜE (dir.),
Lignes et lignages dans la littérature arthurienne, 2007, 308 p.

Anne PIÉJUS (dir.),
Plaire et instruire. Le spectacle dans les collèges de l'Ancien Régime, 2007, 374 p.

Ioana GALLERON (dir.),
L'art de la préface au siècle des Lumières, 2007, 268 p.

Claude LE BIGOT (dir.),
À quoi bon la poésie, aujourd'hui?, 2007, 144 p.

Marie-Christine AGOSTO,
Gilbert Sorrentino. Une exubérante noirceur, 2007, 158 p.

Maria WATROBA,
Écritures de l'absence. Essais sur les frères Goncourt, Zola, Proust, Gide, Valéry, Leiris, 2007, 172 p.

Rita OLIVIERI-GODET et Andrea HOSSNE (dir.),
La littérature brésilienne contemporaine. De 1970 à nos jours, 2007, 242 p.

Jean-Marie PAUL (dir.),
Le peuple, mythe et réalité, 2007, 170 p.

Gérard JACQUIN (dir.),
Récits d'ambassades et figures du messager, 2007, 200 p.

Alain VAILLANT,
Baudelaire, poète comique, 2007, 344 p.

Isabelle DURAND-LE GERN (dir.),
Images du Moyen Âge, 2007, 368 p.

Émilienne BANETH-NOUAILHETAS et Claire JOUBERT (dir.),
Comparer l'étranger. Enjeux du comparatisme en littérature, 2007, 176 p.

Sous la direction de
Isabelle BROUARD-ARENDS et Marie-Emmanuelle PLAGNOL-DIÉVAL

FEMMES ÉDUCATRICES AU SIÈCLE DES LUMIÈRES

Collection « Interférences »
PRESSES UNIVERSITAIRES DE RENNES

©Presses universitaires de Rennes
UHB Rennes 2 – Campus de La Harpe
2, rue du doyen Denis Leroy – 35044 Rennes cedex

Mise en page : François Joncour pour le compte des PUR

www.pur-editions.fr
Dépôt légal : 2ᵉ semestre 2007
ISBN 978-2-7535-0468-4

LISTE DES PARTICIPANTS

Katherine ASTBURY, *University of Warwick*

Nadine BÉRENGUIER, *University of New Hampshire*

Marie-Odile BERNEZ, *Université de Bourgogne*

Isabelle BROUARD-ARENDS, *Université Rennes 2*

Sonia CHERRAD, *Université Rennes 2*

Valeria DE GREGORIO CIRILLO, *Universita degli Studi di Napoli*

Christine DOUSSET, *Université Toulouse Le Mirail*

Béatrice DIDIER, *École Normale Supérieure Ulm*

Gillian DOW, *Chawton House Library, University of Southampton*

Adeline GARGAM, *Université de Bretagne Occidentale Brest*

Dena GOODMAN, *University of Michigan*

Morgane GUILLEMET, *Université Rennes 2*

Agnieszka JAKUBOSZCZAK, *Université Paris VII et Université Adam Mickiew*

Huguette KRIEF, *Université de Provence*

Rotraud von KULESSA, *Université de Fribourg*

Aline LEMONNIER-MERCIER, *Université Paris I*

Élisabeth LIRIS, *Université Paris I Panthéon Sorbonne*

Philippe MARCHAND, *Université Charles de Gaulle Lille 3*

Isabelle MICHEL-EVRARD, *Université Paris I*

Christine MONGENOT, *IUFM de Versailles*

Dominique PICCO, *Université Bordeaux 3*

Marie-Emmanuelle PLAGNOL-DIÉVAL, *Université Paris XII-Val-de-Marne*

Helje PORRÉ, *Glendon College, York University, Toronto*

Annie RIVARA, *Université Lyon 2*

Catriona SETH, *Université de Nancy II*

Charlotte SIMONIN, *Fondation Thiers*

Alexandre STROEV, *Université Paris III-Sorbonne nouvelle*

Laurence VANOFLEN, *Université Paris X Nanterre*

SOMMAIRE

Deuxième partie

Contenus et méthodes

Troisième partie

Éducation noble et bourgeoise : la question du public

Quatrième partie

France et Europe : transferts culturels

INTRODUCTION

Isabelle Brouard-Arends, Marie-Emmanuelle Plagnol-Diéval

Les actes ici présentés, sont les résultats du colloque international qui s'est tenu à l'Université Rennes 2, les 22-23-24 juin 2006. Il a été organisé par Isabelle Brouard-Arends, professeure à l'université de Rennes 2 et Marie-Emmanuelle Plagnol-Diéval, professeure à l'université Paris XII-Val-de-Marne.

Il convient, en un premier temps, d'exprimer nos remerciements aux institutions qui nous ont permis de mener à bien ce projet. Le CELAM (Centre d'Étude des Littératures Anciennes et Modernes), au sein de l'UFR ALC de Rennes 2 et l'équipe d'accueil 3953 « Philosophie et littérature : textes, traditions, idées » de Paris 12, dirigée par Pierre Chiron ainsi que l'IUFM de Créteil ont été les structures de recherche qui ont participé à la mise en œuvre de cette manifestation.

Outre nos partenaires habituels, la Région, Rennes Métropole et R2, nous saluons également le soutien de la délégation aux droits des femmes qui comprend l'enjeu d'études universitaires de cette nature, pour une meilleure connaissance historique, culturelle sur la place des femmes et le rôle des femmes dans la cité.

La fondation Florence Gould dont l'objet est de favoriser les échanges culturels franco-américains autour des questions féminines a également apporté son appui à cette manifestation.

Femmes éducatrices des Lumières, discours et pratiques, ce colloque et ses actes sont le prolongement du colloque international *Lectrices d'Ancien Régime, pratiques, représentations et enjeux* qui s'est tenu dans ces mêmes lieux quatre années auparavant, en 2002 et dont les Actes ont été publiés aux PUR en 2003. L'association est légitime par la contiguïté des intérêts autour d'une même figure centrale, celle de la femme à un moment historique où ses places et fonctions sont mouvantes, à une période qui s'achève sur une rupture éclatante, celle de la révolution française, dont on aurait pu penser qu'elle mette fin à une société d'ordres fondée sur l'inégalité juridique entre les personnes, qu'elle verrait reconnu un espace d'expression libre pour la femme. Nous savons qu'il n'en fut rien. Le *Plan d'éducation nationale* de Michel Lepeletier, lu à la Convention nationale, par Robespierre, le 13 juillet 1793, présente ce qu'il considère comme une nécessité nationale pour la régénération d'un peuple nouveau. En propos préliminaires, il indique ce qui est la priorité pour le gouvernement actuel :

> Former des hommes, propager les connaissances humaines : telles sont les deux parties du problème que nous avons à résoudre. La première constitue l'éducation ; la seconde l'instruction[1].

La distinction éducation/instruction établit les domaines de réflexion et d'intervention dans le champ de l'éducation. Est-ce à dire qu'en 1793, celui-ci n'a pas été en mesure d'associer en un ensemble unitaire et complémentaire ce qui relève du savoir, l'instruction, et ce qui relève du comportement, l'éducation ? Devons-nous considérer ce projet comme un point d'aboutissement (même s'il n'est pas définitif !) de discours et de pratiques élaborés pendant les dernières décennies de l'Ancien Régime ?

Une éducation pour qui, pour quoi ? Si la réflexion porte sur le projet, elle intègre aussi la, les personnes destinataires. Ce n'est pas un hasard si l'expression d'éducation nationale se diffuse, à partir de la deuxième moitié du siècle, sous une acception différente de celle d'aujourd'hui, certes. Se fait jour la nécessité de prendre en compte toutes les catégories sociales afin de répondre à la constitution de l'état et aux exigences du bien public. L'*Essai d'éducation nationale ou plan d'études pour la jeunesse* de Louis René de Caradeuc de La Chalotais, paraît en 1763, dans le contexte très particulier, où les jésuites se voient interdire leur mission éducative, les collèges sont fermés. Il est nécessaire de prendre le relais, de trouver d'autres interlocuteurs.

Dans la réflexion de La Chalotais, préoccupations pédagogiques et considérations socio-politiques sont étroitement mêlées. Le plan hiérarchise les besoins au regard des positions sociales de chacun. Dans la même perspective, madame de Genlis, elle n'est pas la seule, après avoir écrit un *Essai sur l'éducation des hommes et particulièrement des princes pour servir de supplément aux Lettres sur l'éducation*, en 1782, écrit en 1790, un *Discours sur la suppression des couvents de religieuses et sur l'éducation publique des femmes*, en 1791, un *Discours sur l'éducation du peuple*. On le comprend bien, la question est cruciale et s'inscrit dans l'alternative posée par J.-J. Rousseau dans l'*Émile*, qui préfère former un homme plutôt qu'un citoyen. La participation des femmes au débat politique prend de l'ampleur même si elle

---

1. ROBESPIERRE, *Textes choisis*, T. 2, (août 1792-juillet 1793), présentés par J. POPEREN, Éditions sociales, 1973, p. 157.

reste encore mesurée, les circonstances ne sont toujours pas favorables à une libre expression féminine, même sur ce terrain particulier.

Les femmes qu'évoquent ces actes, ont, en effet, compris les enjeux qui dépassent largement l'individu singulier, garçon et/ou fille, agissent dans l'enceinte familiale en interpellant mère et père (la mère dont ces actes révèlent l'importance réelle ou fictive tant elle apparaît de plus en plus comme un interlocuteur privilégié), enceinte familiale considérée comme un lieu expérimental pour préparer un projet de société.

En corollaire, l'une des interrogations fondamentales, non résolue de manière satisfaisante concerne les identités physiques et morales des éducateurs. Quel est le couple pédagogique idéal ? de un(e) à plusieurs ? institution religieuse ? publique ? cette dernière étant souvent comprise comme une remédiation préférable à une emprise maternelle jugée dangereuse pour l'enfant. De un(e) à un(e), dans l'enceinte privée, avec quel relais éducatif, les parents, un précepteur, une gouvernante ? La constellation des acteurs est variable comme est variable la constellation des éduqués.

Si nous reprenons les termes de l'alternative rousseauiste, faut-il former une femme plutôt qu'une citoyenne ! Qu'en est-il des personnes du sexe ? Autrement dit, ces femmes éducatrices dont il est question dans ces actes, célèbre comme Catherine II ou plus modeste comme Marie Le Masson Le Golft, ont-elle toujours intégré la variable du sexe dans leurs pratiques et dans leurs discours ? Ont-elles été dans une dynamique de propositions ou se sont-elles contentées d'être des relais d'une parole masculine ? Ont-elles voulu, pu infléchir les grandes orientations pédagogiques de leur temps ? La réponse n'est pas univoque. Le degré de prise de conscience est relatif aux femmes, aux lieux, aux institutions. Les traditions aristocratiques sont plus soumises à une vision hiérarchisée de la société à partir de laquelle se construisent le couple, la famille et la relation à l'enfant. L'éducation aux bonnes mœurs importe davantage que l'accès au savoir. La relation épistolaire, de mère à fille, a pour fonction de maintenir une relation affective de qualité, certes, mais aussi et surtout, de modéliser, grâce à la parole maternelle, des règles de vie à travers le propos familier et familial, le plus à même d'éprouver, sans heurt majeur, une sensibilité filiale.

À ces femmes qui n'ont pas été élevées dans une culture de l'écrit, il a fallu s'approprier discours et pratiques, les transmettre et souvent, de manière détournée en jouant avec les codes de l'oralité. Songeons, par exemple, aux *Conversations d'Émilie* de madame d'Épinay mais nous pourrions citer aussi les dialogues des *Magasins* de madame Leprince de Beaumont, les insertions dialoguées dans les

Veillées du château de madame de Genlis : autant de procédés qui ont pour effet de restituer une culture orale, apanage, dit-on, de la femme.

Est-ce souci didactique ? volonté d'insérer l'éducation dans le quotidien ? Cette attitude participe-t-elle du désir de lier très étroitement éducation, manière d'être et de penser, pour proposer de celles-ci une vision humaniste ? qu'en est-il du savoir, de la connaissance ? entre érudition et connaissance pratique ? Comment ne pas s'auto- représenter comme femme savante au risque de recevoir les quolibets de ses congénères masculins ? Comment affirmer la légitimité d'une connaissance pour les femmes qui ne soit pas purement pratique à usage domestique ? Le cours de lecture d'*Adèle et Théodore* est, de ce point de vue, particulièrement révélateur d'un projet qui ne propose pas la partition traditionnelle homme/femme reléguant celle-ci dans l'ignorance. Il n'est pas le seul. En France et en Angleterre, entre autres géographies, s'agitent les consciences féminines, se déploient des prises de parole pour mettre en place une éducation pour tous et toutes.

L'ouvrage reprend dans son architecture la répartition des communications telle que nous l'avions construite pour le colloque, parce que ce sont de réelles problématiques comme l'ont montré les discussions qui ont suivi et les recoupements que l'on ne manquera pas de faire à la lecture. En effet, la réflexion sur « Les femmes éducatrices au siècle des Lumières : discours et pratiques » sous-tend une réflexion sur les partenaires éducatifs, la façon dont sont conçus leurs rapports dans la réalité, dans les textes prescriptifs et dans les textes les mettant en scène avec leurs modes de représentation, du plus idéalisé au plus déviant. On verra comment les mères et les gouvernantes sont alliées autant qu'ennemies (Nadine Bérenguier), quel rôle jouent les mères dans l'éducation des pensionnaires qu'ils soient filles (Dena Goodman) ou garçons (Philippe Marchand), comment le roman conçoit ces figures (Annie Rivara) et comment sa variante libertine réécrit ces figures de mentor (Morgane Guillemet). La question d'une éducation domestique ou publique posée dès Mmes d'Épinay et de Miremont (Sonia Cherrad), illustrée par une femme comme la Présidente Du Bourg (Christine Dousset) devient un sujet politique à la Révolution comme le montrent les nombreux projets pédagogiques émanant des femmes entre 1789 et 1799 (Élisabeth Liris).

L'objet même, l'éducation des femmes, invite à travailler la question des contenus, des matières et des disciplines, à confronter l'enseignement dispensé aux filles et aux garçons et surtout à réfléchir aux méthodes employées ou préconisées, en effectuant un aller-retour constant entre les projets et les constats, les idées et les applications, notamment dans des disciplines comme les sciences qui s'ouvrent à peu aux femmes comme le montre la trajectoire de Mlle Le Masson Le Golft (Aline Lemonnier-Mercier), l'anatomie (Adeline Gargam), la politique avec des poétesses engagées comme Constance Pipelet, Mme Beaufort d'Hautpoul et d'autres (Huguette Krief) ou des domaines qui leur sont plus traditionnellement réservés comme la morale de la sensibilité (Rotraud von Kulessa), la lecture qui reste toujours surveillée (Valeria De Gregorio), ou la musique (Béatrice Didier). La réflexion sur les méthodes à employer montre que la conversation est privilégiée (Laurence Vanoflen), l'image (Isabelle Michel-Evrard) et le théâtre comme la DDD Compagnie a pu nous en faire partager l'expérience avec la représentation de trois pièces de Mme de Genlis. Ces questions trouvent une acuité particulière dans l'éducation noble et bourgeoise que souligne l'analyse de la correspondance de Françoise de Graffigny (Charlotte Simonin), reflétée dans les principes présidant au fonctionnement de Saint-Cyr (Christine Mongenot et Dominique Picco) et qui trouve un écho chez les altesses mères de princesses (Catriona Seth) ou grands-mères de princes (Alexandre Stroev).

Cette effervescence, dont a témoigné une exposition de livres, organisée par des étudiantes du département de Lettres en master et doctorat, consacrée à l'éducation, tirée du fonds ancien de la Bibliothèque Universitaire de Rennes et de celui de la Bibliothèque municipale, Les Champs libres, ne se limite pas à la France comme le montrent les transferts culturels qui parcourent l'Europe des Lumières, en Pologne (Agnieszka Jakuboszczak), en Angleterre avec Mary Wollstonecraft (Helje Porré), particulièrement au moment de la Révolution française qui voit arriver Outre-Manche des Françaises émigrées (Kate Astbury), alors que l'éducation dispensée par les Françaises est déjà critiquée (Gillian Dow), ce qui a pour résultat d'infléchir la réflexion des éducatrices anglaises (Marie-Odile Bernez).

Les communications et les discussions ont pu mettre en évidence un certain nombre d'apports. Les partenaires de l'éducation, femmes, hommes, auteurs ou non, entrent dans des géométries variables, mais qui, toutes, soulignent la présence grandissante de la femme dans le domaine éducatif, quelle que soit sa place dans la société, femmes de pouvoir ou au pouvoir, femmes exceptionnelles ou non, personnel mercenaire d'une éducation domestique, conventuelle, institutionnelle privée ou non, célibataires, épouses, mères ou grand-mères, mais toutes conscientes de leur rôle. Cette préoccupation est pour les femmes l'occasion de se forger un destin, d'abord par la réflexion sur leur statut lié à leur éducation, mais aussi et surtout parce que leur prise de position s'accompagne d'une entrée en écriture, en littérature, parfois en politique, tolérée dans un premier temps parce que le terrain éducatif paraît le prolongement naturel de la vocation maternelle, discutée, contestée, ridiculisée, interdite quand les revendications inquiètent trop le pouvoir en place. Lors de cette mutation, les ouvrages pédagogiques des femmes, très souvent, s'ingénient à restituer une parole simulée, alliée à une stratégie de modestie et de réserve encore conformes à un certain idéal féminin, quitte parfois à oser présenter une norme ou un idéal résultant le plus souvent de la modélisation d'un exemple singulier. Avec leurs avancées et leurs reculs, ces formes intermédiaires de la conversation, du dialogue et du théâtre, ces jeux de rôles dans lesquelles se glissent les femmes éducatrices sont sans doute révélateurs de la place que leur octroie la société et qu'elles consacrent par ces postures métaphoriques.

La question des savoirs, leur nature, leur mode d'apprentissage qui peut aller de l'autodidaxie à une éducation spécifique conçue pour elle par un mentor (père ou mère) en passant par un enseignement reçu par contrebande (quand elles profitent de l'éducation de leurs frères) posent le problème d'un enseignement féminin lui-même, enté sur une conception de la femme « naturellement » portée vers les arts d'agrément, la civilité, l'épistolaire, à qui les sciences, mais aussi tout simplement la lecture doivent être autorisées avec parcimonie et surveillance. Explicitée ou non par les textes, la question d'une éventuelle spécificité féminine est au cœur des débats, elle en constitue le point d'ancrage, qu'il s'agisse des programmes, des méthodes ou des expérimentations proposées. La diffusion de ces débats, notamment à partir de la migration des sources lockiennes qui en constituent un des soubassements, se fait par une circulation des livres, traduits, adaptés ; des individus également, ceux-là mêmes qui en assurent la propagation mais aussi les éducatrices qui voyagent, s'installent dans un autre pays, y exercent ou y écrivent, qui émigrent bien sûr à la fin du siècle, jusqu'à constituer une Europe de l'éducation dont les contours doivent encore être approfondis. Au nombre des acquis, on doit saluer qu'un certain nombre d'idées fausses longtemps véhiculées soient combattues en montrant par exemple le rôle important des femmes auprès de leurs fils, l'évolution de Saint-Cyr au xviiie siècle, la circulation des modes éducatifs entre les diverses institutions et la famille, les phénomènes persistant de part et d'autre de la Révolution qui ne doit pas être considérée comme une coupure.

Enfin, tout colloque, toute publication se doit de porter en germe d'autres recherches. La diversité des méthodes, le croisement des disciplines déjà pratiqué ici entre la littérature, l'histoire et l'histoire des arts pour ne citer que celles-ci, la multiplicité des matériaux (l'épistolaire dans toute sa complexité, l'autobiographie avec tous ses masques, l'iconographie et son rapport au texte, les différents genres littéraires convoqués comme supports, les archives…), les études de cas et les présentations de groupes devraient ouvrir encore de nouvelles perspectives. À cela, s'ajoute le fait que les études ont tendance à s'intéresser aux groupes les plus favorisés, aux éducations individuelles et aux petits groupes parce que les sources sont plus abondantes, même si l'émergence de la notion de « bon pauvre » qui s'épanouit au siècle suivant et les relatives ouvertures de la Révolution apportent quelques informations qu'il convient de nuancer et de relativiser. La question du corps et des âges, si présents dans les traités, les livres d'éducation, les correspondances privées, la littérature, les gravures et les tableaux constitue une autre piste. Il est également souhaitable de réfléchir sur les destinataires, explicites ou implicites, visés et touchés (comment un livre traitant d'éducation est-il diffusé, lu, compris, mis en pratique, au terme de quel circuit?) La réception est-elle uniforme d'un point de vue géographique? Paris joue un rôle primordial certes, mais comment différencier une moitié Nord et une moitié Sud de la France, qui ne perçoivent, ni ne pratiquent les modes éducatives de la même façon? Quelle périodisation doit-on retenir comme toile de fond? À coup sûr, l'expulsion des Jésuites, les dates des différents plans d'éducation et des concours constituent des repères, qui doivent s'articuler avec des périodes plus longues dont les impacts demeurent plus indistincts, comme la période révolutionnaire et son corollaire l'émigration, notamment dans cette période du tournant du siècle qui regarde vers le XVIIe siècle avec l'influence persistante de Fénelon et de Mme de Maintenon entre autres, mais aussi du côté du XIXe siècle avec la constitution d'une nouvelle librairie à l'usage de la jeunesse, avec ses nouveautés, ses rééditions et ses collections morales.

PREMIÈRE PARTIE

Les partenaires éducatifs : rapports, représentations

MÈRES, GOUVERNANTES ET LIVRES DE CONDUITE : GUERRE OU ALLIANCE ?

Nadine Bérenguier

Au XVIIIe siècle émergea graduellement ce qu'on appelle aujourd'hui la littérature de jeunesse, c'est-à-dire une littérature expressément conçue pour un public d'enfants et d'adolescents des deux sexes. Il s'agissait, dans ces ouvrages, de donner à ces lecteurs et lectrices encore marginaux des lectures qui répondent à leurs besoins d'instruction et d'éducation. Au sein de ce public en voie de formation, les jeunes filles ne furent pas oubliées, conséquence logique d'une critique générale de l'état déplorable de leur instruction et de leur éducation. Pour étendre leur savoir, apparurent de nombreux manuels d'instruction traitant d'une variété de disciplines (histoire, géographie, grammaire, botanique, zoologie) ; pour améliorer leur conduite se publièrent des ouvrages d'éducation morale décrivant la vie en société et prescrivant des comportements adaptés à ce qu'on attendait d'elles. Même si ces ouvrages prescriptifs – que j'appelle « livres de conduite » bien que le terme n'ait pas eu cours au XVIIIe siècle – avaient eu des précurseurs notables dans les siècles précédents [1], c'est au cours de la seconde moitié du XVIII siècle que leur nombre augmenta avant de grossir encore davantage au siècle suivant.

Étant donné que ces ouvrages s'adressaient à des mineures par définition en état de dépendance, ils visaient, outre les lectrices en âge d'être guidées, les adultes responsables de leur éducation – mères et gouvernantes, en l'occurrence – qui devaient être convaincues de leur utilité avant de les mettre dans leurs mains. Mais, paradoxalement, ce besoin de justification allait de pair avec des attaques à l'encontre de celles dont l'approbation était nécessaire. Ce sont les paradoxes et contradictions inhérents à ce genre d'ouvrage que nous allons analyser de plus près.

Les hommes comme les femmes se sont intéressés à l'amélioration de l'éducation des filles mais notre étude se penche exclusivement sur les ouvrages de femmes suivants : l'*Avis d'une mère à sa fille* de la marquise Anne-Thérèse de Lambert (publié en 1727 à son insu), les *Conseils à une amie* de Madeleine de Puisieux (publié en 1749 de façon quasi anonyme), le *Magasin des adolescentes* que Marie Leprince de Beaumont publia en 1760 à la suite du *Magasin des enfants* (1758), *Les conversations d'Émilie* dont Louise d'Épinay donna une première édition (anonyme) en 1774 et une édition augmentée en 1782, qui est également l'année de la publication d'*Adèle et Théodore, ou lettres sur l'éducation* de Stéphanie de Genlis[2]. Parmi ces auteurs se trouvaient des mères soucieuses de l'éducation de leurs propres enfants (mesdames de Lambert et d'Épinay), des professionnelles de l'éducation (mesdames Leprince de Beaumont et de Genlis) et une moraliste quelque peu cynique (Madame de Puisieux). Il ne s'agit certainement d'un échantillon ni homogène ni représentatif de toutes les tendances éducatives de l'époque mais les préoccupations majeures que partageaient ces femmes venues d'horizons divers étaient remarquablement cohérentes.

À l'origine de ces ouvrages se trouvait le constat que l'éducation sociale et morale des filles avait été trop longtemps négligée et méritait d'être considérée avec plus d'attention. Leur objectif était, d'une part, d'attirer l'attention sur leur situation et, d'autre part, de leur offrir un savoir sur ce qui les attendait dans la vie en société ainsi que des principes de conduite qui leur permettent d'en éviter les écueils. Ce faisant, ces ouvrages contribuaient à la réflexion pédagogique des Lumières, présente dans une myriade d'autres traités proposant de réformer et d'améliorer l'éducation féminine[3]. Mais alors que ces traités faisaient avant tout de la jeune fille un objet de discours (et au mieux une destinataire seconde), les livres de conduite la positionnaient en destinataire première.

Qui veut proposer des moyens d'améliorer une situation doit en exposer les problèmes et analyser quelques-unes de leurs causes. Toutes ces femmes s'accordaient pour constater une situation déplorable : la majorité des filles étant élevées dans la vanité avec le seul objectif de plaire, elles ne recevaient pas d'instruction solide et n'étaient pas informées de leurs devoirs. Étant donné que l'éducation des filles des élites sociales de l'époque (l'aristocratie et la bourgeoisie riche) pendant qu'elle se faisait à la maison, était la responsabilité partagée des mères et des gouvernantes, ces femmes occupaient une place centrale dans ces ouvrages : elles y étaient interpellées pour être accusées d'incompétence. Quelles que soient la perspective et l'intensité des accusations, les mères étaient unanimement accusées de négliger leurs filles et les gouvernantes critiquées pour leur ignorance et leurs mauvaises manières, stigmatisées à cause de leur statut social inférieur (par mesdames de Lambert et de Puisieux) ou fustigées pour leur incompétence (par mesdames Leprince de Beaumont et de Genlis).

Die unfähigen Mütter — — — — — —

Considérons d'abord comment s'articule cette désapprobation dans l'*Avis d'une mère à sa fille*, les *Conseils à une amie* et le *Magasin des adolescentes*, ouvrages où elle s'exprime d'emblée avec le plus de force. Dès le premier paragraphe de l'*Avis d'une mère à sa fille*, émerge la critique de l'incapacité des mères à servir d'exemple à leurs filles:

> Que veut-on qu'elles [les mères] leur [à leurs filles] inspirent puisque dès l'enfance on les abandonne elles-mêmes à des gouvernantes, qui, étant prises ordinairement dans le peuple, leur inspirent des sentiments bas, qui éveillent toutes les passions timides, et qui mettent la superstition à la place de la religion[4].

En utilisant le pronom impersonnel « on » dans la phrase « on les abandonne », Madame de Lambert dissimule la responsabilité maternelle et se hâte de faire passer le blâme du côté des gouvernantes. C'est dans leur origine sociale qu'elle voit la racine du mal, ne laissant aucun doute sur le préjugé aristocratique qui justifie son opinion défavorable. Madame de Lambert suggère que les gouvernantes « gâtent » la transmission d'un savoir qui devrait être, idéalement, passé de mère en fille. Elle se présente, implicitement, comme une exception dans la mesure où elle prend le temps de composer pour sa fille un texte qui prouve ses préoccupations maternelles. Elle donne peu de détails, toutefois, sur son degré d'implication pendant l'enfance de Monique-Thérèse, ce qui amène à se demander si, par cet avis, elle ne cherche pas à compenser sa propre absence pendant les jeunes années de sa fille.

Conseils à une amie, où Madeleine de Puisieux parodie l'*Avis* de Madame de Lambert, contient les conseils qu'une jeune pensionnaire de couvent reçoit d'une amie plus âgée qui s'y est retirée après s'être séparée de son mari[5]. Comme Madame de Lambert, Madame de Puisieux s'empresse de mentionner le trop grand rôle que des gouvernantes ni instruites ni éduquées jouent dans l'éducation des jeunes filles nobles:

> Vous avez une Gouvernante assez bonne fille, mais fort peu propre à vous instruire dans les usages auxquels il faudra que vous vous conformiez. L'aveuglement des mères est étrange à l'égard de celles qu'elles choisissent pour élever leurs filles: elles prennent des femmes sans éducation pour faire celle d'une Demoiselle; elles s'imaginent que des personnes sans mœurs peuvent inspirer de la vertu. Conçoit-on que des femmes, dont les sentimens sont souvent conformes à la bassesse de leur naissance et à la façon dont elles ont vécu, soient propres à former le cœur d'une jeune personne aux bonnes choses, et son esprit aux belles; à lui donner de la grandeur dans l'âme et de l'élévation dans l'esprit? Non assurément[6].

Madame de Puisieux associe origines sociales humbles et dépravation morale. Se faisant l'écho de Madame de Lambert, elle critique la pratique de faire éduquer les filles de la noblesse par des femmes de rang inférieur, mais plus ouvertement, elle reproche aux mères leur refus de renoncer à leurs plaisirs pour s'occuper de leurs filles et leur servir d'exemple :

> Les mères d'un certain rang se croiraient déshonorées, si elles élevaient leurs filles auprès d'elles. Les soins qu'elles sacrifieraient à leur éducation leur coûteraient un temps qui leur est trop cher ; elles le doivent au plaisir, et elles n'en ont point de reste. Elles ont donné le jour à des filles, et elles s'embarrassent fort peu si elles auront jamais de la raison, et puis il faudrait prêcher d'exemple, et cela ne se peut [7].

Contrairement à Madame de Lambert, Madame de Puisieux voit dans l'emploi des gouvernantes la conséquence de la répugnance des mères à prendre en main l'éducation de leurs filles, non sa cause. Ces différences dans leur analyse n'enlèvent rien au mépris qu'elles expriment à l'égard de femmes qui se substituent aux mères dont elles sont censées assurer le rôle sans avoir appris les conventions du groupe social auquel mères et filles appartiennent.

Cette double animosité est également au cœur de l'« Avertissement » du *Magasin des adolescentes* que Marie Leprince de Beaumont publia alors qu'elle était gouvernante dans une famille aristocratique londonienne. Elle distingue nettement sa propre méthode de celle suivie par les gouvernantes ordinaires : « Ces leçons sortent de la bouche de la plus imbécile gouvernante qui les répète, sans y penser, à un enfant qui les écoute sans les entendre [8]. » À plusieurs reprises, elle souligne l'incapacité de « la plus grande partie des gouvernantes » à faire aimer la vertu à leurs pupilles et ne cache pas son mépris pour celles qu'elle juge peu préparées à leur rôle [9]. Il est clair qu'elle ne veut pas être confondue avec ces femmes qui, bien qu'elles aient le même titre qu'elle, ne remplissent pas leurs obligations avec la même distinction. Au sujet des gouvernantes, Madame Leprince de Beaumont rejoint mesdames de Lambert et de Puisieux, mais elle prend la précaution de ne pas fonder sa critique sur un simple préjugé de classe, perspective compréhensible de la part d'une femme qui occupe elle-même une telle position.

Les mères ne sont pas logées à une meilleure enseigne, quand Madame Leprince de Beaumont écrit qu'« il y en a un grand nombre qui sont aussi ignorantes que ces dernières [les gouvernantes], beaucoup plus dissipées, et qui ont moins de mœurs. Leurs exemples sont en contradiction perpétuelle avec leurs maximes [10] ». Après avoir fait une liste de différents types de mères (les strictes, les indulgentes, celles dont la sévérité éloigne leurs filles de la piété et celles qui sont incapables de transmettre le respect de la religion), elle s'indigne, comme l'ont fait mesdames de Lambert et de Puisieux avant elle, du décalage entre leurs principes et leur mode de vie :

Presque toutes enfin livrées au monde, au jeu, aux spectacles, ne peuvent trouver un temps suffisant pour gagner la confiance de leur fille ; ignorent les moyens d'y parvenir, quand bien même elles en connaîtraient la nécessité ; et sont incapables de faire un bon usage de cette confiance, lorsqu'elles ont été assez heureuses pour l'acquérir [11].

En ajoutant « presque », elle autorise des exceptions mais peint néanmoins un tableau bien sombre d'une situation dans laquelle même les meilleures intentions restent futiles. Mères et gouvernantes sont perçues comme de piètres modèles et jugées incapables de transmettre un savoir profitable à court terme et de prendre des initiatives pour améliorer la situation à long terme.

Cette construction négative des personnages de la mère et de la gouvernante est paradoxale dans la mesure où ces auteures mettent au pilori celles dont l'approbation est nécessaire au succès de leur livre. Ce sont elles, en effet, qui sont susceptibles de l'acheter, d'en accompagner la lecture et de s'en inspirer pour mettre ses recommandations à exécution. Le discours critique de ces auteures traite en ennemies celles qui devraient être leurs alliées dans l'entreprise éducative [12]. Comment expliquer un choix qui va apparemment à l'encontre de leurs intérêts ? On peut y voir une manifestation du malaise qui sous-tend la publication d'ouvrages publiés pour un public considéré comme problématique [13]. C'est comme si, prévoyant l'animosité dont leurs ouvrages seraient l'objet, ces femmes défendaient leur entreprise en la présentant comme la seule chance de salut pour des jeunes filles exposées aux dangers de la société par la démission des femmes en charge de les élever. Madame de Lambert ouvre son *Avis* sur l'idée qu'« on les [les filles] abandonne à elles-mêmes sans secours [14] ». C'est aussi la position de Madame de Puisieux qui déplore que la seule alternative à la mauvaise éducation domestique – le couvent – soit aussi peu bénéfique et regrette que leur situation marginale rende les religieuses inaptes à parler de la vie en société [15]. Elle ne voit pas non plus de secours dans les divers maîtres censés compléter l'éducation d'une fille, estimant qu'ils ne lui apprennent rien dans la majorité des cas [16]. De même, Madame Leprince de Beaumont conclut sa diatribe contre l'ineptie des gouvernantes et des mères sur l'idée du vide que son *Magasin* va remplir : « J'ai donc raison de regarder les jeunes personnes comme absolument ou presque absolument dénuées des secours nécessaires pour échapper au délire de l'adolescence, puisque rien n'est plus rare que de rassembler dans une gouvernante et même dans une mère, les qualités nécessaires pour former leur esprit et leur cœur [17]. » Comme ses devancières, elle parle d'abandon, de dénuement et de vulnérabilité afin d'assurer un statut « rédempteur » à la publication des leçons dispensées par son ouvrage.

C'est que la lecture des filles, bien qu'elle gagne du terrain au XVIIIᵉ siècle, continuait à être une activité controversée, comme le montrent quelques articles publiés dans *Lectrices d'Ancien Régime*[18]. Dans son article, Marie-Laure Girou-Swiderski se sert des *Lettres du Marquis de Roselle* de Madame Élie de Beaumont (1764) et *Sainte-Anne* de Madame de Charrière (1799) pour illustrer combien cette question était loin de faire l'unanimité et continuait à être débattue tard dans le siècle. Marianne Charrier-Vozel et Marie-Emmanuelle Plagnol-Diéval, quant à elles, expliquent combien la valorisation de la lecture des filles allait de pair avec un contrôle strict, auquel elle devait être soumise pour être bénéfique. Toutes trois mettent en évidence la vulnérabilité de l'écrit adressé aux filles, facteur susceptible d'expliquer l'acte paradoxal de ces auteures qui font la promotion de leurs ouvrages en dénonçant le vide éducatif laissé par mères et gouvernantes.

Cette dénonciation, bien qu'elle sous-tende aussi les ouvrages de mesdames d'Épinay et de Genlis, s'y manifeste d'une manière qui, tout en étant moins flagrante, n'en reste pas moins présente. Comme si elles percevaient les conséquences d'une condamnation trop explicite, elles utilisent des chemins détournés. Dans la préface des *Conversations d'Émilie,* que Louise d'Épinay destine à sa petite-fille Émilie de Belsunce, il n'est pas question de gouvernantes. Quant aux mères, Madame d'Épinay se garde bien de leur faire ouvertement des reproches. Elle caractérise même la période pendant laquelle elle vit comme « un moment où l'amour maternel semble pénétrer tous les cœurs avec plus d'énergie et de force, et où dans la plupart des jeunes mères, tous les goûts, tous les intérêts ont cédé la place à cette passion impérieuse et touchante[19] ». Mais qu'on ne s'y trompe pas, car sa louange suggère non seulement des hésitations – « semble » et « la plupart » en témoignent – mais aussi un clivage entre générations puisque les « jeunes » mères s'intéressent de plus près à leur progéniture. Quelques lignes plus loin, elle est aussi forcée d'admettre les limites de cette nouvelle tendance :

> L'auteur de ces *Conversations* aura sur toutes les mères un avantage qu'il sera difficile de lui envier. Réduite par le triste état de sa santé à cette unique mais puissante ressource, sans en être jamais distraite que par ses maux, elle a pu donner à l'éducation de sa fille une suite que peu de mères pourront concilier avec les devoirs et les circonstances de leur position[20].

En soulignant le caractère exceptionnel de sa situation, elle informe diplomatiquement la majorité de ses lectrices qu'il s'en faut de beaucoup qu'elles ne soient à la hauteur de la tâche. L'absence de dédain et de mépris sépare, certes, Madame d'Épinay de ses devancières mais elle ne parvient pas à complètement dissimuler le sentiment de sa différence et de sa supériorité. C'est sa dévotion incomparable à l'éducation de sa fille qui lui sert de munitions parce qu'elle s'oppose aux pratiques dominantes et confère à son livre le caractère unique dont il tire sa valeur.

Un zèle hors du commun caractérise aussi la baronne d'Almane, mère d'Adèle, dans *Adèle et Théodore* de Stéphanie de Genlis, ouvrage rival des *Conversations d'Émilie* pour le prix Monthyon de l'Académie française (attribué à Épinay peu de temps avant sa mort). Ce n'est pas la maladie qui en est à l'origine mais le projet mûrement réfléchi de la baronne et du baron d'Almane de quitter Paris pour se consacrer exclusivement à l'éducation de leurs enfants. Mesdames de Genlis et d'Épinay se rejoignent sur l'idée qu'une bonne éducation ne peut avoir lieu que loin des distractions du monde. Comme Madame d'Épinay, Madame de Genlis n'affronte pas agressivement mères et gouvernantes ineptes dans les premières pages de son ouvrage. Elle s'attarde peu sur la question dans sa préface où elle déclare simplement s'adresser aux mères sensibles et non à celles qu'elle appelle, avec mépris, les « autres[21] ». C'est dans la trente cinquième lettre du troisième volume qu'une conversation entre Adèle et sa mère donne lieu aux commentaires qui nous sont devenus familiers. Venant d'arriver dans un couvent où, pendant l'absence du baron d'Almane et de Théodore, elle va passer quelques mois avec sa mère, Adèle remarque le comportement désagréable des autres jeunes filles et en demande les raisons. Voici leur échange :

> La mère : Peut-être ont-elles beaucoup d'esprit naturel, mais elles ont toute la sottise que peut donner une mauvaise éducation, c'est-à-dire, de la niaiserie, de la *sauvagerie*, de l'impolitesse, de la grossièreté…
>
> Adèle : Quoi, personne ne les reprend donc de ces défauts ?
>
> La mère : Abandonnées de leurs mères, elles sont livrées à des gouvernantes incapables de les bien élever, et qui d'ailleurs les laissent à elles-mêmes toute la journée, sans se donner la peine de les observer et de les suivre.
>
> Adèle : Oh, les pauvres petites, on ne doit que les plaindre, ce n'est pas leur faute si elles sont ridicules !… si j'eusse été mise dans un couvent, si je n'avais pas la plus tendre des mères, j'aurais tous ces défauts.
>
> La mère : Oui[22].

En les insérant dans le corps narratif du roman, et qui est plus est dans le troisième volume, Madame de Genlis émousse quelque peu l'acuité de ses accusations. Mais son orchestration d'une éducation au caractère unique, en rupture flagrante avec les pratiques d'usage, constitue en soi une arme qui en dit long sur sa frustration face à une situation qu'elle considère inacceptable[23].

Bien que mères et gouvernantes soient assises ensemble sur le banc des accusées, le fardeau pèse plus lourd sur les épaules des mères : dénigrées parce qu'elles
négligent leurs obligations ou sont dans l'incapacité de les remplir adéquatement,
elles sont aussi couronnées en tant qu'interlocutrices irremplaçables de leurs
filles. Cette ambivalence crée pour elles une situation des plus inconfortables.
Paradoxalement, l'évocation de leur incompétence témoigne d'une conception
qui fait d'elles la source idéale d'un savoir fondé sur de solides principes moraux
renforcés par l'exemple. Mais ce savoir où peuvent-elles le puiser ? Aussi dému-
nies que leurs filles, elles n'ont d'autre recours que ces livres qui les malmènent
pour éveiller leur conscience maternelle. Cette nécessité n'échappe pas à Madame
de Lambert, qui à la fin de son *Avis,* fait preuve d'une grande lucidité : « Si par
malheur, ma fille, vous ne suivez pas mes conseils, s'ils sont perdus pour vous, ils
seront utiles pour moi ; par ces préceptes je me forme de nouvelles obligations [24]. »
Si, en tant que substituts, les livres de conduite apparaissent comme un pis-aller
dans la formation des jeunes filles, ils sont simultanément le seul remède susceptible de mettre celles qui les élèvent face à leurs responsabilités. En cette période de
transition où, selon Paule Constant, se fait le passage « d'une civilisation orale, avec
tout ce que cela comporte de traditions et de savoir-faire dont les femmes tiennent
le dernier bastion, à une civilisation de l'écrit proprement masculine [25] », c'est avec
une certaine ambivalence que mesdames de Lambert, de Puisieux, Leprince de
Beaumont et d'Épinay investissent leurs écrits du pouvoir de régénérer une relation
qu'elles estiment fondamentale.

BIBLIOGRAPHIE

BROUARD-ARENDS Isabelle (éd.), *Lectrices d'Ancien Régime,* Rennes, Presses Universitaires de Rennes, 2003.

CONSTANT Paule, *Un monde à l'usage des demoiselles,* Paris, Gallimard, 1987.

TARDIEU D'ESCLAVELLES D'ÉPINAY Louise, *Les conversations d'Émilie,* Studies on Voltaire and the eighteenth-century, vol. 342, DAVISON Rosena (éd.), Oxford, The Voltaire foundation, 1996.

MARGUENAT DE COURCELLES Anne-Thérèse, marquise de LAMBERT, « Avis d'une mère à sa fille », *Œuvres,* GRANDEROUTE Robert (éd.), Paris, Librairie Honoré Champion, 1990.

LEPRINCE DE BEAUMONT Jeanne Marie, « Avertissement », *Magasin des adolescentes, ou dialogues entre une sage gouvernante et plusieurs de ses élèves de la première distinction,* dans *Jeanne Marie Leprince de Beaumont. Contes et autres récits,* KALTZ Barbara (éd.), Oxford, Voltaire Foundation, 2000.

DARSANT DE PUISIEUX Madeleine, « Conseils à une amie », Studies on Voltaire and the eighteenth-century, vol. 329, BÉRENGUIER Nadine (éd.), Oxford, Voltaire Foundation, 1995.

NOTES

1. Par exemple: *Les enseignements* d'Anne de France à sa fille vers 1505, *L'institution de la femme chrétienne de* Juan Luis Vivès en 1543, *L'honnête fille* de François de Grenaille en 1639, les *Conseils d'un homme de qualité à sa fille* du marquis d'Halifax en 1697, le *Règlement d'une dame de haute qualité à sa petite fille* de Jeanne de Schomberg en 1698.

2. Ce traité se distingue des autres ouvrages par sa forme romanesque et son public, constitué de filles et de garçons ainsi que de princes, comme son titre complet l'indique. Voir note 21.

3. Pour une liste de ces ouvrages, consulter la bibliographie établie par Martine Sonnet dans *L'éducation des filles au temps des Lumières,* Paris, Éditions du Cerf, 1987.

4. Anne-Thérèse MARGUENAT DE COURCELLES, marquise de LAMBERT, « Avis d'une mère à sa fille », *Œuvres,* Robert GRANDEROUTE (éd.), Paris, Librairie Honoré Champion, 1990, p. 95.

5. Madeleine DARSANT DE PUISIEUX, *Conseils à une amie* (Paris, 1749). Une réédition de l'ouvrage se trouve en annexe à *L'infortune des alliances: contrat, mariage et fiction au dix-huitième siècle,* Studies on Voltaire and the eighteenth-century, vol. 329, Nadine BÉRENGUIER (éd.), Oxford, The Voltaire Foundation, 1995. La pagination renvoie à cette réédition d'accès plus facile que l'édition originale. Une autre version moderne du texte, sous le titre « Conseils importants d'une amie » et faussement attribué à Madame de Lambert, se trouve dans *Réflexions nouvelles sur les femmes: 1727. Anne-Thérèse de Lambert,* Milagros PALMA (éd.), Paris, Côté Femmes éditions, 1989, p. 126-230. La position parodique de Madame de Puisieux se perçoit en particulier dans la remarque: « Voilà, Mademoiselle, le plus important de tous les avis qu'une amie puisse vous donner. Je souhaite de tout mon cœur que vous en profitiez, et que vous vous ressouveniez que l'amitié, la raison et l'expérience me l'ont dicté. Songez que ce n'est pas une mère qui vous le donne; que c'est un conseil vraiment désintéressé. », *op. cit.,* p. 448-49.

6. *Ibid.,* p. 425.

7. *Ibid.,* p. 425.

8. Jeanne Marie Leprince de Beaumont, « Avertissement », *Magasin des adolescentes, ou dialogues entre une sage gouvernante et plusieurs de ses élèves de la première distinction,* dans Jeanne Marie Leprince de Beaumont. *Contes et autres récits,* Barbara Kaltz (éd.), Oxford, Voltaire Foundation, 2000, p. 121.

9. *Ibid.,* p. 121.

10. *Ibid.,* p. 122.

11. *Ibid.,* p. 122.

12. L'*Avis* a un statut quelque peu différent puisque Madame de Lambert n'avait pas prévu la publication de son texte mais elle n'en utilise pas moins la même argumentation.

13. Pour un survol d'autres manifestations de ce malaise, voir Nadine Bérenguier, « Lectures pour adolescentes et leurs paradoxes au XVIIIe siècle », *Lectrices d'Ancien Régime,* Isabelle Brouard-Arends (éd.), Rennes, Presses Universitaires de Rennes, 2003, p. 585-595.

14. Lambert, *op. cit.,* p. 95.

15. Puisieux, *op. cit.,* p. 423.

16. *Ibid.,* p. 425.

17. Leprince de Beaumont, *op. cit.,* p. 122.

18. In Isabelle Brouard-Arends, *op. cit.* Marie-Laure Girou-Swiderski, « Pour ou contre la lecture. L'affrontement de la nature et de la culture dans l'éducation des filles », p. 597-605 ; Marianne Charrier-Vozel, « La lectrice est-elle toujours laide ou vieillissante ? Regards croisés de M. le marquis de Lezay-Marzénia et de Mme Leprince de Beaumont », p. 607-613 ; Marie-Emmanuelle Plagnol-Diéval, « Statut et représentation de la lectrice chez Madame Leprince de Beaumont », p. 615-623.

19. Louise Tardieu d'Esclavelles d'Épinay, *Les conversations d'Émilie,* Studies on Voltaire and the eighteenth-century, vol. 342, Rosena Davison (éd.), Oxford, The Voltaire Foundation, 1996. « Avertissement sur la seconde édition », p. 49.

20. *Ibid.,* p. 49.

21. Stéphanie-Félicité Du Crest de Saint-Aubin, comtesse de Genlis, *Adèle et Théodore, ou Lettres sur l'éducation, contenant tous les principes relatifs aux trois différents plans d'éducation des princes, des jeunes personnes, et des hommes,* 3 vol., Paris, M. Lambert et F. J. Baudouin, 1782, p. XVII.

22. *Ibid.,* vol. III, p. 207.

23. Dans son *Discours sur la suppression des couvents,* Madame de Genlis contraste les statuts de précepteur et de gouvernante : « Les parents les moins tendres donnent pour gouverneur à leurs fils des hommes qui ont fait des études et qui ont de l'instruction. Mais qui donne-t-on pour gouvernante à sa fille ? Une femme de chambre, c'est-à-dire une personne qui non seulement n'a pas la moindre notion de littérature, d'histoire, etc. mais qui ne sait ni la langue ni l'orthographe. » Paris, chez Onfroy, 1790, p. 14.

24. Lambert, *op. cit.,* p. 132.

25. Paule Constant, *Un monde à l'usage des demoiselles,* Paris, Gallimard, 1987, p. 16.

Importance des lettres entre mères et filles pour leur éducation

LE RÔLE DES MÈRES DANS L'ÉDUCATION DES PENSIONNAIRES AU XVIIIᴱ SIÈCLE

Dena GOODMAN

Zeitgenö. Kritik an der Klostererziehung

En 1779, Mᵐᵉ de Miremont explique à ses lecteurs pourquoi son traité sur l'éducation des femmes est différent de ceux écrits par ses prédécesseurs : « Ces Dames ont écrit pour les Enfans, dit-elle, je voulois écrire pour les Mères[1]. » Pendant la seconde moitié du XVIIIᵉ siècle, les pédagogues exhortent, encouragent et inspirent les femmes des élites sociales à jouer un rôle actif dans l'éducation de leurs filles. Rousseau, Épinay, Genlis sont tous en parfait accord sur ce point. On a tendance à interpréter cet appel à l'éducation maternelle comme une suite logique à l'attaque des philosophes des Lumières contre l'éducation dans les couvents, une attaque qui est une conséquence directe de leur critique de la religion. Comme le note Mita Choudhury, pour les hommes de lettres des Lumières, les religieuses sont « l'antithèse de l'idéal maternel[2] ». Elles sont également un symbole parfait de l'obscurantisme et de l'ignorance dont une éducation éclairée libérerait les femmes. Même une femme-philosophe comme Françoise de Graffigny, qui n'idéalise pas la maternité, présente les religieuses comme des agents de l'obscurantisme. Elle écrit :

> Du moment que les filles commencent à être capables de recevoir des instructions ; on les enferme dans une maison religieuse, pour leur apprendre à vivre dans le monde. Que l'on confie le soin d'éclairer leur esprit à des personnes auxquelles on ferait peut-être un crime d'en avoir, et qui sont incapables de leur former le cœur, qu'elles ne connaissent pas[3].

Cependant, améliorer l'éducation des femmes est plus compliqué que de simplement les soutirer à l'influence néfaste des religieuses, et de les confier à leurs mères « éclairées ». En fait, l'échange de lettres entre mères et filles permet d'intégrer le séjour au couvent dans un programme d'éducation placé sous la direction d'une mère assidue[4]. C'est cette pratique pédagogique épistolaire que je compte mettre en lumière ici.

Dans les couvents les plus prestigieux, comme l'explique Mme de Genlis, les religieuses ne sont pas censées être des enseignantes : les jeunes filles sont accompagnées par leur gouvernante, et les parents emploient des maîtres particuliers pour les leçons qui doivent compléter l'éducation d'une demoiselle : la musique et la danse, mais également l'écriture, la grammaire, et l'histoire naturelle[5]. Les frais sont prélevés par les religieuses en supplément de la pension, puis payés aux maîtres pour leurs services, de la part des parents. Les comptes trimestriels de Mlle Boirayon, qui a passé huit mois dans un couvent à Lyon, de juin 1770 à février 1771, montrent que, pendant deux mois, sa mère a payé 18 livres par mois pour la pension, 16 livres supplémentaires par mois pour les leçons d'un maître de danse, et 12 livres par mois pour les services d'un maître en écriture[6]. De fait, elle dépense plus pour les maîtres, que pour la pension elle-même.

Le séjour de Mlle Boirayon au couvent est particulièrement court, mais la durée moyenne d'un séjour n'est que d'une ou deux années[7]. On met les jeunes filles en pension principalement pour les préparer à leur première communion et pour qu'elles reçoivent les derniers agréments qui les prépareront au mariage. Au niveau économique, comme l'a montré Nadine Bérenguier, une fille vertueuse est considérée comme une commodité précieuse qui est confiée à la protection de sa mère jusqu'à ce qu'elle passe sous la protection de son mari[8]. De plus, ce « dangereux dépôt » doit être investi de manière judicieuse pour qu'on puisse en tirer toute sa valeur. Dans la mesure où l'éducation formelle est conçue en ces termes – comme un moyen d'améliorer les perspectives de mariage – la responsabilité qui incombe à une mère d'éduquer sa fille n'est pas simplement une responsabilité morale, mais un dépôt fiduciaire. Pour les mères qui envoient leurs filles au couvent pour une année ou deux, les frais sont un investissement dans l'avenir de leur filles. Cette période brève au couvent devient le point culminant d'un projet éducatif plus large, sous la direction des mères. Comme l'observe Martine Sonnet, « l'usage du couvent comme lieu éducatif complémentaire à la maison [. . .] est le plus éclairé qu'on puisse en faire. Au XVIe et XVIIe siècles, on en usait tout autrement[9] ».

Pour la plupart des jeunes filles, le séjour au couvent représente la première séparation d'avec la mère. Cela devait être aussi difficile pour les mères que pour leurs filles, comme le suggère la correspondance de Mme de Sévigné avec sa fille. Si ses lettres, qui servent de modèles à des générations de jeunes filles, sont l'expression « éternelle » de l'amour maternel, elles sont aussi un témoignage de la situation qui les produit : la séparation entre mère et fille. « Cette séparation qui était cruelle pour une mère tendre », écrit l'éditeur de l'édition de 1726, « est à l'origine de toutes les Lettres que vous allez lire dans ce volume[10] ». D'un point de vue anthropologique, le couvent est une institution liminaire par laquelle les jeunes filles qui entrent dans la puberté doivent passer, pour en sortir comme jeunes femmes prêtes à se marier. Au couvent, une fille n'est pas seulement à l'abri du danger (c'est-à-dire des hommes), mais elle commence aussi le processus de séparation de sa famille en préparation de son mariage. Après cette sépara-tion rituelle, l'enfant peut être réintégré à la communauté par son mariage à une autre famille, et par son nouveau rôle comme épouse et (éventuellement) comme mère[11]. Donc, cette période de séparation facilite la transformation de la jeune fille en femme. La correspondance à travers laquelle cette formation se fait, est comme un fil, qui, une fois dévidé, peut être tissé et renforcé alors que la distance entre ces deux vies qui ont commencé comme une seule, ne cesse de s'agrandir. Si le séjour au couvent est le rite de passage à travers lequel ces deux vies se séparent, l'épistolarité est la pratique par laquelle elles peuvent être rattachées d'une façon qui reconnaît la douleur et les difficultés engendrées par la séparation.

Quand Mme Boirayon d'Annonay envoie sa fille à l'Abbaye de Chazeaux à Lyon en juin 1770, elle soumet sa fille à l'épreuve de la séparation. Dans ses lettres, Mme de Boirayon encourage sa fille à s'appliquer à ses études et à écouter sa « tante » Mme de Saint-Hilaire, mais elle lui inculque également l'importance de l'honnêteté, de la transparence, et de la confiance – des vertus qui sont essentielles aux échanges épistolaires. « J'ai eu l'honneur d'écrire à madame de Saint-Hilaire, il est vrai avec de l'humeur contre vous », écrit Mme Boirayon :

> […] d'autant mieux fondée que vous m'avez paru garder un silence affecté et très désobligeant pour moi et madame Véron. Je me suis expliquée sur cette négligence comme je le pensais, tel est le devoir d'une mère qui désire former un enfant pour le bien. Si vous regardez comme moi les choses du bon œil, loin de vous effrayer et de vous désespérer comme vous le dites sur les dispositions de mon cœur, vous en conclurez que vous m'êtes chère et sans passer à d'autres conséquences, vous me rendrez justice en méritant la mienne, je veux que ce soit votre unique envie[12].

Si cette lettre paraît, à nos yeux, manquer de « chaleur » (tout comme à l'his-torien qui l'a publiée en 1922), une lettre écrite par la jeune fille en décembre 1770 montre combien une telle lettre a de l'importance pour celle qui la reçoit. Elle écrit :

> Ou vous aite malade ou vous voules mettre à l'epreuve ma tandresse, […] mes si vous pouviez comprendre ce que vous me faite soufrir vous oriez surement pitiéz de la situation ou votre silence me met […] Ne perdé pas ma bonne maman pour moy tout souvenir rappellés vous je vous prie ma tandresse, vous aite tout mon bonneur

et ma satisfaction, donné moi la consollation de m'écrire ou de me faire écrire que vous ne mavez pas tout à fait oublier[13].

Avant qu'elle envoie cette lettre, la jeune fille en reçoit une autre qui non seulement la rassure sur l'amour de sa mère, mais qui lui annonce qu'elle projette une visite. « Je suis dans l'impatience de vous revoir », ajoute la jeune fille après avoir reçu la bonne nouvelle, « je considererai ce jour comme le plus heureux de ma vie[14] ». Par cet échange, Mlle Boirayon apprend l'importance d'être une correspondante fidèle.

Si l'échange de lettres aide les mères et leurs filles à négocier la douleur de la séparation et à accepter son caractère permanent, il donne aussi aux mères un nouveau rôle dans l'éducation de leurs filles alors qu'elles se séparent d'elles. À travers la correspondance, la mère peut contrôler l'éducation de sa fille tout en suivant ses progrès. Les lettres de Mme Boirayon sont parsemées de conseils et d'avertissements, comme le montre une lettre écrite peu après le départ de sa fille, lettre qui évoque à la fois ses espoirs et ses craintes : « Craignez Dieu ma chère fille, c'est le commencement de toute sagesse », l'avertit-elle, mais aussi : « Je suis d'avis si vous voulez réussir dans ce projet, que vous fréquentiez moins les demoiselles qui sont de votre âge que celles qui sont au-dessus ». La plus grande crainte de Mme Boirayon, mais aussi son plus grand espoir en envoyant sa fille au couvent, est l'influence des autres filles qu'elle va y rencontrer. Dans sa lettre suivante, elle exprime son plaisir « que vous soyez de la société de la nièce de Madame l'abbesse et que les demoiselles qui l'accompagnent soient au-dessus de votre âge. Choisissez parmi elles à imiter celles qui réunissent tous les suffrages ; c'est là les bons modèles à copier[15] », lui recommande-t-elle.

Au couvent, les jeunes filles apprennent à se comporter dans un univers féminin dans lequel elles vont passer le restant de leur vie – une forme d'éducation particulièrement importante pour celles qui nourrissent l'espoir de gravir l'échelle sociale. Des amies douteuses peuvent détruire le dur labeur d'une mère assidue, mais de bonnes amitiés peuvent durer toute une vie et devenir une source importante de soutien, à la fois moral et social, dans le futur. L'amitié de Manon Phlipon avec Sophie Canet, qui s'est poursuivie par l'échange de centaines de lettres entre 1767 et 1780, n'est qu'un exemple parmi d'autres[16]. Dans certains cas, aussi, la réalité quotidienne du mariage repose sur des liens épistolaires. On pense, par exemple, à Mme de Tourvel dans *Les liaisons dangereuses*, et à toutes ces autres femmes dont les maris sont envoyés à l'étranger en tant qu'officiers militaires ou civils[17]. On pense à toutes ces familles séparées et parsemées aux quatre coins du monde au service de la monarchie. Dans un tel monde, l'écriture de lettres est donc essentielle à la formation d'une femme.

Paule Constant a remarqué qu'au XVIIIe siècle, une jeune femme habite « un univers entièrement épistolaire », dans lequel « la plupart des ouvrages d'éducation qu'elle lit […] sont composés par lettres [18] ». Cependant, comme le souligne Mme de Miremont, ces textes sont aussi destinés aux mères. Encore plus qu'*Adèle et Théodore* (1782), le chef-d'œuvre très connu de Mme de Genlis, les *Lettres relatives à l'éducation* (1788) de Marie Le Masson le Golft sont un traité pédagogique de ce type : une série de lettres à une mère qui désire prendre conseil sur l'éducation de sa fille. Cependant, vers la fin du traité, Le Masson le Golft s'en réfère à l'expertise épistolaire de sa correspondante. Alors que la mère lui demande comment enseigner à sa fille à écrire des lettres, elle conclut :

> Je crois donc, Madame, ne pouvoir mieux répondre à votre invitation honorable, qu'en vous engageant à ne jamais écrire qu'en présence de mademoiselle [votre fille] ; c'est le moyen le plus efficace de former son jugement et son style [19].

Une mère continue à être présente dans l'éducation de sa fille en fournissant un modèle à travers les lettres qu'elle écrit et en corrigeant celles qu'elle reçoit. Comme l'observe P. Constant, les jeunes filles ne reçoivent pas d'éducation formelle sur l'écriture de lettres : en fait, elles apprennent l'art de la correspondance en s'y entraînant fréquemment [20]. Leurs mères sont leurs partenaires d'entraînement. De plus, une mère qui correspond avec sa fille montre ses soucis maternels, à la fois à sa fille et aux autres dames avec qui elle partage les lettres de sa fille, ainsi qu'à la mère supérieure, qui, bien sûr, contrôle toutes les lettres qui entrent et sortent du couvent [21]. Et l'exemple que les mères sont censées inculquer est autant moral que pratique. L'Abbé Fromageot emprunte au langage du roman épistolaire quand il écrit dans la préface de son *Cours d'études des jeunes demoiselles* :

> Mère tendre qui voulez que votre fille soit élevée sous vos yeux, donnez-lui peu de préceptes, mais beaucoup de bons exemples ; c'est-là le fondement de la meilleure éducation. Si une fois, seulement, elle trouve vos actions en contradiction avec les leçons que vous lui donnez, tout est perdu [22].

La lettre elle-même est un objet à mettre en valeur comme preuve des charmes et des talents d'une jeune fille. En même temps, elle reflète ses qualités morales, comme Panckoucke l'explique dans ses *Études convenables aux demoiselles*. « Rien n'assure mieux la réputation d'une dame, déclare-t-il, que de savoir arranger noblement et avec justesse ses pensées sur le papier [23]. » Ce n'est pas seulement le contenu des lettres qui importe, ou même le style que la jeune fille utilise pour s'exprimer : l'aspect matériel de la lettre est aussi important. Dans ses *Lettres instructives et curieuses sur l'éducation de la jeunesse* (1761), le Père Martin donne une longue liste de raisons qui insistent sur l'importance d'une belle écriture, en commençant par la plus évidente : « Une belle Écriture plaît à tout le monde, elle se fait rechercher [24]. » Bien que Martin s'intéresse principalement à l'éducation des garçons, son précepte prend un sens plus profond dans son discours sur les femmes, où, comme dit Rousseau dans *Émile* : « La femme est faite spécialement pour plaire à l'homme [25]. » Une lettre de femme se doit donc d'être élégante, à la fois parce que cela est perçu comme une réflexion morale et matérielle de l'auteur, et parce qu'elle doit plaire au lecteur, surtout si ce lecteur est un homme. La meilleure façon d'enseigner à une jeune fille comment écrire une lettre qui plaît est de lire et de répondre aux lettres qu'elle écrit : essayer de plaire à sa mère est un bon entraînement pour plaire à son futur mari.

Dans son *École des jeunes demoiselles*, l'Abbé Reyre fait de l'échange épistolaire entre mère et fille la clé de voûte du séjour au couvent [26]. Dans sa première lettre, la mère réassure sa fille sur le fait que, en l'envoyant au couvent, elle ne délègue pas entièrement la responsabilité de son éducation à la religieuse qui en a la garde :

> J'en suis trop jalouse pour ne pas le partager avec elle, autant que je le pourrai. Tous les momens libres que me laissera l'embarras des affaires et des bienséances, je les emploierai à vous écrire. Par-là, je remplierai mon devoir et je soulagerai mon cœur [27].

La mère demande à sa fille de lui accorder sa confiance – « écrivez-moi, non comme à une mère, mais comme à une amie pour qui l'on n'a rien de caché ». Comme la fille est aussi fictionnelle que la mère, sa réponse respectueuse est prévisible : « comptez sur mon exactitude à vous écrire, comptez, surtout, sur la vive tendresse avec laquelle je vous embrasse [28] ».

Après avoir établi ce principe de franchise et de confiance dans sa première lettre, et après avoir reçu une réponse affirmative de sa fille, la mère juge la lettre d'Émilie au sens technique et y trouve de nombreuses lacunes : « Je ne dois pas vous laisser ignorer que vous avez grand besoin de réformer votre écriture et d'apprendre un peu d'orthographe », lui dit-elle sévèrement :

> [...] il m'a fallu deviner la moitié des mots. Madame de Barilliers à qui j'ai fait voir votre lettre, n'a pas pu en déchiffrer une seule phrase [...] J'en ai rougi de honte ; et, pour n'être plus exposée à un pareil désagrément, j'ai pris le parti de vous faire donner un maître à écrire. Si vous profitez de ses leçons comme je le présume, vous aurez bientôt une écriture correcte et lisible ; et vos lettres flatteront autant mes yeux, qu'elles charment mon cœur [29].

La réputation de la mère, ainsi que le succès de la fille, dépendent de la capacité de cette dernière à écrire une lettre qui peut être montrée à tout le monde avec fierté. Avant tout, la correspondance entre mère et fille est censée enseigner à cette dernière comment écrire une telle lettre.

Il y a d'autres leçons à apprendre. Dans *L'école des jeunes demoiselles*, la mère d'Émilie lui dit : « Vos cousines, vos tantes, vos amies et les miennes me demandent sans cesse de vos nouvelles, et je me fais un vrai plaisir de leur en donner. » Cette petite flatterie donne lieu à une leçon d'étiquette épistolaire. « Je voudrois pouvoir ajouter que vous faites mention d'elles dans vos lettres, écrit-elle, et je ne le puis, parce que jusqu'ici vous ne m'en avez pas dit le mot. C'est pourtant une attention que vous devriez avoir, autant par politesse, que par reconnaissance et par amitié pour les personnes qui vous sont attachées. N'y manquez pas la première fois que vous m'écrivez [30]. » Dans ses lettres, une femme est censée observer les formalités de rigueur, mais également maintenir les liens de famille et d'amitié. *L'École des jeunes demoiselles* montre aux mères comment enseigner à leur fille l'importance de cet acte de respect et de sociabilité épistolaire.

L'école des jeunes demoiselles enseigne aussi aux mères les responsabilités qui sont les leurs. « Afin que mes soins soient plus efficaces, je vous prie, Madame, d'y joindre les vôtres, et d'écrire à Émilie le plus souvent qu'il vous sera possible », dit la mère supérieure à la mère de la jeune fille. Tout comme le traité montre à la mère comment utiliser la flatterie pour motiver sa fille, la même technique est utilisée par la mère supérieure vis à vis de la mère. « En lui rendant service, continue-t-elle, vous lui procurerez la plus douce satisfaction ; car elle aime vos lettres à la fureur, et toutes les fois qu'elle me les a lues, j'ai trouvé qu'elle avoit raison [31]. » Par la suite, elle annonce à la mère qu'elle a encouragé Émilie à relire les lettres que celle-ci lui a envoyées :

> C'est selon moi, une des lectures les plus utiles qu'elle puisse faire, et si je ne craignois d'abuser de la confiance que vous me témoignez en permettant qu'Émilie me les communique, j'en prendrais copie, et j'en formerois un recueil que j'intitulerois : *L'école des jeunes Demoiselles* [32].

En incorporant les lettres de la mère dans son *École des jeunes Demoiselles*, Reyre l'inclut dans un projet pédagogique qu'elle pourrait faire sien. Les lettres qu'une mère écrit à sa fille fournissent un modèle qui ne peut être remplacé par les avis des pédagogues professionnels et qui en constituent le support nécessaire.

Rose de Saint-Laurent est une de ces mères qui prend au sérieux la responsabilité qui lui incombe de correspondre avec sa fille et de diriger son éducation, même quand de sérieux obstacles s'y opposent. Peu après avoir placé sa fille Marie en pension au couvent de Pentemont à Paris, Mme de Saint-Laurent et son mari partent pour la colonie de Grenade pour y diriger une plantation de café, dans l'espoir d'y rétablir leur fortune. Une des premières lettres que Mme de Saint-Laurent écrit à Marie montre qu'elle est parfaitement consciente de la dimension pédagogique de leur correspondance.

> Je trouve fort bien que tu m'écrives sur un petit morceau de papier ; mais je veux que vous me parliez de vos maîtres, et que vous me disiez naturellement, comme à votre confesseur : « J'ai été bien exacte à tous mes devoirs cette semaine. J'ai bien étudié mon clavecin ; j'ai dansé de bonne grâce ; j'ai étudié ma musique ; je donne tous les jours un quart d'heure à l'étude de la géographie et une demi-heure à la lecture », ou bien que tu me dises naturellement : « J'ai été paresseuse cette semaine ; je n'ai guère valu. » Voilà, ma chère fille, les lettres qui me feraient plaisir de recevoir de vous. Toutes celles que vous m'avez écrites jusqu'à présent sont du style de six ou sept ans [33].

Marie a probablement onze ans à cette époque. « Vous êtes trop grande et trop raisonnable, même trop spirituelle, pour vous borner à me demander de mes nouvelles et à m'assurer que vous êtes avec respect… Ce style-là est trop sérieux et trop contraire au sentiment que j'ai pour vous. Je vous le défends », lui ordonne sa mère [34]. Les lettres hebdomadaires ne doivent pas être un exercice de style, un échange de formalités bien écrites copiées d'un manuel épistolaire, mais un véritable moyen de communication entre mère et fille, fondé sur la confiance mutuelle. En entretenant une correspondance régulière avec sa mère, Marie peut apprendre à écrire non les lettres formelles que l'on trouve dans les manuels épistolaires, mais des lettres qui viennent du cœur, qui consolident les liens de famille et d'amitié et la confiance, et qui serviront comme d'importants moyens de communication pour une femme de son état [35]. C'est à travers l'échange épistolaire qu'une mère enseigne à sa fille comment quitter l'enfance et devenir une femme.

Kloster

Quand Mme Boirayon ou Mme de Saint Laurent envoient leurs filles au couvent, ce n'est pas parce qu'elles sont de mauvaises mères, mais pour commencer le long et douloureux processus de séparation qui va transformer leur relation avec leurs filles de manière permanente, en une relation conçue autour du mariage et par la médiation de la correspondance. En jouant sérieusement le rôle prescrit par des pédagogues tels que Mme de Miremont, Mlle Le Masson le Golft, et l'abbé Reyre, elles ne sont pas des mères égoïstes, négligentes ou cruelles qui abandonnent leurs filles aux machinations de religieuses méchantes et ignorantes. Elles contrôlent l'éducation de leurs filles et continuent à y participer en les engageant dans une correspondance pédagogique. À travers celle-ci, ces mères transmettent des informations sociales à leurs filles et leur enseignent une des pratiques les plus importantes pour conduire leur vie de femme. Elles renforcent ainsi les liens maternels à un moment où la séparation géographique commence à les affaiblir, et donnent à leurs filles les moyens de créer et de maintenir des liens sociaux tout au long de leur vie.

NOTES

1. Comtesse A. DE MIREMONT, *Traité de l'éducation des femmes, et cours complet d'instruction* (Paris, 1779), t. 1, p. IV. Les prédécesseurs dont elle parle sont Jeanne-Marie Leprince de Beaumont (1711-1780), auteur du *Magasin des enfants* et du *Magasin des adolescentes*; et Mme de Lambert, très connue pour son *Avis d'une mère à sa fille*, ainsi que pour son *Avis d'une mère à son fils*.
2. M. CHOUDHURY, *Convents and Nuns in Eighteenth-Century French Politics and Culture*, Ithaca, N.Y., Cornell University Press, 2004, p. 132. Pour des critiques de l'éducation dans les couvents, voir comte A. DE LUPPÉ, *Les jeunes filles à la fin du XVIIIe siècle*, Paris, Champion, 1925, p. 35-45.
3. F. DE GRAFFIGNY, *Lettres d'une Péruvienne*, New York, MLA, 1993, p. 138. Desmahis fait écho à Graffigny dans son article « Femme » de l'*Encyclopédie* : « Des *femmes* qui ont renoncé au monde avant que de le connoître, sont chargées de donner des principes à celles qui doivent y vivre. » F. DESMAHIS, « Femme (morale) », in *Encyclopédie*, éd. Diderot et d'Alembert, 6, 472; ARTFL, http://colet.chicago.edu, recherche effectuée le 16.05.06.
4. Je m'intéresse ici aux correspondances entre mères et filles, mais les mères échangent également des lettres avec leurs fils, et les pères avec leurs filles. Voir D. DAWSON, « « Chère Maman » : Lettres de deux des derniers « élèves du roi » au collège militaire de Tournon à l'époque de la Révolution 1786-1791 », Colloque du 28 mai 2005, *Revue du Vivarais*, 2005, p. 195-218. Voir aussi M.-C. GRASSI, *L'art de la lettre au temps de « La Nouvelle Héloïse » et du Romantisme*, Genève, Slatkine, 1994, p. 58.
5. S. GENLIS, *Discours sur la suppression des couvens de religieuses, et sur l'éducation publique des femmes*, Paris, 1790, p. 13-15 ainsi que la note; M. SONNET, *L'éducation des filles au temps des Lumières*, Paris, Le Cerf, 1987, p. 257-261. Le Musée national de l'Éducation (Rouen) conserve un dossier précieux de six lettres d'une servante qui accompagne des jeunes sœurs à leur couvent destinées à sa maîtresse, leur mère. Lettres de Bellette Dupuy à la marquise de Calvisson (1768-1775), 1979-12353-1.
6. H. MOLLIÈRE, « Le Dossier d'une pensionnaire à l'abbaye de Chazeaux », *Bulletin historique du diocèse de Lyon*, avril 1922, p. 51-56. Il y a aussi d'autres frais : deux livres de café, par exemple, une cafetière et une tasse à 3 livres; un catéchisme de 16 sols, et des bougies et d'autres menus objets pour environ une livre. *Ibid.*, p. 56. Ces chiffres semblent réalistes, mais la transcription de Mollière n'est pas toujours claire. Il note 2 livres 65 sols pour deux livres de café, à une époque où une livre était l'équivalent de 20 sols. La seule façon d'arriver à son total de 184 livres 9 sols pour le trimestre est de supposer que les 18, 16 et 12 livres sont par mois et que Mollière a compté que 2 sols (et non 20) correspondent à une livre. Mollière ne fait pas état du lieu où se trouve le manuscrit, que l'auteur décrit comme étant « parmi un lot de papiers anciens acquis à une vente faite à Lyon peu d'années avant la guerre ».

7. Un almanach parisien pour l'année 1769 fait mention de 38 « pensions conventuelles pour les demoiselles », à Paris et dans ses environs ; en 1776, un autre almanach en donne 41. Les frais de pension vont de 150 livres à un maximum de 600 livres, une somme qui n'inclut pas les maîtres qui, pour la plupart, sont en supplément. [Roze de Chantoiseau], *Essai sur l'Almanach général d'indication d'adresse personnelle et domicile, dix six corps, arts et métiers*, Paris, 1769 ; *Almanach du dauphin*, Paris, 1776, s.v., « PENSIONS CONVENTUELLES pour les Dames et Demoiselles ». Martine Sonnet, qui a regroupé des statistiques sur les pensionnaires de sept couvents entre 1704 et 1792, montre que sur 1 075 étudiantes, seulement un peu plus de 35 % passent moins d'un an au couvent, alors que 23,5 % y passent entre un an et deux. Ainsi, près de 60 % des jeunes filles ont moins de deux ans d'éducation formelle. Si on ne considère que les chiffres de la période postérieure à 1750, on observe qu'ils ne changent pas de manière significative : rien ne suggère une hausse du nombre d'années passées dans ce type d'école, alors même que la demande pour l'éducation formelle augmente. M. Sonnet, *op. cit.*, table 19.

8. Sur la responsabilité des mères de protéger ce « dangereux dépôt », c'est-à-dire la virginité de la jeune fille pour son futur mari, voir N. Bérenguier, *L'infortune des alliances : contrat, mariage et fiction au dix-huitième siècle*, SVEC 329, 1995, surtout le premier chapitre. En faisant référence à Pierre Bourdieu, M.-C. Grassi écrit : « Plus que l'Académie de province, territoire exclusivement masculin, la lettre est pour tous, femmes et enfants, au xviiie siècle, moment de son apogée, un lieu informel de socialisation de la culture, d'un ensemble de comportements propres à un milieu et à un lieu donnés qui peuvent s'exprimer librement. Elle est en effet l'échange rassurant d'une honnêteté réciproque héritée des règles de la civilité, de l'art de plaire, lieu commode de l'affirmation sans cesse renouvelée d'une bienséance verbale, d'un essentialisme social, d'un comportement à transmettre, véritable « capital culturel », M.-C. Grassi, *op. cit.*, p. 215.

9. M. Sonnet, « Une fille à éduquer », N. Davis et A. Farge (dir.), *Histoire des femmes en Occident*, 3 : *XVIe-XVIIIe siècle*, Paris, Plon, 1991, p. 122. M.-C. Grassi accepte l'idée reçue que « quel que soit le sexe de l'enfant, l'éducation se fait presque toujours en dehors de la famille, en pension, au couvent », mais elle reconnaît aussi que « les constantes relations épistolaires entre les parents et leurs enfants ou leurs maîtres montrent que père et mère la dirigent fermement de loin ». M.-C. Grassi, *op. cit.*, p. 58.

10. A. Bussy-Rabutin, cité *in* J. Altman, « The Letter Book as a Literary Institution 1539-1789 : Toward a Cultural History of Published Correspondences in France », *Yale French Studies*, n° 71, 1986, p. 55. J. Altman note qu'avec la publication des lettres de Mme de Sévigné à sa fille en 1725, « l'enfant redevient un lecteur et un bénéficiaire possible de la publication de correspondances ». Il en est de même pour la mère.

11. Voir A. Van Gennep, *Les rites de passage*, Paris, Émile Nourry, 1909, p. 13-14.

12. Mme Boirayon à Mlle Boirayon, sans date, dans H. Mollière, *op. cit.*, p. 53. « Dans les Provinces, les Pensionnaires donnent le nom de Tante à la Religieuse qui est spécialement chargée de leur éducation. », J. Reyre, *L'école des jeunes demoiselles, ou lettres d'une mère vertueuse à sa fille*, 2e éd., Paris, 1786, t. 1, p. 5.

13. Mlle Boirayon à Mme Boirayon, 1er décembre 1770, dans H. Mollière, *op. cit.*, p. 53-54.

14. *Ibid.*

15. Mme Boirayon à Mlle Boirayon, 1er juillet 1770, 23 juillet 1770, dans H. Mollière, *op. cit.*, p. 51-52. Mme de Genlis transmet ce même message dans *Adèle et Théodore*. À son entrée au couvent, Adèle se lie d'amitié avec des personnes peu recommandables, mais heureusement, sa mère est là pour s'assurer qu'elle comprend sa faute et qu'elle ne commet pas la même erreur une

deuxième fois. Voir S. GENLIS, *Adèle et Théodore ou lettres sur l'éducation*, I. BROUARD-ARENDS (éd.), Rennes, Presses Universitaires de Rennes, 2006, p. 525-529.

16. M. ROLAND, *Mémoires de Madame Roland*, P. DE ROUX (éd.), Paris, Mercure de France, 1986, p. 247-248 ; *Lettres de Madame Roland*, C. PERROUD avec M. CONOR (éd.), nouvelle série, 1767-1780, Paris, Imprimerie Nationale, 1913-1915. Sur cette correspondance, voir B. DIAZ, « L'épistolaire et la connivence féminine : lettres de Manon Phlipon aux soeurs Cannet (1767-1780) », *in* G. BÉRUBÉ et M. SILVER (dir.), *La lettre au XVIII° siècle et ses avatars*, Toronto, Le Gref, 1996, p. 141-157 ; D. GOODMAN, « Letter Writing and the Emergence of Gendered Subjectivity in Eighteenth-Century France », *Journal of Women's History* 17, Summer 2005, p. 9-37.

17. C. DE LACLOS, *Les liaisons dangereuses*. Voir également la correspondance entre Sophie de Silvestre et son mari, Bernard de Bonnard, dans les Papiers Bonnard, Archives nationales 352 AP 39 ; AN 352 AP 34. Voir également l'analyse de la correspondance de la famille Lamotte dans C. ADAMS, *A Taste for Comfort and Status : A Bourgeois Family in Eighteenth-Century France*, University Park, PA, Pennsylvania State University Press, 2000 ; and M. GRASSI, *op cit.*, p. 329-342.

18. P. CONSTANT, *Un monde à l'usage des demoiselles*, Paris, Gallimard, 1987, p. 295.

19. M. LE MASSON LE GOLFT, *Lettres relatives a l'éducation*, Paris, 1788, p. 123-124.

20. P. CONSTANT, *op cit.*, p. 293-95.

21. Sur le contrôle des correspondances privées dans les couvents, voir M. SONNET, *op cit.*, p. 249-250.

22. P. FROMAGEOT, *Cours d'études des jeunes demoiselles*, Paris, 1772-1775, t.1, p. XIV.

23. A. PANCKOUCKE, *Les Etudes convenables aux demoiselles*, [1749], nouvelle édition, Paris, Les Libraires Associés, An XI, t.1, p. 155 et 163. Voir aussi J. DE GRIMAREST, *Traité sur la manière d'écrire des lettres et sur le cérémonial : Avec un Discours sur ce qu'on appelle usage dans la Langue Françoise* [1709], Paris, 1735.

24. G. MARTIN, *Lettres instructives et curieuses sur l'éducation de la jeunesse*, Paris, 1761, p. 27-28.

25. J.-J. ROUSSEAU, *Émile, ou de l'éducation*, M. LAUNAY (éd.), Paris, Garnier-Flammarion, 1966, p. 466. Voir également, B. DE SAINT-PIERRE, « Discours sur cette question : Comment l'éducation des femmes pourrait contribuer à rendre les hommes meilleurs ? Pour rendre les hommes bons, il faut les rendre heureux » [1777], *OEuvres complètes*, nouvelle édition par L. AIMÉ-MARTIN, Paris, P. Dupont, 1826, p. 153 ; P. BOUDIER DE VILLEMERT, *L'Ami des femmes*, Hambourg, 1758, p. 185 ; F. DESMAHIS, *op. cit.*, p. 473. Mme de Lambert déclare également que « les filles naissent avec un désir violent de plaire ». Bien qu'elle pense que cette violence doit être modulée, elle définit aussi la politesse comme « une envie de plaire, » que « la nature la donne, et l'éducation et le monde l'augmentent », A. DE LAMBERT, « Avis d'une mère à sa fille », *OEuvres*, R. GRANDROUTE (éd.), Paris, Honoré Champion, 1990, p. 104, 130.

26. Dans un des livres les plus populaires du siècle, le sujet de l'éducation des femmes est traité sous la forme d'un roman épistolaire : N. PLUCHE, *Le spectacle de la nature, ou, Entretiens sur les particularités de l'histoire naturelle*, La Haye, 1746, t. 6, p. 73-114. Voir R. GREVET, « L'éducation des filles vue par l'Abbé Pluche dans son *Spectacle de la Nature* (1746) », *in* G. LEDUC (dir.), *L'éducation des femmes en Europe et en Amérique du Nord de la Renaissance à 1848 : Réalités et représentations*, Paris, L'Harmattan, 1997, p. 199.

27. J. REYRE, *op cit.*, p. 4-5.

28. *Ibid.*, p. 5, 8.

29. *Ibid.*, p. 25. Voir également E. MAUVILLON, *Traité général du stile, avec un traité particulier du stile épistolaire*, Amsterdam, 1750, p. 257.

30. J. Reyre, *op. cit.*, p. 78-79.

31. *Ibid.*, p. 207.

32. *Ibid.*, p. 253.

33. Mme de Saint-Laurent à Marie Roume de Saint-Laurent, sans date [probablement 1756], AN T, 1496[4] ; Luppe, *op. cit.*, p. 210-211. Les papiers personnels de Marie Roume de Saint-Laurent, confisqués pendant la Révolution, contiennent une série de lettres envoyées par des amies qu'elle a rencontrées lors de son séjour au couvent de Pentemont. « Lettres adressées à Madame de Mazille née Roume de St Laurent de 1767-1780 », dans Papiers Desjours de Mazille.

34. *Ibid.*, p. 211.

35. Mme de Saint-Laurent à Marie Roume de Saint-Laurent, 24 février 1766, AN T, 1496[4].

LA PART MATERNELLE DANS L'ÉDUCATION DES GARÇONS AU XVIIIE SIÈCLE

Philippe MARCHAND

Pendant longtemps les mères n'ont pas été un objet d'histoire. Cet oubli a été réparé avec la publication en 1980 du livre d'Yvonne Knibiehler et Catherine Fouquet, *Histoire des mères du Moyen Âge à nos jours*[1]. La même année, Élisabeth Badinter publiait un ouvrage destiné au grand public, *L'amour en plus histoire de l'amour maternel*[2]. Onze ans plus tard paraissait l'*Histoire des femmes en Occident* dont les différents volumes, et en particulier le tome III, *XVIe-XVIIIe siècle*[3], n'oubliaient pas les mères. En consacrant quelques pages à la mission pédagogique assignée aux mères des classes dominantes au XVIIIe siècle, période qui nous intéresse ici, ces ouvrages attiraient l'attention des lecteurs sur une des fonctions maternelles : l'éducation des enfants. Mais, et il convient de le souligner, cette question était traitée en prenant comme point de départ une problématique fort réductrice dont ce propos de Catherine Fouquet donne une idée : « Normalement, à l'âge de sept ans, les garçons entraient dans la société des hommes. Les mères en charge de l'éducation des filles doivent les préparer à leur rôle de femme, de maîtresse de maison et de chrétienne.[4] » Suivent deux développements, le premier « sur les discours qui, au siècle classique, consacre les rôles masculin et féminin dans leur inévitable partage », le second sur l'éducation des filles par les mères[5]. De son côté, Élisabeth Badinter écrit : « Quand il revient de chez sa nourrice, l'enfant des classes aisées est aussitôt remis entre les mains d'une gouvernante jusqu'à sept ans. Après quoi, si c'est un garçon, on le confie à un précepteur[6]. » Si on en croit Yvonne Knibiehler[7] et Élisabeth Badinter[8], c'est au XIXe siècle que les mères se rappellent qu'elles ont des fils et en viennent à se préoccuper de leur éducation. On retrouve la même problématique dans les pages qu'Olwen Hufton écrit sous le titre *La mère et l'éducation* dans le tome III de l'*Histoire des femmes en Occident XVIe-XVIIIe siècle* : « La petite enfance passée, le rôle de la mère devenait celui d'une éducatrice. » Mais à qui se consacrait-elle ? À ses filles et seulement à ses filles[9]. Pour en terminer avec ce bref rappel historiographique, j'ajouterai que le chapitre consacré par Martine Sonnet aux *Leçons paternelles* dans l'*Histoire des pères et de la paternité* peut conforter l'idée selon laquelle les mères sont absentes de l'éducation des fils[10].

Une longue fréquentation des sources d'archives me conduit à m'inscrire en faux contre cette vision. Je me propose donc de montrer en un premier temps que le discours sur la vocation naturelle des mères ne se réduit pas à les considérer comme devant se limiter à l'éducation des petits enfants, puis des filles. En un second temps, je décrirai à l'aide d'exemples précis la part prise par des mères dans l'éducation de leurs garçons arrivés à l'âge de fréquenter le collège. Sans doute moins visible que celle des pères, elle n'en est pas moins réelle, en particulier dans les milieux favorisés pour lesquels nous disposons de sources.

Les sources

Deux types de documents seront utilisés : les discours académiques d'un noble artésien, Dubois de Fosseux, un de ces obscurs pédagogues de province dont la seconde moitié du XVIIIe siècle a été si riche, en second lieu des correspondances.

Ferdinand-Marie-Antoine Dubois de Fosseux, né le 14 décembre 1742 à Fosseux, près d'Arras, perd son père à l'âge de dix ans[11]. Son éducation est alors prise en mains par sa mère dont il dira plus tard qu'elle était « une femme de tête et une bonne chrétienne ». Au terme de bonnes études au collège jésuite d'Arras, il s'installe à Paris avec sa mère en 1759 pour y parfaire son éducation mondaine en prenant des leçons de danse, de chant et de musique tout en suivant des cours au collège de Navarre. Écuyer à la Cour de 1760 à 1765, il résigne sa charge pour revenir en Artois et y gérer le domaine familial. Quatre ans plus tard, en 1769, il épouse la fille d'un riche gentilhomme qui lui donne trois fils et trois filles de 1771 à 1779. Son existence de gentilhomme campagnard ne tue pas en lui l'amour des lettres qu'il avait quand il vivait à Paris. Reçu à l'Académie d'Arras le 27 novembre 1772, il y prend régulièrement la parole à partir de 1778. En 1781, il décide de devenir le précepteur de son fils aîné, Antoine dit Vacquerie, âgé de dix ans, et de sa sœur, Jeannette, âgée de neuf ans. Quelques années plus tard, il commente cette expérience de précepteur en ces termes :

> Il m'a passé par la tête de faire une entreprise courageuse et peut-être insensée d'être l'instituteur de tous mes enfants et de leur apprendre ce que je sais. Pour cela, j'ai quitté l'agriculture, il m'a paru impossible d'élever en même temps des veaux et des enfans. Je me suis donc mis dans le rudiment jusqu'au col. J'apprends le latin à mes filles ainsi qu'à mes garçons[12].

À lire cette lettre, on pourrait croire que Dubois de Fosseux réserve la fonction préceptorale aux pères. Il n'en est rien. C'est avec l'assistance de son épouse qu'il se fait l'instituteur de ses enfants. Fort de cette expérience, mais aussi de ses lectures, il théorise cette fonction de la mère éducatrice dans deux discours (?) prononcés devant l'Académie d'Arras, *De l'utilité de la langue latine pour les femmes* en 1782, et *Des femmes et de l'éducation* en 1783[13].

Si les sources permettant de décrire avec précision l'éducation des garçons ne sont pas abondantes, il en existe au moins une que les historiens ont explorée depuis quelques années, les correspondances familiales, et en particulier les correspondances échangées entre les responsables des pensions et les parents des pensionnaires, entre ces mêmes parents et leurs enfants. Maurice Garden[14], Dominique Julia[15], Deirdre Dawson[16] et moi-même[17] avons montré tout le parti qu'il était possible d'en tirer. Mes recherches m'ont permis de constituer un vaste corpus de lettres comprenant :

– la correspondance échangée entre les parents des pensionnaires du collège de Lille et le principal de cet établissement en 1768-1770 et 1774-1780. Elle comprend 149 lettres en provenance de soixante-quatre correspondants résidant pour la plupart dans les Provinces-Unies et les Pays-Bas autrichiens qui fournissent un fort contingent de pensionnaires au pensionnat lillois. C'est évidemment fort peu quand on sait que le pensionnat a fonctionné sans interruption d'octobre 1767 à septembre 1789 accueillant en moyenne de quinze à vingt-cinq pensionnaires chaque année. Précisons encore que sur ces soixante-quatre correspondants, quarante-sept sont les pères, trois sont des tuteurs, treize sont les mamans et un la sœur aînée d'un pensionnaire.

– la correspondance de Jean Baptiste Joseph Carpentier, administrateur de biens seigneuriaux résidant à Lille, relative à l'éducation de ses trois garçons, soit 174 lettres sur un total de 5 904 recopiées dans de grands registres.

Ces deux correspondances ont fait l'objet de plusieurs publications mettant en évidence les attentes éducatives des parents et leurs réactions devant les problèmes qui peuvent naître d'un séjour au pensionnat[18]. J'ai donc décidé de reprendre ce dossier, et en particulier la correspondance adressée au principal du collège de Lille, à la lumière de la problématique développée plus haut.

« La mère institutrice de ses enfants »

Fondant sa problématique sur le partage des rôles sociaux qu'impose la nature, Dubois de Fosseux pose en principe que, dans le monde des élites, les pères n'ont guère de temps à consacrer à l'éducation de leurs enfants :

On vante partout l'éducation paternelle… Mais on finit presque toujours par gémir sur ce qu'elle est presque toujours impraticable… L'homme est destiné par l'usage de la société à remplir tous les emplois. Il tient la balance de Thémis ou l'épée de Mars, il vit dans un camp ou dans le sanctuaire de la justice, il défend ou il juge ses concitoyens… Il est impossible que tous ces pères de famille puissent s'attacher à la fonction assujettissante d'instruire eux-mêmes leurs enfants[19].

En revanche, les mères sont naturellement programmées par la nature pour éduquer et instruire leurs enfants : « Elles ne possèdent aucune charge qui puisse les distraire de ce devoir. Tous ceux qu'elles ont à remplir sont à l'intérieur de la maison ; rien ne les attire au dehors, elles peuvent veiller en tous tems sur leurs élèves[20]. »

Prévoyant les objections que certains auditeurs, voire tous ses auditeurs, peuvent opposer à cette thèse de la mère institutrice de ses enfants[21], Dubois de Fosseux juge bon de prouver que les femmes possèdent « assez de génie pour diriger une éducation ». Cette affirmation le conduit à passer en revue tous les éléments constitutifs de ce génie qu'il rassemble dans un véritable manifeste :

Quelque chose de plus que ce qu'on appelle du bon sens, un peu de ce qu'on appelle de l'esprit, beaucoup moins que ce qu'on appelle le génie, un certain nombre de connaissances, une façon de parler délicate, une patience à toute épreuve, du tact, de la finesse, du discernement, de la fermeté, surtout de la douceur, voilà ce qu'exige l'éducation et voilà ce que nous trouvons aisément dans les femmes[22].

Cette capacité des mères à instruire leurs enfants vaut aussi pour la religion :

Ceux qui s'intéressent à la religion me demanderont sans doute si les femmes seront capables de donner sur cette partie de l'éducation des instructions suffisantes à leurs élèves. Je suis loin de vouloir que les femmes tiennent écoles de théologie… Et pourquoi ne seraient-elles pas capables de conduire leurs élèves puisqu'il est devenu aussi nécessaire pour elles d'être munies de ce préservatif[23].

Cependant pour répondre pleinement à leur vocation naturelle d'institutrices de leurs enfants, les mères doivent apprendre le latin[24]. Elles auront ainsi les connaissances nécessaires pour devenir les institutrices de leurs enfants ou surveiller les maîtres qui seraient chargés de leur éducation :

Et alors même que la faiblesse de la santé ou d'autres considérations, le défaut de volonté même, empêcheront une femme instruite de la langue latine de se charger elle-même de procurer la même connaissance à ses enfants, elle aurait encore un avantage inestimable, celui de pouvoir veiller sur leur éducation, de connaître leurs progrès et de voir par elle-même si les maîtres qu'elle leur aura donnés sont dignes de sa confiance[25].

À la fois épouses, mères et institutrices, les femmes contribuent à l'égal de leurs époux au bonheur du foyer, à la régénération des mœurs et à la prospérité de l'État. La mère institutrice se voit ainsi assigner une mission civique dont Dubois de Fosseux précise l'intérêt dans une réponse aux réflexions d'un lecteur sur son premier discours publiées dans une gazette lilloise :

> J'ai pensé que l'étude de la Langue Latine prouverait aux Femmes la facilité de se charger elles-mêmes de l'éducation de leurs enfants, de là comme d'une source féconde, j'ai vu couler la paix dans les ménages, l'intelligence entre les époux, l'attachement réciproque entre les enfants et leurs parents, l'amour de la vérité, l'ordre dans les familles, la tranquillité dans les villes, le patriotisme dans tous les cœurs, le bonheur et la prospérité de l'État [26].

« J'ai l'honneur de vous remettre mon fils et de le recommander en vos soins paternels »

L'analyse des lettres montre que la décision de placer un fils au pensionnat fait l'objet d'une concertation, voire de négociations au sein du couple. Les mères ne sont pas mises devant le fait accompli. Voici les Carpentier. Ils résident à Anvers et ils ont deux fils. L'aîné est pensionnaire au collège de Lille depuis son ouverture en 1768. Satisfait des résultats obtenus, le père souhaite faire suivre la même voie au cadet. Il en informe le principal, mais conclut sa lettre avec cette phrase : « Je sonderai la maman et vous ferai part de ma réussite ou de ma défaite [27] », soulignant ainsi le rôle tenu par son épouse dans le choix du projet éducatif envisagé pour le cadet. Trois mois plus tard, la décision n'est toujours pas arrêtée et le papa écrit : « Il n'y a pas moyen de lui faire entendre raison pour le cadet, mais j'espère toujours de gagner quelque chose quand elle verra son aîné [28]. » En vain ! Le retour à Anvers du pensionnaire pour les vacances d'été ne suffit pas à vaincre les réticences de cette maman qui conclut une lettre à son fils aîné par cette formule : « Croyez moi toujours, Mon très Cher fils, Votre très affectionnée mère [29] » Finalement, l'enfant reste à Anvers.

Une fois arrêtée la décision de placer l'enfant dans un pensionnat, il reste à choisir l'établissement. Dans la quête d'informations, les mères tiennent leur place. François Vanden Cruyce signale : « À tout moment, toutes ces dames viennent chez nous pour s'informer et ne voudraient placer leurs enfants sans l'avis de mon épouse qui paraît être protectrice des enfants. [30] » Ce rôle de conseillère tenue par Madame Vanden Cruyce est mis en lumière dans une lettre où elle confie au principal du collège : « J'attends au premier jour la comtesse Dassenede pour prendre des informations du collège que je donnerai en toute justice. [31] »

Quant à Madame Van Ceulen, elle espère que « son fils saura mettre à profit les bonnes instructions pour pouvoir le montrer à son retour comme un exemple aux personnes qui inclineraient à vous confier leurs enfants[32] ».

Rien ne lui serait plus agréable que « de gouter la satisfaction que son dit fils par son avancement concoure à vous adopter plus des elèves et que par consequent le nombre s'en agrandisse[33] ».

Si le choix du pensionnat résulte d'un accord au sein du couple, on observe le même consensus quand il est question d'en retirer l'enfant. « Ni moy ni mon épouse ne sont dans l'intention de le renvoyer », écrit François Vanden Cruyce. On observera que tous les pères n'ont pas le courage d'informer le principal de cette décision et en laissent le soin à leur épouse. Louis Castel, après avoir informé son épouse qu'il a payé tout ce qu'il devait encore pour le dernier quartier de pension de son fils, lui signale qu'il n'a plus envie de le faire étudier. C'est son épouse qui, approuvant cette décision, prend la plume pour annoncer au principal que l'enfant va se présenter au collège avec son domestique pour en retirer tout ce qui lui appartient[34].

À lire les lettres, on s'aperçoit que les premiers jours de séparation sont une dure épreuve et une source d'inquiétudes pour les mères, sans doute encore plus pour celles qui sont veuves et attendent du principal qu'il remplace le père défunt. À cet égard, la première lettre de « la veuve Van Ceulen » écrite au principal du collège de Lille pour l'informer de l'arrivée imminente de son fils est exemplaire :

> En l'espérance que vous recevrez celui-ci dans une parfaite santé, j'ai l'honneur de vous offrir mon fils et de le recommander dans vos soins paternels. Je ne doute point que vous le prendrez comme un fils sous votre protection… Après vous l'avoir bien recommandé à votre attention, je reste avec tout respect, Monsieur, votre très humble servante[35].

Les mamans craignent les difficultés d'acclimatation de leur progéniture. Voici le jeune Louis Carpentier, de Lille. Il a douze ans quand il entre au pensionnat du collège de Courtray, le 27 septembre 1775. Il ne connaît pas un seul mot de flamand. Dès le 4 octobre, le papa écrit à celui qui doit devenir le correspondant de Louis : « Sa maman qui m'a vu revenir fort triste est fort inquiette de savoir si son fils s'accoutume et s'il cesse de pleurer[36]. » Cinq jours plus tard, une lettre du principal du collège arrive qui rassure le papa et surtout la maman. « L'enfant a repris sa gayeté ordinaire et remplit ses petits devoirs à la plus grande satisfaction de ses maîtres. » La réponse du père est intéressante car elle marque la place de la mère dans le couple :

> La lettre que vous m'avez fait l'honneur de m'écrire le 6 du présent mois a causé à moi et à mon épouse la plus grande joye. Nous étions tous deux dans la plus grande

impatience de savoir comment notre jeune enfant a pu s'accoutumer dans une maison étrangère. Votre lettre, Monsieur, a dissipé nos craintes et nous avons appris avec une sensibilité indéniable que l'enfant par vos soins avait retrouvé sa gayeté ordinaire et remplissait avec plaisir ses petits devoirs[37].

À peine reçues, ces premières informations appellent des réponses. Les mamans prennent la plume, font part de leur joie, mais aussi de leurs inquiétudes persistantes. Et surtout, elles réclament d'autres nouvelles. Du 24 octobre 1769 au 4 janvier 1770, Madame Van Ceulen adresse cinq lettres au principal du collège de Lille[38]. À ce même principal qui s'inquiète du silence d'une mère, celle-ci répond avec une certaine véhémence : « Non Monsieur une mère ne peut pas abandonner son enfant et surtout moi qui aime tant le mien. Que je ne vous aye pas écrit plutot croyez moi Monsieur qu'il y a eu des empechements bien forts[39]. »

Une autre maman justifie son long silence – deux mois – par les ennuis de santé de ses autres enfants :

Vous aurez été surpris peut être de ce que j'ai différé si lontems a vous donner de mes nouvelles, je vous dirai que l'embarras où je me suis trouvé par la petite verolle qu'ont eu mes quatre enfans en est partie la cause[40].

Les lettres des enfants sont attendues avec encore plus d'impatience que celles du principal. Dès leur réception, elles suscitent des réponses qui sont l'occasion pour les mamans de donner des nouvelles de toute la famille et de rappeler à leurs enfants qu'ils ne doivent pas oublier d'écrire :

Mon très Cher fils

Il me fait plaisir d'apprendre par votre dernière lettre que vous continuez a vous bien porter ; nous jouissons aussi grâce a dieu d'une santé parfaite ; nous partons demain pour la campagne pour y passer trois ou quatre jours avec votre cousin jan carpentier ; je crois qu'il arrivera aujourd'hui... Je vous recommande d'être exact a ecrire le jeudÿ comme vous etes accoutumé. Votre sœur et frere vous font mille compliments et vous embrassent en idée ce que je fais de même et vous donne ma bénédiction adieu mon cher enfant portés vous bien et croyez moi toujours Mon très Cher fils Votre tres affectionnée Mere[41].

Si le courrier des enfants tarde à venir, les mères, mais aussi les pères, les rappellent à leur devoir : écrire une lettre au moins une fois par semaine. Retenu à Paris pour y débrouiller les affaires du prince Louis de Salm, Jean-Baptiste Carpentier accompagne l'envoi de vêtements à ses deux garçons de cette admonestation : « Je vous invite à profiter de cette occasion pour donner de vos nouvelles ainsi que celles de votre frère à Madame vôtre chère Mère qui est surprise de ce que vous ne lui avez pas encore écrit. » Il lui recommande de rappeler à son frère cadet qu'il doit « aussi donner de tems en tems des nouvelles à Mad. Sa chère maman[42] ».

Si l'absence de nouvelles est parfois attribuée à la paresse des enfants, elle est, le plus souvent, interprétée par les mamans comme la possible conséquence d'une maladie. Les *il y a déjà longtemps que je n'ai reçu aucune nouvelle de mon fils, je commence à être inquiète de sa santé* sont fréquents dans leurs lettres.

Indiscutablement, l'hygiène, la santé et la maladie sont trois soucis majeurs pour les mamans. Toutes exigent d'être informées immédiatement des accidents de santé qui peuvent survenir. L'éloignement renforce l'inquiétude qui grandit quand les nouvelles tardent à venir. À la lecture de cette lettre d'A. Carpentier :

> Les fréquentes absences que j'ai faites depuis peu ont été cause que je n'ai point répondu plutot à la lettre par laquelle vous me mandiez l'incommodité de mon fils. Quelle alarme pour la maman mais Dieu merci le calme est revenu depuis qu'il a mandé qu'il est entièrement rétabli. Je vous auré beaucoup d'obligation de vouloir me mander au juste chaque fois qu'il pourrait se trouver incommodé. Par la, la maman se tranquillise car vous ne sauriés imaginer combien elle idolâtre ses enfans[43],

on devine le désarroi et l'amour d'une mère.

L'inquiétude des mamans les conduit à multiplier les mises en garde, les conseils et les recommandations. Madame Van Ceulen accepte que son fils ait une chambre chauffée, mais :

> ce n'est point pour y être toujours puisque j'ai déjà trouvé que quand il est toute la journée dans un appartement chaud, sa maladie de peau est encore pire que quand il reçoit journellement de l'air : je vous prie pour cela quand les autres Messieurs ont leur tems de plaisir que vous lui permettiez s'il fait son devoir d'y être présent, car l'exercice du corps lui est fort utile pour la santé[44].

La comtesse de Ligny dont le fils souffre d'humeurs à la tête, attribuées aux suites d'une petite vérole, et momentanément guéries par des saignées, s'en remet aux bons soins du chirurgien du collège. En même temps, elle manifeste ses craintes des railleries dont son fils risque d'être l'objet de ses camarades. Elle s'en explique en ces termes :

> Puisqu'elles reprennent le même cours il n'y a autre chose a faire que de lui couper les cheveux et de suivre les avis de M. Chatenay. Du reste si cela demande des soins qui vous serait à charge ou qui exposerait l'enfant à quelques mortifications de ses compagnons je ne trouverais pas mauvais que vous me le dissiés. Quant à la perruque ayez la bonté de l'ordonner comme vous le jugerez à propos et par qui vous voudrez. Je ne saurai mettre en meilleures mains l'exécution de cette facheuse nécessité il conviendrait Monsieur qu'il ait sous sa perruque une calotte de papier[45].

Quelques jours plus tard, toujours inquiète, elle annonce l'envoi d'une pommade qui avait eu des effets bénéfiques quelques mois auparavant.

Quand les signes de guérison tardent à se manifester, en accord avec les idées du temps, les mères proposent un changement d'air :

> Maintenant que les vacances sont proches je vous prie de lui accorder la permission de les venir passe chez moi, je crois qu'un changement d'air lui est nécessaire pour récupérer la santé qui est médiocre, je vous dirai même qu'elle me cause de grandes inquiétudes. Vous me feriez plaisir de le laisser partir le plus tot possible [46].

Voici le jeune Vanden Cruyce qui souffre d'une humeur aux yeux. Si la maman témoigne de sa satisfaction devant les soins qui lui sont donnés : « J'ay appris avec plaisir que vous avez eu l'attention de faire prendre à mon fils pendant quelques jours du petit lait et ensuite une médecine afin de lui faire passer l'humeur quil a gagnée aux yeux », elle n'en ajoute pas moins :

> Vous ne me dites pas l'effet que cela a produit ce qui me fait croire quils sont toujours dans le même etat, etant ainsi et que celle-ci dure encore quelque tems, je suis resolu de le faire revenir afin de faire passer cette humeur [47].

Les mères sont aussi sensibles au confort de leurs enfants. C'est ainsi que Madame d'Ostrel de Saint Marcq envoie un ouvrier de Tournai à Lille pour vérifier le type de lit de son « petit ». Elle exprime sa satisfaction de savoir que son émissaire juge les lits du pensionnat « très bien pour des jeunes gens [48] ».

Les mères ont-elles des vues précises sur les études de leurs fils en les plaçant dans un pensionnat ? On pourrait le croire à la lecture des lettres de Madame Van Ceulen. L'entrée de son fils au collège de Lille est précédée d'un courrier précisant ses attentes :

> Ma plus grande intention est qu'il apprenne la langue française et qu'il retienne aussi bien son ecrire et chiffre et que vous ayez la bonté de lui procurer un bon maître à chanté et pour faire les armes, au reste ce que vous jugez le plus à propos pour les exercices de l'école [49].

Trois semaines après les premiers pas de son fils au collège, elle reprend la plume pour renouveler ses demandes :

> Je n'épargne rien en honnetteté pour qu'il reçoive une bonne education, que vous lui soigniez un precepteur docte, zélé et éclairé, qu'il lui donne des lumières nécessaires car je desirerai fort qu'il se perfectionne dans la langue française, l'arithmetique et l'ecriture [50].

Cinq semaines plus tard, nouvelle lettre qui rappelle au principal que l'enfant doit « s'approfondir dans la langue française, l'aritmetique et l'ecriture qui lui sont essentiel a savoir[51] ». Enfin, le 27 février 1769, nouvelle lettre pour insister à nouveau sur l'apprentissage du français « qui lui sera plus utile que le latin ». Cette insistance de Madame Van Ceulen se comprend à la lumière du projet professionnel destiné à son fils :

> Je pense qu'après deux années qu'il puisse profiter de vos instructions le placer dans un comptoir pour pouvoir suivre le commerce[52].

Madame Van Ceulen qui, faut-il le rappeler, est veuve, constitue une exception. En effet, toutes les autres lettres de notre corpus traitant du contenu des études ou de l'avenir professionnel sont écrites par les pères. On se gardera de conclure hâtivement à un partage des rôles sur cette question. Les correspondances étudiées par Maurice Garden, Dominique Julia et Deirdre Dawson montrent que de nombreuses mères donnent leur avis sur ces sujets[53].

En revanche, nos mamans sont beaucoup plus loquaces dès qu'il est question de la conduite et des défauts de leurs enfants. Madame C. J. Lombaert, informée de l'amélioration de la conduite de son fils qui laissait quelque peu à désirer, écrit au principal pour s'en féliciter tout en lui indiquant la conduite à suivre :

> Plus il est grand et avancé et agé en étude, plus je vous prie, Monsieur, de faire vigiler sur sa conduite et l'honorer de vos sages réprimandes quand il s'ecartera de ses devoirs ou manquera d'obéissance à ses Maîtres. Je l'exige d'autant plus que quand une jeunesse semblable à l'arbrisseau n'est point liée et réprimandée en son temps, bientôt croissant en age l'autorité des parens n'a plus d'impression sur elle et ne vise a son tour qu'a se decharger d'un fardeau qui lui semble difficile a porter. L'exemple qui n'en est que trop frequent parmi nous au deplaisir de plusieurs nous enseigne en les contemplant la route que nous devons entrer, et dont vous, Monsieur, qui me remplacez comme supérieur de votre college ne devez point vous ecarter pour la discipline de vos jeunes élèves[54].

Une autre maman prend la plume pour manifester son désarroi devant la conduite de son fils qui s'est enfui du collège :

> J'ai l'honneur de vous écrire ces lignes pour vous tirer d'inquiétude et vous donner part que mon fils étais arrivé chez moy avant votre lettre, il est arivé mardy le soir le 8 du courant. Je vous promet que ma surprise étais extreme lorsque je le vois. Comme je n'ajoute point foi a un deserteur je vais tenir des informations a lille pour etre informée de la verité et si elles ont fausses je vous le renverrai tout de suite. Je suis au desespoir de ce qui est arrivé[55].

Si on en croit un père conseillant au principal du collège de Lille de ne pas se laisser impressionner par les mamans qui « n'entendent rien en matière de bonne éducation et voudraient qu'on perfectionne leurs enfans en leur faisant leurs petites volontés. Si on a la fermeté nécessaire ; cela s'appelle chez elles dureté et tyrannie. Suivé vos bons principes avec les petits ménagemens qu'exige absolument le tempérament du pays[56] », celles-ci seraient enclines à se soumettre aux caprices de leurs fils.

Il est incontestable que, dans certaines circonstances, nos pensionnaires préfèrent s'adresser à leur mère plutôt qu'à leur père. C'est à sa maman que le jeune Demonge écrit pour le renouvellement de sa garde-robe. L'affaire se fait dans le plus grand secret. Le papa informé par le principal écrit :

> J'ignorais totalement que Maᵈᵐᵉ Demonge avait contribué a procurer un habit et un chapeau neuf, j'en suis vrayment content… Vous m'auriez beaucoup obligé de me mander la somme que Maᵈᵐᵉ Demonge vous a adressé pour lui[57].

C'est aussi à sa maman que le dernier fils de Jean-Baptiste Carpentier dont les médiocres résultats scolaires ont suscité quelques mercuriales paternelles écrit pour avoir un précepteur[58]. C'est encore à la maman que le fils aîné Louis, souffrant d'engelures aux mains, s'adresse pour obtenir de revenir à Lille en décembre 1782 pendant les vacances de Noël. Excédé, son mari écrit à son épouse :

> Vous êtes bien la maîtresse de faire venir Louis pour les vacances de noël. Si l'engelure était un mal qui empêche d'étudier, peu d'écoliers frequenteraient les classes […] Quant à Louis vous le ferez venir ou lui direz de rester[59].

Madame Carpentier, toujours, « oublie » d'informer son époux « des places et des prix » que les trois enfants « ont pu remporter[60] ».

Ces quelques exemples semblent donc donner raison à ce père qui dénonce la faiblesse des mères. La réalité est plus complexe. En effet, que montrent les lettres ? C'est en premier lieu qu'elles veulent comprendre les raisons qui peuvent motiver les jugements portés par les responsables de l'éducation de leurs enfants. Au principal qui se plaint de son fils, une maman répond sur le champ :

> J'aÿ reçu avec surprise la lettre que vous m'avez fait l'honneur de m'ecrire touchant le caractaire de mon fils. Il faut qu'il soit bien changé depuis quil demeure chez vous puisque ses maîtres m'ont toujours dit quil etait un bon garçon qu'on pouvait plier avec bonté… J'aÿ eu quatre filles à Marquette et les maîtresses m'ont dit que si toutes leurs pensionnaires etaient de ce caractere elles auront lieu d'être contentes et j'ai eu deux fils a Tournay et n'en ai jamais eu de plaintes… je suis fort sensible de l'entendre du plus jeune[61].

Ce souci de comprendre, voire d'absoudre l'enfant indiscipliné, s'accompagne d'un refus chez les mères, comme chez les pères aussi, de toute rudesse disciplinaire. Elles n'hésitent pas à le faire savoir au principal du collège comme en témoigne une longue lettre de la comtesse de Ligny qui se fait l'écho des plaintes de ses enfants :

La crainte de vous être importune me retiendrais si la confiance ne l'emportait. Comme ayant toute authorité et ne pouvant encore connaître tous vos sujets, permettez Monsieur que je vous expose les larmes et les plaintes de mes enfans contre leur maître de quartier. Je ne sais rien de particulier mais ils me prient de vous en faire part ce qui vous donne une grande idée du respect et de l'amour qu'ils vous portent. Je vous prie Monsieur d'avoir la bonté de prendre connaissance des punitions déplacées qu'il exerce avec eux. Je connais le caractere de mes enfans. Ils n'ont besoin que d'une fermeté douce et sans rigueur. Je ne les crois pas capables à moins qu'ils ne soient entrennés à une désobéissance qui puise irriter un maître[62].

C'est aux parents, et aux parents seuls, qu'il appartient de corriger leurs enfants si cela est nécessaire conclut une autre maman qui réclame qu'on traite son fils « avec un peu plus de douceur ».

Le séjour au pensionnat représente un investissement important[63] dont les mamans sont fort conscientes. Au principal du collège de Lille qui lui suggère de prendre un précepteur pour son fils moyennant une rétribution supplémentaire de 400 livres, Madame Van Ceulen répond : « J'ai vu entre autres que vous me dites de prendre un precepteur pour mon fils ce que je ne peux approuver puisque je trouve que s'il veut profiter de son tems qu'il peut aussi bien apprendre que les autres Messieurs qui sont avec lui[64]. »

Néanmoins, les difficultés d'adaptation de son fils et ses médiocres résultats lui font rapidement comprendre la nécessité d'en passer par cette dépense supplémentaire :

D'abord qu'il soit pour son mieux, comme je m'en flatte, je n'épargne rien pour qu'il reçoive une bonne education que vous lui soignez un precepteur docte, zélé et éclairé, qu'il lui donne les lumières nécessaires[65].

On ne sait pour quelles raisons, ce précepteur est renvoyé. Madame Van Ceulen ne manque pas de faire part de son étonnement :

Comme j'ignore les raisons qui vous ont fait prendre cette partie et que j'ai abandonné mon dit fils a votre sage prudence et zelée direction, je ne peut qu'approuver tout ce que vous y avez jugé de faire, mais sur ce que premierement, vous m'aviez meme conseillé d'en donner un a mon fils, et qu'alors il aurait encore mieux eu son instruction et même plus des secours que d'etre au rang des autres, c'est ce qui m'a fait resoudre que vous lui en donniez un dit precepteur […] et que par votre presente lettre vous detruisez tout a fait, ce qui fait que je ne comprend pas trop bien ce qu'il en est, enfin c'est une chose conclue, je la laisserez la[66].

Si les mères acceptent de faire des sacrifices pour « la bonne éducation » de leurs fils, elles souhaitent en même temps qu'ils se montrent économes. Aussi n'hésitent-elles pas à leur rappeler que la pension coûte cher et qu'il n'est pas question d'abuser des dépenses extraordinaires. Elles sont particulièrement attentives aux dépenses d'argent de poche dont elles blâment le gaspillage. Madame Van Ceulen, inquiète des dépenses de son fils qu'elle juge immodérées, s'en plaint vivement auprès du principal :

> Ce qui me choque dans mon fils c'est la dépense qu'il fait. Je suis surpris et ne peux le comprendre à quoi va son argent de poche. Vous me ferez plaisir de m'en donner part s'il vous est connu.

Cependant soucieuse d'expliquer, voire d'excuser, cette prodigalité, elle met en cause les fréquentations de son fils :

> Je ne puis lui en donner tout le tort. Mons. Gilles en est cause en partie et ce qu'il lui a dit l'ont porté à agir ainsi de telle sorte, de quoi j'ai bien du deplaisir car la jeunesse est toujours portée a la dépense sans qu'on la lui presche fussent ils fils de roi

tout en décidant de faire preuve de fermeté :

> Enfin, j'ai taxé les menus plaisirs de mon fils par semaine et ai prié Monsieur Deebroek de porter mon fils a l'economie contraire aux maximes que M. Gilles lui a voulu inspirer[67].

Toutes les mamans ne font pas preuve de la même fermeté si on en croit une fois encore les remarques des pères. L'un d'eux signale : « Entre nous la maman lui a envoyé par la voiture deux écus[68]. »

Enfin chez nos mamans, le souci de l'âme n'est pas un souci majeur. Les questions touchant à l'éducation religieuse et à la première communion n'apparaissent pas dans leurs lettres alors qu'elles sont présentes dans celles des pères. On n'en conclura pas qu'elles s'en désintéressent totalement comme le montre cette remarque du beau-père du petit Vanden Cruyce au principal du collège de Lille :

> Sa mère ny moy ne s'en mellent plus, nous nous reposons en vos soins ordinaires et quand les maîtres trouveront à propos de luy faire faire sa première communion, nous seront charmés qu'il la fasse chez vous[69].

Conclusion

Au terme de cet examen des discours de Dubois de Fosseux et des lettres échangées entre les mères de pensionnaires et les principaux de collèges que pouvons nous retenir ? C'est tout d'abord le vibrant plaidoyer de Dubois de Fosseux pour faire de la mère l'institutrice de ses enfants. Les mères, tout au moins celles qui appartiennent aux catégories supérieures de la société peuvent et doivent à l'égal des pères revendiquer la fonction préceptorale pour diriger les études de leurs enfants. Quant aux lettres, elles montrent que les mères, comme les pères, ne sont pas des êtres insensibles qui voient dans le pensionnat le moyen de se débarrasser de leurs garçons. Les mamans que nous rencontrons dans la correspondance témoignent d'une grande sensibilité et d'une attention permanente à l'avenir et au sort de leurs garçons dès lors qu'ils sont remis entre des mains étrangères pour parfaire leur éducation. Sans doute, cette attention est-elle encore plus grande quand la mère, veuve, est seule pour prendre des décisions qui engagent l'avenir du fils chéri. Mais comme le montre notre corpus, les veuves ne sont pas les seules à prendre la plume et à décider de l'avenir des fils.

Les quelques exemples que nous avons rassemblés infirment l'idée d'une rupture brutale, telle qu'elle était suggérée par Y. Knibiehler et C. Fouquet, dans la relation mères-fils[70]. Dès l'Ancien Régime, les mères que nous avons rencontrées s'investissent dans l'éducation de leurs fils. Il n'y a ni rupture ni innovation, mais une continuité encore mal connue. L'histoire des mères au XVIIIe siècle, toujours focalisée sur la relation mères-filles, gagnerait donc en profondeur en cessant d'occulter la forte relation mères-garçons que les correspondances familiales nous révèlent.

NOTES

1. Y. KNIBIEHLER, C. FOUQUET, *Histoire des mères du Moyen Âge à nos jours*, Paris, Éditions Montalba, 1977.
2. É. BADINTER, *L'amour en plus, histoire de l'amour maternel (XVIIe-XXe siècle)*, Paris, Flammarion, 1980.
3. —, *Histoire des femmes en Occident [III], XVIe-XVIIIe siècle*, Paris, Plon, 1992.
4. Y. KNIBIEHLER, C. FOUQUET, *Histoire des mères...*, *op. cit.*, p. 106.
5. *Ibid.*, p. 107-119.
6. É. BADINTER, *L'amour en plus...*, *op. cit.*, p. 119.
7. Y. KNIBIEHLER, C. FOUQUET, *Histoire des mères...*, *op. cit.*, p. 192-198, « Mères et fils ».
8. É. BADINTER, *L'amour en plus...*, *op. cit.*, p. 195-237, « La nouvelle mère »
9. O. HUFTON, « La mère éducatrice », N. ZEMON DAVIS, A. FARGE, (dir.), Farge A. (dir.), *Histoire des femmes...*, *op. cit.*, p. 54-59.
10. M. SONNET, « Les leçons paternelles », Jean DELUMEAU, Daniel ROCHE (dir.), *Histoire des pères et de la paternité*, Larousse, 1990, p. 259-278.
11. Sur Dubois de Fosseux, voir L.-N. BERTHE, *Dubois de Fosseux, secrétaire de l'Académie d'Arras, 1785-1792 et son bureau de correspondance*, Arras, 1969, p. 431.
12. Lettre au docteur Terrède, 6 juin 1786, citée dans L.-N. BERTHE, p. 77.
13. Je remercie M. Ludovic de Fosseux et sa famille qui m'ont permis d'exploiter les archives de leur ancêtre en cours de classement. Une première étude de ces discours a été présentée dans P. MARCHAND, « Propos d'un noble artésien sur l'éducation. Les discours de Dubois de Fosseux

1782-1783 », R. Grevet, P. Marchand (dir.), *Les débuts de l'École républicaine (1792-1802)*, Actes du colloque organisé par l'URA CNRS 1020, 23-25 novembre 1995, *Revue du Nord*, tome LXXVIII, octobre-décembre 1996, p. 695-708.

14. M. Garden, « Pédagogie et parents d'élèves au collège de la Trinité (Lyon, 1763-1792) », *Cahiers d'histoire*, t. XIV, 1969, p. 31-392.

15. D. Julia, « « Je vous ai confié ce que j'ai de plus cher… » », *Le famiglie degli allievi scrivono alla scuola di* Tourno », *Quaderni Storici*, 19e année, n° 57, décembre 1984, p. 819-856. D. Julia, « La correspondance entre le supérieur du collège de Tournon et les parents des pensionnaires à la fin du XVIIIe siècle », Actes du Colloque du 28 mai 2005 *Correspondances de l'École Royale militaire de Tournon au XVIIIe siècle*, *Revue du Vivarais*, tome CIX, n° 3, juillet-septembre 2005, p. 147-193. Version remaniée et élargie de l'article de 1984.

16. D. Dawson, « « Chère Maman » : Lettres de deux des derniers « élèves du roi » au collège militaire de Tournon à l'époque de la Révolution (1786-1791) », Actes du Colloque du 28 mai 2005 *Correspondances de l'École Royale militaire de Tournon au XVIIIe siècle*, *Revue du Vivarais*, tome CIX, n° 3, juillet-septembre 2005, p. 195-218.

17. P. Marchand, « Les parents et l'éducation dans les collèges de la France du Nord : des parents écrivent 1768-1780 », *Livre et Lumières dans les Pays-Bas français de la Contre-Réforme à la Révolution*, Publication du Cercle Archéologique de Valenciennes, t. X, volume I, Valenciennes, 1987, p. 29-50.

18. P. Marchand, « Depuis les Pays-Bas autrichiens et les Provinces-Unies, des parents écrivent au principal du collège de Lille 1768-1780 », *LIAS Sources and documents relating to the early modern history of ideas*, XII/1, 1985, 193-243. P. Marchand, « Un père et ses enfants au XVIIIe siècle. Lettres, 1768-1787, de Jean-Baptiste Carpentier (1731-1788) », *LIAS Sources and documents relating to the early modern history of idea*, 1996, 23/1 et 2, p. 99-260.

19. *De l'utilité…, op. cit.,.*f° 19-20.

20. *Ibid.,* f° 21.

21. « Je m'attends à des objections et je vais les prévenir » (*De l'utilité…, op. cit.*, f° 23).

22. *Des femmes et de l'éducation…, op. cit.,*f° 24-25.

23. *Ibid.*, f° 20-21.

24. Dubois de Fosseux est un ardent défenseur du latin : « Cette langue sera toujours nécessaire dans l'éducation des hommes à moins qu'on ne change toutes nos institutions, tous nos usages, tous nos principes et même notre religion » (*Ibid.*, f° 22).

25. *Ibid.*, f° 22.

26. Dubois de Fosseux, « Réponse aux deux Lettres de M. le Marquis de Fosseux, insérée dans les n° 70 et 71 des Feuilles de Flandres », *Feuilles de Flandres*, 17 mai 1782.

27. Archives départementales du Nord (ADN), D 614/44 lettre datée de Regelsbrugge, 24 septembre 1769, signée A. Carpentier.

28. ADN, D 614/4, lettre datée d'Anvers, 21 décembre 1769, signée A. Carpentier.

29. ADN, D 614/4, lettre datée d'Anvers, 9 octobre 1769, signée T. Carpentier née Goris. Nous respectons scrupuleusement l'orthographe des lettres.

30. ADN, D 615, lettre datée de Gand, 26 mars 1769, signée François J Vandencruyce.

31. ADN, D 615, lettre datée de Gand, 29 avril 1769, signée B Vandencruyce née Depotter.

32. ADN, D 615, lettre datée d'Amsterdam, 27 février 1769.

33. ADN, D 615, lettre datée d'Amsterdam, 24 octobre 1768, signée La veuve Ad. Van Ceulen.

34. ADN, D 615/16, lettre datée de Roubaix, 22 septembre 1769, signée femme de Louis Castel.

35. ADN, D 616/16, lettre datée d'Amsterdam, 4 octobre 1768, signée La Veuve d'AD. Van Ceulen née E. Van de Putte.
36. ADN, Cumulus 584, lettre datée de Lille, 4 octobre 1775.
37. ADN, Cumulus 584, lettre datée de Lille, 10 octobre 1775, signée J.-B. Carpentier.
38. ADN, D 615/16.
39. ADN, D 615/16, lettre datée d'Amsterdam, 7 septembre 1769, signée Votre tres humble servante Me Sanders de Negret.
40. ADN, D 615/16, lettre datée de Gand, 3 décembre 1769, signée B. Vanden Cuyce née Depotter.
41. ADN, D 615/16, lettre datée d'Anvers, 9 octobre 1769, signée T. Carpentier née Goris.
42. ADN, Cumulus 497, lettre datée de Paris, 20 octobre 1778.
43. ADN, D 614/44, lettre datée d'Anvers, 21 décembre 1769, signée A. Carpentier.
44. ADN, D 615/16, lettre datée d'Amsterdam, 24 octobre 1768, signée La veuve Van Ceulen.
45. ADN, D 615/16, lettre datée de Ligny, 14 juin 1768, signée Le Clément de Ligny.
46. ADN, D 615/16, lettre datée d'Anvers, 28 juillet 1776, signée La veuve de Jérôme Van Wamel.
47. ADN, D 615/16, lettre datée de Gand, 29 avril 1769, signée B Vandencruyce née Depotter.
48. ADN, D 615/16, lettre datée de Taintegnies, 6 août 1768, signée d'Ostrel de Saint Marcq.
49. ADN, D 515/16, lettre datée d'Amsterdam, 4 octobre 1768, signée La veuve d'Ad. Van Ceulen.
50. *Ibid.*, 10 novembre 1768.
51. *Ibid.*, 28 décembre 1768.
52. *Ibid.*, 26 décembre 1768.
53. Cf. note 13.
54. ADN, D 615/16, lettre datée d'Anvers, 20 août 1774, signée L'épouse de C. J. Lombaert.
55. ADN, D 615/16, lettre datée de Gand, 10 (?) 1770, signée Baston née Della Faille.
56. ADN, D 615/16, lettre datée de Tournai, 3 janvier 1769, signée De Harne.
57. ADN, D 615/16, lettre datée de Bergues, 22 juin 1769.
58. ADN, Cumulus 500, lettre datée de Lille, 14 octobre 1782.
59. *Ibid.*, lettre datée d'Ellezeeles, 28 décembre 1782. Louis est alors étudiant à Douai.
60. *Ibid.*, lettre datée d'Isques, 12 septembre 1782.
61. AdN, D 615/16, lettre datée de Gand 28 juin 1769, signée I P D'Hooghe épouse de François de Vliegher.
62. ADN, D 615/16, lettre datée de Ligny, 20 juin 1768, signée Le Clément de Ligny.
63. Le coût de la pension est de 333 livres pour le régime le plus simple (nourriture, lumière, service de la chambre et étrennes aux domestiques), 480 livres pour le régime le plus onéreux comprenant outre les prestations citées la fourniture du mobilier de la chambre, le blanchissage et l'entretien complet du linge et des vêtements, le matériel scolaire, le perruquier et le maître de danse.
64. ADN, D 615/16, lettre datée d'Amsterdam, 10 novembre 1768, signée La veuve d'Ad. Van Ceulen. Elle paie 1 500 livres pour la pension de son fils logé dans une chambre particulière. Il est probable que cette somme comprend le logement et l'entretien d'un domestique particulier attaché au service du jeune Van Ceulen.
65. *Ibid.*
66. *Ibid.*, 26 décembre 1768.

67. *Ibid.*, 26 octobre 1769. Monsieur Gilles est un condisciple. Deubroeck est le correspondant lillois du jeune Van Ceulen.

68. ADN, D 615/16, lettre datée d'Anvers, 9 octobre 1769, signée A. Carpentier.

69. ADN, D 615/16, lettre datée de Gand, 5 janvier 1769, signée François Vandencruyce.

70. Y. Knibiehler, C. Fouquet, *Histoire des mères…*, *op. cit.* Cf. dans la deuxième partie de l'ouvrage le développement « Mères et fils ».

MENTOR AUX VISAGES DE FEMMES : FIGURES D'ÉDUCATRICES DANS QUELQUES ROMANS LIBERTINS DU MILIEU DU XVIIIᵉ SIÈCLE

Morgane GUILLEMET

Le roman libertin s'est beaucoup préoccupé d'éducation, apportant ses propres réponses à une question qui a obsédé l'ensemble du XVIIIᵉ siècle. Dans de nombreux romans du genre, qui rappellent, par leurs formes et leurs principes, le roman d'éducation, Mentors et initiateurs éduquent des jeunes gens (le plus souvent des jeunes filles) et leur ouvrent les portes d'une vie de libertinage. Mais les figures les plus révélatrices et les plus significatives sont souvent des Mentors à visages de femmes. Certes, le nom de Mentor est masculin, mais derrière cet homme se cache une déesse, Athéna, une figure féminine. À partir de ces quelques considérations, il apparaît intéressant d'examiner et de comprendre comment le roman libertin met en scène ces figures d'éducatrices et parvient à articuler éducation, mentorat féminin et initiation au corps et à la sexualité. Quatre romans du milieu du siècle, qui offrent des figures variées de ces Mentors au travers de récits d'éducation au féminin, nous serviront de terrain d'étude : *Thérèse philosophe* de Boyer d'Argens, *Psaphion ou la Courtisane de Smyrne* de Meusnier de Querlon, tous deux publiés en 1748, *Margot la ravaudeuse* de Fougeret de Monbron, paru en 1750, et la version quintessenciée de l'anglais par ce même auteur de la *Fanny Hill* de John Cleland en 1751[1]. Ces quatre récits écrits au féminin permettent en effet de mettre en lumière la relation si particulière entre éducatrice et élève mise en place par le genre libertin du siècle.

Ces quatre romans sont tous des romans-mémoires (ou récit rapporté pour *Psaphion*, dans une Antiquité de fantaisie) : une narratrice revient sur sa jeunesse. L'amant de Thérèse lui demande de montrer « les actions des uns et les sages réflexions des autres qui, par gradations, [lui] ont dessillé les yeux sur les préjugés de [sa] jeunesse[2] » ; Margot, quant à elle, « expose au grand jour les rôles divers [qu'elle a] joués pendant [sa] jeunesse[3] », tout comme Fanny écrit à sa « chère amie » qu'elle va retracer « les égarements de [sa] première jeunesse[4] ». Le temps de l'histoire n'est donc pas celui d'une période anodine de la vie de la narratrice ; il est celui de la partie la plus intéressante de sa vie, celui du *commencement*, le moment « de quitter l'enfance[5] » selon les mots de Cynare, l'éducatrice de Psaphion.

L'apparition des personnages d'éducateurs répond alors à un schéma qui, s'il subit quelques variations, reste relativement équivalent d'un roman à l'autre. Plusieurs conditions semblent en effet nécessaires pour que puissent entrer en scène ces pédagogues. La plus essentielle de ces conditions est sans nul doute la disparition de la figure de la mère[6], car la libertine doit être un personnage émancipé, ne dépendant d'aucune autorité supra-individuelle, surtout pas d'une autorité familiale. Or, la sphère maternelle est précisément celle qui constituait son univers de référence – référence morale en particulier : la mère de Thérèse, devenue dévote, lui parle ainsi d'« attouchement », d'« impudicité », de « péché mortel[7] ». L'éducation répressive, qui précède l'éducation positive que va s'attacher à peindre tout le roman, est ainsi toujours le fait de la mère : Margot se voit flagellée par sa mère ; Thérèse manque d'être conduite au tombeau, réprimée par elle dans son corps et son esprit. La disparition ou la « désactivation » de l'autorité maternelle est donc la plus significative. Psaphion perd sa mère dès sa naissance et les parents de Fanny meurent de la petite vérole alors qu'elle entre dans sa quinzième année ; si Margot n'est pas orpheline, elle quitte le domicile familial dès l'âge de quatorze ans. À l'inverse, lorsque l'initiation de Margot est achevée, que « l'excès de jouissance [lui] a, pour ainsi dire, blasé le cœur, et engourdi le sentiment[8] » et qu'elle met un terme définitif à sa carrière libertine, la petite ravaudeuse devenue courtisane sent aussitôt le besoin de revenir vers sa mère. Thérèse non plus n'est pas orpheline, mais elle devra chercher sa voie, un père et une mère parallèlement infidèles l'ayant abandonnée à un couvent et la mort de sa mère l'ayant laissée seule, à Paris, « livrée à [elle]-même […], instruite à bien des égards mais sans connaissances des usages du monde[9] ».

Ces romans se posent donc nettement dans un refus de toute transmission entre la mère et la fille. Fanny n'écrit-elle pas à propos de sa mère :

> Ma bonne mère avait toujours été tellement occupée de son école et des petits
> embarras du ménage, qu'elle n'avait employé que bien peu de temps à m'instruire.
> Au reste, elle était trop ignorante du mal pour être en état de me donner les leçons
> qui pussent m'en garantir [10].

La mère de Fanny, qui tenait « une petite école de filles dans le voisinage », se
montre donc dans l'incapacité d'offrir mieux qu'une « éducation […] des plus
communes » à sa propre fille. Se dévoilent alors pour ces jeunes héroïnes les
perspectives d'une seconde naissance, bien plus brillante que la première. Ainsi,
« l'aboutissement du parcours initiatique se nomme *mettre dans le monde*, et l'institutrice accomplie que fut Ninon de Lenclos ne s'est pas fait faute de rapprocher
l'expression d'une autre, plus troublante : *mettre au monde* [11] » souligne Claude
Reichler. Dès lors, la disparition de la figure de la mère, qui a mis au monde, va
permettre l'apparition de substituts de cette figure maternelle : une ou plusieurs
autres femmes, plus âgées ou du moins plus expérimentées, peuvent ainsi prendre
la place de la mère pour mettre *dans* le monde en singeant, pour mieux les transgresser, les préceptes éducatifs maternels : Fanny écrit qu'Esther Davis lui « servit
de mère pendant toute la route [12] » vers Londres ; Madame C*** remplit une
fonction maternelle auprès de Thérèse, tout comme la Bois-Laurier s'auto-institue
explicitement comme substitut de la figure maternelle, avançant son âge et surtout
son expérience à sa jeune protégée ; Cynare se charge d'élever Psaphion à la mort
de sa mère et lui donne « les meilleurs maîtres de Smyrne » ; sans oublier que le
couple de la maquerelle mère et de sa fille est un *topos* du genre. Ainsi Madame
Cole appelle-t-elle ses protégées « ses enfants » et se charge-t-elle de leur éducation jusqu'à « l'établissement de la petite famille », alors seulement elle pourra se
retirer :

> […] elle m'avoua sincèrement que ce qui l'y retenait encore [dans le monde], c'était
> la tendresse qu'elle avait pour ses enfants (c'est ainsi qu'elle nous appelait) et parti-
> culièrement pour moi qu'elle aimait comme sa propre fille ; mais que son dessein
> étant de se retirer sitôt qu'elle aura pourvu à l'établissement de la petite famille, elle
> m'exhortait et m'ordonnait même en qualité de mère de ne pas laisser échapper une
> si belle occasion de faire une honorable retraite […] [13].

Ce transfert des attributs éducatifs de la mère à son substitut est d'autant
plus significatif lorsque, comme c'est parfois le cas, c'est la mère elle-même qui
confie sa fille à celle qui deviendra son éducatrice au moment de ses débuts dans
la carrière du libertinage, mais sans le savoir. La mère de Thérèse recommande
ainsi à sa fille de « cultiver l'amitié et les bonnes grâces de Madame C*** », et la
narratrice de se réjouir rétrospectivement sur l'erreur de sa mère, mais aussi de la
société dans son ensemble :

Je répondis à ma mère qu'elle ne devait pas douter de ma soumission aveugle à ses volontés. Hélas! la pauvre femme ne soupçonnait guère la nature des leçons que je devais recevoir de cette dame, qui jouissait en effet de la plus haute réputation [14].

Que la disparition ou l'effacement de la figure maternelle soit volontaire ou non, la mère ne saurait conserver, dans ces romans, ses attributs traditionnels. Et même lorsqu'elle garde sa place auprès de sa fille [15], la figure maternelle se trouve « désactivée », « dénaturée » – si je puis dire –, en ce qu'elle se trouve explicitement niée dans sa fonction éducatrice.

Vont alors entrer en scène des figures multiples à la fois d'éducatrices et d'élèves, mais toujours liées par la transmission d'une connaissance et l'apprentissage d'un plaisir. Certains types d'éducatrices reviennent ainsi souvent dans les récits libertins : la proxénète, l'entremetteuse, la compagne de couvent, ou encore l'amie expérimentée. Mais il faut souligner qu'il est parfois bien hasardeux de vouloir catégoriser systématiquement les figures d'éducatrices du roman libertin dans une perspective trop strictement et exclusivement typologique. En effet, un personnage comme la Bois-Laurier tient à la fois le rôle de substitut de la figure maternelle, de partenaire sexuelle (dans ces scènes subtiles et diffuses de saphisme) et de maquerelle. Plusieurs aspects se dégagent d'emblée de ces figures, qu'il s'agisse de transmettre les « ficelles » du métier – reprenant ainsi la thématique de l'éducation sur le mode ironique – d'initier la jeune fille à son corps et à la sexualité par le récit ou par la scène érotique, voire de lier apprentissage sexuel et « philosophie » – il s'agira de former la jeune fille, ou plutôt de la « déformer », c'est-à-dire de la défaire de ses préjugés, ce sur quoi se fonde toute la philosophie libertine et qui n'est pas sans rappeler les préceptes des Lumières : Claude Reichler dirait que la jeune novice passe du *préjugé* à la *nature*. Éducatrices moitié proxénètes, moitié prêcheuses, qui dirigent bien souvent les premiers pas des héroïnes dans la carrière libertine, des personnages comme Madame Florence, la Bois-Laurier, Cynare ou Madame Cole vont ainsi transmettre les « ficelles » du métier, que ce soit la question de l'hygiène ou celle de l'art de plaire, à leurs jeunes élèves, car « qui que ce soit ne connaissant mieux le fort et le faible de la vie de Londres [ou Paris, voire Smyrne !], [n'est] plus en état de donner de bons avis et de garantir de jeunes prosélytes des dangers du métier [16] ». La première citée ci-dessus tient une des plus fameuses maisons closes de Paris et a ébauché l'éducation de nombre de demoiselles parties poursuivre leur carrière de courtisane à l'Opéra ; la seconde, devenue entremetteuse, tente d'« offrir » Thérèse à un financier. La première est « un des grands génies d'ordre et de détail qu'il y eut alors parmi les abbesses de Cythère [17] » ; la seconde est

« une femme de quarante ans qui a l'expérience d'une de cinquante, [et qui] sait ce qui convient à une fille comme [Thérèse] [18] ». Quant à Cynare, ancienne courtisane et éducatrice de Psaphion, qui est ainsi allée à bonne école, elle est présentée comme un modèle du genre. Par son exemple en effet, Cynare donne un modèle incarné de la courtisane caméléon – un exemple, si je puis dire, « pratique », des conseils avisés donnés par Monsieur de G*** M*** et le frère Alexis à Margot :

> Enfin et pour conclusion, qu'elle n'ait point de caractère à elle ; mais qu'elle étudie avec soin celui de son amant, et sache s'en revêtir comme si c'était le sien propre [19].

Les discours masculins donnés dans *Margot la ravaudeuse* se font ainsi pratiques féminines dans *Psaphion ou la courtisane de Smyrne*. Car c'est par leur exemple que ces figures d'éducatrices forment leurs jeunes élèves – l'exemple étant le lien permanent entre la nature et l'éducation dans le roman libertin [20].

Dans ses représentations les plus abouties, l'exemple va jusqu'à l'identification, que ce soit par le récit ou par la scène érotique (exhibée ou furtive). Fanny découvre ainsi la volupté notamment durant une scène de vision où c'est la « révérende mère prieure elle-même », ainsi qu'elle nomme Madame Brown, qui est mise en scène : « la vue d'une scène si touchante porta le coup mortel à [son] innocence [21] ». L'histoire de Madame Bois-Laurier permet à la jeune Thérèse, par l'identification à son éducatrice, libertine de profession, de s'instruire des manières, des usages du monde, et de connaître un substitut d'expérience sociale qui lui fait encore défaut et qu'elle n'aura à aucun moment à endurer dans son propre corps. Elle pourra également faire découvrir à son corps la sensualité et la volupté pendant ces scènes diffuses de saphisme entre les deux femmes. C'est que le récit d'éducation libertin se plaît à alterner sans cesse discours et scènes voluptueuses : la transmission de la connaissance de l'éducatrice à l'élève ne pouvant se faire par le seul discours, et ce discours devant être quasi systématiquement prolongé et complété par la scène érotique.

Le corps et l'esprit sont ainsi sans cesse associés l'un à l'autre dans un accord idéal, à l'image de l'exemple qu'offre Cynare : la courtisane doit être un véritable caméléon afin de conformer son propre être à celui de l'homme qu'elle cherche à séduire ; et ces femmes éducatrices se chargent ainsi de « former le cœur et l'esprit » selon l'expression consacrée dans ces romans. Avant d'envisager les modalités particulières de l'articulation entre apprentissage sexuel et philosophie par ces femmes éducatrices, il est important de comprendre que l'éducation libertine fait du corps et de la sexualité de véritables enjeux de découverte. Thérèse définit son récit comme l'histoire d'un apprentissage, l'acquisition d'une connaissance par étapes fondée sur la découverte du corps et de ses désirs. Les Mentors féminins guident alors les jeunes filles dans ce voyage vers le plaisir à travers le récit, le discours, la scène érotique, ou encore le plaisir saphique. Le saphisme est, en effet, un des nombreux fantasmes dont se nourrit l'écriture libertine, et les scènes de saphisme ne sont pas rares, en particulier entre une éducatrice et son élève, telles que l'allusion discrète mais néanmoins présente, aux « folies » de la Bois-Laurier et de Thérèse. De ce fantasme naît l'apparition d'une figure récurrente de ce Mentor aux visages de femmes : l'amie expérimentée qui va initier la jeune fille au plaisir, à l'image de Phoebé avec Fanny, dont « l'éducation devait être confiée à ses soins, et suivant ce plan [il était] convenu [qu'elles coucheraient] ensemble[22] ». Fanny peut ainsi écrire rétrospectivement à son amie :

> Le badinage commençant à me plaire, j'éprouvai pour la première fois un plaisir que j'avais ignoré jusqu'alors[23].

À la fois par la scène de vision et par l'apprentissage du plaisir saphique, ces Mentors au féminin sont donc les premiers à faire accéder la jeune novice aux mystères de la volupté et du plaisir. Mais n'est-il pas significatif que la même Phoebé s'écrie avec dépit :

> Ah ! s'écriait-elle, en me tenant toujours serrée, que tu es une aimable enfant !… Quel sera le mortel assez heureux pour te rendre femme !… Dieux ! que ne suis-je homme[24] !

Les prérogatives sexuées ne sauraient donc être abandonnées. Au seul comte sera ainsi réservé de faire connaître à Thérèse, qui s'y était pourtant longtemps refusée, « les ravissements » de la jouissance qu'aucune éducatrice, qu'elle eût été proxénète, entremetteuse, compagne de couvent ou amie expérimentée, n'eut pu lui faire éprouver…

Thérèse philosophe : le titre du roman de Boyer d'Argens, tout comme ceux d'autres romans du siècle, se plaît, en effet, à lier ces deux aspects ; mélange des genres qui témoigne aussi du rôle de cette littérature libertine dans la diffusion des idées des Lumières et du siècle dans son ensemble. L'association d'un personnage féminin et de la philosophie recèle une volonté transgressive certaine, dans le sens où ce titre laisse envisager une héroïne émancipée, maîtresse de sa pensée et de son corps. Et en effet, dans ces romans, la libération sexuelle et morale se trouve étroitement liée à l'épanouissement de l'esprit. Il nous est souvent indiqué que l'éducation de ces jeunes filles n'a « point été négligée » ; et chaque scène voluptueuse s'accompagne de l'acquisition d'une connaissance pour la jeune élève, tout comme l'apprentissage par la parole ne vaut que quand il y a acte, pratique. C'est ainsi que les « tirades de morale » sont toujours des moments de profond ennui pour ces jeunes demoiselles, à l'image de Margot à l'écoute des « sentencieux et ennuyeux propos » de Madame Florence sur l'oisiveté[25]. Par ailleurs, les discours proprement philosophiques tenus par des femmes éducatrices sont assez rares dans ces textes : dans *Thérèse philosophe*, ils sont surtout le fait de l'abbé T***, même si Thérèse pourra les reprendre à son compte. Point de discours sur la nature ou la religion dans le récit de la Bois-Laurier. Mais le « raisonnement » n'est pas pour autant absent et ses discours, sans prétention philosophique aucune, sont présentés comme des « leçons propres à [...] apprendre [à Thérèse] à connaître les différents caractères des hommes[26] ».

Ces éducatrices articulent donc discours et pratiques dans leur projet éducatif transgressif – dans le sens où il va sans contredit à l'encontre de l'éducation « traditionnelle ». L'initiation au corps et à la sexualité offerte à ces jeunes élèves sera ainsi l'occasion d'une découverte épanouissante et libérée de leur propre corps et de celui de l'autre, alors que l'éducation traditionnelle, dont la mère, encore une fois, est l'incarnation même, contraint l'enfant dans des préjugés aliénants. Chez ces jeunes filles, nulle inquiétude n'accompagne la jouissance, et la découverte du plaisir charnel, dans un premier temps saphique, appelle simultanément la fin des préjugés.

Le roman libertin se plaît aussi à jouer habilement parfois sur les inversions, les déceptions et les *topoi* détournés, remaniant ainsi les relations entre éducatrices et élèves afin de les subvertir davantage encore et de permettre à la jeune initiée de parvenir à la maîtrise ultime de son corps et de son être que lui réserve le genre. Boyer d'Argens, lui, inverse habilement les rôles entre la Bois-Laurier et Thérèse : en effet, il ne s'agit plus d'une « simple » relation d'éducatrice à élève ; il y a réciprocité dans la transmission d'un savoir, et est rendue « confidence pour confidence, leçon pour leçon[27] ». Car, si la Bois-Laurier offre à Thérèse un substitut d'expérience, Thérèse lui a transmis ses « lumières dans la morale, la métaphysique et la religion[28] », lumières tenues de l'abbé T*** et qu'à son tour elle est prête à transmettre – lumières permettant de justifier le désir et le plaisir. C'est que le libertinage est aussi – et peut-être surtout – à chercher dans le raisonnement qui justifie la jouissance et dissipe l'inquiétude, ce que permet à merveille l'éducation reçue par ces jeunes filles.

Il est par ailleurs tout à fait significatif que Madame Brown comme la Bois-Laurier se voient déchues de leur rôle d'entremetteuse puisque Fanny déjoue le « beau projet[29] » formé par son appareilleuse de la donner à son prétendu cousin et Thérèse se refuse au financier ; de même le jour marqué par Cynare pour l'initiation de Psaphion est précisément celui de la déception des attentes de l'éducatrice. Ainsi les leçons de cette dernière deviennent inutiles puisque Psaphion les a déjà reçues de sa propre expérience et d'une compagne plus expérimentée : elle n'a alors plus aucun mal à « tromper […] la sécurité de Cynare [30] », qui ne sait pas que sa protégée a trompé ses plans et qu'elle s'est déjà faite dépucelée par un autre homme que ceux qu'elle avait choisis. C'est que l'émancipation même que permet l'éducation offerte par ces femmes à leurs élèves est le premier signe de la disparition inéluctable de la figure de l'éducatrice, s'effaçant peu à peu de la vie de la jeune élève pour finalement disparaître du roman. Car une fois que la jeune néophyte a pleinement assimilé cette partie de son parcours, la protectrice doit s'effacer pour laisser la place à un autre protecteur. Ainsi assiste-t-on à quelques scènes de séparation, comme entre Margot et Madame Florence, même si la plupart du temps, le nom de l'éducatrice disparaît tout simplement, sans davantage d'explication ni d'effusion. Se dessine alors l'idée d'une émancipation progressive, d'une audace que la jeune élève n'avait pas, que son éducatrice lui a permis d'acquérir et qui est le signe d'une véritable construction identitaire intimement liée à l'acquisition d'une connaissance : passée maître dans l'art de plaire, Psaphion décide seule du moment de son initiation désormais.

Car l'éducation doit aussi et surtout être le moment d'une construction identitaire qui doit conduire, à terme, à une maîtrise des codes, des usages, des corps et des discours, ceux de la communauté libertine et de ses « mystères ». Cynare, qui est « fort religieuse », emmène Psaphion au temple de Vénus Pandémie le jour marqué pour l'initiation de cette dernière « dans l'art de Laïs [31] ». Le roman libertin reprend, pour mieux la transgresser, l'idée d'une initiation directement liée à la religion, à un culte, mais désormais un culte du corps et du plaisir transmis d'une femme à une jeune fille destinée à devenir femme, sous l'égide de Vénus et des grandes courtisanes qui l'ont précédée, de Laïs à Cynare : les mystères ne sont plus religieux, ils sont charnels.

Cette éducation libertine au féminin, qui se fait systématiquement en vase clos – « matérialisé » par un espace intime et/ou fermé, tel que le couvent, le boudoir ou encore la maison close, au nom particulièrement significatif [32] – se replie ainsi doublement sur elle-même par la transmission d'une connaissance proprement féminine. Ainsi ces figures d'éducatrices drainent-elles avec elles le fantasme récurrent d'une clôture de l'espace sur les corps féminins et son corollaire, le fantasme d'effraction : saphisme, couvent, boudoir, réciprocité voire circularité d'une transmission des savoirs, autant de figures de l'enfermement au féminin, comme dans ces scènes qui allient subtilement discours « philosophiques » et plaisir saphique :

> Après quelques autres discours de la Bois-Laurier, qui visaient à me servir de leçons propres à m'apprendre à connaître les différents caractères des hommes, nous nous couchâmes et, dès que nous fûmes au lit, nos folies prirent la place du raisonnement [33].

La dimension fantasmatique, toujours très présente dans le genre libertin, préside en effet à cette mise en place d'une chaîne éducative libertine proprement féminine – subversion ultime – et dans laquelle auteur comme lecteur vont pouvoir pénétrer, car cette éducation doit toujours se faire sous le regard de l'homme, que ce regard soit interne au roman ou externe. Car si le roman libertin se plaît à représenter le corps féminin enfermé, c'est afin de rendre possible la violation de l'intimité féminine, de l'observer là où précisément elle est censée être cachée à tout regard masculin. Cette représentation de l'éducation de la femme par la femme, enfermement symbolique redoublé par les lieux dans lesquels elle se tient, participe nettement de ce même fantasme. Phoebé apparaît comme l'incarnation de ce fantasme, en attestent ces quelques lignes du roman de John Cleland qui font de la fonction d'éducatrice le plus court chemin vers le saphisme, mais aussi vers l'insatiabilité – la femme insatiable, autre mythe porté par le roman libertin :

> Phoebé, l'impudique Phoebé à qui tous les genres de paillardises étaient connus, avait pris selon toute apparence ce goût bizarre en éduquant de jeunes filles [34].

Toujours entre libération – par rapport aux codes sociaux – et asservissement – aux fantasmes que draine sans cesse l'écriture libertine –, la femme, dans le roman libertin, passe constamment « de la représentation au mythe », dans une construction de la féminité sur les fondations de l'ambiguïté. La réponse offerte par le roman libertin aux questionnements du siècle autour de l'éducation nous renvoie donc elle aussi à cette ambiguïté féminine essentielle.

Mais revenons-en à la maîtrise, terme de toute éducation libertine. Dans ses représentations les plus accomplies, cette maîtrise conduit à terme à un aboutissement logique : se faire initiatrice à son tour, transmettre son « savoir » et aider « l'autre » – féminin ou masculin, en soulignant que l'initiation est profondément sexuée dans le roman libertin – à accéder à son tour aux « mystères » et aux codes de cette société libertine. Dès lors, on assiste, dans certains textes à une évolution du statut d'élève, d'initiée, à celui d'éducatrice, d'initiatrice. Maîtriser son plaisir et celui de l'autre en se créant les moyens propres à le réaliser en arrêtant soi-même désormais le moment devient alors le signe par excellence de la maîtrise, en particulier lorsqu'il s'agit d'initier un jeune homme. Ainsi Margot se plaît-elle à éduquer de jeunes et vigoureux laquais pour son propre plaisir, les modelant selon ses désirs :

> Il est vrai que je n'en suis jamais venue à ces extrémités, parce que j'ai toujours eu la précaution de les prendre tout neufs, exactement de la tournure d'esprit et de corps du paysan, que l'ingénieux et élégant Monsieur de Marivaux nous a peint d'un coloris si naïf et si gai. Je me donne la satisfaction de les éduquer moi-même, et de les plier à ma fantaisie [35].

Psaphion, quant à elle, désormais maîtresse de son corps et de son esprit, dit « avoir formé la plupart des jeunes gens de Smyrne [36] » et s'occupe « à former des sujets dignes d'orner un ordre dont Smyrne tire aujourd'hui quelque lustre, [elle voit] croître sous [ses] yeux d'aimables élèves, jeunes plantes que [sa] main cultive [37] ». C'est par l'évocation de ce projet éducatif que s'achève un récit qui avait commencé par ses premiers pas dans la douce carrière du libertinage, mais son récit lui-même était déjà partie intégrante de ce projet puisqu'il s'adressait à deux de ses plus prometteuses élèves. Que ces pseudo-mémoires au féminin aient pour dessein l'éducation de leurs jeunes lecteurs destinés à entrer dans le monde est d'ailleurs un lieu commun du genre, car en cela réside leur justification :

> Au reste, quel que soit là-dessus le sentiment du lecteur, je me flatte que les traits obscènes de ces mémoires seront rachetés par l'avantage que les jeunes gens qui entrent dans le monde pourront tirer des réflexions que je fais sur le manège artificieux de catins, et le danger évident qu'il y a de les fréquenter. Si le succès répond à mes intentions, tant mieux. Sinon, je m'en lave les mains [38].

Ainsi s'achèvent les mémoires de Margot la ravaudeuse devenue courtisane, avant de revenir auprès de sa mère et de se retirer du monde, dans un aboutissement logique commun à nombre de ces romans.

Toujours par gradations – ce principe si cher au roman libertin, dans ses représentations les plus raffinées comme les plus excessives – toujours entre discours et pratiques, la jeune fille dans ce parcours éducatif qui est un voyage pour le plaisir, va trouver ces figures d'éducatrices sur son chemin ; des éducatrices qui vont l'accompagner dans son Odyssée vers la jouissance et la maîtrise totale, tout comme Mentor guida Télémaque dans la sienne. Reste que le roman libertin n'abandonne ni ses fantasmes ni les prérogatives sexuées et qu'il reviendra toujours à la figure du parfait amant, figure masculine donc, de faire accéder la jeune fille à l'état de femme, d'opérer cette rupture essentielle qui constituera le moment initiatique proprement dit. Comme souvent dans le roman libertin du XVIIIe siècle, la représentation et l'écriture de l'éducation au féminin sont doubles : Athéna sous le costume de Mentor, tour à tour s'appropriant les attributs virils et déplorant que ce ne soit finalement qu'un costume...

NOTES

1. La version originale, *Fanny Hill or Memoirs of a Woman of Pleasure*, parut en 1748.
2. J.-B. BOYER, marquis d'ARGENS, *Thérèse philosophe*, [1748], éd. R. Trousson, in *Romans libertins du XVIIIe siècle*, Paris, Robert Laffont, coll. Bouquins, 1993, p. 575.
3. Louis-Charles FOUGERET DE MONBRON, *Margot la ravaudeuse*, [1750], éd. Raymond Trousson, *Romans libertins du XVIIIe siècle*, 1993, p. 679.
4. John CLELAND, *Fanny Hill, la fille de joie*, récit quintessencié de l'anglais par Fougeret de Montbron, Paris, Actes Sud, 1993, p. 9.
5. A.-G. MEUSNIER DE QUERLON, *Psaphion ou la Courtisane de Smyrne*, [1748], Nantes, Le Passeur/ Cecofop, 2001, p. 23.
6. Que l'on songe à Madame de Mistival, dans *La Philosophie dans le boudoir* de Sade, dont la torture finale constitue le point culminant de l'éducation de sa fille Eugénie par Madame de Saint-Ange et Dolmancé.
7. J.-B. BOYER, marquis d'ARGENS, *op. cit.*, p. 577.
8. Louis-Charles FOUGERET DE MONBRON, *op. cit.*, p. 735.
9. J.-B. BOYER, marquis d'ARGENS, *op. cit.*, p. 624.
10. John CLELAND, *op. cit.*, p. 10.
11. C. REICHLER, « Le récit d'initiation dans le roman libertin », *Littérature*, n° 47, octobre 1982, p. 103.
12. John CLELAND, *op. cit.*, p. 12.
13. *Ibid.*, p. 82.
14. J.-B. BOYER, marquis d'ARGENS, *op. cit.*, p. 598.
15. Nous en avons un exemple dans un roman d'Andréa de Nerciat au titre évocateur, paru en 1792, *Mon noviciat ou les joies de Lolotte*.
16. John CLELAND, *op. cit.*, p. 69.
17. Louis-Charles FOUGERET DE MONBRON, *op. cit.*, p. 688.
18. J.-B. BOYER, marquis d'ARGENS, *op. cit.*, p. 625.
19. Extrait de l'« Avis à une demoiselle du monde », *in* Louis-Charles FOUGERET DE MONBRON, *op. cit.*, p. 709.
20. Voir à ce propos Pierre HARTMAN, « Nature, exemple, éducation : les paradigmes du récit libertin », in *Du genre libertin au XVIIIe siècle*, Paris, Desjonquères, 2004, p. 123-134.
21. John CLELAND, *op. cit.*, p. 27.
22. *Ibid.*, p. 16.
23. *Ibid.*, p. 18.
24. *Ibid.*
25. Louis-Charles FOUGERET DE MONBRON, *op. cit.*, p. 690.
26. J.-B. BOYER, marquis d'ARGENS, *op. cit.*, p. 647.
27. *Ibid.*, p. 630.

28. *Ibid.*, p. 629.

29. John Cleland, *op. cit.*, p. 21.

30. A.-G. Meusnier de Querlon, *op. cit.*, p. 41.

31. *Ibid.*, p. 30.

32. Il faut noter que la comparaison de la maison close avec le couvent est un lieu commun du roman libertin.

33. J.-B. Boyer, marquis d'Argens, *op. cit.*, p. 647.

34. John Cleland, *op. cit.*, p. 19.

35. Louis-Charles Fougeret de Monbron, *op. cit.*, p. 731.

36. A.-G. Meusnier de Querlon, *op. cit.*, p. 108.

37. *Ibid.*, p. 110.

38. Louis-Charles Fougeret de Monbron, *op. cit.*, p. 737.

LA PRÉSIDENTE DU BOURG : DIFFUSER ET METTRE EN PRATIQUE SES LECTURES

RÉFLEXION À PARTIR D'UN EXEMPLE TOULOUSAIN

Christine DOUSSET

La présidente Du Bourg fait partie de ces « praticiennes », qui furent des actrices obscures mais essentielles des transformations éducatives au temps des Lumières. Elisabeth d'Aliès de Mondonville (1721-1794) est issue de la noblesse de la région toulousaine. Elle épouse en 1745 à l'âge de vingt-quatre ans Valentin Du Bourg, conseiller puis président au Parlement de Toulouse [1]. Le couple entame alors une longue vie commune, exceptionnellement féconde, qui se terminera au bout de trente-trois ans par le décès de Valentin en 1778. Sur les vingt enfants qu'aurait eus le couple d'après certains auteurs [2], quatorze au moins sont attestés, dont six atteindront l'âge adulte. Tandis que les deux filles sont mariées dans la noblesse locale, l'aîné, Mathias, devient parlementaire comme son père, et les trois cadets sont établis, l'un dans le clergé, l'autre dans l'armée et le dernier dans la marine. Cette nombreuse maisonnée vit entre l'hôtel toulousain de la place Saintes-Scarbes et le château de campagne de Rochemontès, à quelques kilomètres de Toulouse. Les Du Bourg constituent par bien des aspects une famille banale de la noblesse provinciale éclairée, mais que nous connaissons mieux que d'autres car elle a laissé des archives accessibles [3]. Parmi celles-ci, la correspondance privée aussi bien amicale que familiale, abondante à partir de la fin des années 1760 jusqu'à la Révolution, est particulièrement intéressante, notamment les nombreuses lettres reçues ou envoyées par la présidente. De multiples aspects de la vie nobiliaire en province s'en trouvent éclairés, comme l'éducation des enfants conçue et pratiquée par Mme Du Bourg, soit directement grâce aux lettres qu'elle écrit à certains d'entre eux, soit indirectement à travers des informations disséminées dans sa correspondance. Soulignons cependant d'emblée la limite de la documentation utilisée. Elle est d'abord lacunaire, car inégalement conservée, au détriment notamment des filles[4]. Elle débute assez tardivement, à un moment où les aînés nés autour de 1750 sont déjà adolescents, et renseigne davantage sur l'enfance des cadets. Elle met enfin nécessairement en valeur les situations d'éloignement géographique entre mère et enfants, notamment quand ceux-ci sont confiés aux soins d'institutions éducatives comme le collège. C'est donc quand le lien éducatif est le moins fort que nous le saisissons, paradoxalement, le mieux.

En l'état cependant, ce fonds possède une importance documentaire réelle, qui permet d'aborder à travers un cas singulier des questions plus générales concernant le rôle des femmes dans l'éducation nobiliaire de la deuxième moitié du XVIIIe siècle. L'importance de la période 1765-1780 dans les archives utilisées, l'écart d'une quinzaine d'années qui sépare l'aîné né en 1746 du petit dernier de la famille Bruno né en 1761, sont autant d'éléments qui nous invitent à nous interroger sur la transformation des conceptions et pratiques éducatives durant ce moment-clé, situé entre la parution de l'*Émile* et la mort de Voltaire et Rousseau. Comment se diffusent les changements ? Comment une femme issue d'un milieu sensible aux nouveautés intellectuelles peut-elle s'en saisir ? Quels freins rencontre-t-elle ? Quelle place tient la lecture dans ces processus ?

Des conceptions éducatives nouvelles

C'est d'abord parce qu'elle est mère que Mme Du Bourg s'intéresse à l'éducation des enfants, ou plutôt de ses enfants, comme d'autres mères ou grands-mères plus célèbres du XVIIIe siècle, telles Mme de Lambert ou Mme d'Épinay. Dans une lettre de juin 1776, elle écrit : « pour moi je ne suis véritablement attachée qu'à remplir mes devoirs de femme et de mère[5]… » ; une affirmation à prendre au sérieux de sa part. Dans son cas, l'importance du rôle maternel est amplifié par sa fécondité ; pendant une quinzaine d'années, elle est enceinte pratiquement tous les ans, accouche même de jumeaux, et se retrouve nantie d'une abondante progéniture. La correspondance familiale reflète clairement le rôle central qu'elle joue au sein d'une famille dont les membres sont souvent dispersés : c'est elle qui écrit de sa main à ses enfants, c'est à elle qu'ils adressent leurs lettres. Les liens épistolaires qui se tissent entre parents et enfants laissent le « papa » au second plan et apparemment très en retrait par rapport à sa femme. Celle-ci est une intermédiaire indispensable entre le père et ses enfants, transmettant les salutations respectueuses des uns et les recommandations de l'autre : « Votre père vous recommande de vous appliquer d'abord à remplir vos devoirs ensuite à la musique dans vos moments perdus. Il vous laisse le choix de l'instrument[6]. » Mère de famille nombreuse, elle se retrouve confrontée à des situations et des problèmes spécifiques. Difficultés d'ordre matériel : comment financer l'éducation de tous ? comment leur trouver à tous une situation ? les « établir » ? Mais aussi difficultés psychologiques et éducatives : comment ne pas paraître injuste ? comment s'adapter aux goûts et aux caractères différents des uns et des autres ? aux âges et aux sexes ? La situation familiale de la présidente Du Bourg l'éloigne donc du modèle pédagogique abstrait privilégié au XVIIIᵉ siècle dans les écrits qui mettent en scène le couple maître/élève, comme dans l'*Émile*. Textes qui ne lui sont que d'un faible secours sur un certain nombre des problèmes qu'elle rencontre. Mère, elle ne conçoit pas ses fonctions d'éducatrice comme limitées à un seul âge de la vie, à la différence de l'action d'un précepteur ou d'une gouvernante. Au contraire elles doivent se dérouler de la petite enfance à l'âge adulte. Progressivement, d'éducatrice proprement dite elle se transforme en conseillère, adaptant ses interventions en fonction de l'âge de l'enfant et de son caractère. Femme, elle ne limite pas non plus son action aux filles. Bien au contraire, l'éducation des garçons est omniprésente dans la correspondance dont nous disposons.

Mère avant tout, mais mère « éclairée », telle apparaît Mme Du Bourg.

Elle appartient à l'élite cultivée des parlementaires des Lumières, engagée dans les luttes religieuses et politiques de la seconde moitié du XVIIIᵉ siècle. Valentin Du Bourg et son fils Mathias, tous les deux membres du Parlement, sont des opposants à la réforme Maupeou de 1771. Exilés dans leur château quelques années jusqu'au rétablissement du Parlement, ils sont soutenus par la présidente, qui partage également avec de nombreux parlementaires une profonde aversion pour les Jésuites. Ce milieu aristocratique, perméable aux idées des Lumières, est très amateur de culture. Le jeune peintre Valenciennes, d'origine toulousaine, est un ami de la famille. Les enfants Du Bourg pratiquent tous, comme leur père, la musique. Le fils aîné, Mathias, par ailleurs féru de mathématiques, participe au concours de l'Académie des Jeux Floraux, dont il remporte en 1763 un prix pour un poème, *La vengeance de Vénus*, puis effectue un voyage de plusieurs mois en Italie. Toute la famille fait preuve d'une belle curiosité intellectuelle, comblée par la lecture, une activité partagée par tous. La botanique, les sciences, les techniques mêmes, sont autant de centres d'intérêt pour les uns et les autres. La bibliothèque familiale, dont l'inventaire est malheureusement perdu, s'enrichit de nombreux achats qui portent le nombre de volumes à 4 594, à la Révolution[7]. Mme Du Bourg lit des œuvres variées mêlant classiques, Platon, Cicéron, Sénèque et nouveautés, Voltaire, Rousseau, Mably, Helvétius, Smith, Thomas… Dans le cadre urbain et toulousain qui est le sien, elle se tient au courant de l'actualité mondaine, culturelle et politique. Elle se veut en effet une femme éclairée, qui décrit les habitants de la région rurale voisine du Lauragais à un de ses fils comme « des gens qui ne savent que digérer et qui sont, pour les lumières, au moins à un siècle de nous[8] ». L'intérêt qu'elle manifeste pour l'inoculation, dont elle est une « apôtre » selon un de ses neveux, est une marque de son ouverture aux idées nouvelles[9]. Elle cherche à faire inoculer ses enfants dès 1763, sans succès dans un premier temps, faute de trouver un médecin à Toulouse pour le faire[10].

Les réseaux tissés par les liens familiaux, amicaux, professionnels et mondains jouent un rôle essentiel dans la diffusion des nouvelles et des idées. La présidente Du Bourg est reçue dans les meilleures maisons et tient salon dans son hôtel ou de manière plus informelle dans son château de campagne. Les discussions, les échanges intellectuels font partie du quotidien. Mais son cercle de relations dépasse le cadre toulousain. De même que des Toulousains rendent visite à Paris à des « compatriotes », elle reçoit des gens de passage, déjà connus ou inconnus présentés par un intermédiaire, qui amènent avec eux idées, expériences, nouvelles. Elle entre ainsi en contact avec Claude de Saint-Martin, le Philosophe inconnu, qu'elle héberge à deux reprises, et envisage d'aller voir Beaumarchais s'il passait par Toulouse[11]. La correspondance constitue naturellement un outil essentiel pour entretenir des liens réguliers à l'extérieur de Toulouse, notamment avec des Parisiens. Dans ce dispositif, la marquise de Livry, qui vit à Paris, tient une place éminente. Mme Du Bourg et elle s'écrivent en effet pendant près de trente ans, à raison d'une lettre par quinzaine environ[12]. Fille d'un premier président au Parlement de Toulouse et d'une Lamoignon, Marie-Christine de Maniban, veuve du marquis de Livry et sans enfant, informe très régulièrement son amie toulousaine, dont elle est la gazetière, des nouvelles de la ville et de la Cour. Dans ces échanges épistolaires, les informations culturelles et politiques tiennent une place importante, à côté des problèmes de santé des uns et des autres, des nouvelles mondaines et des commandes de dentelle. Ils sont complétés dans les deux sens par l'envoi de livres, bien souvent interdits par la censure. Ainsi Mme Du Bourg est-elle très vite au courant par l'entremise de la marquise de Livry des dernières parutions de Voltaire, Rousseau, Marmontel… et de l'actualité théâtrale. Un de ses fils, qui réside à Paris pendant plusieurs années, lui envoie également des ouvrages. Signalons aussi la lecture des périodiques, comme *la Gazette* souvent évoquée. Correspondance, sociabilité et lectures sont donc étroitement liées.

Sensible aux idées nouvelles de la deuxième moitié du xviiie siècle, il n'est pas surprenant que la présidente Du Bourg se soit intéressée aussi à la pédagogie, non plus seulement par sa pratique quotidienne, mais de manière plus intellectuelle, par la discussion peut-être (nous n'en avons pas vraiment de trace), par la correspondance et évidemment par la lecture. Une lettre incomplète de sa main, dont nous ne connaissons ni le destinataire ni la date, nous révèle ses références, à travers les mentions de plusieurs auteurs[13]. Elle a peut-être été rédigée en 1763 à l'occasion du concours de l'Académie des Jeux Floraux dont la question portait sur « Quel serait en France le plan d'étude le plus avantageux ? » La source d'inspiration de Mme Du Bourg est Locke qu'elle évoque explicitement. Son *De l'éducation des enfants* de 1693, traduit en français dès 1695 et réédité à de multiples reprises au XVIIIe siècle a eu une grande influence en France, dont elle se fait l'écho[14]. Si Voltaire a été un médiateur important de la pensée lockienne à travers ses *Lettres philosophiques* des années 1730, nous ne savons pas comment elle-même connaît le philosophe anglais. Ce qu'elle en retient surtout, c'est la place déterminante qu'il donne à la formation morale de l'enfant. Pour reprendre ses termes, Locke traite « de l'art de rendre vertueux en faisant aimer la vertu ». Dans le court extrait dont nous disposons, elle en déduit le refus des châtiments et prône à rebours la patience et la douceur. Elle cite également des auteurs français, dont les ouvrages sont vraisemblablement suffisamment connus alors à ses yeux, pour ne pas avoir à donner leurs titres. Ceux-ci, plus « techniques » que l'œuvre de Locke, concernent le contenu des études et les méthodes à utiliser : Charles Rollin, janséniste, lui-même inspiré par Locke, dont le *Traité des Études* de 1726 est devenu un classique du XVIIIe siècle, l'abbé Pluche auteur du *Spectacle de la Nature,* ouvrage paru en 1732 et destiné à la jeunesse, M. de Chompré dont l'*Exposition abrégée de la méthode ou manière d'enseigner à lire par le moyen des cartes imprimées* publié en 1751 s'inspire des méthodes les plus modernes de son temps pour l'apprentissage de la lecture. Bref, toutes ses références françaises renvoient à des ouvrages édités au cours des trente années précédentes, qui ont connu un franc succès. Rousseau est absent de l'extrait, ce qui pourrait laisser supposer que la lettre est antérieure à la parution de l'*Émile,* et donc au concours évoqué plus haut. À moins que Mme Du Bourg ait jugé bon, par prudence, de ne pas mentionner le nom du philosophe à son interlocuteur. Car pour elle, elle apparaît dans les années 1760 comme une fervente rousseauiste. Les lettres de Mme de Livry évoquent souvent Jean-Jacques, au moins dans les années 1760 et 1770. Mme Du Bourg lit les ouvrages du philosophe, prend son parti dans la controverse qui l'oppose à Hume[15]. La parution de l'*Émile* en 1762 ne pouvait donc que la toucher et elle adhère avec enthousiasme, semble-t-il, aux idées de Jean-Jacques en matière d'éducation, au moins dans un premier temps. Dans les années 1770, elle mentionne à plusieurs reprises Mme Leprince de Beaumont dans sa correspondance. Elle partage sa religiosité, son côté moralisateur, mais apprécie aussi sans doute l'aspect enjoué et pratique de ses nombreux ouvrages, dont la publication à partir du début des années 1750, rythme sa vie de mère puis de grand-mère.

Locke, l'abbé Pluche, Rousseau, Mme Leprince de Beaumont : Mme du Bourg se réfère aux auteurs qui rencontrent, on le sait, le plus de succès au cours du XVIIIe siècle, et en ce sens elle paraît bien représentative des engouements des Lumières, de sa passion de la pédagogie et des nouvelles conceptions qui prônent une éducation individualisée, attrayante, partant des centres d'intérêt de l'enfant, se mettant à sa portée, et s'appuyant sur les faits et les expériences. « On profite toujours mieux des leçons des gens que l'on aime », écrit-elle à un de ses fils[16]. Sa situation de provinciale, toujours un peu en retard sur Paris, lui vaut quelques moqueries de Mme de Livry. « Je vois que vos enfants sont élevés à la vieille mode », lui écrit-elle en 1769[17]. Quelques années après, la présidente prend la défense de Mme Leprince de Beaumont quand celle-ci semble mal considérée à Paris[18]. Ainsi elle se forge ses propres conceptions sur l'éducation, qui portent la marque des idées de son temps. Mais, en femme qui se veut « raisonnable », elle ne suit pas toujours l'opinion commune. Ses positions reflètent aussi sa personnalité, ses goûts, ses convictions morales et religieuses, sa longue expérience de mère. Car pour Mme Du Bourg, la pédagogie n'est ni une réflexion théorique, ni un divertissement. Avant tout, il lui faut éduquer ses enfants.

La mise en pratique des idées éducatives

L'éducation des enfants Du Bourg s'effectue sous un contrôle plus ou moins strict de leur mère. Selon leur âge et leur sexe, ils sont élevés tantôt dans un cadre familial, en présence de leurs parents, tantôt au loin, dans une institution éducative, voire dans un cadre de formation professionnelle comme l'armée. En ce sens, ils se fondent dans les habitudes éducatives de la noblesse du XVIIIe siècle.

Telle qu'elle apparaît à travers sa correspondance, la famille Du Bourg semble parfaitement adhérer au nouveau système de valeurs qui s'installe dans le courant du siècle. Dans les lettres des uns et des autres se dessine une véritable défense des liens affectifs familiaux, entre parents et enfants, entre frères et sœurs, beaucoup plus discrètement entre époux. Mais il est vrai que le couple ne se sépare pratiquement jamais, jusqu'à la mort soudaine de Valentin, qui paraît affecter beaucoup Mme Du Bourg. Même si la famille passe une partie de son temps dans l'hôtel toulousain, les sources dont nous disposons insistent surtout sur le château et son parc, havre de paix, lieu d'un bonheur familial paisible auquel tous aspirent. L'actualité politique des années 1770 qui conduit pendant quelque temps le président Du Bourg et son fils parlementaire en exil dans leur domaine de Rochemontès, renforce, dans les lettres, l'exaltation de la vie familiale, associée à la nature et à la simplicité, à l'écart de l'influence délétère de la ville. Mme Du Bourg trouve des accents bucoliques pour vanter les mérites de la nouvelle existence qui les attend :

> [...] nous travaillerons pour nos habits, j'ai une provision de soye d'ou nous tirerons de quoi nous habiller, nous mènerons la vie des patriarches pourvu que ce ne soit pas moi qui tue les bettes comme faisoit Sara [19].

Deux ans après, elle décrit en ces termes leur mode de vie campagnard : « la lecture, la musique, la promenade sont le fonds de nos plaisirs [20] ». C'est donc au sein d'une famille unie et aimante que se déroule une grande partie de l'enfance et de la jeunesse. Dans ce cadre, Mme Du Bourg peut mener son activité d'éducatrice selon ses goûts et ses principes.

La documentation est malheureusement très lacunaire sur la vie quotidienne des enfants à l'hôtel comme au château. Ils sont confiés à des nourrices, chez qui ils semblent passer leur petite enfance [21]. Bruno, le dernier enfant survivant, sur lequel nous avons beaucoup plus d'informations, constitue une exception. Il est né en effet en 1761, et Mme Du Bourg s'est sans doute reconnue dans la « bonne mère qui sait penser » à qui s'adresse Rousseau. Elle décide de l'élever en appliquant les principes du philosophe, si l'on en croit Mme de Livry. Celle-ci se désole que le grand homme « ne puisse pas juger par lui- même des progrès de votre Émile », ainsi qu'elle appelle Bruno dans ses lettres [22]. L'adoption d'une éducation « rousseauiste » semble se traduire par la décision de sa mère de nourrir elle-même son enfant et de ne pas l'emmailloter, peut-être aussi de l'élever davantage à la « dure [23] ». Mais on remarquera que la naissance de Bruno précède de quelques mois la parution de l'ouvrage de Rousseau ce qui relativise peut-être l'influence de ce dernier sur les choix de Mme Du Bourg concernant les soins au nouveau-né. Bruno, qui jouit par ailleurs au sein de la fratrie d'un statut de « petit dernier » choyé, grandit donc auprès de sa mère, qui l'appelle son Mimi, jusqu'à douze ans, situation assez exceptionnelle qu'un de ses frères souligne dans sa correspondance [24]. Elle l'habille de tenues d'enfant à la mode, en « habit de matelot hollandais [25] ». Avec ce garçon, qui vient après trois filles et a une place bien à part dans la famille, il semble que Mme Du Bourg peut recréer le lien pédagogique privilégié entre un adulte et un enfant, mis en avant dans les ouvrages comme l'*Émile*. Bruno n'est donc pas élevé durant sa petite enfance comme ses frères et sœurs, parce que sa mère veut appliquer sur lui les principes les plus nouveaux issus de ses lectures. Les modifications de la pratique éducative peuvent donc apparaître au sein d'une même fratrie, sans attendre la génération suivante.

À l'exception sans doute de leurs premières années, tous les enfants Du Bourg passent une partie de leur enfance près de leurs parents, qui peuvent donc peser fortement sur leur éducation. Les garçons, selon le modèle aristocratique, suivent l'enseignement d'un précepteur issu du clergé, qui vit dans la famille. Pour Bruno, c'est son frère aîné qui remplit au moins partiellement cette tache, lorsque ce dernier se trouve en exil à Rochemontès. Les parents choisissent les maîtres, mais aussi les méthodes d'enseignement dans certains cas et achètent les ouvrages nécessaires. Pour cela Mme Du Bourg s'appuie sur des auteurs pédagogues reconnus tels Rollin et Chompré, dont elle adopte la méthode d'apprentissage de la lecture[26]. Elle ne semble pas enseigner elle-même à ses enfants, sauf peut-être la lecture, mais elle veille de près à la régularité de la vie enfantine, et au travail scolaire. Elle tente d'empêcher la paresse, réelle ou supposée, de ses enfants, les tire du lit le matin, surveille leur travail, s'intéresse aux disciplines qu'ils apprennent : lecture, écriture, dessin, mathématique, grammaire française, grammaire latine. La musique, par contre, semble le domaine du père. À ce programme un peu austère s'ajoutent des fêtes, lors du Carnaval surtout, qui mettent en scène petits et grands dans un but purement récréatif. Mme Du Bourg est la grande ordonnatrice de ces réjouissances, mêlant danses, musique et théâtre, dont Bruno semble friand puisqu'à l'âge de huit ans il écrit une comédie[27].

Après une interruption plus ou moins longue selon les enfants, plusieurs d'entre eux retournent vivre, adolescents ou jeunes adultes, auprès de leurs parents. C'est notamment le cas des filles, après un séjour au couvent, parfois écourté pour des raisons financières. La continuité pédagogique est, chez les Du Bourg comme dans de nombreuses familles, beaucoup moins affirmée pour elles que pour les garçons. Mme Du Bourg reprend directement alors auprès de ses enfants, revenus sous le toit familial, son action éducative. Celle-ci se poursuit d'abord dans le domaine de la formation morale qui n'est jamais véritablement achevée. Mais dans ce milieu très cultivé, la lecture, l'étude, font aussi partie des activités de tous, enfants et adultes. Quand ils séjournent à la campagne, filles et garçons, mère et enfants, font de la botanique, une vraie passion maternelle, dont témoigne la série d'ouvrages conservés au château. Son fils aîné s'adonne à toutes sortes de travaux intellectuels ; après ses couches, sa belle-fille apprend l'algèbre[28]. Sur la question de l'éducation donnée à ses filles, nous ne disposons pas de beaucoup d'éléments précis. Si l'on en croit l'orthographe de certaines de leurs lettres, elle paraît bien en retrait par rapport à celle de leurs frères[29]. Mais la présidente veille cependant :

[…] j'espère d'en faire de bons sujets je ne crois pas que les lumières que je leur done puisse leur nuire au contraire j'espère que ce seront des femmes bien raisonables et très différentes de beaucoup que je vois[30]…

Elles apprennent aussi la musique, le dessin, les travaux d'aiguille qu'elles réalisent ensuite auprès de leur mère. Jeunes filles ou jeunes femmes, celle-ci continue à les instruire par des lectures communes commentées : « lorsque nous sommes toutes à l'ouvrage il y en a une qui lit un livre amusant ou instructif et chacune fait les réflexions[31] ». Par l'exemple aussi, en les emmenant faire des visites chez des malades, pour en faire des femmes charitables et expertes en médecine[32].

Mais, même pour Bruno, le petit « Émile », l'éducation selon Mme Du Bourg doit préparer à un état, et ne peut rompre avec le modèle aristocratique, qui suppose une séparation.

Filles et garçons quittent donc le toit paternel, pour un temps plus ou moins long, les unes pour le couvent, les autres pour l'île de Malte où ils sont pages, pour l'armée ensuite, ou pour le collège. Seul l'aîné, Mathias, semble n'avoir jamais vraiment connu d'éloignement durable. Celui-ci est ressenti comme une nécessité douloureuse de la part de la mère et de certains enfants, notamment l'abbé Philippe, qui, adolescent, passe plusieurs années à Paris. La présidente revient à plusieurs reprises dans ses lettres sur ce qu'elle considère comme un sacrifice :

[…] tous nos enfans nous sont chers et nous ne voudrions pas les perdre de vue. Ce n'est que par raison et pour leur bien que nous faisons l'effort de nous en séparer »

[…] je m'accoutume difficilement à la privation de mes enfants, je voudrois les avoir toujours auprès de moi, je ne connais pas de plus grand plaisir je vous aime tous si tendrement que c'est toujours de nouveaux chagrins toutes les fois que je pence à leur absence[33].

Ces séparations provoquent aussi un choc entre deux conceptions pédagogiques, entre l'idéal des Lumières tel que le perçoit Mme Du Bourg qui privilégie la vie familiale, la douceur, l'affection, la proximité, et les nécessités sociales de la noblesse à laquelle elle appartient, l'obligeant à placer ses enfants, selon leurs capacités et leurs goûts, dans un environnement dont les principes et les pratiques sont souvent très éloignés de ceux qu'elle défend. Aux préceptes de Mme Du Bourg s'opposent par exemple frontalement ceux du collège, comme le montre la question des châtiments corporels, dénoncés par son fils Philippe qui en est la victime. Un mois après son installation au collège d'Harcourt, il écrit à sa mère :

Vous m'avez ordonné de vous parler à cœur ouvert aussi vais-je le faire. Je commencerai pas vous parler des précepteurs. Si vous voulez sçavoir coment ils s'y prennent pour nous commander vous n'avez qu'à demender au muletier comme il parle à ses mules. Il nous parle à peu près dans le même gout, avec cette diffèrence que pour une faute le muletier lui donne un coup de fouet et qu'il en fait donner cinquante, cent [34].

La correspondance, cette lecture réciproque, est alors essentielle pour maintenir le lien affectif, mais aussi éducatif, surtout lorsque les absences se prolongent, pendant des années parfois. Elle représente une sorte de substitut à la conversation menée dans le cadre familial. Elle est donc suivie, régulière et assez rapprochée, malgré les difficultés de communication. De nombreuses lettres échangées entre certains garçons, plutôt adolescents, et leur mère, sont conservées. Philippe, destiné à la prêtrise, est d'abord pensionnaire dans un collège toulousain, puis à Paris au collège d'Harcourt, où il a pu croiser Talleyrand, entre 1767 et 1772 de 16 à 21 ans, et enfin au séminaire Saint-Magloire. Les difficultés financières de ses parents l'empêchent de rentrer chez lui tous les ans pendant les vacances. Pendant ces années parisiennes, loin des siens, le jeune homme se transforme profondément sur le plan physique, psychologique et intellectuel, au point qu'il éprouve le besoin de faire son autoportrait. Mme Du Bourg attend de son fils des comptes rendus réguliers et assez précis de ses différentes activités. À son égard, elle emploie un ton plus affectueux et utilise davantage le registre de la complicité qu'avec Joseph, son cadet, jeune officier en garnison à Épinal, puis à Malte. Sa mère le trouve dépensier et craint de le voir sombrer dans le vice, ce qui la conduit à lui faire souvent des reproches moralisateurs sur sa conduite.

Mme Du Bourg adapte le contenu de ses lettres à la personnalité différente de ses enfants et aux situations dans lesquelles ils se trouvent, en fonction de ce qu'elle estime être ses devoirs de mère. Ceux-ci sont d'abord en effet motivés par la « tendresse » qu'elle leur prodigue. Les « nous vous embrassons bien tendrement » terminant ses courriers, et autres protestations d'affection apparaissant au détour d'une missive, sont autant d'expressions d'un amour maternel revendiqué qui rend unique la relation mère/enfants. En tant que mère aimante, son rôle envers ses enfants dépasse très largement les fonctions seulement éducatives et ponctuelles d'un précepteur ou d'une gouvernante. Plusieurs sphères, d'inégale importance, requièrent son attention. La santé et le bien-être constituent une préoccupation première. Elle écrit à Philippe, âgé alors de vingt-et-un ans :

Pourquoi au lieu de jouer avec un sabot n'essayes vous pas le volant qui n'oblige pas à se tenir courbé ce qui ne vaut rien pour vous. Courir, scier du bois, balayer votre chambre, froter vos meubles, prendre du vin d'acier qui brise le sang et redone du ton aux nerfs… Je suis impatiente que vous soyes ici pour vous soigner et vous renvoyer à Paris dans la meilleure santé[35].

Angoisse devant la maladie, les accidents, soins aux malades, conseils thérapeutiques, recommandations diverses tiennent une place d'autant plus grande, que la présidente a perdu de nombreux enfants, dont deux adolescents emportés par la maladie. Elle adhère ainsi parfaitement à la vision des Lumières d'une mère attentive au bien-être corporel de ses enfants. Mais ce souci se poursuit bien après la petite enfance et rejoint chez elle un intérêt constant pour les questions médicales, qui pousse Mme de Livry à la décrire comme « à moitié médecin[36] ». Tandis que ses bonnes œuvres la conduisent à s'occuper des malades, elle se prend dans les années 1780 d'un véritable enthousiasme pour Mesmer et ses méthodes.

Au-delà de ses fonctions maternantes et protectrices, Mme Du Bourg en tant qu'éducatrice donne la priorité à la formation morale, qui constitue le domaine privilégié d'intervention des parents, souhaitant transmettre à leurs enfants leur propre système de valeurs. Ce dernier, enraciné dans une foi religieuse profonde et personnelle, est clairement affirmé au fil des lettres et des conseils ou admonestations qui les ponctuent. Elle rappelle par exemple à son fils Joseph « cette loi sacrée gravée dans tous les cœurs que je vous ai répétée si souvent : ne faites point ce que vous ne voudriez pas qu'on vous fît. Appliquez-la à toutes vos actions[37] ». Elle termine une lettre à Philippe par ces mots :

[…] adieu mon cher fils je vous embrasse bien tendrement et vous recommande la pratique des vertus. Si vous voulez être heureux l'amour du travail est un moyen assuré pour vous garantir des vices[38].

Si la personnalité de Mme Du Bourg, très attachée à son image de femme charitable, renforce son implication personnelle dans l'éducation morale de ses enfants, elle se confond néanmoins avec le modèle dominant dans la seconde moitié du XVIIIe siècle : celui de la mère enseignant la vertu à ses enfants. Mais ces préoccupations moralisatrices n'excluent pas l'action dans une autre sphère, celle de l'éducation sociale, de la « civilité ». Le grand nombre de ses enfants, l'impécuniosité chronique de la famille, rendent d'autant plus aiguë la question du devenir social et professionnel de chacun d'entre eux. Si Mme Du Bourg s'emploie activement à les établir en faisant jouer ses relations, elle n'est pas non plus avare de conseils sur la manière de se comporter en société, de faire bonne figure. Préoccupations morales et sociales se rejoignent parfois pour inciter les enfants à adopter certains types de comportement qui les feront apprécier de leur entourage et leur donneront de bonnes habitudes : « Je vois tous les jours combien il est nécessaire d'occuper les enfants pour le bonheur de leur vie[39]. » Plus prosaïquement, une place non négligeable est donnée à travers la correspondance à des enseignements pratiques, voire manuels : prendre soin de ses affaires, savoir gérer son argent, alors qu'elle-même est constamment à court de liquidités. Ainsi recommande-t-elle à Philippe, alors pensionnaire au collège : « Si vous aviez l'atention d'écrire le compte de votre linge lorsque vous le donés à la blanchisseuse et de voir si elle est exacte à le rendre vous en perdriez moins [40]. » Mais le contact intellectuel est aussi maintenu. Mme Du Bourg reproche à Joseph son orthographe et son écriture [41]. Elle demande régulièrement à Philippe, à la demande de son mari souvent, des nouvelles de ses résultats et performance scolaire : « dites moi quelle place vous aves eu en classe [42] », « rendes nous compte de ce que vous faites dans votre classe [43] ». Alors qu'il lui envoie certains de ses travaux qu'elle lit, elle lui en réclame d'autres et donne des conseils pour travailler et progresser [44]. Elle lit à sa demande un livre qu'elle achète pour lui faire plaisir, car il le lui a recommandé [45]. Elle lui fait part de ses opinions sur les poètes, Homère, Virgile, Cicéron, Le Tasse, Milton [46], tandis que quelques années plus tard ils échangent leurs avis sur certains ouvrages ; elle prend la défense de *Bélisaire* de Marmontel que son fils condamne [47]. Massillon, saint François de Sales font l'objet de discussions, puisque Philippe se destine au clergé (ce qui ne l'empêche pas d'être lui aussi bon rousseauiste), ainsi que les moralistes, notamment Cicéron.

Que l'éducation se déroule dans le cadre familial ou à distance, la lecture et les échanges qu'elle permet d'instaurer jouent un rôle essentiel dans le dispositif éducatif. Elle prend des formes multiples : lecture personnelle et silencieuse des enfants et des adultes, lecture à haute voix de la mère à un enfant malade, lecture effectuée en commun entre femmes. Instrument primordial, elle doit être contrôlée et adaptée aux enfants selon leur âge, puisque les livres sont dotés d'un réel pouvoir. À Mme de Livry, elle explique comment elle censure certaines lectures, pernicieuses sur des jeunes influençables [48]. « Je vous répéterai souvent que vous aves besoin de vous instruire. Lisez de bons livres… » recommande-t-elle à Joseph en poste à Malte [49]. Lire et faire lire font partie des taches éducatives de Mme Du Bourg.

L'éducation, un idéal social et spirituel

La présidente ne réduit pas son action éducative à ses seuls enfants. Elle tend à élargir son domaine d'intervention, en jouant de la figure maternelle dans un sens métaphorique.

Son rôle maternel d'éducatrice touche un cercle familial élargi comprenant de manière plus lâche des neveux qu'elle accueille chez elle passagèrement, et certains de ses petits-enfants, issus du mariage de son fils aîné Mathias, qui vit avec ses parents après son mariage. En tant que grand-mère, elle est fière d'annoncer que sa belle-fille renonce à son tour au « préjugé du maillot » une douzaine d'années après la naissance de Bruno, quand son premier petit-enfant vient au monde en 1773[50]. Les changements entrepris par Mme Du Bourg se poursuivent et se confirment donc à la génération suivante, pour laquelle l'implication du père est beaucoup plus marquée. Celui-ci n'hésite pas à détailler les soins donnés à sa fille dans une lettre à son frère :

> […] ma fille se porte très bien elle est comme vous juges sans maillot nous l'avons faite laver durant plusieurs jours avec de l'eau fraîche mais des boutons et des rougeurs qu'elle a nous ont forcés à suspendre cette excellente coutume[51].

Au sein de sa propre famille cependant, les idées de la présidente en matière d'éducation n'ont qu'un succès limité, par exemple avec une de ses sœurs, dont elle blâme la faiblesse de mère de fils unique, dénonçant « le fol amour » qu'elle a pour lui, alors qu'elle-même n'hésite pas à critiquer vertement ses enfants quand elle le juge utile[52]. Son prosélytisme en faveur de l'inoculation paraît également peu suivi par ses proches et son milieu. Les réseaux de sociabilité, dans un monde parlementaire profondément divisé en clans, notamment pendant la crise des années 1770, peuvent constituer un frein à la diffusion des idées novatrices, lorsqu'elles sont assimilées à une coterie.

Selon Mme Du Bourg, l'éducation ne concerne pas que les enfants, mais touche aussi selon des modalités différentes les adultes, pour lesquels elle peut se confondre avec l'action charitable. On connaît la place importante que tient la bienfaisance dans la philosophie des Lumières. Mme Du Bourg en est une bonne représentante, même si, chez elle, le terme de charité garde tout son sens, puisqu'elle est restée profondément croyante : « La prière est ce qui commence et finit toujours ma journée[53]. » Son activité charitable couvre plusieurs registres : visites aux prisonniers, « aide juridictionnelle » pour les pauvres, en profitant du métier de son mari et de ses contacts dans le milieu parlementaire, soin aux malades, un domaine dans lequel elle est particulièrement active, en particulier lorsqu'elle réside à Rochemontès. Ainsi envers ceux qu'elle nomme « nos bons paysans », les habitants de la paroisse de Seilh où se trouve son château, se comporte-t-elle de manière très paternaliste, maternaliste serait d'ailleurs plus juste. Châtelaine venant au secours des paysans de sa seigneurie, elle adopte une attitude fréquente au sein de la noblesse, répondant à la fois aux exigences de son rang et à la mode de la fin du siècle. Lorsqu'elle laisse des délais à ses fermiers pour régler leur dû, alors même que ses enfants la pressent de leur envoyer de l'argent, elle révèle que sa philanthropie est pourtant plus profonde que l'exigent les convenances sociales. Or la volonté d'agir utilement dans la sphère sociale rejoint la question de l'éducation. Dans les deux domaines se retrouve la conviction qu'il faut répandre la vertu et la raison pour faire le « bien ». La présidente ne se contente donc pas de venir en aide matériellement aux paysans de Seilh, mais développe à leur égard une véritable volonté éducatrice qui s'explique par son sentiment de supériorité culturelle. À la différence de celle que reçoivent ses propres enfants, membres comme elle de l'élite sociale, l'éducation du peuple-enfant se trouve limitée à un seul domaine, celui de l'édification morale et religieuse, qui se déroule surtout pendant la période du Carême et à Pâques.

Transmettre ses lectures est là encore essentiel, mais plus complexe, et son rôle de médiatrice envers les paysans en est accru. D'une part, elle fait la lecture à un public largement analphabète et donc exclu de l'écrit. D'autre part, elle traduit des textes du français au « gascon », ce qui souligne son bilinguisme, quasiment absent de sa correspondance, à l'exception des « poutous » adressés à Bruno. Elle explique à son fils Philippe, qui se destine à la prêtrise, les raisons de son initiative :

> Sur la fin du Carême je leur ai lu ce que j'ai cru leur être nécessaire du catéchisme de Montpellier pour les instruire et les préparer à faire saintement leur Pâques. Cette semaine je leur ai lu la Passion qu'ils n'avaient jamais entendue qu'en latin ou en français, ce qui est pour eux la même chose. La facilité que je me suis trouvée à traduire m'a fait entreprendre la traduction de très bonnes méditations sur la Passion[54].

Cet enthousiasme pour la traduction ne se limite aux œuvres proprement religieuses, puisqu'au même moment au printemps 1773, elle agit de même avec un ouvrage de Mme Leprince de Beaumont : « L'envie que j'avais d'en faire [du bien] m'a inspiré de traduire son livre en gascon. Nos paysans m'écoutent avec plaisir[55]. » Ce n'est pas par hasard qu'elle s'appuie sur Mme Leprince de Beaumont, à la fois auteur d'ouvrages pour la jeunesse et de livres moralisateurs comme le *Magasin des pauvres* ou *L'Américaine*. C'est un de ceux-ci sans doute qu'elle fait acheter aux seigneurs, curés et vicaires du voisinage en 1773 et qu'elle traduit[56]. Elle transmet le désir de communiquer et de surmonter les obstacles du langage à certains de ses enfants. À Paris, Philippe entre en contact avec l'abbé de l'Épée, dont il apprend la langue des signes, qu'il vient tenter d'enseigner à son tour à l'occasion de ses vacances en 1775[57].

Si elle est imprégnée d'une foi profonde, Mme Du Bourg est fort éloignée des formes extérieures de la dévotion catholique, dont elle se moque vertement. Son hostilité envers les Jésuites rejoint chez elle l'aversion pour l'intolérance, dont l'Inquisition reste le symbole. Âme mystique pourtant, elle rencontre dans les années 1770 Claude de Saint-Martin par l'intermédiaire de celui qui deviendra ensuite son gendre, Mazade de Percin. Elle l'accueille lors de ses passages à Toulouse, et entretient avec lui une correspondance. Elle adhère en effet pleinement à ce versant illuministe de la franc-maçonnerie et devient une des rares femmes initiées des Élus Cohen[58]. Elle est également tentée quelques années plus tard par le mesmérisme, malgré les mises en garde de Mme de Livry qui, en bonne rationaliste, ne partage pas ses penchants mystiques. Dans cette démarche qui doit rester secrète, il s'agit toujours en définitive d'éducation dans le sens où les Élus doivent lire, étudier, acquérir des connaissances, méditer, se perfectionner sur les conseils du maître. La stimulation intellectuelle, caractéristique du milieu dans lequel baigne la famille Du Bourg, est transposée dans le domaine ésotérique et mystique. Cette forme de coéducation sous la houlette d'un maître s'effectue dans un cercle très restreint et largement familial, réunissant notamment deux de ses fils, Mathias et Joseph, et son gendre Mazade. Dans ce cadre, elle se retrouve à son tour en position d'élève. Mais, initiée, elle semble conserver une fonction maternelle symbolique. Saint-Martin, qui envisage un moment d'épouser une de ses filles, l'appelle dans sa correspondance sa chère mère. Le petit groupe, auquel ni son mari, ni Philippe, dont elle est si proche, ni ses filles, semble-t-il, n'adhèrent, reste confiné soigneusement dans le secret. En remplaçant l'éducation par l'initiation, Mme Du Bourg se condamne à la clandestinité, une clandestinité voulue et revendiquée, dans laquelle les ouvrages réceptacles d'un savoir supérieur ne sont lus que par un petit nombre d'élus. Cet aspect secret de sa personnalité souligne la complexité d'une femme, qui comme son fils Mathias, conjugue utilité sociale et désir de perfection intérieure.

[marginal handwritten note: Heimlichkeit]

Conclusion

L'exemple de Mme Du Bourg montre comment une femme de la noblesse provinciale peut jouer un rôle éducatif très important dans la deuxième moitié du XVIIIe siècle en investissant pleinement la fonction maternelle, au moment où celle-ci obtient une reconnaissance inédite. Avide d'idées neuves, très bien informée de l'actualité culturelle par ses relations, Mme Du Bourg adopte, au fur et à mesure qu'elles se diffusent au sein de l'élite, conceptions et pratiques éducatives nouvelles. Éducatrice, elle est une médiatrice pour laquelle les lectures jouent un rôle essentiel : lecture des ouvrages de pédagogie porteurs des idées des Lumières dont elle s'inspire et qu'elle utilise comme des outils, lecture de livres de nature très diverse qu'elle effectue pour ses enfants, pour « ses paysans », qu'elle recommande, qu'elle partage, qu'elle contrôle. Mais son cas montre aussi les difficultés engendrées par la volonté de changement, face à des aspirations parfois contradictoires. Entre un idéal pédagogique centré sur les besoins de l'enfant et la vie familiale et une réalité sociale de réussite qui impose des contraintes multiples, entre l'envie de diffuser autour d'elle les nouveautés et celle de partager des connaissances à l'intérieur d'un cercle très étroit et choisi, Mme Du Bourg refuse de choisir.

NOTES

1. On trouve l'orthographe Du Bourg, qui sera adoptée ici, mais aussi Dubourg.
2. C'est notamment le cas d'Antoine Du Bourg, *La vie religieuse en France sous la Révolution, l'Empire et la Restauration. Mgr Du Bourg, évêque de Limoges, 1751-1822*, Paris, Perrin, 1907.
3. L'essentiel des archives familiales a été déposé par les descendants dans des fonds publics toulousains. La partie la plus importante pour le XVIIIe siècle se trouve aux archives municipales de Toulouse (AMT) dans la sous-série 5 S. Les autres documents sont conservés aux Archives départementales de Haute-Garonne (ADHG) dans la sous-série 63 J, et quelques bribes sont à la Bibliothèque municipale de Toulouse (BMT).
4. Marie-Claire Grassi remarque de la même façon que les correspondances de jeunes filles sont peu nombreuses. Marie-Claire GRASSI, *L'art de la lettre au temps de la Nouvelle Héloïse et du romantisme*, Genève, Slatkine, 1994, p. 84.
5. AMT, 5 S 445, lettre à Mazade (un de ses gendres), 14 juin 1776.
6. AMT, 5 S 449, lettre à Joseph, 14 février 1773.
7. François PRÊTRE, « Les pratiques culturelles des parlementaires toulousains », *Annales du Midi*, t. 116, n° 248, 2004, p. 453-472. Par le nombre de volumes, la bibliothèque Du Bourg est la troisième des bibliothèques de parlementaires toulousains.
8. Clément TOURNIER, *Le Mesmérisme à Toulouse, suivi de Lettres inédites sur le XVIIIe siècle d'après les archives de l'Hôtel du Bourg*, Toulouse, 1911, lettre du 30 août 1774, p. 103. Certaines lettres citées dans l'ouvrage de C. Tournier qui avait pu consulter les archives Du Bourg avant leur dépôt semblent égarées.
9. AMT, 5 S 445. Lettre non signée et non datée.
10. AMT, 5 S 449. Lettre de la marquise de Livry, 9 janvier 1763.
11. Clément TOURNIER, *op. cit.*, lettre à Philippe, 15 mars 1774, p. 94.
12. Ne sont conservées que les lettres de la marquise de Livry. AMT, 5 S 456 et 457 essentiellement.
13. AMT, 5 S 450.
14. Ross HUTCHINSON, *Locke in France, 1688-1734*, Oxford, Voltaire Foundation, coll. « Studies on Voltaire and the Eighteenth Century, n° 290 », 1991.
15. AMT, 5 S 456, lettre de Mme de Livry, 3 janvier 1767.
16. AMT, 5 S 447, lettre à Philippe, 21 décembre 1770.
17. AMT, 5 S 449, lettre de la marquise de Livry, 14 octobre 1769.
18. Clément TOURNIER, *op. cit.*, lettre à Philippe, 3 avril 1773, p. 79.

19. AMT, 5 S 449, lettre à Joseph, 7 juillet 1771.

20. AMT, 5 S 449, lettre à Joseph, 8 juin 1773.

21. AMT, 5 S 447, lettre à Philippe, 25 août 1769. Enfant, il a reçu un coup « ches votre nourrice ».

22. AMT, 5 S 456, lettre de la marquise de Livry, 23 février 1765.

23. AMT, 5 S 455, lettre de l'abbé de Resseguier à la Présidente, 21 janvier 1762 : « Dites bien des choses de ma part au raisonnable Bruno, je comprends que sa raison consiste à ne sucer sa mere que 12 ou 13 fois par jour, au lieu de 24 et de 30. »
AMT, 5 S 456, lettre de la marquise de Livry, 26 janvier 1766 : « Pour votre Émile vous luy donez une éducation propre pour tous les pays puisqu'il a soutenu le froid de cette année il pourra sans inconvéniens habiter même les pays du nord. »

24. AMT, 5 S 447, lettre de Mathias à Philippe, 11 septembre [1773].

25. AMT, 5 S 455, lettre de Philippe, 26 novembre 1767.

26. Celle-ci est également utilisée à l'École de Sorèze, située dans la région et à laquelle s'intéresse Mme Du Bourg. Marcel GRANDIÈRE, *L'idéal pédagogique en France au dix-huitième siècle*, Oxford, Voltaire Foundation, coll. « Studies on Voltaire and the Eighteenth Century », 1998.

27. AMT, 5 S 447, lettre à Philippe, 26 novembre 1769.

28. AMT, 5 S 447, lettre de Mathias à Philippe, 11 septembre [1773].

29. AMT, 5 S 447, lettres de plusieurs de ses sœurs à Philippe, 13 février 1771, 7 septembre et 24 octobre 1774.

30. AMT, 5 S 449, lettre à Philippe, 6 juillet 1774.

31. AMT, 5 S 449, lettre à Philippe, 16 mars 1772.

32. AMT, 5 S 449, lettre à Philippe, 6 juillet 1774 : « Je suis charmée de voir que vos sœurs me suivent avec plaisir ches les malades. »

33. AMT, 5 S 447, lettres à Philippe, 4 mai et 24 septembre 1773.

34. AMT, 5 S 455, lettre de Philippe, 17 mai 1767.

35. AMT, 5 S 447, lettre à Philippe, 16 mars 1772.

36. AMT, 5 S 456, lettre de Madame de Livry, 5 septembre 1765.

37. AMT, 5 S 445, lettre à Joseph, 14 juin 1774.

38. AMT, 5 S 447, lettre à Philippe, 25 août 1769.

39. AMT, 5 S 449, lettre à Joseph, 2 août 1774.

40. AMT, 5 S 447, lettre à Philippe, 22 octobre 1769.

41. AMT, 5 S 447, lettre à Philippe, 22 août 1770 : « Dites lui je vous prie que nous sommes fort contents de ses lettres si l'orthographe étoit un peu mieux observée et le caractère mieux formé ».

42. AMT, 5 S 449, lettre à Philippe, 11 avril 1770.

43. AMT, 5 S 449, lettre à Philippe, 23 novembre 1770.

44. AMT, 5 S 449, lettre à Philippe, 10 décembre 1769.

45. AMT, 5 S 447, lettres à Philippe, 22 octobre et 26 novembre 1769.

46. AMT, 5 S 447, lettre à Philippe, 26 novembre 1769.

47. AMT, 5 S 447, lettre à Philippe, 19 février et 20 septembre 1774.

48. AMT, 5 S 456, lettre de Mme de Livry, décembre 1764. À propos du *Dictionnaire philosophique* de Voltaire : « Je crois que vous avez fait très prudemment de ne pas le faire lire à tous vos enfants car il est propre à renverser des cervelles plus vieilles que les leurs. »

49. AMT, 5 S 449, lettre à Joseph, 28 juin 1774.

50. AMT, 5 S 455, lettre à son cousin, sd.

51. AMT, 5 S 447, lettre de Mathias à Philippe, 11 septembre [1773].
52. AMT, 5 S 447, lettre à Philippe, 8 décembre 1772.
53. AMT, 5 S 447, lettre à Philippe, 19 février 1774.
54. Clément TOURNIER, *op. cit.*, lettre du 3 avril 1773, p. 80.
55. *Ibid.*
56. *Ibid.*
57. AMT, 5 S 445, lettre à Philippe, 1er novembre 1774.
58. Sur ce point voir Michel TAILLEFER, *La franc-maçonnerie toulousaine sous l'Ancien Régime et la Révolution, 1741-1799*, Paris, CTHS, 1984 et Robert AMADOU, *Lettres aux Du Bourg (1776-1785)*, Paris, L'Initiation, 1977 (recueil de lettres entre la famille Du Bourg et Saint-Martin).

DE L'ÉDUCATION DES MÈRES À UNE POSSIBLE ÉDUCATION PUBLIQUE : MESDAMES D'ÉPINAY ET DE MIREMONT

Sonia CHERRAD

L'abbé Castel de Saint Pierre avait à cœur en son temps de proposer des solutions à différents problèmes de la société. C'est ainsi qu'en 1730, dans son *Projet pour perfectionner l'Éducation*[1], qui traite principalement de l'éducation masculine, il pose les bases d'une nouvelle éducation publique féminine ; en 1733, il reprend la même idée dans *Ouvrajes de politique* avec un chapitre intitulé : « Projet pour multiplier les coleges de filles[2] ». En effet, selon lui, l'éducation des filles vise le même but que celle des garçons : le bien de la société. Mais cette vue particulièrement éclairée ne trouve pas d'écho chez les autres penseurs de l'éducation. Même dans la seconde moitié du siècle, alors qu'un débat public tente de définir de nouvelles données pour l'éducation collégiale des garçons, celle des filles continue à susciter peu d'intérêt. Or, si les théoriciens et les autorités qui souhaitent réorganiser l'éducation des garçons excluent celle des filles de leur réflexion, qu'en est-il de ces auteurs féminins dévoués aux questions pédagogiques que l'on peut nommer des éducatrices ?

De manière générale, devant le peu de choix qui leur est laissé, elles se conforment au modèle traditionnel faisant de la mère l'institutrice de tous ses enfants dans leur jeune âge et de ses filles jusqu'à leur mariage. Elles se l'approprient même pour lui donner des caractéristiques proprement féminines et vantent les avantages et les garanties de réussite de ce modèle. Dans leurs écrits, pour tenter de parvenir à une amélioration du statut des femmes, certaines exhortent leurs lectrices, membres de la bonne société, à remplir le rôle auquel elles sont naturellement destinées lorsqu'elles deviennent mères. Mme d'Épinay avec *Les Conversations d'Émilie*[3], ouvrage paru en 1774 puis 1781[4], et Mme de Miremont dans son *Traité de l'éducation des femmes*[5] datant de 1779 s'inscrivent dans ce discours et exposent les avantages de l'éducation maternelle. Cependant, leurs réflexions sur le sujet les amènent à constater que ce choix éducatif, qui devrait théoriquement être le meilleur, révèle certaines faiblesses qui ne peuvent permettre d'atteindre ce qu'elles-mêmes et d'autres femmes de lettres souhaitent pour leur sexe : établir les bases d'une formation offrant enfin la possibilité à celles qui « composent la moitié du monde[6] » d'occuper une place honorable dans la société. Ainsi, si dans un premier temps les deux auteurs considèrent que l'éducation maternelle possède de grands avantages, force est pour elles de constater que ce type d'éducation a une application limitée sur un plan pratique ; ce qui les conduit à envisager, mais avec précaution, les possibles avantages de la mise en place d'une nouvelle éducation publique féminine.

Dans le contexte qui est celui de la seconde moitié du XVIIIe siècle, les filles et femmes n'ont guère le choix : la « bonne éducation » des premières dépend en grande partie des secondes. De fait, Mme d'Épinay avec *Les conversations d'Émilie* et Mme de Miremont avec son *Traité de l'éducation des femmes* exposent les avantages d'une éducation domestique dirigée par la mère. La nécessité de ce type d'éducation naît dans un premier temps de la spécificité des besoins des filles en matière de formation. En effet, elles seront elles-mêmes pour la plupart épouses et mères ; et les femmes, ainsi que le rappelle la Mère à Émilie, sont destinées à occuper une place obscure dans la société tandis que les hommes doivent se consacrer à des obligations extérieures. Il y a donc là une filiation qui pourrait apparaître comme naturelle entre le type d'éducation prévue traditionnellement pour les filles et le genre de vie auquel elles sont destinées. De plus, Mmes d'Épinay et de Miremont montrent bien que si la mère tient un rôle de première importance auprès de sa fille, c'est qu'elle seule est susceptible de lui apporter les qualités que la société attend des femmes ; il s'agit en particulier de qualités de pudeur, retenue et modestie propres à leur sexe. L'élève est donc préparée par sa mère-institutrice tout à la fois à un rôle domestique et à tenir dignement son rang dans le monde. Mais l'éducation maternelle ne se limite pas à former la jeune personne à son rôle familial et social ; elle se charge également de lui enseigner ou faire enseigner les quelques matières qui sont le propre de l'apprentissage féminin.

Traditionnellement, l'essentiel du contenu de l'instruction destinée aux filles est réduit à la portion congrue : outre la nécessaire instruction religieuse, il s'agira essentiellement pour elles de savoir lire, écrire et d'être capable d'effectuer des calculs simples ; ces petites connaissances étant accompagnés de deux ou trois arts d'agrément et des nécessaires travaux d'aiguille. Reliant en partie la préservation de la vertu des femmes à la qualité de leur instruction, les auteurs féminins montrent que seules les mères ont intérêt à élargir le champ des matières enseignées grâce à leurs propres connaissances et en faisant appel à des maîtres spécialisés. Tout en évitant l'approfondissement des savoirs – les auteurs rappellent que leur but n'est pas de faire des filles des savantes – elles ouvrent l'horizon féminin en matière d'apprentissage. C'est ainsi que l'histoire (comprenant plusieurs branches allant de la mythologie à l'histoire moderne) et la géographie apparaissent comme des matières privilégiées de l'éducation maternelle ; elles sont cependant assez facilement accessibles aux filles dans les programmes les plus complets, dans les meilleurs couvents par exemple. Mais l'accent est également mis sur l'apprentissage des langues étrangères et des sciences. Programme à la tournure vraiment moderne puisque les changements envisagés par les autorités dans la seconde moitié du XVIIIe siècle pour renouveler l'éducation des garçons s'y apparenteront.

Ce qui permet également à l'éducation maternelle d'être la meilleure pour les filles, c'est la tendresse ressentie par toute mère à l'égard de sa progéniture[7]. Pour Mmes d'Épinay et de Miremont, ainsi que pour nombre d'auteurs féminins, il s'agit là du ressort profond garantissant la réussite d'une éducation féminine. Seul ce sentiment permet d'aplanir les difficultés et de ne pas ressentir d'ennui dans une tâche vécue comme une lourde contrainte par les « mercenaires » qui l'accomplissent par nécessité. Cette prédisposition naturelle pour l'éducation se double de la conscience aiguë qu'a toute mère des dangers encourus par le sexe dans le monde ; là encore, l'instinct maternel est le meilleur guide pour la jeune fille. Par ailleurs, dans le domaine de la transmission des savoirs, il est particulièrement intéressant de constater que tout en étant conscientes des lacunes dont peuvent souffrir les connaissances des femmes, les deux pédagogues n'y voient pas un frein à l'entreprise maternelle. Elles évoquent des palliatifs qui, une fois de plus, ne peuvent provenir que de l'aspect très particulier des sentiments maternels : il s'agit pour les mères de se former elles-mêmes pour être en mesure d'accomplir correctement leur tâche. Bien plus, selon Mme d'Épinay, une femme, grâce à sa qualité de mère, acquiert des lumières naturelles qui lui permettent de savoir instinctivement ce qu'il est utile d'enseigner et la meilleure manière de le transmettre à son élève. Or cet enseignement serait bien supérieur à celui qui est traditionnellement prévu par la société, même pour les garçons :

> Quelque bornée que je fusse du côté des lumières, j'ai pensé que, sur les intérêts de ce que j'ai de plus cher au monde, je ne devais pas déférer aveuglément aux lumières d'un autre ; j'ai regardé la tendresse, le sentiment, l'instinct d'une mère, comme supérieurs à tout ce que la réflexion et la sagesse peuvent suggérer de plus lumineux[8].

Ainsi, en faisant tenir la « bonne éducation » des enfants, et en particulier celle des filles, de la tendresse de leur mère, les deux auteurs mettent en valeur des buts différents de ceux de l'éducation traditionnelle. Ce qui importe dans cette vision féminine et moderne de l'enseignement, c'est bien la formation d'un être pourvu de qualités morales et sociales solides davantage que l'acquisition d'un certain nombre de connaissances et compétences. Pourtant, les plans d'éducation maternelle qui semblent réunir toutes les qualités pour mener à bien la formation des filles ne laissent pas de soulever des problèmes pratiques que les deux éducatrices n'ont pas hésité à souligner.

L'éducation maternelle possède des avantages certains sur un plan théorique pour les deux auteurs; mais elles sont également conscientes de contraintes qui la privent d'une partie de son efficacité dans son application. En effet, elle réclame une présence et un soin de tous les instants de la mère auprès de sa fille. Or, cela n'est que rarement voire guère applicable dans la réalité quotidienne. Certaines mères doivent remplir des obligations sociales, comme c'est le cas pour celles évoquées dans le traité de Mme de Miremont. D'autres, et c'est la situation mise en scène par Mme d'Épinay dans *Les conversations d'Émilie*, peuvent souffrir d'une santé fragile qui interrompt longuement la relation pédagogique. Ainsi, tout en invitant les mères à se charger de l'éducation de leurs filles, les auteurs ont conscience de la faible portée de leur message. D'ailleurs, combien de mères qui en avaient la possibilité accomplissaient effectivement ce devoir social et « naturel » ? Comme le rappelle Martine Sonnet[9], cette part de l'éducation féminine échappe à toute étude quantitative. Les différents appels lancés par des auteurs à l'adresse des mères pour qu'elles s'acquittent de cette tâche depuis la fin du XVIIe siècle et jusqu'à l'aube de la Révolution semblent être restés régulièrement lettre morte. Mais on peut penser qu'ils dénonçaient essentiellement le comportement de certaines mères de la bonne société parisienne qui délaissaient leurs devoirs familiaux, volontairement ou par obéissance[10], pour participer à la vie sociale de la capitale. Leur public était donc certainement constitué d'une grande majorité de femmes de la bonne société accomplissant les tâches familiales et domestiques qui leur étaient dévolues. De récents travaux permettent effectivement de distinguer la noblesse de province au sein de laquelle les mères prenaient en charge l'éducation de leurs enfants aussi bien de sexe féminin que masculin[11].

Un autre problème que les deux éducatrices relèvent dans l'éducation particulière est son peu d'adaptation aux besoins de l'enfant. En effet, elles sont toutes deux conscientes du déséquilibre qu'implique cette relation pédagogique exclusive : elle entraîne des efforts de la part de l'élève pour s'élever au niveau de son institutrice alors qu'il faudrait que cette dernière s'adapte aux capacités de l'élève. La solution évoquée par Mme de Miremont pour combattre ce déséquilibre évident entre adulte et enfant dépasse les limites de la stricte éducation domestique puisqu'il s'agirait pour une mère-institutrice de s'occuper de plusieurs enfants à la fois :

> Notre supériorité les engage à une sorte de contrainte. Nos goûts, nos plaisirs, nos besoins n'étant pas les leurs, la rivalité qui *décele* tant de mouvemens cachés reste dans l'inaction. Cette seule observation me persuaderoit qu'il est aussi facile qu'avantageux, d'élever plusieurs Enfans ensemble. [...] Des Enfans étrangers qu'on rassemble avec les siens, aident encore plus qu'on ne pense à une éducation suivie [12].

Ainsi se profile la nécessité de dépasser la relation privilégiée établie entre une mère et sa fille dans le cadre de l'éducation. Mais le plus surprenant dans ces limites de l'éducation maternelle est la remise en cause par Mme d'Épinay de ce qui en faisait sa qualité première : la tendresse maternelle. Ce sentiment guidant toute femme dans son rôle d'éducatrice est lui-même vu comme un frein possible à la « bonne marche » de la formation. On voit combien la pensée pédagogique de Mme d'Épinay a évolué entre l'*Histoire de Mme de Montbrillant* et *Les conversations d'Émilie* :

> La Mère – Il me semble au contraire, que jamais je ne vous aurais prouvé plus fortement combien vous m'etiez chere, qu'en [...] vous priv [ant] pour un temps de l'apui trop constant de la tendresse maternele, qui a aussi ses dangers, et qu'il faut peut-être compter parmi les inconvéniens de l'éducation domestique [13].

Ainsi, à l'âge de la maturité et après s'être chargée de différentes éducations, Mme d'Épinay juge que ces sentiments maternels tant vantés ne permettraient pas à la mère de penser avec discernement aux meilleurs choix éducatifs ; ils l'inclineraient à confondre les intérêts de ses enfants avec ses propres intérêts affectifs qui la poussent à garder ces derniers auprès d'elle.

Les différents problèmes que les auteurs relèvent dans l'éducation maternelle les conduisent donc à envisager un autre type d'éducation qui serait plus utile aux filles. Cependant, en songeant à une éducation publique, elles sont loin d'envisager de recourir à celle des couvents dans leur forme traditionnelle. Elles sont en effet d'accord avec la pensée du temps qui condamne de manière générale ces établissements. Ils ne représentent pas un lieu souhaitable pour la préparation des filles à leurs futurs rôles d'épouses et de mères qui, même s'ils doivent s'accomplir dans un esprit chrétien, seront tenus dans le monde. De plus, les piètres connaissances des religieuses sont régulièrement critiquées alors même que certains ordres comme celui des Ursulines font de l'éducation des filles leur vocation première. Le passage par le couvent des jeunes filles se fait donc surtout pour des raisons religieuses,

≠
Dena
Good-
man

principalement pour la préparation de la première communion [14]. D'ailleurs, dans les romans de la même époque, l'instruction n'est que très rarement la raison de l'entrée au couvent d'une jeune fille. Les principales motivations étant un enfermement préventif ou le désintérêt de la mère pour son rôle éducatif. C'est le cas dans les *Mémoires de la Marquise de Crémy écrits par elle-même*[15], roman de Mme de Miremont. Cette fiction parue en 1766 illustre le propos de l'auteur dans son traité : peu de femmes de la bonne société ont réellement le goût ou les compétences nécessaires pour s'occuper de leurs filles et assurer leur éducation. Finalement, pour sortir de la traditionnelle dialectique entre éducation maternelle et éducation conventuelle, les deux éducatrices étendent leur réflexion à l'établissement d'une nouvelle éducation publique qui répondrait davantage aux besoins des filles.

Le règlement des différents problèmes liés à l'éducation féminine requiert que cette question soit appréhendée sur un plan général et non plus seulement particulier. En effet, l'un des principaux buts visés par les éducatrices dans la réformation du système éducatif féminin est la valorisation de la position des femmes dans la société. Or, la proposition d'une éducation maternelle, en dehors du peu de succès qu'elle remporte dans les faits malgré une grande adhésion du public à cette idée, ne permet pas de toucher les filles de manière globale. Mmes d'Épinay et de Miremont se penchent donc sur l'aspect public de l'éducation féminine. Dès lors, elles n'en appellent plus seulement aux mères mais à la société dans son ensemble et à ceux de ses tenants capables de créer des conditions favorables à l'établissement d'écoles nouvelles destinées aux filles.

C'est ainsi que Mme de Miremont évoque la nécessaire évolution que doivent connaître les mentalités pour accepter le nouveau plan public qu'elle propose pour rénover les couvents. Or, cela ne peut se faire qu'avec l'intervention d'une « autorité supérieure », en l'occurrence religieuse puisque l'éducation publique féminine reste le domaine privilégié de l'Église[16]. Un accord avec cette institution s'avère d'autant plus nécessaire que les propositions de Mme de Miremont tendent à établir davantage de laïcité dans ces nouveaux établissements. Elle suit en cela les initiatives du temps dans le domaine de l'éducation masculine qui cherchaient à réduire l'influence des religieux[17]. De manière plus allusive, dans *Les conversations d'Émilie*, la Mère en appelle à un « censeur[18] » qui ouvrirait des établissements publics. Et les vues de cette autorité en matière de pédagogie féminine se confondent avec celles de la Mère, porte-parole de Mme d'Épinay. De même, la longue formation que Mme de Miremont prévoit pour les maîtresses dans son plan leur conférerait des compétences dans toutes les matières propres à l'éducation maternelle. Ainsi, en passant d'un mode d'éducation particulier à un mode d'éducation général, les deux auteurs ne font pas le sacrifice de leurs idées pédagogiques : elles les adaptent à une application à plus grande échelle ce qui en promet davantage d'efficacité.

L'originalité et la force de Mmes d'Épinay et de Miremont sont d'avoir mis au jour le lien entre la réorganisation du système éducatif féminin et la réorganisation de la société. Ainsi, Mme de Miremont aspire à voir s'établir une action qui pourrait combattre l'inertie sociale découlant de l'inertie des mentalités :

> Les conseils n'ont pas plus de poids pour les Communautés que pour le Peuple. Où les préjugés ont établi leur empire, la Coutume (quelque mauvaise qu'elle puisse être), a force de loi. On voit les esprits les plus divisés se réunir, et toujours l'opinion générale est pour l'ancien usage ; ce n'est que par la contrainte qu'on les détermine à consentir au bien qu'on veut leur faire [19].

Madame d'Épinay va plus loin et associe l'éducation idéale à la République :

> [...] vous devez y avoir remarqué qu'un des plus grands avantages de la forme républicaine, c'est d'influer directement sur les caractères, d'animer la masse géné- rale dans toutes ses parties, d'y porter l'activité et la vie, et par conséquent de faire connaître à chaque individu sa valeur propre, dont il ne se serait peut-être pas douté sous un autre gouvernement [...] Eh bien, les écoles publiques bien instituées suivent cette forme républicaine, et procurent à leurs élèves tous ces avantages [20].

La pensée de Mme d'Épinay est particulièrement moderne et audacieuse sur ce point et les limites qu'elle y apporte peuvent s'expliquer par sa position de femme et en particulier de femme de la bonne société. Il est d'ailleurs frappant de constater les précautions avec lesquelles les deux pédagogues abordent la ques- tion de l'éducation publique : elle n'apparaît que dans la vingtième et dernière conversation d'Émilie, au sein d'un ouvrage considéré par ses admirateurs comme la parfaite peinture de l'éducation maternelle. Quant à Mme de Miremont, ses propositions et réflexions en la matière s'inscrivent comme un aparté dans un ouvrage destiné à engager les mères à remplir leurs devoirs envers leurs enfants ; une note au début du chapitre concerné invite en effet les lecteurs que le sujet n'in- téresserait pas à le passer [21]. L'éducation publique est donc présentée sous l'angle de la compensation face à la défection des mères chez Mme de Miremont tandis qu'elle se profile comme un horizon pédagogique grandement souhaitable, mais peu susceptible d'application, chez Mme d'Épinay.

Ainsi, tout en faisant des propositions pouvant porter le débat sur l'éduca- tion des filles à un niveau similaire ou du moins approchant de celui consacré à la formation des garçons, les deux pédagogues n'osent pas aller jusqu'au bout d'idées en contradictions avec celles établies dans la société, particulièrement rétive à tout changement pour le sexe faible. Elles en restent à un stade premier dans les idées nouvelles qu'elles exposent à leurs lecteurs. Madame de Miremont en particulier a du mal à se défaire des schémas maternels et conventuels caractéristiques de l'éducation féminine de son époque ; sur ce point, sa tentative apparaît plus timide que celle de sa contemporaine. Cependant, pour mieux connaître sa pensée, il manque l'étude de sa correspondance[22] qui pourrait s'avérer fructueuse tout comme l'est celle de Mme d'Épinay avec l'abbé Galiani. En effet, la pensée de Mme d'Épinay sur l'éducation se développe de façon plus libre dans des écrits qui n'étaient pas destinés explicitement à la publication[23]. C'est ainsi que l'éducation publique est l'occasion d'analyses approfondies avec Galiani tandis qu'elle n'apparaît qu'en matière de conclusion en demi-teinte dans la dernière des *Conversations d'Émilie*.

En 1762 paraissait l'*Émile* de Rousseau ; un an plus tard, après l'expulsion des jésuites, un édit royal posait les premières bases d'une instruction publique masculine. C'est ainsi que d'une part, les autorités publiques et les penseurs de l'éducation, appuyés par une forte demande sociale, envisagent une restructuration du réseau éducatif prévu pour les garçons ainsi qu'une rénovation du contenu de l'enseignement qui leur est destiné. D'autre part, la bonne société adhère avec engouement au renouveau des idées sur les rôles traditionnels de la femme et, en particulier, celui du sacrifice entier qu'elle doit consentir à la plus douce des tâches, celle de prendre soin de ses enfants. L'éducation des filles ne fait donc pas débat comme celle de leurs frères malgré les nombreux problèmes qu'elle soulève. Elles sont toujours éduquées dans les mêmes lieux, les couvents ou les maisons familiales, avec des résultats plus ou moins heureux. À cet immobilisme social, des éducatrices et romancières opposent la verve de leur pensée et de leur plume réclamant une prise en considération de la situation de leur sexe. Mmes d'Épinay et de Miremont vont plus loin en tentant de donner une place aux filles dans le débat contemporain sur l'instruction publique. Mais toute l'ambivalence de l'époque opposant l'éducation traditionnelle des filles à une recherche de modernisation de celle des garçons se retrouve dans leurs écrits. Leur timide tentative n'étant pas reprise, elle restera sans suite. Et si dans cette nouvelle étape de l'histoire de l'éducation, les filles sont laissées une fois de plus dans l'ombre, la Révolution ne leur offrira guère plus de perspectives. Le bouleversement social qui aurait pu faire enfin une place au sexe féminin trompera une fois de plus les attentes.

NOTES

1. Charles Irénée CASTEL DE SAINT-PIERRE, *Œuvres diverses*, Paris, Briasson, 1730.
2. Charles Irénée CASTEL DE SAINT-PIERRE, *Ouvrajes de politique*, Rotterdam, Jean Daniel Bernam, Paris, Briasson, 1733-1740, 14 tomes.
3. Louise TARDIEU D'ESCLAVELLES, Mme d'Épinay, *Les conversations d'Émilie* (1782), éd. Rosena DAVISON, Oxford, Voltaire foundation, 1996. L'édition de 1774 comporte douze conversations tandis que celle de 1781, remaniée, en comporte vingt. L'édition de 1782 corrige des erreurs de la précédente.
4. Cependant, pour l'analyse de la pensée pédagogique de Mme d'Épinay, il est nécessaire de faire appel également à son roman en partie autobiographique, *Histoire de Mme de Montbrillant*, et à sa correspondance avec Galiani.
5. Anne D'AUBOURG DE LA BOVE, Comtesse de Miremont, *Traité de l'éducation des femmes et cours complet d'instruction*, Paris, P.-D. Pierres, 1779-1789, 7 tomes.
6. Madame DE LAMBERT, *Œuvres*, éd. Robert Granderoute, Paris, H. Champion, 1990.
7. L'importance de la tendresse maternelle est telle dans l'éducation des filles que Mme Le Prince de Beaumont évoque des sentiments de type maternel ressentis par la gouvernante, Mlle Bonne, envers ses élèves dans ses différents *Magasins*.
8. Mme D'ÉPINAY, *Les contre-confessions, Histoire de Madame de Montbrillant* (1756-1770), éd Élisabeth BADINTER, Paris, Mercure de France, coll. « Le temps retrouvé », 1989, t. II, p. 696-697. Mme d'Épinay n'a pas donné de titre définitif à son manuscrit. É. BADINTER a choisi celui qu'elle donne à l'édition critique qu'elle propose et qui reprend pour l'essentiel celle de Georges ROTH, *Histoire de Madame de Montbrillant : les pseudo-mémoires de Madame d'Épinay*, Paris, Gallimard, 1951, 3 tomes. Voir à ce sujet Odette DAVID, *L'autobiographie de convenance de Madame d'Épinay, Écrivain-philosophe des Lumières. Subversion idéologique et formelle de l'écriture de soi*, Paris, L'Harmattan, 2007.
9. Martine SONNET, « L'éducation des filles à l'époque moderne », in *Historiens et géographes*, février 2006, n° 393, p. 255-267.
10. On se rappelle de la situation de Mme de Montbrillant qui doit s'imposer auprès de sa famille et de son mari pour pouvoir se charger de l'éducation de son fils. Mme d'Épinay, *Les contre-confessions, op. cit.*
11. Les articles de M. Philippe Marchand et de Mme Christine Dousset, qui figurent dans ces actes, apportent sur ce point de très précieux éclairages.
12. Mme DE MIREMONT, *op. cit.*, p. 19-20.
13. Mme D'ÉPINAY, *Les Conversations d'Émilie, op. cit.*, p. 404.
14. Martine SONNET, *L'éducation des filles au temps des Lumières*, Paris, Cerf, 1987.
15. Anne D'AUBOURG DE LA BOVE, Comtesse de Miremont, *Mémoire de Mme la Marquise de Crémy, écrits par elle-même*, Lyon, chez Pierre Duplain libraire, 1766, 3 tomes.
16. On le sait, outre l'évolution des mentalités, avec l'expulsion des jésuites, l'Église perd alors une partie de son influence dans le domaine scolaire masculin.
17. Tout en étant profondément croyante, Mme de Miremont fait ici une distinction entre les nécessités civiles et la réalité de la vie des religieuses inadaptée aux besoins éducatifs.
18. Mme d'Épinay, *Les Conversations d'Émilie, op. cit.*, p. 401-403. Les idées attribuées au censeur correspondent en partie à celles de Rousseau sur les questions des formations physique et intellectuelle.
19. Mme DE MIREMONT, *Traité de l'éducation des femmes, op. cit.*, p. 65.

20. Mme d'Épinay, *Les conversations d'Émilie*, *op. cit.*, p. 402. Cette idée apparaît de manière plus développée dans une lettre de Galiani à Mme d'Épinay datée du 4 août 1770 : « Les règles de l'éducation sont donc bien simples, et bien courtes. Il faut moins éduquer dans une république, que dans une monarchie, et sous le despotisme il faut garder les enfants dans les sérails pire que les esclaves, et les femmes. » et « L'éducation publique pousse à la démocratie, l'éducation particulière mène droit au despotisme. Point de collèges à Constantinople, en Espagne, au Portugal. Le peu qu'il y a dans ces pays étaient menés par des jésuites avec une cruauté, qui les dénaturait […] Partez de ces théories, développez, vous aurez un livre tout contraire à celui d'Émile, et qui n'en vaudra que mieux. », Ferdinando Galiani, Louise d'Épinay, *Correspondance* (1769-1781), éd. Georges Dulac et Daniel Maggetti, Paris, Desjonquères, 1992-1997, 5 tomes, t. I (1769-1770), p. 223-225.

21. Mme de Miremont, *Traité de l'éducation des femmes*, *op. cit.*, « *Nota*. Suit ici le Projet de réformation pour des Couvens voués à l'Education des jeunes Personnes, et un Plan pour la distribution des heures destinées aux études, avec quelques avis sur la maniere de montrer et d'apprendre. Cette partie est si aride en elle- même, qu'elle ne peut intéresser que ceux qu'elle regarde personnellement ; c'est ce qui détermine à la réduire à un Article séparé, dont on puisse s'épargner la lecture. », p. 67.

22. Et celle de ses manuscrits, aujourd'hui perdus.

23. L'*Histoire de Madame de Montbrillant* sera publiée de façon posthume. Quant à sa correspondance avec Galiani, malgré l'allusion plaisante de l'abbé à une publication posthume, elle reste privée au sens du XVIIIe siècle ; c'est-à-dire communiquée en partie à quelques proches.

LE DROIT À L'INSTRUCTION : PRISES DE PAROLES ET PROJETS PÉDAGOGIQUES DES FEMMES : 1789-1799

Élisabeth Liris

Éducation et instruction des femmes s'inscrivent, pendant la période révolutionnaire, dans le cadre de la régénération, démarche qui suppose de revoir l'image et la représentation de la femme véhiculées depuis des siècles. Il s'agit bien, pour les femmes, d'avoir accès à l'instruction afin de sortir de l'espace d'exclusion dans lequel elles se trouvent enfermées. Certes, la revendication du droit à l'instruction n'est pas nouvelle, des femmes avaient élaboré des projets pédagogiques, dans le cercle relativement étroit du monde des Lumières avec des intellectuelles, mais aussi des femmes plus engagées sur la scène politique comme Olympe de Gouges, Etta Palm d'Aelders, Mme Hebert, Pauline Léon ou Louise de Kéralio.

Comment reconsidérer et donc remettre en cause la place assignée aux femmes avec les espérances et l'ouverture que constitue la Révolution française ? Dès leurs premières interventions, les femmes dénoncent, avec vigueur, la véritable instrumentalisation de cette « nature féminine » qui depuis des siècles, avec la bienveillante complicité de la religion, les cantonne dans le rôle de mères et d'épouses, les excluant de l'espace du savoir et du politique. Faute d'instruction, elles ne peuvent pas exercer de professions valorisantes, leur rôle dans la vie économique et dans l'espace public, pourtant important, reste peu ou pas reconnu. Aussi, dès les premiers frémissements révolutionnaires, par leurs projets éducatifs, leurs manuels scolaires, leurs programmes de mise en place d'écoles, leurs ouvrages pédagogiques, leurs catéchismes, leurs productions théâtrales, leur participation active dans la mise en scène des fêtes patriotiques, les femmes s'expriment, en dépit des obstacles et des résistances qu'elles rencontrent. Elles parviennent à des prises de parole grâce à des cahiers de doléances présentés au roi, des pétitions, des adresses envoyées aux assemblées ou à des députés, ainsi qu'aux différents comités. Dans la presse, même si celle-ci reste presque uniquement aux mains des hommes, elles publient quelques articles et créent des journaux (à Paris, on recense 18 femmes éditrices[1]). Par ailleurs, elles parviennent à s'introduire dans les sociétés populaires et à former des associations de femmes, s'affranchissant, pour un temps, de la loi du silence dans lequel on souhaiterait les maintenir[2].

Il convient donc de revisiter les plaidoyers des femmes pour le droit à l'instruction, de questionner les différents protagonistes du débat, de prendre en compte leurs projets, pour tenter d'appréhender les difficiles rapports entre femmes, pouvoir, instruction et Révolution. Il s'avère aussi nécessaire de s'interroger sur les réformes proposées par les assemblées successives et sur le rôle joué par le Comité d'instruction publique et les législateurs avec les difficultés et les résistances pour mettre en place des écoles.

Le droit à l'instruction : un défi, un combat pour les femmes

Dès l'année 1789 on trouve des femmes actrices dans l'espace politique, le 14 juillet participant à la prise de la Bastille. Les 5 et 6 octobre, c'est en armes que les femmes du peuple se rendent à Versailles et ramènent à Paris « le boulanger, la boulangère et le petit mitron », sous bonne escorte. Olympe de Gouges, qui participe à toutes ces journées, publie *Les droits de la femme et de la citoyenne*, dédié à Marie Antoine, texte qui proclame « l'égalité civique entre les sexes, fondée sur la nature et la raison », tandis que Condorcet fait paraître, le 3 juillet 1790, *L'admission des femmes au droit de cité*.

Paule-Marie Duhet montre comment, dans les *Cahiers,* en dehors des revendications corporatives, « les femmes qui réfléchissent et publient leurs doléances, espèrent que la Révolution permettra de dissiper quantité d'injustices ou d'erreurs […] qu'elles recevront une instruction publique sérieuse[3] ». Ainsi, des femmes cauchoises, et une mystérieuse dame B*** B*** présentent un *Cahier de doléances et réclamations des femmes*. Elles déplorent leur carence en matière d'éducation et les conséquences qui en découlent :

> Les filles du Tiers État naissent presque toutes sans instruction, leur éducation est négligée ou très vicieuse ; elle consiste à envoyer à l'école chez un Maître qui, lui-même, ne sait pas le premier mot de la langue qu'il enseigne […] Les premiers devoirs de la religion remplis, on leur apprend à travailler ; parvenues à l'âge de quinze ou seize ans, elles gagnent cinq ou six sous par jour.

Elles revendiquent leur légitime droit à l'instruction gratuite :

Sire, nous vous supplions d'établir des écoles gratuites où nous puissions apprendre notre langue par principes, la Religion et la morale [...] Les sciences, elles, ne servent qu'à nous inspirer un sot orgueil, nous conduisent au pédantisme, contrarient les vœux de la nature, font de nous des êtres mixtes qui sont rarement des épouses fidèles et plus rarement encore des bonnes mères de famille.

Certes, le cahier témoigne d'ambitions bien modestes, dans le cadre d'une rhétorique encore largement rousseauiste, il conclut: « Nous voulons bien laisser aux hommes la valeur, le génie, mais nous leur disputerons toujours le dangereux et précieux don de la sensibilité[4]. »

En juillet 1789, on trouve une première adresse à l'Assemblée: « *Motion en faveur du sexe* », sous-titrée: *Le bonheur des femmes doit-il être seul dépendant des hommes, quels seraient pour elles les moyens de trouver ce bonheur dans leurs propres ressources?* Le texte est attribué à Madame Bastille (citoyenne Desmoulins). Elle interpelle les représentants, en train de rédiger la constitution et invoque timidement la raison:

Vous, citoyens, occupés à former des lois plus précises, écoutez mon langage, il est guidé par la raison, et surtout par l'expérience [...] si quelques-unes d'entre elles trouvent quelque ressource par le travail le plus assidu, il en est une infinité d'autres à qui l'éducation, le préjugé ou la nature, refusent tous les moyens de pourvoir par elles-mêmes à l'existence de leur famille[5].

Par l'intermédiaire des sociétés féminines qui existent à partir de 1790, telles *La société fraternelle de l'un et l'autre sexe, Les sociétés populaires des deux sexes,* les femmes trouvent un accès aux débats politiques et un lieu d'expression. Ainsi, à l'*Assemblée fédérative des Amis de la Vérité,* Mme Etta Palm, le 30 décembre 1790, dénonce « *L'injustice des lois en faveur des hommes.* » Elle reproche aux représentants, qui ont proclamé la Déclaration des droits de l'homme leurs propres contradictions: « Partout les lois sont en faveur des hommes aux dépens des femmes, parce que le pouvoir est entre vos mains. » Elle reprend l'argument de la nature qu'elle retourne en faveur des femmes, et déclare:

Soyez justes envers nous, Messieurs, vous que la nature créa supérieurs en forces physiques, tandis que nous avons une existence si fragile, dont la somme des maux est énorme [...] puisqu'au lieu d'y suppléer par l'éducation et des lois en notre faveur, il semble que l'on nous forme uniquement pour votre plaisir.

Avec arrogance, elle montre que les hommes redoutent la compétition:

[…] si ces qualités naturelles étaient fortifiées par une éducation soignée, par l'encouragement de vos suffrages, par des récompenses publiques, je ne crains pas de le dire, notre sexe surpasserait souvent le vôtre.

Et de rappeler :

L'éducation et la philosophie n'avaient-elles pas élevé l'âme de l'illustre fille de Caton au-dessus des hommes de son siècle […] l'intrépide courage des femmes ne surpassait-il pas celui des hommes à la bataille de Salamine[6] ?

Dans le *Courrier de l'Hymen, Journal des Dames*, le 24 avril 1791 Mme L*** s'adresse au rédacteur du journal dans la *Première lettre d'une femme sur l'éducation de son sexe* :

Monsieur, votre journal étant particulièrement destiné aux Dames, je crois que ma lettre peut y trouver place.

Le texte s'engage dans un registre beaucoup plus provocateur :

Jusqu'à présent on n'a point vu de milieu entre une femme de ménage et une ignorante, entre une femme instruite et une pédante, pourquoi cela ? […] Je crois, Monsieur, qu'en général, les femmes sont plus susceptibles d'apprendre aussi bien que les hommes, moins dissipées dans leur enfance, par conséquent plus portées à la réflexion, il faut, en vérité, toute la force d'une mauvaise éducation, pour réprimer en elles le goût qu'elles ont naturellement pour s'instruire […] Le seul droit que la nature vous ait accordé est le droit du plus fort, c'est-à-dire celui du plus sot[7].

Toutes ces revendications, reprenant les arguments avancés par les hommes hostiles à l'éducation des femmes, sont largement relayées par des projets pédagogiques précis qui donnent le change.

Mme Mouret de La Fontaine, descendante du fabuliste, institutrice du Musée des Dames, parvient, en 1790, à fonder un journal intitulé *Annales de l'éducation et du sexe*, dans lequel elle propose un *Plan d'éducation pour les demoiselles* :

Dans un État où le sexe donne le ton à la Nation, si ce sexe est dépravé par la négligence de son éducation et par un goût dominant pour le luxe et la frivolité, tous les citoyens le seront.

Elle adresse à l'Assemblée Nationale, le 26 février 1790 son « *Plan d'éducation pour les demoiselles* » élaboré dans le district de Saint-Nicolas du Chardonnet :

Je pense qu'il conviendrait que chaque district eut ses maîtresses d'éducation ainsi que ses maîtres, pour présider à cette partie si essentielle de la législation. Si dans les soixante districts de cette capitale on choisit soixante maîtresses d'éducation et autant de maîtres distingués par leurs mœurs, leurs zèles et leurs capacités, pour présider à l'éducation, si on leur accorde la considération due à la vertu, aux lumières, aux zèles et aux talents [...] une retraite assurée pour prix de leurs travaux après un certain nombre d'années d'exercice assidu et bien concerté [...],

les filles apprendront la musique en particulier et les arts en général[8].

Avec le *Mémoire relatif à l'école des femmes. École des métiers pour les femmes,* publié le 5 avril 1792 par la Citoyenne Acrin, brodeuse de la maison du Roi et du Corps royal de la marine, on voit bien le chemin parcouru depuis l'année 1789. Elle déclare :

> Le moment est venu où l'assemblée nationale va s'occuper de l'éducation de ce sexe timide que la faiblesse éloigne des emplois lucratifs et des travaux qui demandent la force du corps. Il ne suffit pas que l'instruction les forme aux premiers éléments de l'art de parler et d'écrire et aux préceptes de la morale.

En conséquence, elle développe son projet, chiffré avec le plus grand soin. Il s'agit d'écoles pour les filles où on leur enseignerait la broderie, la couture, et la lingerie, en somme un apprentissage professionnel, dans un registre qu'il faut bien qualifier de traditionnel ! Des écoles distribuées « dans toute la France, selon le mode qui conviendrait à l'Assemblée Nationale ». Les filles seraient éduquées de 9 à 15 ans, on admettrait également les Françaises et les étrangères en vertu du « principe de fraternité recevant tous les étrangers dans le sein de l'Empire ». (Cette disposition concerne peut-être aussi une femme qui épouserait un étranger ?). Pour l'emploi à la sortie de l'école : « On observera pour la couture et la lingerie que les particuliers et les marchands emploieront les élèves parce qu'elles travailleront bien et vite et au plus bas prix possible, attendu que ces élèves n'auront d'autre salaire que le talent qu'elles acquerront. » L'idée d'une exploitation économique du travail des femmes ne semble pas envisagée ! Mais la citoyenne Acrin annonce un bilan financier tout à fait rassurant, à savoir : « Les six écoles de broderie, dès la deuxième année rapporteront 108 000 livres[9] » Son plan ne sera pas adopté, mais elle le reformulera en 1799.

Quand les femmes participent à l'utopie égalitaire de l'an II

En septembre 1792, la Convention a nommé un comité, chargé d'élaborer une nouvelle constitution et la Déclaration des droits de l'homme et du citoyen du 24 juin 1793 proclame (article 22) :

> L'instruction est le besoin de tous. La société doit favoriser de tout son pouvoir les progrès de la raison publique, et mettre l'instruction à la portée de tous les citoyens.

Au cours des débats juridiques, la situation des femmes est peu abordée, mais, le 29 avril, Pierre Guyomar intervient à l'Assemblée, se disant « le partisan de l'égalité entre les individus ». Il rappelle que, pour les Latins, « homo », exprimait lui seul ces deux mots consacrés par l'usage, *l'homme et la femme* [...] » Il déclare, se référant toujours à l'Antiquité :

> En ce cas, les femmes naissent et demeurent esclaves et inégales en droit [...] les femmes sont les hilotes de la République [...]. Républicains, affranchissons les femmes d'un esclavage flétrissant l'humanité, comme nous brisons les chaînes de nos voisins[10].

Dans cette perspective égalitaire, le plan Lepeltier, qualifié de « rêve dangereux » à la spartiate par Grégoire, et présenté par Robespierre, en juillet 1793, prévoit pour « former un peuple nouveau » que la République prenne totalement en charge dans des internats, les garçons de 5 à 12 ans et les filles de 5 à 11 ans. On apprendrait : la lecture, l'écriture, le calcul, ainsi que des récits historiques et des hymnes civiques. Ce système rappelle celui de l'École de Mars, où l'État se substitue à la famille dès la petite enfance. Les femmes éduquent leurs enfants pour qu'ils aiment leur patrie, avec une sorte d'effacement du rôle de la mère « biologique » devant « la mère patrie », celle-ci devenant une « mère Médée », toutefois qualifiée de « tendre mère ». Donc des mères toujours privées de droits, mais investies d'une responsabilité civique. Même le corps des femmes appartient à la patrie, le privé devient le politique et Sade, bien isolé, dénonce ces fausses écoles de la liberté !

La citoyenne Desmarêts, s'inscrivant totalement dans cette utopie pédagogique de la « révolution culturelle », au sein de la tension politique extrême de l'an II, publie les *Éléments d'Instruction Républicaine*. L'ouvrage, édité aux frais de la société populaire de la commune de Corbeil et envoyé à la Convention, comprend dix chapitres, sous forme de demandes et de réponses. Première demande : « Qui es-tu ? » réponse « Je suis enfant de la patrie. »; « Quelles sont tes richesses ? » réponse : « La Liberté et l'Égalité. », et surtout, au chapitre III : « De la patrie » : « Comment doit-on aimer sa patrie ? » réponse : « Par-dessus toute chose, elle est notre première mère : nous tenons tout d'elle, nous lui devons tout[11]. »

La citoyenne Hardou et de la citoyenne Levacher de Valincourt s'engagent dans le même patriotisme militant.

Mme Hardou appartient à la *Société fraternelle des amies de la Constitution*. En octobre 1793, elle publie un *Projet de règlement pour l'Instruction* :

> Convaincue que l'ignorance ne tend qu'à ramener et à perpétuer le despotisme et l'immoralité. J'ai cru devoir me dévouer toute entière à ma patrie, en réunissant

tous mes efforts pour arracher la génération actuelle aux préjugés honteux de notre décrépite éducation, en faisant germer dans les cœurs de nos jeunes citoyennes l'amour de la liberté et de l'égalité.

Elle préconise la mixité et la gratuité au nom de l'égalité :

[…] des classes composées d'enfants de tous âges […]. Il y aura des époques dans la journée, où on enseignera à lire et à écrire et l'arithmétique ; les jeunes élèves en qui on découvrira de l'aptitude à d'autres connaissances, seront instruites de l'histoire de notre Révolution, des idées qu'elles doivent se former des droits et des devoirs des hommes réunis en société.

« Les jeunes élèves effectueront des travaux de linges, dans chaque section, la moitié des produits du travail est dévolue aux enfants de nos frères morts en combattant pour la patrie. » Donc une certaine mission civique de l'école à laquelle on associe la famille :

[…] afin que les parents puissent juger par eux- mêmes de l'instruction donnée […] On n'assigne aucune rétribution fixe pour l'institutrice, les parents ne consulteront sans doute, dans cette circonstance, que leur patriotisme et l'égard que mérite un dévouement aussi désintéressé que possible [12].

La républicaine Valincourt, institutrice, qui, en 1788, a élaboré un *Projet d'éducation pour les jeunes filles* et *un jeune homme, en ce qui concerne les hautes sciences*, envoie le 8 mai 1794, une pétition à la Convention. Elle s'adresse à Bouquier qui a proposé un nouveau projet, envisageant une éducation, dans le cadre d'une « société-école ». Celle-ci reste obligatoire, mais l'enseignement étant libre, toute personne peut en ouvrir une (y compris les anciens ecclésiastiques munis d'un certificat de civisme) car « les nations libres n'ont pas besoin d'une caste de savants spéculatifs, dont l'esprit voyage constamment dans des pays perdus, dans la région des songes et des chimères [13] ». Pour les filles, donc, le droit à l'instruction est menacé par la réouverture massive d'écoles privées ! Mme de Valincourt réagit en déclinant des propositions « pour aplanir la marche élémentaire des connaissances, toujours rebutantes tout en conservant des règles ». La petite fille apprendra, en même temps, l'écriture, l'orthographe, la grammaire « en moins de temps que l'on met d'ordinaire à savoir chacun d'elles en particulier ». Elle détient « une méthode douce et facile pour les connaissances scientifiques ». On voit bien comment les femmes, désormais, veulent une véritable égalité, y compris dans les programmes [14]. Mme de Valincourt supplie la Convention nationale « de lui faire nommer un rapporteur, à qui elle confiera ses secrets, ainsi qu'un local où elle donnera un cours gratuit aux citoyennes, en particulier à celles qui se destineront à devenir institutrices ». Elle s'engage également à prodiguer des conseils, par correspondance, aux institutrices des départements afin « d'éviter toutes les idées de charlatanisme que les magiciens d'Ancien Régime avaient si grand intérêt à conserver [15] ».

Mme Valincourt participe aussi au concours des manuels scolaires de l'an II, pour lequel elle écrit *La maman républicaine*, composé sous forme de demandes et réponses, véritable « catéchisme républicain », adressé à l'Assemblée. Il « contiendra tous les devoirs respectifs et particuliers des deux sexes. J'ai cru que pour faire comprendre aux enfants, ce que l'on entend par l'unité et l'indivisibilité de la République, il faut qu'ils sachent qu'un citoyen républicain est celui qui, seul ou avec sa famille a juré de vivre libre ou de mourir ». Le texte se termine par un appel à la Raison, dont le culte, assez éphémère commence en brumaire an II (novembre 1793) avec une mise en scène de Chaumette (qui envisageait d'honorer les femmes enceintes.) et la participation des artistes de l'Opéra.

Au cours de l'an II, on trouve également des projets émis par des sociétés populaires de femmes, comme les *Amies de la Liberté et de l'Égalité* de la ville de Besançon, rappelant aux députés que « l'éducation des hommes commence par les femmes ». Elles souhaitent, dans chaque canton « une école primaire gratuite pour les filles à partir de six ans et une école secondaire à partir de onze ans. Le programme se composera des disciplines de base, mais aussi de l'étude des droits de l'homme et des principes de Liberté et d'Égalité et de démocratie. La scolarisation se terminera à quinze ans, mais les filles qui le désirent pourront assister, avec leurs mères aux écoles destinées aux jeunes gens pour y étudier les sciences ». Les enfants des pauvres doivent s'asseoir sur les mêmes bancs que les enfants des riches et la mixité et l'égalité seront respectées. Elles désirent accueillir les petites orphelines, « livrées à des religieuses pour la plupart ignorantes et superstitieuses ». Enfin, on procédera à un choix démocratique des enseignantes en affichant le nom des candidates dans chaque municipalité où elles seront élues en assemblées primaires [16].

Quelques mois plus tard, le 17 février 1794, la citoyenne Thérésia Cabarrus-Fontenay, revient sur cette vision de l'enfant-citoyen et futur soldat :

> L'éducation doit former de jeunes soldats, des républicains, des défenseurs de la liberté, des hommes [...] Mère de famille, respectez, chérissez le titre que la nature vous donne [...] rappelez-vous qu'une mère insouciante est une calamité publique que la société doit punir de tout son mépris [...]. Les enfants appartiennent à l'État avant d'être à leurs parents [17].

Ces mères, toujours privées de droits, se trouvent investies d'une responsabilité civique, tandis que subrepticement, le corps des femmes appartient à la patrie et le privé se confond avec le politique !

En l'an III, le combat s'étiole, les voix féminines seront à nouveau peu audibles, avec le rétablissement du suffrage censitaire, la réaction thermidorienne, le Directoire et le retour à l'intime. Pour appréhender cette évolution, il faut donc, dans un mouvement de va-et-vient questionner les législateurs et prendre en compte le rôle essentiel mais ambigu du comité d'instruction publique, tout en mesurant les obstacles et les résistances pour la mise en place de l'instruction des femmes.

Le rôle du comité d'instruction publique, et des législateurs: des espérances aux illusions perdues

Après le vote de la Constitution civile du clergé le 12 juillet 1790 et la question du serment, la Constituante prend en main les problèmes de l'instruction publique. Les 3 et 4 septembre, elle décide la mise en place d'une instruction publique et face à l'urgence, crée un Comité d'instruction publique qui siégera du 14 octobre 1791 au 28 août 1794. Il comprend 24 membres, périodiquement renouvelables et sera remplacé par la commission d'instruction publique, puis par le ministère de l'instruction sous le Directoire. Il accueille des personnalités très différentes, avec des modérés comme Arbogast ou Lacépède, Pastoret, Quatremère de Quincy, des Girondins comme Lanthenas ou Condorcet et des montagnards, comme Lakanal, Carnot aîné ou Romme. Ainsi, Condorcet, plutôt girondin, une des personnalités les plus influentes au Comité, présente, à l'automne 1792, son plan d'éducation élaboré en collaboration avec Romme. Ces hommes se passionnent pour les questions pédagogiques et s'impliquent dans la législation révolutionnaire aussi bien pour l'instruction que pour l'éducation, l'une et l'autre intimement liées. Ducos déclare en effet à la Convention, le 14 décembre 1792:

> [...] la distinction entre éduquer et instruire correspond aux deux institutions conçues comme moyens essentiels d'action pédagogique. L'éducation se fait surtout par les fêtes civiques, l'instruction se donne dans et par l'école [...] une voix unanime s'élève pour réclamer l'organisation de l'instruction publique trop longtemps attendue, lorsque tous les citoyens semblent vous dénoncer l'ignorance et l'erreur comme les derniers tyrans qui restent à poursuivre et à bannir [18].

La première mention des femmes dans les procès verbaux du Comité se trouve dès la deuxième séance de travail, le 1er novembre 1791, Condorcet est président, de Wouves déclare:

> Un plan d'éducation pour les femmes semblerait devoir suivre celui sur les hommes. Un tel plan doit être aussi simple que facile à tracer; mais ce qui ne l'est pas égale-

ment, c'est de déterminer, d'une manière claire, nette et précise, le rang que les femmes doivent tenir dans la société[19].

La question plonge les membres du comité dans un grand embarras ! Dès le 18 août 1792, ils décident de diligenter une vaste enquête « dans toute l'étendue de l'Empire, pour connaître la situation exacte de l'enseignement depuis la suppression des congrégations séculières, jusqu'aux plus petites écoles de campagne de l'un et l'autre sexe[20] ». Le 9 décembre Romme propose que « toutes les congrégations d'hommes ou de filles dévouées à l'instruction publique soient supprimées et que tout enseignement public sera ôté aux filles cloîtrées ou non cloîtrées ». Le 20 décembre 1792, il précise :

> […] l'éducation des femmes doit avoir aussi une place dans le système général d'instruction publique, parce que la première éducation de l'enfance leur est confiée, parce que la nature veut que les femmes terminent l'éducation des hommes […]. Si, dans l'ordre social, l'homme est appelé à exécuter et à agir […] il faut qu'il y ait dans l'éducation des deux sexes cette harmonie[21].

On peut noter la prudence des propos ! Mais, le 24 décembre 1793, Romme et Lanthenas demandent à la Convention

> de mettre continuellement l'instruction à l'ordre du jour, avec l'école publique, pour les deux sexes, gratuite et obligatoire. Elle doit initier les enfants des deux sexes aux droits et devoirs des pratiques politiques, à partir du cadre des communes, en s'appuyant sur les sociétés populaires et en participant aux fêtes civiques. L'État et les communes assureront le financement, les institutrices devront produire un certificat de civisme. L'apprentissage de la lecture se fera non plus à partir de textes religieux, mais à l'aide de la déclaration des droits et de la constitution et des récits des actions héroïques. Les instituteurs et institutrices sont sous surveillance immédiate de la municipalité ou section, des pères, des mères, tuteurs ou curateurs, et sous la surveillance de tous les citoyens[22].

On doit souligner que l'égalité reste relative en ce qui concerne les salaires, deux cents livres pour les hommes et cent livres pour les institutrices.

C'est alors qu'Amar intervient aussi au comité pour exclure définitivement les femmes de l'espace politique le 30 octobre 1793, au nom du comité de sûreté ! « Les clubs et sociétés populaires de femmes, sous quelque dénomination que ce soit, sont défendus », « le comité a examiné cet arrêté sous les différents rapports de la société, des convenances et de la politique. Sous le rapport social, le premier devoir des femmes est l'éducation des enfants, l'épuration des mœurs par l'exemple des grâces. Sous le rapport des convenances, la nature, en les créant libres, leur dénia cette force politique qui mène à la résistance ». Amar se justifie : « Les femmes, plus esclaves des préjugés nobiliaires et religieux que les hommes, ont

été constamment entre les mains des prêtres et des ennemis de l'État, les premières motrices des troubles qui ont agité la République[23]. » Ce décret doit être lu
dans son contexte, après une émeute de soi disant 6 000 femmes, au marché des
Innocents, près Saint-Eustache, qui auraient refusé qu'on leur impose le port du
bonnet rouge! Fabre d'Églantine surenchérit:

> [...] ces femmes n'étaient point des femmes occupées du soin de leur ménage, des
> mères inséparables de leurs enfants, des filles qui travaillent pour leurs parents ou
> prennent soin de leurs plus jeunes sœurs, mais ce sont des filles, des grenadiers
> femelles qui se répandent partout et causent des troubles dans la ville[24].

Toujours cette image de femmes violentes, voire hystériques et perturbant
l'ordre public.

Or, pour les femmes, cette mesure est très grave, et tandis que le port de la
cocarde vient d'être rendu obligatoire, le 21 septembre, elles se voient exclues de
lieux privilégiés dans lesquels elles écoutaient, prenaient la parole ou la plume,
parfois, mais aussi pouvaient apprendre à lire et à écrire.

En thermidor an IV (juillet 1794), lors d'une des dernières séances du comité
d'instruction publique (la 281e) et tandis que Condorcet et Romme avaient auto-
risé les femmes à fréquenter des cours pour adultes et des lieux de culture, elles se
voient interdire l'accès du Conservatoire: « Considérant que le Museum national
des arts est la propriété du peuple [...] le mélange des sexes qui se présente pour
étudier facilite le scandale [...] prête des armes à la calomnie[25]. » On peut donc
estimer que les femmes ne font pas partie du peuple!

Depuis le 9 nivôse (29 décembre 1793), le comité se préoccupe aussi de
la question des manuels scolaires pour l'école primaire et des ouvrages plus
spécialement destinés aux mères. Grégoire est le rapporteur, le jury, présidé par
Daubenton, se compose de savants, politiquement plutôt modérés, comme
Lagrange, Daubenton, Lebrun ou Corvisart. De nombreux textes de femmes décli-
nent un patriotisme et un engagement sans faille. Pourtant, sur les 43 mémoires
envoyés à la Convention, un seul ouvrage de femme sera primé, et c'est celui
destiné à la formation des jeunes mères pour l'allaitement (pratique dont Grégoire
avait souligné l'importance à la Convention)! Avec la loi du 3 brumaire an IV
(25 octobre 1795) qui, comme l'écrit D. Julia « renonce expressément au rêve
d'éduquer un peuple tout entier[26] », on assiste à un véritable recul confirmé par
la production des manuels scolaires, la baisse du recrutement des institutrices et
de la fréquentation scolaire des filles.

En réalité, depuis juin 1793, Romme et Condorcet ne se rendent plus au
comité qui passe sous le contrôle du comité de salut public, l'ancien oratorien

Daunou et l'ex-congrégationniste Lakanal prennent l'essentiel des décisions, ils ne restent plus que quatre montagnards. Hassenfratz déclare au club des Jacobins : « Siéyès a écarté tous les hommes instruits du comité d'instruction publique. » On élimine l'idée d'un enseignement supérieur pour les femmes, tandis que les écoles primaires, seules instituées aux frais de la nation sont maintenues, les autres sont abandonnées aux congrégations enseignantes desquelles les filles sont les premières exclues. Hassenfratz essaie de dénoncer le plan Siéyès parce qu'il entraîne un surcroît de travail aux institutrices dont l'enseignement est centré sur les travaux manuels, avec des classes surchargées, et un salaire diminué d'un quart ! Il accuse ce plan d'établir « une véritable hiérarchie des sexes dans l'enseignement [27] ». Mais Daunou s'impose :

> [...] je conclurai que vous devez vous borner à un très petit nombre d'éducation publique des filles, leurs mères y suppléeront avec zèle et remercieront la loi de ne pas les avoir exemptées de leur occupation la plus douce [28].

On le voit, les discordances entre idéalité et réalité, comme les obstacles à surmonter pour les législateurs eux-mêmes, afin de mettre en place cette instruction, sont considérables.

Dès le 4 mars 1792, la supérieure des Ursulines de Montluçon s'interrogeait sur la notion de « fonctionnaire public » : « Messieurs, veuillez, nous vous en conjurons, ou nous confirmer dans nos croyances et dans nos droits, ou nous éclairer sur notre erreur, si nous y sommes engagées. » Avec la suppression des ordres religieux, le recrutement des enseignantes devient très difficile. Dans les villes, les institutrices, dont l'âge moyen se situe autour de 28 ans, sont aussi nombreuses que les instituteurs, mais leur nombre, dans les campagnes, n'excède pas 10 à 15 % : « On constate que les possibilités de scolarisation pour les filles (autrement dit le nombre de maîtresses d'école) restaient très loin des objectifs visés. Comparativement, la situation pour les garçons était plus favorable [29]. » Les sources indiquent, pour l'an II et pour l'an III, une situation plus mauvaise qu'avant la Révolution. En l'an III, Daunou essaie de supprimer l'école primaire pour les filles qui seront éduquées soit dans leur famille, soit dans des écoles privées [30]. Lakanal impose un compromis avec un enseignement plus court pour les filles que pour les garçons, en moyenne deux ans de moins, un enseignement minimal et une partie réservée aux travaux manuels. La scolarité obligatoire étant abolie en l'an III, à Rouen, le nombre d'institutrices passe alors de 55 % en l'an II à 40 % [31], à Châlons-sur-Marne, de 51,7 à 26 %, tandis qu'à Dijon, le jury pour le recrutement en Côte-d'Or doit interroger 14 candidates, dont 5 ne savent ni lire ni écrire [32] ! Certaines grandes villes sont très touchées, comme Toulouse où, en germinal an II, on compte 68 enseignantes dites modérées, aristocrates ou fanatiques : tous les prétextes semblent bons pour les expulser ! Après germinal, aucune ne sera admise dans l'enseignement public et si, jusqu'en l'an II, 83 % des établissements de filles fonctionnent, en l'an III, il n'y en a plus que 20 %[33], tandis que la majorité des anciennes religieuses se « réfugient » dans les écoles privées : « Dans le département du Gers, en l'an IV, furent fermées, pour des raisons politiques, 25 écoles, dont 20 avaient été dirigées par des femmes[34].» En revanche, le nombre des écoles privées ne cesse d'augmenter. Dans le département de la Marne, en l'an IV, on compte seulement 6,3 % d'écoles publiques et 27,8 % d'écoles privées.

Il faut noter aussi, que, durant les années 1793-1794, les maîtresses républicaines sont appréciées par les autorités dès lors qu'elles participent aux réunions républicaines, qu'elles montrent un patriotisme engagé, font apprendre les hymnes patriotiques, conduisent les enfants aux fêtes décadaires[35]. Elles peuvent être, pour les mêmes raisons, rejetées par les familles qui vont jusqu'à retirer leurs filles de ces écoles qualifiées de « fanatisées ».

On trouve ainsi trace d'un conflit d'une extrême violence à l'encontre de ces institutrices républicaines de la part des autorités constituées. Élisabeth Desaint, maîtresse à Ay, district d'Epernay, s'adresse à la Convention Nationale en germinal an III, pour exposer sa situation. Elle avait remplacé deux religieuses qui avaient refusé le serment en 1793, or la nouvelle municipalité veut remettre la religieuse dans son poste. Comme Mme Desaint résiste, on lui supprime son salaire et on la couvre d'injures, on la traite de criminelle. Finalement elle doit, sous les pressions multiples abandonner son poste[36]. Certaines maîtresses républicaines préfèrent alors, elles aussi, ouvrir une école privée où elles seront mieux rémunérées.

Dans les communes rurales, les parents peuvent également se montrer réticents pour envoyer leurs filles à l'école. Les raisons officiellement invoquées sont le danger de la mixité (leurs filles pouvant fréquenter des garçons plus âgés) et l'insécurité des routes de campagne. En réalité, il faut le dire, beaucoup de mères pensent que le destin de leurs filles peut se forger à la maison et qu'il n'est point besoin d'école pour former de bonnes mères et de bonnes ménagères ! Avec le Directoire, la question scolaire pour les femmes passe au second plan, le silence qu'on leur impose correspond bien au retour à l'intime.

Au crépuscule de la Révolution, les femmes demeurent des sujets de droit privé, hors de la citoyenneté. Les législateurs, en guise d'égalité se contentent du fait de la nature. Il n'est pas question d'égalité des sexes mais de partage des rôles. La fonction sociale de la femme reste la maternité et les « infirmités » qui en découlent dont l'inaptitude à apprendre. En outre, l'empire des femmes fait peur, ce qui permet de les rendre responsables des désordres et de tous les excès.

Certes, on peut déplorer la violence qui s'invite au quotidien surtout en période révolutionnaire, mais les hommes politiques l'ont largement utilisée contre les femmes, pour justifier leur inaptitude à l'instruction. Certes, elles obtiennent le droit au divorce et les veuves, gérantes des biens, conservent le droit de reprendre le métier de leurs maris, mais S. Desan souligne bien que les femmes « considéraient la politique révolutionnaire comme un combat pour la justice et l'économie morale de la famille et de la nature[37] ». On voit aussi combien elles restent encore engluées dans le registre de l'affectif car, même lorsqu'elles participent à la rhétorique révolutionnaire, il leur faut se plier au langage de la retenue, ne serait-ce que pour avoir droit à la parole. Pour Thérésia Cabarrus (Mme Tallien), « la revendication de l'éducation des filles comme l'idée d'obliger toutes les jeunes filles à la pratique de la bienfaisance avant le mariage est largement révolutionnaire encore que compatible avec l'éducation aristocratique et les vertus salaisiennes[38] ».

On peut alors s'interroger sur l'importante présence des femmes dans le langage des images et des symboles, durant la décennie révolutionnaire. En effet, pour représenter la liberté, l'égalité, la justice, la loi, la République… ce sont bien les allégories féminines qui sont convoquées, dans les cortèges, sur les documents officiels ou dans les arts, comme de véritables objets pédagogiques. Pour les fêtes, ne jouent-elles pas un rôle de figurantes, vêtues de blanc comme des vestales, ceinturées de rubans tricolores en bonnes patriotes et accompagnées de leurs enfants en dignes mères de famille ? Lors de la somptueuse cérémonie du 10 août 1793, mise en scène par David, c'est aux seins d'une allégorie féminine gigantesque que chaque député vient se régénérer, de façon quasi incestueuse ! Véritable instrumentalisation du corps des femmes ou discrimination positive ? Officiellement mère féconde, actrice de la régénération sociale. En réalité femmes réduites à nouveau au silence, femmes déifiées, mais aussi réifiées.

« La Révolution s'offrait comme une chance, unique et inédite, à saisir par le rêve de création pédagogique *ex nihilo*[39]. » Les femmes pour réclamer le droit à l'instruction, ont bien mené un vrai combat, avec son apogée en l'an II. Les femmes rencontrées ne mènent pas une lutte pour l'égalité des sexes et ne cherchent pas à ressembler aux hommes. En vraies pionnières du féminisme contemporain, elles ont compris qu'elles devaient se battre pour la liberté, pour le droit au travail, objectifs dépendant de l'accès au savoir, mais aussi du bon vouloir des hommes !

Alors comment s'étonner de l'article accusateur paru dans les *Révolutions de Paris*, au lendemain de l'exécution d'Olympe de Gouges et de Mme Roland : « La première voulut être homme d'État, la seconde savante. »

NOTES

1. A. GEFFROY, « Louise de Kéralio Robert, pionnière du républicanisme sexiste », *AHRF*, avril-juin 2006, p. 110-113. Louise crée un journal hebdomadaire de 8 pages, chez Noyon, le *JEC, Journal de l'État et du Citoyen*, appelé ensuite *MN*, qui paraît de 1789 à 1791.

2. H.-C. HARTEN, *Les écrits pédagogiques sous la Révolution*, Paris, INRDP, 1989. L'auteur a établi un répertoire sous la direction d'A. Choppin et une banque de données : *Emmanuelle III*, consultable en ligne qui recense tous les manuels scolaires publiés en France depuis 1789. Soit 1 346 ouvrages, avec noms d'auteurs, titres, dates et lieux de parution. Sur les 1 346 ouvrages, on compte 1 231 écrits par des hommes, 90 par des auteurs anonymes et seulement 25 ouvrages par des femmes ! M. MANSON, *Les livres pour l'enfance et la jeunesse sous la Révolution*, Paris, INRDP, 1989. Sur 189 auteurs, 8,53 % de femmes, dont 10 anglaises !

3. M.-P. DUHET, *Cahiers de doléances des femmes en 1789, et autres textes*, Paris, Éditions des femmes, 1981, p. 18.

4. Bibliothèque Nationale, Lb^{39} 920.

5. Bibliothèque Historique de la Ville de Paris (BHVP), 12 807 t., 1, n° 20.

6. BHVP, 12 807 t. 1, n° 15

7. BHVP, 12807 t. 1, n° 22.

8. Archives Nationales (AN), D.I. § 2-1, dossier 2.

9. AN, F^{17} 1009^{C}-2289, E. et H.-C. HARTEN, *Femmes, culture et Révolution*, Paris, Éditions des femmes, 1989, p. 504-514.

10. Archives Parlementaires (AP), t. 63, p. 591.

11. E. et H.-C. HARTEN, *op. cit.*, p. 528-542.

12. AN, F^{17} 1310, dossier 2. Compte tenu des problèmes engendrés par la guerre, aussi bien avec les ennemis extérieurs qu'avec ceux de l'intérieur (révoltes de Vendée et la crise fédéraliste), il est prévu un enseignement professionnel qui serait destiné, en partie, à contribuer à l'effort patriotique.

13. AP, t., 81, p. 326.

14. En 1793-1794, le comptage des manuels scolaires effectué par H.-C. Harten montre une très nette augmentation des livres de mathématique et de sciences naturelles et sciences « pratiques », alors qu'en revanche, les manuels de langues et d'histoire ancienne sont en nette diminution.

15. AN, F^{17} 1005^{A}-750. Le projet de créer une École Normale d'instituteurs, qui seraient ensuite envoyés dans les départements (conçu par Garat et présenté par Lakanal le 30 octobre 1794) ne sera jamais mis en œuvre !

16. AN, F^{17} 1004^{A}-385.

17. Comité d'Instruction Publique (CIP) de la Convention nationale, t., 3, p. 634.

18. Intervention de Ducos, « Mardi, 18 décembre 1792 », AP, t., 55, Paris, Dupont, 1889, p. 139-142.

19. CIP de la Convention nationale, t. 1, p. 7.

20. CIP de la Convention nationale, t. 1, p. 29.

21. CIP de la Convention nationale, t. 1, p. 124.

22. CIP de la Convention nationale, t. 3, p. 92-93 et annexes p. 571-584.

23. AP, t. 78, p. 20.

24. AP, t. 78, p. 48-50

25. CIP de la Convention nationale, t. 4, p. 939.

26. D. Julia, « Instruction publique/Éducation Nationale », *in* A. Soboul (dir.), *Dictionnaire histo-
    rique de la Révolution française*, Paris, PUF, 1989, p. 580.
27. Réflexions sommaires sur l'éducation publique par le républicain Hassenfratz, CIP de la
    Convention nationale, t., 1, p. 580.
28. Essai sur l'instruction publique par J.-F.-C. Daunou, CIP de la Convention nationale, t., 1,
    p. 587.
29. E. et H.-C. Harten, *op. cit.,* p. 98-99.
30. CIP de la Convention nationale, t., 3, p. 337-794.
31. Archives Municipales de Rouen (AMR), série R.
32. Archives départementales de Côte-d'Or (ADCO), série L. 1779.
33. Archives départementales de Haute-Garonnes (ADHG), série L. 25-41.
34. *Ibid.,* p. 100.
35. M. Ozouf, *La fête révolutionnaire 1789-1799*, Paris, Gallimard, p. 81-94.
36. E. et H.-C. Harten, *op. cit.,* p. 104.
37. S. Desan, « Pétition des femmes en faveur d'une réforme révolutionnaire de la famille », *AHRF,*
    op. cit., p. 33-35.
38. M. Bouyssy, « Thérésia Cabarrus, de l'instruction des filles et de la révolution », *AHRF, op.*
    cit., p. 144.
39. B. Baczko, *Une éducation pour la démocratie. Textes et projets de l'époque révolutionnaire*, Genève,
    Droz, 2000, p. 20.

DEUXIÈME PARTIE

Contenus et méthodes

« SCIENCE, POÉSIE, ARTS, QU'ILS NOUS INTERDISENT… »
POÉSIE FÉMININE ET ÉDUCATION
POLITIQUE : CONSTANCE PIPELET, ISABELLE
DE CHARRIÈRE

Huguette Krief

Une épistémologie nouvelle de l'histoire prend forme sous les Lumières, subordonnant les comportements à une genèse de l'esprit, d'autant plus réjouissante qu'elle participe à l'élan général du progrès[1]. Le bonheur dans la cité se trouve suspendu à l'évolution nécessaire des esprits. Fidèles à ce principe, Helvétius et d'Holbach se tournent vers la femme pour régénérer l'homme. D'ornements dans la société, « fleurs d'un beau jardin » comme le précise Helvétius, les femmes peuvent enfin « être employées à un plus noble usage ». *De l'Esprit* évoque à dessein la cérémonie qu'avait instituée Lycurgue où les femmes lacédémoniennes insultaient publiquement ceux qui avaient manqué de courage au combat. La vertu des citoyens peut-elle vraiment s'épanouir sans l'aiguillon du plaisir ? Se préoccupant des facteurs d'humanisation de la cité, d'Holbach érige la femme en institutrice des bonnes mœurs. À sa suite, les hommes politiques de la Révolution française, ainsi que l'a montré Daniel Teyssière[2], invitent le beau sexe à user de son « empire » pour éduquer l'homme et former le cœur des enfants à l'amour de la patrie et du bien public. Or, l'encouragement prodigué aux femmes pour assurer ce magistère des mœurs coïncide avec leur asservissement politique. Dès lors, il revient à Olympe de Gouges d'expliquer comment la régénération de la cité révolutionnaire achoppe sur l'inégale répartition de la citoyenneté. C'est ainsi que la proposition d'Helvétius, selon laquelle « l'éducation peut tout », inspire les écrits féminins de la période révolutionnaire. Romancières, dramaturges ou poétesses, Constance

Pipelet et Isabelle de Charrière, ayant le choix entre plusieurs types d'expression, privilégient à un moment donné le langage poétique pour y couler leur expérience de la Révolution et leurs attentes. Si le renouveau poétique engagé depuis 1760, réclamait pour le poète le droit de tout décrire, de rejoindre le vivant, si l'attirail champêtre osait paraître sans honte dans la poésie de Delille, la poésie féminine allait-elle, en ces années de Révolution, se renouveler, donner corps à l'effort d'éducation politique qu'exigeait la situation nouvelle et servir la cause des femmes?

La vocation apollinienne de la poétesse

Avec une imperturbable logique, la Révolution française distingue lumières et vertu, comme si les connaissances, les spéculations même, n'égalaient point les qualités de la raison pratique et celles du cœur. Le perfectionnement des sciences et des arts coïncide avec la corruption de la société et un accroissement des injustices que subissent les plus démunis, comme l'énonce Simon Linguet, en héritier de la pensée de Rousseau, dans ses *Annales politiques, civiles et littéraires du XVIIIe siècle*[3]. Cette vision des choses s'impose en 1789 comme une sorte de loi qui relèverait d'une nécessité historique: dès lors, certains esprits radicaux lancent un vigoureux réquisitoire contre les siècles de raffinement et les manifestations d'un art de complaisance, inutile à leurs yeux, puisqu'il était destiné sous l'Ancien Régime aux réjouissances des Grands et des aristocrates. Le publiciste Luchet ne déclare-t-il pas dans le *Journal de la ville* (21 septembre 1789) que « la littérature fait bâiller » et que « les vers fatiguent[4] » ? Pareilles déclarations péremptoires exigent des justifications sous peine de passer pour des idées préconçues ou des amplifications rhétoriques. Il est frappant de voir Germaine de Staël composer un *Éloge de Monsieur Guibert* en 1790, un ami de sa famille mort en mai 1790, dans lequel elle exalte le rôle éminent du poète dans la cité. Une telle vision implique que l'on considère la fonction éducatrice de la poésie, son utilité dans la transmission des valeurs. Si le sort du poète est lié à celui de la communauté, c'est que l'écriture poétique se met au service de l'idéal politique de la cité: « Le talent d'écrire ne sera plus isolé désormais et ceux qui le posséderont, en appuieront leur vie[5]. » La perspective autorise tous les espoirs, puisque se précise de manière exaltante la mission du poète-citoyen qui devient un guide inspiré de la Nation, qui dispense le message et exalte les valeurs révolutionnaires. Or, libérer les citoyens, c'est aussi leur rappeler, comme le démontre l'*Épître aux femmes* (1797) de Constance Pipelet, que les préjugés renaissent sans cesse de leurs cendres: est-on en droit d'exclure la poésie du champ de la cité, alors que l'histoire la plus récente montre la part active des poètes dans le combat contre la corruption sociale? Pour le prouver, elle évoque la figure de Nicolas Gilbert[6], poète lorrain satirique qui livra ses réflexions sur les Grands, les sots et les corrompus de son époque dans le *Dix-huitième siècle : satire à M. Fréron* (1775). Le poète malheureux, mort dans la pauvreté et l'extrême solitude, est associé à Rousseau, fidèle amoureux de la vérité, poursuivi par les haines du clan encyclopédiste :

> J'en atteste ton ombre, illustre et grand Rousseau,
> Qui chassé lâchement d'une ingrate patrie,
> Vit dans un long exil s'éteindre son génie !
> J'en atteste ta mort, satirique imprudent,
> Gilbert dont le malheur expia le talent[7] ;

De fait, s'engager dans l'entreprise critique de l'ancien système ne suppose pas de choix négatif pour les révolutionnaires qui ne manifestent finalement aucune volonté de chasser les poètes hors de la cité au nom de la vérité, comme le fit Socrate au livre III de *La République* de Platon[8]. En revanche, la Révolution crée les conditions politiques pour que les protestations de Constance Pipelet s'intègrent dans le vaste mouvement de révision des valeurs morales et politiques de l'Ancien Régime.

Dans ce contexte de renouveau politique, nul doute que Germaine de Staël et la poétesse Constance Pipelet se mettent en devoir d'harmoniser leur projet littéraire avec les besoins d'une Nation sur le chemin de la Régénération. Cependant, il leur faut trouver un modèle littéraire, capable d'annuler l'image défavorable, liée à l'Ancien Régime, de la femme de lettres et de la salonnière, futiles et mondaines, dont les productions étaient de pur agrément. Naturellement, l'Antiquité devient une alliée dans leur démonstration, au moment où la Révolution cherche dans l'Histoire ancienne des références pour enrichir sa propre réflexion politique. La figure de Sapho, poétesse de Mytilène, est propre à remplir ce rôle dans l'argumentation, à partir du moment où l'on retient du mythe littéraire, légué par Ovide, l'image de la prophétesse destinée au culte d'Apollon. Dans la tragédie lyrique, *Sapho* (1794), de Constance Pipelet et le drame en prose que Germaine de Staël compose en 1811, Sapho porte le titre glorieux de « *Dixième Muse* » que ses contemporains lui attribuèrent. Elle est « ce génie brillant qui était la gloire de la Grèce[9] », célébré par le peuple grec qui lui érigea une statue, selon les travaux érudits consultés par la dramaturge. Rappeler que Sapho est une poétesse inspirée du dieu Apollon revient à accorder à l'élue les vertus poétiques et régénératrices attachées à cette divinité. La poésie apollinienne est une musique et une divine harmonie, mais aussi une prophétie qui permet, en tant que lecture inspirée des événements, de maintenir des liens étroits entre la cité et les dieux. Sapho est comparable au *vates* romain, au chantre inspiré, plutôt qu'à la solitaire Sybille de l'*Énéide* qui emplit les Troyens d'horreur sacrée[10]. Dans le drame de Germaine de Staël, le poète Alcée reconnaît à Sapho l'éloquence que l'on attribue généralement à Orphée : « Je pouvais goûter tous les charmes de ce langage enchanteur qui semble planer sur la vie, et qui en révèle les plaisirs et les peines, comme si les dieux mêmes confiaient à l'homme les secrets de la terre[11]. » Les improvisations de Sapho dispensent une beauté, une clarté aux vertus pédagogiques. Son inspiration est simple, lumineuse : elle conquiert le cœur du peuple. Les chants de Sapho « font naître des transports », commente Alcée. C'est le même pouvoir de fascination qu'exercent sur Ximéo les hymnes de Mirza, une poétesse jaloffe, dans une des nouvelles de la jeune Germaine de Staël. Ce texte rédigé avant la Révolution associe étroitement la poésie féminine à l'enthousiasme divin. La poésie y gagne en harmonie et en profondeur, puisqu'elle transmet la parole des dieux. « Une voix de femme, remarquable par sa beauté, se fit entendre à moi », confie Ximéo, « J'écoutais ce qu'elle chantait, et je ne reconnus point les paroles que les jeunes filles se plaisent à répéter. L'amour de la liberté, l'horreur de l'esclavage, étaient les sujets des nobles hymnes qui me ravirent d'admiration. » L'intérêt de cette nouvelle tient au fait qu'elle révèle les attributs de la poétesse staëlienne. Dans le discours de Mirza, il est question de justice, de vertu, de courage, d'innocence, de beauté. La poésie dit parfaitement ce qu'elle condamne et ce qu'elle préconise, elle explique les éléments d'une éthique nouvelle, portant en elle la distance qui aide à comprendre et à voir. Séduit, Ximéo apprend : « Elle m'instruisait cependant avec une bonté que rien ne lassait », ajoute-t-il. Cette nouvelle pose un thème majeur de la pensée de la romancière : si le *Dictionnaire philosophique* de Voltaire ne retient pas dans l'article « Enthousiasme » le récit du délire sacré de Sapho recevant l'esprit d'Apollon, Germaine de Staël fait sienne cette représentation et la considère comme la première expérience authentique de la création artistique féminine. Pour le confirmer, il y a lieu de considérer l'analogie convaincante qui existe entre le portrait de Mirza et les traits que les érudits attribuent généralement à la poétesse de Lesbos, depuis l'édition en 1681 par Anne Dacier des *Poésies d'Anacréon et de Sapho*. Julien-Jacques Moutonnet de Clairfons propose un portrait dans la *Vie de Sapho* qu'il publie en 1773 : il relève le manque de beauté de Sapho, mais il insiste sur la vivacité de ses yeux pleins de feu et de volupté. Il en va de même pour Germaine de Staël qui distingue avec soin le peu d'agrément des traits de Mirza de ses « yeux enchanteurs » et de sa « physionomie animée[12] », signe manifeste du surnaturel qui l'habite. L'inspiration divine mobilise l'être de la poétesse, au point qu'elle en efface la féminité. Ximéo en fait le constat lorsqu'il assiste au délire poétique de Mirza. « À chaque mot qu'elle me disait, mon intérêt, ma curiosité redoublait, ce n'était plus une femme ; c'était un poète que je croyais entendre parler. Et jamais les hommes qui se consacrent parmi nous au culte des dieux, ne m'avait paru remplis d'un si noble enthousiasme [13]. » Les hymnes que compose la poétesse Mirza entendent donc dépasser l'individu et chanter l'idéal autour duquel peut se souder la communauté. Le modèle de parole poétique que Germaine de Staël trouve dans le mythe saphique est illustré par la relation étroite qui s'établit entre la poétesse et la collectivité, l'une permettant à l'autre de s'unifier et de se constituer en peuple libre.

Les Hymnes de Constance Pipelet

Point de hasard dans la représentation de la poétesse apollinienne sous la Révolution. Pensons en particulier aux poèmes qui accompagnent les années révolutionnaires, à tous les hymnes qui soutiennent les efforts des citoyens, leur dispensent les valeurs républicaines et suivent les événements pour leur en expliquer le sens. Le succès des compositions de Marie-Joseph Chénier dont la postérité a retenu *Le Chant du départ* a fini par estomper de la mémoire des fêtes de la Révolution les hymnes de Constance Pipelet. Membre du *Lycée des Arts*, académie républicaine fondée par Lavoisier, Constance Pipelet rédige en 1796 un *Hymne à l'Agriculture* qui est chanté sur une musique de Martini lors de l'une des fêtes solennelles révolutionnaires, organisées au Champ de Mars. Fidèle aux réflexions de Rousseau sur l'austérité heureuse des Montagnons et l'utilité des paysans du Haut-Valais, la poétesse célèbre les vertus du monde agricole, évoquant en contre-point la corruption d'un Ancien Régime où l'homme oubliait la morale au profit du goût, le courage au profit de la politesse et où il prenait l'apparence pour le vrai :

> Ils ne sont plus ces temps où le luxe frivole
> S'arrogeait à grands frais un prix peu mérité !
> Ils ne sont plus ! Un jour a vu briser l'idole,
> Et le premier des arts devient le plus fêté [14].

L'évocation de ce passé semble nécessaire à la poétesse, pour que la régénération de la Nation prenne encore plus d'éclat : la communauté nationale est comparée au laboureur dont le soc brille et s'avance, afin que la terre s'entrouvre et soit fécondée. Le sillon tracé est la preuve que les œuvres de la France républicaine sont bien celles de « Rome en ses plus beaux jours ». La parole poétique est là pour soutenir et entretenir la foi dans la Révolution. Elle est en même temps la mémoire du passé national et la prophétie qui annonce des lendemains heureux. Dans cet hymne, l'avenir promis s'éloigne des égarements de la Terreur : une république à l'antique verra le jour ! La poétesse guide les pas de la collectivité. Elle interpelle les citoyens laborieux, les « artisans généreux » et « les habitants des campagnes », elle les invite à se joindre à la fête révolutionnaire : « Suspendez vos travaux, accourez à nos voix. » Le peuple laborieux réuni, les participants sont invités à renouer avec l'esprit du serment du champ de Mars : « Tout Français est son frère, il est frère de tous. » Ainsi se met en place le motif final de l'unanimité qui se fait autour de la déesse Liberté. Pour avoir évoqué la tyrannie du luxe sous l'Ancien Régime, Constance Pipelet se fait l'interprète de la conscience nationale, quand elle se réjouit de voir rassemblée une Nation simple, libérée des faux-semblants de la monarchie. Dès lors, la poétesse apollinienne invoque la Liberté, divinité tutélaire de la Révolution française, pour qu'elle sauvegarde la vertu des citoyens et qu'elle affermisse leur courage dans les combats guerriers.

> Et toi, divinité qui protège nos fêtes,
> Achève ton ouvrage, auguste liberté.
> Et quand tu fais planer la gloire sur nos têtes,
> Jette aussi sur nos champs un regard de bonté[15] !

Engagé dans une aventure prométhéenne, le citoyen français doit comprendre que son bonheur ne dépend plus que de son action politique et de son utilité au sein de la jeune République. Recueillant et diffusant les certitudes essentielles de la République, la poésie de Constance Pipelet contribue à former le nouveau citoyen, enfant de l'Histoire et non plus d'une Révélation.

Les circonstances nées de la guerre aux frontières et de la guerre civile favorisent, dans la poésie de la Révolution, l'expression d'une volonté de résistance. La formule révolutionnaire de la liberté ou de la mort hante tous les esprits. Aussi le goût et le désir du sacrifice s'expriment-ils avec force dans les poésies de Constance Pipelet. Le poème *Sur la mort du jeune tambour Barra, âgé de quinze ans*, paru dans *L'Almanach des Muses* en 1795, célèbre avec emphase la mort glorieuse d'un humble soldat, un « martyr des tyrans » qui est tombé sous les coups « d'un furieux, altéré de trépas ». Comme l'exposition du cadavre meurtri du martyr est destinée à bouleverser les sensibilités, ainsi que le montre Louis-Sébastien Mercier à propos de la pompe funèbre en l'honneur de Le Peletier, l'extrême jeunesse du héros dans le poème de Constance Pipelet est une source de pathétique : « Cet assassin ne te voyait-il pas,/Couvert encore des baisers de ta mère ? » Or, la célébration du héros prime sur la déploration de la jeune victime. Assurément, il n'est pas question pour Constance Pipelet de verser dans la complainte. L'héroïsme républicain est destiné à étonner et à galvaniser la Nation. La barbarie, la violence de l'assassin renvoient au contexte général d'horreur qu'ont connu les Français avec l'insurrection vendéenne et les guerres contre les coalisés. L'éloge d'un patriotisme belliqueux, l'exaltation héroïque prennent leur véritable sens dans le contexte de la guerre totale que mène la Convention thermidorienne contre les ennemis de l'intérieur comme de l'extérieur. L'événement que relate le poème a pour objet d'engager le peuple souverain dans la défense de la patrie. La mort du jeune tambour est la conséquence d'un choix qui est librement consenti, car la mort demeure, pour chaque citoyen, la seule alternative à la liberté de la Nation :

> Mais refermons ces injustes regrets ;
> N'a-t-il pas dit : je meurs pour ma patrie ?
> C'en est assez pour le cœur d'un Français,
> Et son trépas a compensé sa vie [16].

Le *Chant funèbre* qu'accompagne une musique de Martini résonne des mêmes mâles échos. Dans le poème, l'identité des héros disparaît au profit de la grandeur de leur action, comme si l'unité de la patrie exigeait que chacun des noms s'effaçât, pour que tous pussent se montrer dignes des sacrifices exigés. L'émotion funèbre a pour fin de convaincre et de convertir. « Imitez-les, jeunes héros ! », adjure la poétesse, comme s'il s'agissait pour la Nation éprouvée par d'anciennes défaites de résister jusqu'à la mort. « Le sol que foulait leur enfance/S'est teint de leur sang généreux. » Pour ranimer la flamme guerrière du peuple, Constance Pipelet évoque la gloire de mourir pour la Patrie en danger :

> Mais quoi ! S'ils ont perdu la vie,
> N'ont-ils pas un nom glorieux ?
> Quand ils mouraient pour la patrie
> N'étaient-ils pas encore heureux [17] ?

La poétesse ressuscite la lyre d'airain de Tyrtée pour soutenir le patriotisme des soldats de l'an III, relever leur courage et chasser leur crainte de la mort. Elle glorifie la belle mort des « jeunes héros » tués en combattant, car cet honneur n'est plus réservé aux gens de guerre et peut désormais être recherché par chaque citoyen. Comme le montre Philippe Goujard à propos des discours sur les martyrs de la liberté, adressés à la Convention entre 1793 et l'an II, l'immortalité devient le privilège des héros, connus ou anonymes, de la Révolution. Elle est en quelque sorte la suprême récompense des morts héroïques, violentes et sacrificielles. Le dévouement à la cause républicaine est réellement spartiate sous la plume de Constance Pipelet. La vertu se définit comme le désir de préserver la cité de ses ennemis. Elle suppose mépris de la mort et courage, autant de qualités éminentes, de motifs nobles fondés sur le refus de considérer son intérêt particulier. Il est prescrit dans cette morale exigeante de faire taire ses affections personnelles et de cultiver l'amour de la patrie : rien n'est plus admirable que la générosité, le patriotisme, le souci du bien public. La poétesse montre que la vertu éclatante des fils s'associe au courage des mères qui acceptent de sacrifier leurs enfants. Puisque la patrie est le seul espace de la réalisation de la valeur, il n'y a pas lieu de regretter la mort des jeunes soldats-martyrs : « Ne les pleurez plus, tendres mères. » Les pleurs ne font que paralyser les énergies et répandre la peur. À cet égard, il ne saurait y avoir qu'une seule forme de vertu et les comportements doivent s'y conformer. Pour preuve, Constance Pipelet convoque la mémoire des jeunes soldats tombés pour la patrie : « Ils s'étonnent de voir nos larmes / Couler pour leur civique mort. » La vertu républicaine ou l'art de s'oublier soi-même au profit de la Nation contribue au vaste mouvement de résistance populaire contre l'ennemi, parce que l'issue des guerres de la Révolution ne dépend que d'une réaction unanime de la Nation.

Encouragée par le Directoire et revenue de son exaltation guerrière, Constance Pipelet se consacre à de nouveaux poèmes civiques. Elle réserve au théâtre Feydeau la communication en 1797 de son *Hymne sur la paix*. Il est le témoignage de la joie collective qui saisit la France lors du traité de Campo-Formio, signé à Passariano le 17 octobre 1797 (25 vendémiaire an V). La prédication lyrique y procède d'une intense émotion devant les destinées de la Patrie : « Les dieux ont posé leur tonnerre » et partout s'élève « le drapeau tricolore » ! Chantre d'une nation frappée par les affrontements sanglants de la guerre civile, Constance Pipelet espère en ce domaine aussi une paix de compromis. Elle délivre une prière propre à autoriser l'espoir d'une réconciliation définitive entre Français :

> Ô dieux ! Quelle brillante aurore
> Vient enchanter nos yeux ;
> [...] Fuis, Discorde, en malheurs féconde,
> Effroi du généreux Français !
> Que, libre, en paix avec le monde,
> Avec lui-même il soit en paix [18] !

Lorsque Constance Pipelet vient à la poésie sous forme de chants et d'hymnes, elle suppose que le pouvoir politique émane de la société assemblée et qu'il s'exprime par l'accord et non par la violence. La poésie a donc une fonction civile, puisqu'elle donne corps aux idées de justice, de liberté, de régénération. Elle ne s'impose pas, mais elle tire les citoyens de leur isolement et les pousse à s'unir. C'est ainsi que la poétesse apollinienne est une composante utile du combat révolutionnaire lors de la montée des périls.

La lyre d'airain

La fraternité que célèbre Constance Pipelet est le principe fondamental qui obvie à toute forme de discriminations imposées par l'origine sociale, la religion, la race ou le sexe. Chaque tentative d'écarter la société civile de sa voie régénératrice est la négation de la Révolution même. Très tôt, la poésie féminine s'interroge sur l'harmonie et l'ordre de ce monde nouveau. Si le bonheur est la fin de tout gouvernement, rien ne garantit toutefois que ne puisse s'installer une sorte de divorce entre les principes révolutionnaires et les événements, entre les lois naturelles, éternelles et les moyens que se donnent les hommes politiques pour garantir le bonheur des citoyens. Il en résulte que Constance Pipelet et Isabelle de Charrière ne souffrent la moindre exception aux principes, car il leur apparaît clair que toute corruption de la société civile est essentiellement une corruption politique. L'apparition de différences dans le traitement des individus s'opposerait à la volonté générale qui s'est exprimée dans la déclaration des droits. À ce titre, Isabelle de Charrière conteste qu'« une nation ne se régénère que dans un bain de sang », tandis que Constance Pipelet dénonce le despotisme des hommes de la Révolution qui monopolisent l'autorité politique et la force publique et excluent les femmes de l'*agora*.

Belle s'intéresse étroitement à la situation révolutionnaire française : sous la forme d'un roman, *Lettres à un évêque*, elle dispense des conseils politiques aux députés et dans un conte intitulé *Aiglonette et Insinuante* elle livre à la reine ses remarques sur les réformes institutionnelles à entreprendre pour répondre aux vœux du peuple. L'éducation des princes et des représentants de la Nation semble mobiliser tout son savoir-faire. Or dès la fin 1789, il apparaît, à ses yeux, une rupture dommageable de la sociabilité révolutionnaire sous l'effet des violences populaires. Alors que la tournure des événements commence à se radicaliser[19], des épigrammes politiques, éditées anonymement par Isabelle de Charrière, dévoilent ce côté sombre de la Révolution. La poétesse est de plus en plus hantée par le sang qui coule et les excès commis par la foule. L'un de ses personnages romanesques, l'ardent républicain Fontbrune, dans *Lettres trouvées dans des porte-feuilles d'émigrés* (1793), reprendra la question de l'irruption de la violence dans le cours de la Révolution et de l'impuissance à la contrôler. Isabelle de Charrière, formée aux Lumières philosophiques européennes, se sent donc le devoir d'instruire au jour le jour ses contemporains. Les poèmes qu'elle édite interviennent dans le débat public, la montrant à la fois consciente des dangers et des enjeux de la Régénération. La poétesse regrette que la société naissante ne soit pas plus unie et soudée. Comment accepter que la nation française se départage si tôt en bourreaux et en victimes ? Comment admettre au tribunal de la raison et de la philosophie, l'usage révolutionnaire des lanternes à Paris ? La grande Révolution, qui devait substituer l'instance morale à la place de l'ordre de la force, ne présente-t-elle pas les apparences d'un retour à l'état hobbésien de nature ? L'état de guerre de tous contre tous n'est pas une fiction, ni une parabole, mais la réalité dérangeante d'une société qui prétend tendre au bien général. Si la morale est la conduite qui permet d'organiser le bonheur commun à partir des mêmes valeurs, Belle se heurte au problème de l'écart entre la morale et la nécessité politique. Tout se passe, selon elle, comme si les dirigeants politiques de la Révolution, se préparant avec la *Déclaration des droits* à accompagner la société dans une nouvelle voie, privilé-giaient la fonction terroriste à la fonction protectrice. Là se trouve le mal que dans une épigramme satirique elle dénonce avec force : « Notre roi c'est Mirabeau/Notre reine est la lanterne [20]. » La formule montre la désarticulation qui s'est opérée sur le chemin de la Révolution entre la politique, la justice et la morale. La violence lui paraît le grand fléau de la société civile, car elle isole les individus les uns des autres et elle travaille à détruire les liens sociaux. Les relations politiques s'en trouvent fragilisées ? La culture politique devrait être un effort continu pour juguler les pires instincts : le débat fixe les limites et contient les excès contre nature. L'oscillation, le débat démocratique entre le pour et le contre, que Belle érige en principes philosophiques et politiques, sont mis en danger par des volontés unilatérales qui font le juste et l'injuste, au gré des humeurs et des passions.

> […] Je dis voyant leurs halles,
> Leur Grève, leur lanterne, et Paris et Vernon,
> Votre roi, mes voisins, est le roi des Vandales [21].

La poésie d'Isabelle de Charrière s'engage dans une difficile réflexion théo-rique sur la violence et la Révolution, qui se poursuivra dans sa correspondance jusqu'en 1803. Jochen Schlobach a montré à ce titre que la Révolution est difficile-ment intégrée par les contemporains dans une conception progressive de l'Histoire et qu'elle est expliquée vraisemblablement à partir d'autres modèles historiques, comme le millénarisme biblique [22]. Pour sa part, Isabelle de Charrière qui est éloi-gnée de toute relecture prophétique ou providentielle des événements, invite ses contemporains à ne pas se satisfaire d'une vision progressive des faits, maintenue dans les discours officiels en dépit des excès politiques : elle se fait ainsi poète et sentinelle.

Indéniablement, la poésie féminine de la Révolution se prête à l'examen des institutions politiques et des maux qui rongent la nouvelle société civile. Si Isabelle de Charrière s'attache au problème de la violence, comme une forme de perversion du système révolutionnaire, aux yeux de Constance Pipelet la sortie de la crise exige l'amélioration de la société par le biais de l'éducation des citoyens. Or, éduquer revient à enseigner au peuple et aux femmes leurs droits et leurs devoirs. Il ne fait aucun doute les événements auxquels la poétesse participe activement lui semblent contribuer au bonheur futur de tous les citoyens. Si Robespierre le 10 mai 1793 pousse les députés à « accélérer la Révolution[23] », la nouvelle législation répond-elle aux espoirs de la poétesse républicaine ? De nombreuses épîtres jalonnent sa carrière poétique entre 1796 et 1834, mais trois d'entre elles suffisent à montrer que la pratique de la poésie est liée à la mission politique que Constance Pipelet ne cesse de s'assigner. En éditant l'*Épître aux femmes* qu'elle a lue devant ses pairs du *Lycée des Arts*, Constance Pipelet donne un grand retentissement au constat politique qu'elle propose de la République. Sa réponse à l'attaque d'Écouchard-Lebrun, *Dernier mots aux femmes poètes*, publiée dans *La Décade philosophique*, dépasse le simple cadre de la culture, pour réfléchir et faire réfléchir au maintien des inégalités et aux droits de la femme.

> Disons-le : l'homme, enflé d'un orgueil sacrilège,
> Rougit d'être égalé par celle qu'il protège ;
> Pour ne trouver en nous qu'un être admirateur,
> Sa voix dès le berceau nous condamne à l'erreur ;
> Moins fort de ce qu'il sait que de notre ignorance,
> Il croit qu'il s'agrandit de notre insuffisance,
> Et, sous les vains dehors d'un respect affecté,
> Il ne vénère en nous que notre nullité[24].

Quel que soit l'aspect sous lequel est envisagée la société, juridique, politique, économique ou moral, le changement politique entraîné par la Révolution n'a pas empêché les injustices de se perpétuer. Le despotisme masculin y est traité non comme une pathologie ou une sorte d'hypertrophie de l'ego, mais comme l'expression d'un choix politique qui prive sciemment les femmes de tout droit. La tyrannie n'est pas un phénomène individuel, elle s'installe dans le tissu social grâce aux lois civiles. Après son analyse des articles 324 et 339 du code pénal, condamnant l'adultère féminin à la peine de mort, Constance Pipelet dénonce en 1810 la nouvelle législation dans une épître virulente. Pour elle, il n'y a pas une meilleure illustration des inégalités entre hommes et femmes. Quelle raison, dans un état de droit, légitimerait cette violence particulière faite aux femmes ? L'adresse à Napoléon est directe :

> Souffriras-tu qu'au nom de l'honneur, du devoir
> Un code, effroi du crime, en devienne complice ;
> Que l'époux meurtrier échappe à la justice[25] ;

Nous voici donc, après la Révolution, de nouveau face au grand problème posé par Olympe de Gouges dans la *Déclaration des droits de la femme et de la citoyenne*: si les femmes sont exclues du politique, si elles ne font pas partie du souverain, alors elles n'ont plus aucun contrôle sur des lois qui consacrent leur asservissement. Le despotisme masculin naît et s'affirme avec le préjugé que la femme est faite pour l'homme et que toute liberté féminine ne peut produire que de l'anarchie. Lorsque cette spoliation des droits est organisée en système juridique par un gouvernement, la femme policée par les coutumes et la bienséance est condamnée à souffrir sans fin toutes sortes de vexations. En perdant tout sentiment de liberté, comment conserve-t-elle celui de sa dignité? L'exercice politique est en conséquence un droit nécessaire, ce qu'affirme Constance Pipelet dans son épître *Sur les Femmes politiques*. Mais alors qu'elle aspire, comme Germaine de Staël et Benjamin Constant, au retour du libéralisme politique, elle voit s'imposer une restauration de la monarchie, ce qui lui inspire une sévère *Épître aux souverains absolus*. Toutes ses analyses politiques et ses affirmations sont bien téméraires et irritantes pour les esprits conservateurs. Or, au risque de déplaire, Constance Pipelet plaide inlassablement dans ses épîtres la cause des femmes et la réforme de la République, partant du principe qu'il faut exposer les avantages de la Liberté, pour que les femmes désirent se libérer. Isabelle de Charrière et Constance Pipelet, avec des sensibilités politiques différentes, portent le même regard sur les violences, les unes issues des colères d'un peuple excédé par les privations, qui ne choisit plus la voie du débat démocratique, les autres institutionnelles qui s'exercent de manière sournoise et qui exploitent l'ignorance des femmes qui les subissent.

C'est un fragment de l'Histoire révolutionnaire qui se lit dans la poésie féminine. En même temps qu'elle représente un enjeu esthétique que leur conteste le poète Ecouchard-Lebrun, la poésie témoigne du rôle politique auquel les femmes aspirent. La figure de Sapho, immense génie poétique dont les talents étaient reconnus par les hommes des Lumières, incite les femmes de lettres à l'imitation. Or, en même temps que la poésie de Sapho représente le plus haut degré de l'inspiration poétique, le sort funeste de la poétesse de Mitylène témoigne de la douleur que nourrit l'âme accablée par la trahison et la folie de l'amour. De fait, il existe une contradiction sur laquelle repose le mythe de Sapho, entre le rôle de *vates* qu'elle joue dans la cité, auquel elle aspire toujours, et ce vers quoi elle serait disposée par sa nature féminine.

À la manière de la poésie apollinienne, la poésie des femmes sous la Révolution prétend guider les destinées de la Nation et assurer la bonne lecture des événements pour faire régner le bien auquel le peuple aspire. Dès lors, il résulte qu'Isabelle de Charrière et Constance Pipelet choisissent d'inscrire leurs pensées politiques dans le vaste mouvement d'échange que favorisent les débuts de la Révolution française. Engagées dans un destin collectif, leurs efforts se mêlent à la Régénération que mènent les révolutionnaires. Parce qu'en 1789, Isabelle de Charrière croit encore à l'idéal des Droits, elle rappelle par ses épigrammes que la barbarie est la perversion des liens que tente d'établir la fraternité révolutionnaire. Si Belle, réfugiée au Pontet, continue de déplorer les désordres du monde, en condamnant d'une même voix le fanatisme des Jacobins et le fanatisme des prêtres, Constance Pipelet poursuit inlassablement sa tâche poétique, en refusant les discriminations imposées par la naissance comme par le sexe. Incontestablement, la poétesse refuse de se reconnaître dans la soumission et se tient prête en toutes occasions à défendre la cause des femmes et à conquérir sa liberté.

Notes

1. Helvétius précise que le progrès est l'effet d'une cause générale et qu'il suppose dans tous les pays et chez tous les peuples « une égale aptitude à l'esprit », *De l'Homme*, section II, chap. 23, dans *Œuvres complètes*, Paris, Didot l'aîné, 1795, t. 8, p. 124-125.
2. Daniel Teyssière, « Fonctionnalisme sexuel et privatisation de la femme chez Cabanis et... quelques autres », *Les Femmes et la Révolution française*, éd. Marie-France Brive, Toulouse, Presses universitaires du Mirail, 1989, t. 1, p. 345-346.
3. Voir à ce sujet l'éclairant article d'Alain Garoux, « Simon Linguet : le philosophe, le sage, le politique et les Lumières », *Le philosophe, le sage et le politique de Machiavel aux Lumières*, Laurent Bove et Colas Duflo (dir.), Publications de Saint-Étienne, 2002, p. 213-246.
4. cité par Pierre Retat, « L'ébranlement de la « littérature » en 1789, *L'Écrivain devant la Révolution 1780-1800*, éd. Jean Sgard, Grenoble, PUG, 1990, p. 18.
5. *Œuvres complètes de Madame la Baronne de Staël*, publiées par son fils, t. 17, Paris, Treuttel et Würtz, 1821, p. 275-317.
6. Les romantiques le considéreront comme l'un des poètes martyrs du XVIIIe siècle. Dans son introduction à l'édition des *Œuvres complètes d'André Chénier* (Paris, Baudoin, 1819), Henri de Latouche cite l'auteur de *René* et d'*Atala* qui affirmait à son propos « la France a perdu sur la fin du siècle dernier trois beaux talents à leur aurore : Malfilâtre, Gilbert et Chénier ; les deux premiers sont morts de misère, le troisième a péri sur l'échafaud. », p. XI.
7. Constance de Salm, « Épître aux femmes », dans *Œuvres complètes*, Paris, F. Didot & A. Bertrand, 1842, t. 1, p. 280-281.
8. Platon, *République*, X, 595 a-b ; 606-607a, *Œuvres* complètes, éd. Léon Robin, Paris, Gallimard, « La Pléiade », 1950, p. 1204-1205. Au livre X, les poètes tragiques sont bannis de la cité au nom de la vérité.

9. Germaine DE STAËL, *Sapho. Drame en cinq actes et en prose* (1811), dans Huguette KRIEF, *La Sapho des Lumières*, Publications de l'Université de Saint-Étienne, « Société française d'Étude du XVIIIe siècle, 2006, acte 1, sc. 1, p. 108.

10. Se référer à VIRGILE à l'*Énéide louvaniste*, VI, v.55, trad. Anne-Marie BOXUS et Jacques POUCET, Bruxelles, Bibliotheca Classica Selecta, 1998-2001 : « Un frisson glacé parcourt jusqu'aux os les membres des durs Teucères. »

11. Germaine DE STAËL, *Sapho*, acte 1, sc. 1, p. 109.

12. Germaine DE STAËL, *Œuvres de jeunesse*, éd. Simone BALAYÉ & John ISBELL, Paris, Desjonquères, 1997, p. 163.

13. *Ibid.*, p. 164.

14. Constance DE SALM, *Hymne à l'Agriculture*, *OC*, t. 2, p. 278.

15. *Ibid.*, t. 2, p. 279.

16. Constance DE SALM, *Sur la mort du jeune tambour Barra*, *OC*, t. 2, p. 274.

17. Constance DE SALM, *Chant funèbre*, *OC*, t. 2, p. 276.

18. Constance DE SALM, *Hymne sur la paix*, *OC*, t. 2, p. 283.

19. Malgré les déclarations d'Isabelle DE CHARRIÈRE sur les objectifs uniquement esthétiques de sa poésie, ce que nous rappelle fort justement Guillemette SAMSON, (« Mme DE CHARRIÈRE et la poésie », « Poétesses et Égéries de *1770 à 1830* », *Cahiers Rouger-André Chénier*, n° 17, 1998, p. 99), la poétesse ne cesse de s'interroger sur le sens à donner aux événements politiques.

20. Isabelle DE CHARRIÈRE, « Le nouveau règne », dans *Œuvres complètes*, Amsterdam, G. A. Van Oorschot, Genève, Slatkine, 1981, t. X, p. 28.

21. Isabelle DE CHARRIÈRE, « Les Vandales », t. X, p. 32.

22. Jochen SCHLOBACH, « Progrès ou violence : théories de la révolution », dans *Progrès et violence au XVIIIe siècle*, éd. Valéry COSSY & Deidre DAWSON, Paris, Champion, 2001, p. 403-421.

23. *Ibid.*, p. 407.

24. Constance DE SALM, « Épître aux femmes », *OC,* t. 1, p. 10.

25. Constance DE SALM, « Épître adressée à l'Empereur Napoléon », *OC*, t. 2, p. 278.

LE CODE DE LA SENSIBILITÉ ET L'ÉDUCATION MORALE CHEZ LES FEMMES ÉDUCATRICES AU XVIIIE SIÈCLE [1]

Rotraud von KULESSA

Le code de la sensibilité, qui au XVIIIe siècle, tend à harmoniser l'antagonisme classique entre le cœur et la raison [2], et qui fonde un concept de la vertu basé sur de « vrais sentiments » n'a pas seulement été exploité par les autrices françaises comme projections, invitations pour des modèles de vies féminines alternatives [3], mais également comme base de réflexion pour l'éducation des jeunes filles. Ce concept crucial pour le siècle des Lumières, particulièrement abordé par des autrices, se trouve dans tous les genres, et notamment dans les traités d'éducation, des ouvrages littéraires proprement dits, et dans des ouvrages dédiés spécialement à la jeunesse, voire aux jeunes filles. Les traités de Mme de Lambert, de Mme d'Épinay, les romans de Françoise de Graffigny, de Mme de Riccoboni, de Mme de Tencin et Mme de Charrière, quelques ouvrages choisis de Mme de Genlis ainsi que des pièces de théâtre de société de Françoise de Graffigny et de Mme de Genlis sont mes objets de réflexion.

Un regard dans l'*Encyclopédie* nous révèle toute la complexité de la question de la vertu au XVIIIe siècle ; l'article « Vertu » fait référence à la religion, à la morale et à la nature. De plus, l'article « Femme » (morale) de l'*Encyclopédie* constate le caractère sexué de la vertu. Si la femme semble à première vue particulièrement disposée à la vertu par son penchant naturel au sentiment, c'est ce même sentiment qui la fait pencher vers le vice, comme l'exprime l'article « Vertu » :

> J'ai lu que de toutes les passions, l'amour est celle qui sied le mieux aux femmes ; il est du moins vrai qu'elles portent ce sentiment, qui est le plus tendre caractère de l'humanité, à un degré de délicatesse et de vivacité où il y a bien peu d'hommes

qui puissent atteindre. Leur âme ne semble n'avoir été formée que pour sentir, elles semblent n'avoir été formées que pour le doux emploi d'aimer. À cette passion qui leur est si naturelle, on donne pour antagoniste une privation qu'on appelle l'honneur ; mais on a dit, et il n'est que trop vrai, que l'honneur semble n'avoir été imaginé que pour être sacrifié[4].

Que signifie ici l'honneur ? C'est en fait la chasteté, la domestication des passions et du corps. Comme le souligne Liselotte Steinbrügge dans ses ouvrages sur la conceptualisation de la femme au XVIIIᵉ siècle[5], la conceptualisation des « genres » repose bien sur le principe de la différence et non pas sur celui de l'égalité. La morale naturelle vaut donc pour la femme et la morale raisonnée pour l'homme. Frank Baasner montre en effet, dans son ouvrage sur la sensibilité, que le discours de la sensibilité tend à harmoniser l'antagonisme entre l'esprit et le cœur, la nature et la raison[6]. Ainsi, ce concept permet de contrôler les passions dangereuses ce qui est une préoccupation primordiale de ce siècle. Marcel Grandière remarque à ce propos :

> Le milieu du dix – huitième siècle n'a pas de plus grande préoccupation que le cœur et la vertu. […] C'est aussi le sujet favori de l'éducation et cela dans le cadre d'une philosophie de la connaissance liée à la nature. […]
> Le contrôle du cœur, des sentiments, c'est-à-dire des passions, sources du mouvement chez l'homme, est indispensable. Il revient à tout instituteur, selon la définition de l'*Encyclopédie*, d'occuper le terrain du cœur pour réussir toute œuvre d'éducation. Il faut conduire les enfants, non par des préceptes et raisons, mais par le cœur et c'est à ses qualités de cœur qu'on juge un enfant ou un maître[7].

Si, à cette époque, les auteurs sont généralement d'accord sur le fait que l'éducation des femmes est à repenser, ceci se fait principalement dans le but d'en faire des épouses et des mères exemplaires, et des mères qui sont à leur tour capables d'éduquer leurs filles. Une des questions centrales traitées notamment dans les romans est donc la question du mariage, sujet clé des romans de femmes depuis *La princesse de Clèves* de Mᵐᵉ de Lafayette, sujet qui est également au centre du théâtre d'éducation. Le problème qui se pose alors quant à l'éducation des filles, c'est de les préparer à cette institution, et également à l'injustice qui y règne. Ainsi dans les *Lettres écrites de Lausanne,* Isabelle de Charrière fait remarquer à la mère de l'héroïne :

> Ce que je puis vous dire, c'est que la société, qui dispense les hommes et ne dispense pas les femmes d'une loi que la religion paraît avoir donné également à tous, impose aux hommes d'autres lois qui ne sont peut-être pas d'une observation plus facile… Eh bien ! Cécile, c'est le devoir, c'est la profession de toute femme que d'être sage. […] Les filles peu sages plaisent encore plus que les autres ; mais il est rare que le délire aille jusqu'à les épouser : encore plus rare qu'après les avoir épousées, un

repentir humiliant ne les punisse pas d'avoir été trop séduisantes. Ma chère Cécile, un moment de cette sensibilité, à laquelle je voudrais que vous ne cédassiez plus, a souvent fait manquer à des filles aimables, et qui n'étaient pas vicieuses, un établissement avantageux, la main d'un homme qu'elles aimaient et qui les aimait [8].

La deuxième question concernant la préparation des filles au mariage est de savoir si l'amour dans le mariage est possible ou non. Ici, le concept de la sensibilité propose une solution en évoquant ce que Jean Ehrhard appelle « la morale du sentiment [9] ». La sensibilité qui suggère le concept d'une vertu fondée sur la sincérité des sentiments, et qui met en même temps en valeur l'idée de l'amitié permet donc la réalisation de l'amour-amitié dans le mariage en neutralisant ainsi l'idée des passions destructrices et néfastes.

Si en général, on est d'accord sur le fait que tout homme a des dispositions naturelles à la sensibilité ou à la vertu [10], on peut cependant observer, dans certains ouvrages, que cette question reste ouverte. Dans les pièces de Françoise de Graffigny, ainsi que dans celles de Mme de Genlis ou encore chez Mme de Charrière dans son roman *Trois femmes*, le lecteur ou le spectateur assistent à des expériences dans lesquelles l'autrice met à l'épreuve la relation entre la disposition naturelle à la vertu et l'éducation. Cette dernière question sera au centre de cet article. Ensuite, j'analyserai brièvement le rapport entre le concept de la sensibilité et la religion dans les textes de mon corpus. Et en guise de conclusion, je me livrerai à quelques réflexions sur la sensibilité et l'acquisition du savoir.

Disposition naturelle à la vertu

En général, au XVIIIe siècle, les auteurs partent, avec Rousseau, du principe que l'homme est naturellement bon, et que c'est la civilisation qui est à l'origine de la corruption des mœurs. En littérature se multiplient alors les bons sauvages et les ingénus, et ceci à travers tous les genres littéraires.

Comme premier exemple précis, prenons les *Lettres d'une Péruvienne* de Françoise de Graffigny [11]. Dans cet ouvrage, qui nous livre une critique de la société française à travers le regard de la jeune péruvienne Zilia, Françoise de Graffigny met en effet en œuvre un concept de la sensibilité qui comporte quelques éléments tout à fait originaux. Elle travaille avec le système d'oppositions traditionnelles qui assimile la femme à la nature et au cœur, et l'homme à la civilisation et à l'esprit. Dans les *Lettres d'une Péruvienne*, ces oppositions sont en quelque sorte déconstruites par le fait que Zilia réunit dans sa personne le domaine de la nature et du cœur ainsi que des aspects de la civilisation. La nature est ici synonyme de sentiments naturels, sincères, exprimés dans un langage naturel. Ce concept de nature devient alors synonyme de « vertu » tandis que la corruption de la société est synonyme d'absence de véritables sentiments. Zilia, en tant que personnification de la « vertu », sert de médiatrice entre la nature et la civilisation, entre le domaine du cœur et celui de l'esprit. En tant que « bonne sauvage », naturellement sensible, elle a en plus le rôle du 'visiteur étranger' qui peut se livrer à une critique acerbe des principes d'éducation des filles en France. Ainsi, elle constate dans la lettre 34 consacrée à l'éducation des femmes :

> Il m'a fallu beaucoup de temps, mon cher Aza, pour approfondir la cause du mépris que l'on a presque généralement ici pour les femmes. Enfin je crois l'avoir découverte dans le peu de rapport qu'il y a entre ce qu'elles sont et ce que l'on s'imagine qu'elles devraient être. On voudrait, comme ailleurs, qu'elles eussent du mérite et de la vertu. Mais il faudrait que la nature les fît ainsi ; car l'éducation qu'on leur donne est si opposée à la fin qu'on se propose, qu'elle me paraît être le chef-d'œuvre de l'inconséquence française. […] Ne crois pas non plus que le dérangement de la conduite des autres vienne de leur mauvais naturel. En général il me semble que les femmes naissent ici bien plus communément que chez nous, avec toutes les dispositions nécessaires pour égaler les hommes en mérite et en vertus. Mais comme s'ils en convenaient au fond de leur cœur, et que leur orgueil ne pût supporter cette égalité, ils contribuent en toute manière à les rendre méprisables [12]…

Zilia part donc du principe d'une disposition naturelle à la vertu qui est cependant corrompue par une mauvaise éducation, donc par la civilisation. Cette idée centrale au XVIIIe siècle, à savoir le conflit entre la nature et la civilisation, est résolue dans la personne de Zilia dont l'éducation au Pérou a contribué à fortifier son penchant à la sensibilité, garant de vertu.

Je voudrais maintenant rappeler le deuxième modèle littéraire qui met en quelque sorte en scène une expérience d'éducation, qui, depuis Molière et son *École des Femmes,* a été maintes fois reprise et variée. La question qu'on se pose alors c'est de savoir si l'ignorance protège contre le vice. Cette tentative d'éducation est d'ailleurs souvent employée dans un but égoïste et ainsi condamnée à l'échec.

Le deuxième exemple de la littérature narrative sera *L'histoire d'Ernestine* de Marie-Jeanne Riccoboni. Ici, c'est l'éducation simple, une vie retirée qui contribuent à faire évoluer les bonnes dispositions de la protagoniste :

> Elle l'oublia, grandit, se forma, devint belle : sa taille svelte… un sourire doux et tendre, des grâces, un esprit naturel, la rendaient, à douze ans, une fille charmante. Elle reçut une éducation simple, apprit à chérir la sagesse, à regarder l'honneur comme sa loi suprême ; mais vivant très retirée, ses idées ne purent s'étendre ; elle n'acquit aucune connaissance du monde, et conserva longtemps cette tranquille et dangereuse ignorance des vices, qui, éloignant de notre esprit la crainte et la triste

défiance, nous porte à juger des autres d'après nous-même et nous fait regarder tous les humains comme des créatures disposées à nous chérir et à nous obliger [13].

Contrairement aux *Lettres d'une Péruvienne*, dans lesquelles les connaissances et la culture entretiennent une relation étroite avec la sensibilité, c'est ici l'ignorance qui garantit la sensibilité naturelle et ainsi la vertu. Au cours de cette nouvelle, sera cependant illustré le danger qu'une telle éducation comporte et auquel la protagoniste peut échapper par l'intermédiaire de divers stratagèmes. À la fin, ce sentiment pur et sincère sera récompensé, et contribuera à réaliser le bonheur de l'héroïne.

Dans son théâtre de société, Mme de Genlis se fait également adepte de cette expérience. Dans *La cloison* [14], ouvrage inspiré de *L'école des mères* de Marivaux, la tante Orphise élève sa nièce dans l'ignorance complète en matière sentimentale afin que celle-ci lui soit soumise et se soumette au projet de mariage avec un homme âgé que son père lui a choisi. Si la tante est dès le départ peinte de manière ironique, c'est le code de la sensibilité qui domine le langage des deux jeunes amants et du frère qui constate dans la scène 9 : « Sans doute l'amour, quand il est véritable, éclaire l'esprit, forme le cœur, et sait donner de nouvelles vertus. » À la fin les parents sont vite convaincus de leur erreur et le père rappelle au jeune couple : « Conservez, mes enfants, des sentimens si touchans et si naturels... »

La deuxième variation sur le sujet est la pièce *Zélie ou l'ingénue* [15] de la même autrice. Dans cette pièce, c'est le protecteur/éducateur lui-même qui tombe amoureux de sa pupille, amour auquel celle-ci répond naturellement. L'éducation très soignée du Marquis de Sainville qui cultive l'ignorance de son élève, surtout en ce qui concerne le domaine de l'amour, protège la pupille contre les dangers de la séduction, et l'amène à éprouver des sentiments envers son protecteur, lui – même en l'occurrence ! Zélie a des traits qui ressemblent en plus d'un point à la jeune Péruvienne de Françoise de Graffigny, tout comme les noms des personnages de *La cloison* rappellent ceux des *Lettres d'une Péruvienne* et de *Cénie*, comédie larmoyante de la main de Françoise de Graffigny que Mme de Genlis a jouée avec sa famille pendant son enfance [16]. Tout comme dans *La Cloison* y domine le code de la sensibilité. Zélie est à maintes fois décrite comme naturellement sensible ou comme un « cœur sensible », et ainsi comme vertueuse. Dans les deux pièces, c'est finalement la disposition naturelle qui brave l'éducation de l'ignorance.

Dans deux des pièces écrites pour les enfants de la Cour de Marie Thérèse à Vienne, *Ziman et Zénise* et *Phaza* [17], Françoise de Graffigny illustre de façon tout à fait originale la relation entre la disposition naturelle et l'éducation. Ces pièces s'inscrivent dans le domaine du théâtre d'éducation, et relèvent du genre féerique [18]. Dans les deux pièces, les fées prennent le rôle d'éducatrices, et s'aventurent dans des projets éducatifs en quelque sorte utopiques. Les sujets principaux restent ceux chers à Françoise de Graffigny, à savoir la sensibilité et la vertu naturelle.

Dans *Ziman et Zénise* la question posée concerne la relation entre vertu et rang social, autour du thème de l'éducation du Prince.

La fée Bienfaisante élève ensemble deux filles, Zénise et Philette, et deux garçons, Ziman et Mireflot (Zénise et Ziman sont de sang royal alors que Mireflor et Philette sont enfants de paysans) dans le but de voir au bout de quinze ans lesquels seront dignes d'être le couple royal. Si tous les quatre sont élevés dans l'esprit de porter la couronne, ce seront Ziman et Zénise, les enfants royaux qui confirmeront leur disposition naturelle à leur rang social. Si dans cette pièce, l'autrice peint le modèle du Prince idéal en faisant dire à Ziman : « Oui, Zénise, il est même presque impossible dans cette place, de concilier toutes les vertus. La Fée ne me l'a que trop fait connoître. La clémence est souvent obligée de céder à la justice ; la noble sincérité à l'artificieuse dissimulation, et quelquefois la générosité se trouve forcée de céder à la vengeance [19]. » Le sujet principal reste cependant la vertu naturelle qui repose sur le concept de la sensibilité, le rang se révèle en effet par la vertu et les sentiments. Ainsi Zénise remarque à propos de Mireflor : « Voilà de belles vertus ! et moi je vous dis que cela ne vient que de la grossièreté de son âme. Il n'a ni sensibilité, ni délicatesse [20]. »

On constate une disposition naturelle à être roi, la nature prime sur l'éducation. Ainsi, la fée conclut quand elle révèle l'identité de ses pupilles :

> Vous devez plus à son heureux naturel qu'aux soins de son éducation. Je vais vous donner un grand Roi, heureux les peuples qui vivront sous son obéissance [21].

Ce thème est repris dans une autre petite pièce de Françoise de Graffigny, *Phaza*, pièce dans laquelle est esquissée une expérience utopique qui met en question les genres sexuels, et qui met en scène un travestissement ou *cross-dressing*. Comme dans les autres ouvrages de Françoise de Graffigny y dominent le code la sensibilité et les sujets qui lui sont chers, comme par exemple l'amitié. Phaza est une princesse élevée par la fée Singulière dans le but de prouver que le sexe, ou la masculinité et la féminité, ne sont que des rôles enseignés qui peuvent donc être transformés par l'éducation. La fée Clémentine décrit cette expérience de la façon suivante :

> Elle prétend que la supériorité que les hommes ont usurpée sur les femmes seroit bientôt détruite si, dès l'enfance, au lieu d'inspirer aux jeunes femmes la timidité, la douceur et la modestie, on leur donnoit de la valeur, de l'ambition, de l'indépendance, et surtout qu'on les rendit bien inconstantes, bien perfides en amour ; les choses devenant égales, la société en tireroit de grands avantages [22].

Azor, le fils de la fée Clémentine, est amoureux de Phaza, et ce sera par une ruse que Clémentine et Azor feront découvrir à Phaza son identité sexuelle et son amour pour Azor, sentiment qu'elle avait pris pour de l'amitié.

Le projet de la fée Singulière s'oppose cependant à la vision différentialiste d'Azor qui dépeint ainsi les femmes :

> Quel travers ! nous serions des barbares si les femmes pensoient comme nous. C'est à la douceur de leurs mœurs que nous devons la politesse des nôtres ; la délicatesse de leurs sentimens nous éclaire tous les jours sur l'honneur et les bons procédés, et leurs vertus aimables nous donnent de l'émulation pour celles qui nous sont propres. Il faut combattre vivement un projet pernicieux [23]…

Azor a, en revanche, confiance en la disposition naturelle de Phaza :

> Phaza n'a conservé aucun des défauts qu'on a voulu lui donner. L'heureux naturel l'emporte ; ses sentiments sont si nobles, si généreux, si sincères [24]…

Il ne faut évidemment pas prétendre à des réflexions féministes au sens moderne chez Françoise de Graffigny, mais du moins nous pouvons retenir qu'il s'agit de réflexions tout à fait originales qui mettent en cause les modèles traditionnels de genres.

En outre, dans *Phaza*, l'amitié paraît, tout comme dans les *Lettres d'une Péruvienne*, comme alternative ou sinon comme complément de l'amour, étant apte à remplacer l'amour dans les rapports entre homme et femme :

> Je l'adore, Madame, et dût-elle n'avoir jamais pour moi que l'amitié dont elle m'assure… Ah ! Si vous saviez avec quel sentiment elle en parle, quelle franchise dans ses expressions ! le titre d'ami qu'elle me prodigue est un dédommagement si tendre de l'amour, que souvent il me le fait oublier [25].

Dans cette pièce, Phaza, se croyant encore homme, dépeint d'ailleurs tout comme Zilia, la position inégale entre l'homme et la femme dans le mariage, et elle accuse Zamie, la nièce de la fée Clémentine de son ignorance : « On vous élève si mal. Vous êtes d'une ignorance ! Le plus sot des hommes peut vous tromper et c'est l'amour qui vous perd [26]. » L'amitié apparaît, par contre, comme un substitut vertueux de l'amour.

Le code de la sensibilité et la religion

Si les autrices que nous avons vues jusqu'ici sont d'accord sur le principe que la disposition naturelle à la sensibilité mène à la vertu, nous n'avons pas encore vu évoquer la question de la religion. Il est vrai que la relation entre la sensibilité et la religion apparaît plutôt dans des textes du XVIIe siècle, surtout dans des discussions au sujet de l'honnête homme comme le souligne Frank Baasner[27]. C'est en effet chez Mme de Lambert, dans ses *Avis d'une mère à sa fille*[28], que nous trouvons la liaison entre le concept de la sensibilité et la religion. Ainsi, Mme de Lambert accuse l'éducation qu'on confère aux jeunes filles tout comme le fera plus tard Françoise de Graffigny :

> [...] on les destine à plaire ; on ne leur donne des leçons que pour les agréments ; on fortifie leur amour-propre ; on les livre à la mollesse, au monde et aux fausses opinions ; on ne leur donne jamais des leçons de vertu ni de force.

Et elle ajoute :

> Il ne suffit pas, ma fille, pour être estimable, de s'assujettir entièrement aux bien-séances ; ce sont les sentiments qui forment le caractère, qui conduisent à l'esprit, qui gouvernent la volonté, qui répondent de la réalité et de la durée de toutes nos vertus. Quel sera le principe de ces sentiments ? La religion ; quand elle sera gravée dans notre cœur, alors toutes les vertus couleront de cette source ; tous les devoirs se rangeront chacun dans leur ordre. [...] Nous avons tant d'intérêt à pratiquer la vertu que nous ne devons jamais la regarder comme notre ennemie, mais comme la source du bonheur, de la gloire et de la paix[29].

C'est donc le cœur même, ou plus précisément la sensibilité, réunie à la religion et le bon sens qui règle les passions.

Vertu et « Lumières »

Il s'agit maintenant d'analyser le rapport entre le code de la sensibilité et l'acquisition de connaissances et du savoir dans quelques ouvrages de notre corpus. Si les sciences trop approfondies sont généralement jugées défavorables et contraires à la vertu : « mais songez que les filles doivent avoir sur les sciences une pudeur presque aussi tendre que sur les vices[30] », un certain canon de lecture, qui varie d'une autrice à l'autre, peut contribuer favorablement au développement de la vertu :

> Vous arrivez dans le monde, venez-y, ma fille, avec des principes ; vous ne sauriez que trop vous fortifier contre ce qui vous attend. Apportez-y toute votre religion : nourrissez-la dans votre cœur par des sentiments ; soutenez-la dans votre esprit par des réflexions et par des lectures convenables[31].

À cet endroit, je ne voudrais pas revenir sur l'importance de la bibliothèque dans la maison de la jeune Péruvienne de Françoise de Graffigny[32], la bibliothèque qui devient en effet une métaphore des connaissances et de l'entendement, domaines qui, dans le personnage de Zilia, relient la nature et la civilisation. En ce qui concerne la lecture, il faudrait souligner les propos de Mme de Tencin au sujet de la lecture de romans, tout à fait originaux, puisqu'il s'agit d'un genre littéraire principalement banni du canon de lecture des jeunes filles :

> Dès que mes maîtres m'avaient quittée, je lisais des romans que je dévorais. Un fond de tendresse et de sensibilité que la nature a mis dans mon cœur, me donnait alors des plaisirs sans mélange. Je m'intéressais à mes héros, leur malheur et leur bonheur étaient les miens. Si cette lecture me préparait à aimer, il faut convenir aussi qu'elle me donnait du goût pour la vertu : je lui dois encore de m'avoir éclairée sur mes amants [33].

C'est donc une disposition naturelle à la sensibilité de l'héroïne qui lui confère la capacité à tirer un profit moral même de la lecture de romans. Comme le souligne Marcel Grandière quand il écrit :

> Que nous apprend la nature ? Que nous enseigne la « physique expérimentale de l'âme » selon Locke ? Que pour acquérir des connaissances, [...] que les notions de vice et de vertu naissent des premières idées que nous procure la réflexion sur nos sentiments [34].

Mme d'Épinay explique aussi à sa petite fille Émilie le rapport entre la sensibilité et l'acquisition du savoir : « Il faut s'accoutumer à respecter la sensibilité jusque dans les moindres productions de la nature [35]... » Et elle insiste sur l'importance des connaissances pour les femmes, garantes de vertu et du bonheur :

> Lorsque vous portez vos soins à cultiver votre raison, et l'orner de connaissances utiles et solides, vous vous ouvrez autant de sources nouvelles de plaisir et de satisfaction ; vous vous préparez autant de moyens d'embellir votre vie, autant de ressources contre l'ennui, autant de consolations dans l'adversité, que vous acquérez de talents et de connaissances. Ce sont des biens que personne ne peut vous enlever, qui vous affranchissent de la dépendance des autres, puisque vous n'en avez pas besoin pour vous occuper et pour être heureuse ; qui mettent au contraire les autres dans votre dépendance car plus on a de talents et de lumières, plus on devient utile et nécessaire à la société. Sans compter que c'est le moyen le plus sûr contre le désœuvrement, qui est l'ennemi le plus redoutable du bonheur et de la vertu [36].

Conclusion

Ces réflexions révèlent que le concept de la sensibilité confère non seulement aux autrices des stratagèmes pour s'inventer des modes de vie différentes, il propose également un modèle d'éducation qui permet de résoudre les conflits traditionnels de l'idée de la vertu féminine en neutralisant les oppositions classiques entre la passion et la raison, entre la nature et la civilisation. Si la femme naît avec des dispositions naturelles à la vertu, il faut alors les fortifier par l'éducation, une éducation qui inclut la culture, la lecture, le raisonnement et, dans certains cas, la religion.

NOTES

1. J'entends ici « femmes éducatrices » au sens large, à savoir : des auteures ayant réfléchi à l'éducation dans des ouvrages avant tout littéraires.
2. Pour le code de la sensibilité, cf. F. BAASNER, *Der Begriff der « sensibilité » im 18. Jahrhundert*, Heidelberg, Carl Winter, 1988.
3. Voir R. VON KULESSA, « « Vertu » et « sensibilité » dans les romans de femmes », *Femmes des Lumières. Dix-Huitième Siècle*, n° 36, 2004, p. 211-222.
4. *Encyclopédie*, art. « Vertu », 1765.
5. L. STEINBRÜGGE, *Das moralische Geschlecht. Theorien und literarische Entwürfe über die Natur der Frau in der französischen Aufklärung*, Stuttgart/Weimar, Metzler, 1992 ; et L. STEINBRÜGGE, H.-E. BÖDEKER (éd.), *Conceptualiser la femme*, Berlin, Berlin Verlag, 2001.
6. F. BAASNER, *op.cit.*
7. M. GRANDIÈRE, *L'idéal pédagogique en France au XVIIIe siècle*, Oxford, Studies on Voltaire and the Eighteenth Century, 1998, p. 147-148.
8. I. DE CHARRIERE, « Lettres écrites de Lausanne », *in* R. TROUSSON (éd.), *Romans de femmes au XVIIIe siècle*, Paris, Laffont, 1996, p. 400.
9. J. EHRHARD, *L'idée de nature en France dans la première moitié du XVIIIe siècle*, Paris, Albin Michel, 1994, (1963), p. 349 sq.
10. F. BAASNER, *op. cit.*, p. 123 : « Grund in der Annahme einer natürlichen Moral, deren Regeln allen Menschen zugänglich sind, sofern sie sich nur ihrer angeborenen – rationalen wie nicht rationalen – Fähigkeiten bedienen. »
11. F. DE GRAFFIGNY, « Lettres d'une Péruvienne », in R. TROUSSON (éd.), *op. cit.*, p. 79-164.
12. *Ibid.*, p. 148-151.
13. M.-J. RICCOBONI, *Histoire d'Ernestine*, Paris, Côté-Femmes, 1991, p. 29.
14. Mme DE GENLIS, « La cloison », in *Théâtre de société*, t. 1er, Parais, Maradan, 1791, p. 394-456.
15. Mme DE GENLIS, « Zélie ou l'ingénue », *ibid.*, t. 2, Paris, Maradan, 1791, p. 142-291.
16. M.-E. PLAGNOL-DIEVAL, *Madame de Genlis et le théâtre d'éducation au XVIIIe siècle*, SVEC, n° 350, 1997, p. 85.
17. F. DE GRAFFIGNY, « Ziman et Zénise », « Phaza », *Œuvres posthumes de Madame de Grafigny*, Amsterdam, 1770.
18. Pour l'analyse du contenu, de la genèse et de la réception des deux pièces, voir Ch. SIMONIN, « Phaza, « la fille-garçon » de Madame de Graffigny », *in* K. ASTBURY, M.-E. PLAGNOL-DIEVAL (éd.), *Le mâle en France. 1750-1830. Représentations de la masculinité*, Oxford/Bern/Berlin, Peter Lang, 2004 (French Studies of the Eighteenth and Nineteenth Centuries 15), p. 51-62.
19. F. DE GRAFFIGNY, « Ziman et Zénise », *op. cit.*, p. 28.
20. *Ibid.*, p. 26.

21. *Ibid.*, p. 40.
22. *Ibid.*, p. 52 *sq.*
23. *Ibid.*, p. 53.
24. *Ibid.*, p. 54.
25. *Ibid.*, p. 55.
26. *Ibid.*, p. 72.
27. F. Bassner, *op. cit.*, p. 55-68.
28. Mme De Lambert, « Avis d'une mère à sa fille », *Œuvres*, Paris, Champion, 1990, p. 95 *sq.*
29. *Ibid.*, p. 95 *sq.*
30. *Ibid.,*. p. 112.
31. *Ibid.*, p. 96.
32. R. Von Kulessa, *Françoise de Grafigny: Lettres d'une Péruvienne. Interpretation, Genese und Rezeption eines Briefromans aus dem 18. Jahrhundert*, Stuttgart/Weimar, Metzer, 1997, p. 62.
33. Mme De Tencin, *Les Malheurs de l'Amour,* Paris, Desjonquères, 2001, p. 43 *sq.*
34. M. Grandière, *op. cit.*, p. 157.
35. Mme d'Épinay, *Les conversations d'Émilie,* Studies on Voltaire and the Eighteenth Century, Oxford, 1996, n° 342, Troisième conversation, p. 69.
36. *Ibid.*, p. 249.

MARIE-MARGUERITE BIHERON ET SON CABINET D'ANATOMIE : UNE FEMME DE SCIENCE ET UNE PÉDAGOGUE

Adeline Gargam

Au siècle des Lumières se développe dans les différents corps sociaux un goût ardent pour les sciences, notamment pour l'histoire naturelle, la physique-chimie et l'anatomie. Les figures princières et les hommes du monde, les ministres et les hauts fonctionnaires, les militaires, le clergé, les artistes et les philosophes, les négociants et les savants, tous y compris les femmes, sont convertis au culte des sciences et se plaisent à collecter dans des cabinets privés divers objets scientifiques relatifs à ces différentes sciences, ou autres curiosités et merveilles issues des trois règnes de la nature. Posséder un cabinet était devenu un phénomène de société, et plus encore un véritable phénomène de mode sociale et intellectuelle largement européen. Selon les collections qu'ils contenaient et les finalités qu'ils poursuivaient, ces cabinets scientifiques obéissaient à une typologie particulière. Il en existait trois grands types : les cabinets formés par un désir d'exhibition et une soif de prestige, et destinés à des fins mercantiles ; les cabinets privés de « curiosités » que possédaient les grands seigneurs ou les personnages fortunés de l'aristocratie et de la haute bourgeoisie, constitués sous l'emprise de leur *libido sciendi* ; enfin, les cabinets à finalité scientifique et didactique.

La mode des cabinets s'étendit également à la gent féminine. Les femmes fortunées de l'aristocratie et de la bourgeoisie parisienne et provinciale possédaient également leur cabinet privé de curiosité. Une enquête historique menée à travers les journaux d'histoire naturelle, les guides de voyageurs et les catalogues de vente des collections a permis d'apporter quelques informations quantitatives et chronologiques sur l'essor et le fonctionnement de ces cabinets féminins et ainsi d'en recenser 27 sur l'ensemble de la France. Notons dans les 27 dénombrés :

21 cabinets d'histoire naturelle, 2 cabinets parisiens d'anatomie artificielle, 1 cabinet de minéralogie, 2 cabinets de physique-chimie et 1 cabinet parisien d'objets d'art[1]. Ces cabinets féminins de curiosité étaient de simples cabinets d'amateurs. Leurs propriétaires n'étaient aucunement, excepté pour l'une d'entre elles Marie-Marguerite Biheron, de savantes professionnelles qui rassemblaient des objets dans un but scientifique pour en faire des matériaux d'étude et d'analyse. Il s'agissait de simples « curieuses », férues de sciences, désireuses de connaître, de percer et de posséder les mystères des sciences de la nature. Ces cabinets obéissaient à une triple finalité. Constitués pour la parade et le spectacle des visiteurs, ils l'étaient également pour le divertissement. Collecter, organiser et conserver des coquilles ou autres *naturalia* était pour ces femmes un passe-temps agréable propre à tuer le temps, les temps vides de leur existence et propre à amuser leur esprit. Enfin, ces cabinets étaient formés en vue d'assouvir leur passion pour les sciences naturelles : pour la zoologie, la botanique, la minéralogie, la géologie et surtout pour la conchyliologie (la science des coquilles). En marge de ces cabinets d'amateurs coexistait un cabinet d'un tout autre type, d'une tout autre finalité, celui de la demoiselle Biheron. Lieu de recherches et d'expérimentations, ce cabinet d'anatomie formait, comme nous le verrons, un véritable laboratoire scientifique au service de la science médicale (anatomie et obstétrique) et de l'instruction publique.

L'anatomie était alors une science très à la mode, et particulièrement l'anatomie artificielle. Elle était tout à la fois un objet d'étude pour les savants et de divertissement pour le grand public. Les premiers cabinets anatomiques remontent à la première moitié du XVIᵉ siècle, mais ils n'atteignent véritablement leur apogée qu'au tournant de la seconde moitié du siècle des Lumières. Deux genres d'anatomie y étaient alors cultivés : l'anatomie artificielle ou autrement appelée « céroplastie anatomique » (sculptures en cire, moulées et travaillées directement à partir d'un modèle) et l'anatomie naturelle (préparations de cadavres entiers ou de pièces partielles, souvent injectés de cire colorée, conservés au moyen de techniques spécifiques). Parmi les céroplasticiens anatomiques les plus en vue au XVIIIᵉ siècle, figurent Guillaume Desnoues, André-Pierre Pinson, Philippe-Guillaume Curtius, sa nièce Marie Grosholtz et la savante Marie-Marguerite Biheron[2].

Marie-Marguerite Biheron (1719-1795[3]) appartenait, par son père, apothicaire à Paris, à la bourgeoisie commerçante. Elle avait suivi les cours de dessin et de peinture de Madeleine Françoise Basseporte (1701-1780[4]), au Jardin du roi et assisté durant quatre années aux cours d'anatomie dispensés dans les amphithéâtres. À l'issue de sa formation intellectuelle, elle constitua son propre cabinet d'anatomie qu'elle tint pendant plus de trente ans à Paris. L'art anatomique était pour elle une passion, mais aussi un gagne-pain. Elle gagnait sa vie en y faisant des démonstrations et des expositions publiques[5] et en y dispensant des cours d'anatomie. Son cabinet remplissait une double finalité: scientifique et pédagogique. Lieu de recherches et d'élaborations anatomiques, celui-ci fonctionnait comme un véritable laboratoire scientifique. Elle y confectionnait des représentations en cire et en autres matériaux, des pièces d'anatomie et de dissection. Son cabinet était constitué de 129 pièces détachées du corps humain[6]. En voici le descriptif dressé lors de l'acte de vente du 13 décembre 1796:

> Ce cabinet, formé par feue Melle Biheron avec un procédé de son invention, est composé de toutes les parties du corps humain, représentées au naturel sous diverses formes et grandeurs, par pièces détachées et ensuite réunies en différents ensembles également de diverses formes et grandeurs, on y distingue plusieurs monstruosités très rares, un écorché, un corps de femme dont l'intérieur s'ouvre, et dont toutes les parties internes se détachent et se referment à volonté, et divers autres objets dignes de curiosité des amateurs, ou des étrangers chez qui l'art n'est point porté à ce degré d'imitation[7].

Ses pièces anatomiques furent présentées à deux reprises à l'Académie Royale des Sciences de Paris dont elle obtint des rapports élogieux[8]. En 1759, François Morand (alors chirurgien Major et membre de l'Académie des Sciences) présenta à l'Académie « une anatomie artificielle » réalisée sous sa direction par Marie-Marguerite Biheron, qui allait être adjointe à un arsenal de chirurgie, destiné à Saint-Pétersbourg. Selon la description brossée par François Morand, cette anatomie formait:

> Un corps de femme représentant une femme d'environ 22 ans, tronqué aux extrémités, dans lequel on voit imité par art, dans les proportions et avec les couleurs naturelles, toutes les parties qui composent les trois ventres. [...] Les parties de la génération de l'homme et de la femme, de grandeur naturelle. Une matrice avec les parties adjacentes du volume naturel dans une femme à terme pour accoucher: une coupe particulière fait voir en place dans la cavité de la matrice un fœtus de neuf mois dans sa position, avec ses membranes, le cordon ombilical et le placenta[9].

François Morand reconnaît les talents anatomiques de cette savante distinguée:

> Il ne fallait pas moins que les rares talents de la demoiselle Biheron pour l'exécuter à un si haut point de perfection[10].

À l'issue de son travail, Melle Biheron rédigea en 1761 une *Anatomie artificielle*[11] qui obtint les suffrages des Académies Royale des Sciences et de Chirurgie et de la Faculté de médecine. Son anatomie fut dès lors « exposée tous les jours, hors les fêtes et les dimanches, depuis onze heures du matin jusqu'à une heure l'après midi et depuis quatre heures du soir jusqu'à six dans son cabinet, rue de la vieille Estrapade, au coin de la rue des Poules[12] ». En 1770, elle fit une nouvelle présentation à l'Académie Royale des Sciences, celle d'une pièce ou « fantôme » relatif à la manœuvre des accouchements[13]. Buffon, dans son ouvrage *De l'homme*, lui attribue aussi la réalisation d'une tête d'enfant monstrueux :

> Les monstres par défaut sont moins communs que les monstres par excès : nous ne pouvons guère en donner un exemple plus remarquable que celui de l'enfant que nous avons fait représenter [*pl. II, fig 3*], d'après une tête en cire qui a été faite par Melle Biheron, dont on connaît le grand talent pour le dessin et la représentation des sujets anatomiques[14].

Les travaux de cette savante anatomiste eurent une vogue européenne et même internationale. Elle bénéficia de la protection et des soutiens intellectuels de savants renommés comme Hunter et Hewson à Londres, de Jussieu et de Villoison. En mars 1771, le souverain de Suède, Gustave III, fut convié à une démonstration officielle dont il est rendu compte dans la *Correspondance littéraire* :

> Sa majesté n'a pas voulu quitter Paris sans honorer de sa présence l'Académie Française et l'Académie Royale des Sciences. Elle se rendit le 6 mars […] à la séance particulière de l'Académie Royale des Sciences. […] Melle Biheron termina la séance par plusieurs démonstrations anatomiques, et c'est sans difficulté ce qu'il y a eu de plus digne de l'attention de sa Majesté. Cette fille, âgée de plus de 50 ans […] a eu toute sa vie la passion d'anatomie. Après avoir longtemps suivi la dissection des cadavres, dans les différents amphithéâtres, elle imagina de faire des anatomies artificielles, c-a-d de composer non seulement un corps entier avec toutes ses parties internes et externes, mais aussi toutes les parties séparément dans leur plus grande perfection. […] Je crois en effet que ce merveilleux ouvrage de Melle Biheron est une chose unique en Europe, et que le gouvernement aurait dû depuis longtemps en faire l'acquisition pour le cabinet d'histoire naturelle au Jardin du Roi, et surtout récompenser l'auteur d'une manière qui honore et encourage les talents. […] Melle Biheron a dans ses idées beaucoup de netteté et fait des démonstrations avec autant de clarté que de précision. Je sais bon gré à l'Académie des Sciences d'avoir songé à procurer au roi de Suède un spectacle si intéressant, quoiqu'elle n'ait d'ailleurs aucun droit sur les cadavres artificiels de notre anatomiste femelle[15].

L'État de la médecine, de la chirurgie et de la pharmacie en Europe pour l'année 1776 rapporte qu'à cette date Melle Biheron figure parmi les ouvriers les plus connus en Europe en pièces anatomiques[16].

Elle jouit également d'une véritable audience auprès des hommes de lettres et des encyclopédistes. Bachaumont dans les *Mémoires secrets* du 29 octobre 1763 affirme que :

> Melle Biheron nous donne un spectacle des plus curieux et des plus intéressants. Cette fille aussi active qu'industrieuse, s'est depuis plusieurs années appliquée à l'anato-

mie d'une façon si intelligente, qu'elle en exécute des modèles dans la plus grande perfection. Elle emploie toutes sortes de matière, à mesure qu'elle les trouve plus propres à faire illusion, et à rendre dans toute leur vérité les diverses parties qu'elle veut figurer. De tels ouvrages pourraient être forts utiles pour plusieurs opérations, et cette habile ouvrière devrait être encouragée par le gouvernement [17].

Louis-Sébastien Mercier reconnaît lui aussi dans son *Tableau de Paris* (1781) la science et le savoir-faire anatomique de cette demoiselle :

Melle Biheron imite des squelettes si parfaitement qu'on croit en voir de véritables. Les muscles, les nerfs sont rendus avec une vérité frappante. La matière qu'elle emploie est un secret qu'elle se réserve. Vous diriez de la cire ; mais vous pouvez rapprocher ces anatomies du feu sans qu'elles soient endommagées ; vous pouvez les laisser tomber de la hauteur du plancher sans qu'elles se brisent. Le même auteur de cet étonnant travail vous nommera toutes les parties de l'ostéologie en grec et en latin. Des élèves font sous elle un cours anatomique [18].

Dans sa discipline, Mlle Biheron était une savante hors pair qui participa fortement à l'avancement de l'art et de la science de son siècle. Outre ses confections de céroplastie anatomique, elle élabora de nouvelles méthodes d'anatomie, notamment par le choix des matériaux autres que la cire, par le mode de composition des pièces et leur représentation aussi vraie que nature ainsi que le révèle F. Morand dans l'*Extrait des registres de l'Académie Royale des Sciences du 23 juin 1759* :

Ceux qui ont vu les anatomies en cire de feu M. Desnoües, et depuis ce temps-là des morceaux détachés, faits par quelques particuliers, trouveront à l'avantage de ce que Melle Biheron va montrer, des différences très essentielles :
1- Depuis le transport de l'Anatomie de M. Desnoües en Angleterre, l'on en n'avait point vu où sur un même corps l'on put démontrer les viscères contenus dans les trois ventres.
2- Ce qui avait été fait jusqu'ici en ce genre-là ne présente que des blocs de cire qui expriment mal les parties minces [...]. Le corps même est fait de cire, ce qui entraîne beaucoup d'inconvénients ; car la surface extérieure se jaunit à la longue, et ne représente point du tout la peau ; les viscères que l'on déplace pour en faire la démonstration, sont sujets à se casser au plus petit accident et le tout se fend par l'effet de la grande sécheresse. Le corps qu'on présente à l'Académie est recouvert d'une vraie peau qui imite bien mieux l'enveloppe extérieure et générale que la cire, et qui permet le transport de toute la pièce facilement et sans danger.
3- On a imité les membranes naturelles à tromper les yeux des spectateurs.
4° Les viscères creux et membraneux, tels que l'estomac et les intestins, sont rendus artificiellement avec la consistance, la souplesse et la légèreté des viscères naturels ; on peut même faire enfler l'estomac pour en mieux faire voir le relief, la figure, les courbures.

5° Les parties solides, comme le foie, les reins, le cerveau sont faites en cire, mais avec un alliage particulier qui les empêche d'être susceptibles d'amollissement dans le temps des chaleurs et de cassure dans les temps froids ou par accident.

6° Enfin les proportions naturelles, les rapports des parties entre elles m'ont paru bien observées ; et pour tout dire, quoique cette pièce ne soit absolument pas sans défaut, j'espère que les anatomistes conviendront qu'on était point encore parvenu à copier la nature avec la précision et la netteté qu'on y remarquera [19].

Par la modernité de ces procédés, elle rivalisa ainsi avec des savants renommés et parvint même à les supplanter.

Savante distinguée en science anatomique, Mlle Biheron fut aussi sur le plan social une illustre pédagogue. Elle fit de son cabinet une véritable école au service de l'instruction publique. Elle y faisait en effet des démonstrations et surtout y dispensait des cours publics. Vulgarisant son art dans des différents corps sociaux, elle forma ainsi à la science anatomique les filles de bonnes maisons, des jeunes gens des deux sexes âgés de seize à dix-huit ans, les femmes mariées de la haute société, les savants et les encyclopédistes comme Grimm, d'Alembert et Diderot. C'est ce que nous déclare ce dernier dans ses *Mémoires pour Catherine II* :

Ma fille a pris ces cours chez une demoiselle, Melle Biheron, très honnête et très habile, où j'ai fait mes cours d'anatomie, moi, mes amis, vingt filles de bonnes maisons, et cent femmes de la société, science qu'elle a rendu assez commune parmi nous. Des pères y ont mené leurs fils et leurs filles séparément. On formait une compagnie et l'on prenait des leçons en commun [...]. M. Grimm qui a passé par cette école, en pourra parler à Votre Majesté Impériale, afin qu'elle puisse savoir exactement par lui ce qu'il en pense. Pringle, Petit, nos plus célèbres anatomistes conviennent tous que les pièces sont parfaites. D'Alembert qui a été l'élève de cette demoiselle, m'a dit avoir appris chez elle plus de véritable anatomie en huit jours que chez notre célèbre Ferrein en six mois [...]. J'ai fait ce cours avec Grimm. Il n'y a guère d'étrangers à Paris qui n'aient visité cette fille singulière et qui n'aient vu ses ouvrages. [...] Elle a aussi donné des leçons publiques à Londres [20].

La formation pédagogique était constituée de cours théoriques (de leçons) associés à des pratiques expérimentales durant lesquelles elle démontrait les parties de l'anatomie humaine :

Le cerveau, le cervelet et toutes ses parties, l'œil, l'oreille, la poitrine, les poumons, le cœur, l'estomac, la rate, les intestins, la vessie, la matrice et les parties de la génération de l'un et l'autre sexe, les muscles, les veines, les artères. Et ce détail est précédé d'une leçon ou deux [21].

La durée de l'apprentissage intellectuel durait huit jours :

Pas un mois, pas quinze jours, à peine huit jours. En huit jours, on sait les choses, on en a une idée très nette, on n'ignore que la langue anatomique [22].

Mlle Biheron contribua particulièrement à la formation médicale de Diderot. En juillet 1749, celui-ci s'installe rue de la Vieille Estrapade et devient son voisin. Il fréquente dès lors son cabinet, assiste à ses leçons, se faisant ainsi « une petite provision[23] » d'anatomie et de physiologie. Il fit ensuite donner à sa fille trois leçons. Mlle Biheron fut pour elle une véritable éducatrice. Elle la forma en effet sur le plan intellectuel, moral, sexuel et social. Des leçons qui lui furent dispensées, elle retira de nombreux avantages. La suppression de curiosité malsaine raffermit sa vertu et purifia ses mœurs. Elle apprit la réserve, la modestie, la bienséance, la pudeur, la fermeté et l'innocence :

> C'est ainsi que j'ai coupé racine à la curiosité dans ma fille. Quand elle a tout su, elle n'a plus rien cherché à savoir. Son imagination s'est assoupie et ses mœurs n'en sont restées que plus pures. C'est ainsi qu'elle a appris ce que c'était que la pudeur, la bienséance et la nécessité de se dérober aux yeux des hommes des parties dont la nudité, dans l'un et l'autre sexe, les auraient réciproquement menés au vice.

Mieux avertie, elle devint plus apte à se défendre contre les entreprises des hommes et des séducteurs :

> C'est ainsi qu'elle s'est instruite sur le péril et les suites de l'approche de l'homme. C'est ainsi qu'elle a apprécié la valeur de tous les propos séducteurs qu'on a pu lui tenir.

La formation la prépara aussi à assumer sa condition de femme, autrement dit à assumer sa vocation sociale, celle de mère et d'épouse, notamment en la préparant au devoir conjugal, à l'accouchement et en lui procurant un solide appui moral et une aide physiologique pour elle et son entourage domestique :

> C'est ainsi qu'elle a été préparée au devoir conjugal et à la naissance d'un fils et d'une fille. C'est ainsi qu'on lui a inspiré des précautions pendant l'état de grossesse, et de la résignation au moment de l'accouchement. […] Aussi, à sa première couche, a-t-elle montré une fermeté qu'on n'a peut-être encore vu à aucune femme ignorante. Cette connaissance lui servira dans la santé pour la conserver ; dans la maladie pour bien désigner le lieu de sa douleur, dans la maison pour son mari, pour ses enfants et pour ses domestiques[24].

Enthousiasmé par l'art de Mlle Biheron, Diderot, dans ses *Mémoires pour Catherine II* (1773-1774), proposera à l'Impératrice de faire venir cette demoiselle à Saint-Pétersbourg, afin qu'elle donne aux jeunes filles de l'Institut Smolnyi Monastir des leçons d'anatomie :

> On a pris dans votre couvent des précautions plus sûres pour fortifier la santé, conserver au caractère son naturel, son innocence et sa gaieté, donner des talents sans gêne, former à l'économie domestique sans avilir, en un mot préparer des

mères, des épouses et des citoyennes instruites, honnêtes et utiles. Le seul point
[…] qu'on ait omis, c'est un petit cours d'anatomie sur des pièces en cire injectées
[…]. Je ne balancerais pas à faire faire aux jeunes filles de la maison un, deux, trois
cours de cette curieuse, intéressante et utile science, pendant l'année qui précéderait
leur sortie de la maison. […] En conséquence, je n'oublierai pas de solliciter Melle
Biheron de faire le voyage de Pétersbourg avec ses pièces anatomiques [25].

Ainsi que le rapporte Diderot dans sa lettre au général Ivan Betskoi le 9 juin
1774 à La Haye, Mlle Biheron, qui avait accepté la proposition, s'engageait pour sa
part à « instruire » et démontrer l'anatomie aux jeunes demoiselles, « à dresser des
maîtresses qui puissent, quand elle n'y sera plus, en former d'autres et continuer
les démonstrations anatomiques dans la maison aussi parfaitement qu'elle [26] ». Le
projet ne fut cependant point réalisé. Catherine II ne convia pas Mlle Biheron,
mais négocia l'achat de ses collections par l'intermédiaire de son ambassadeur en
France, le prince Ivan Bariatinski.

Malgré sa renommée, cette anatomiste fut en butte aux persécutions du
monde médical. De nombreux médecins et chirurgiens provoquèrent contre elle
la défense de faire des cours publics et de se livrer à l'enseignement des élèves.
Le despotisme médical força Mlle Biheron à quitter deux fois Paris. Elle se rendit
à Londres où elle dispensa des leçons publiques et reçut la protection du savant
Hunter et Guillaume Hewson son élève. Ce n'est qu'après avoir connu Melle
Biheron que Hunter publia son travail d'anatomie de l'utérus. Or sept ans auparavant, Mlle Biheron s'était déjà livrée à une étude spéciale de l'utérus et de ses
annexes dans l'état de gestation et à un moulage en cire de cet organe. Les dates des
deux travaux et les analogies qui s'y trouvent amènent à penser que Mlle Biheron
fut le premier maître de son protecteur [27].

Ainsi, par le double rôle qu'elle a joué (scientifique et pédagogique), Marie-
Marguerite Biheron peut être considérée comme une véritable femme savante.
Elle a participé non seulement au progrès des sciences médicales, mais également
à celui de la société, en éduquant intellectuellement, moralement et socialement
les hommes des Lumières.

NOTES

1. A. GARGAM, « Les cabinets féminins d'histoire naturelle au siècle des Lumières : de l'amateurisme au professionnalisme », article à paraître.
2. M. LEMIRE, *Artistes et mortels*, Paris, Chabaud, 1990, chap. IV-VI ; *Le corps en morceaux*, Paris, Éditions de la Réunion des musées nationaux, 1990.
3. Pour des indications biographiques plus précises, voir *La médecine anecdotique, historique et littéraire*, Paris, Jules Rousset, 1901, t. I, p. 165-171 ; J. GÉLIS « La formation des accoucheurs et des sages-femmes aux XVIIe et XVIIIe siècles », *Annales de démographie historique 1977*, Paris, École des Hautes Études en sciences sociales et Mouton éditeur, 1977, p. 153-180 ; G. BOULINIER, « Une femme anatomiste au siècle des Lumières : Marie-Marguerite Biheron (1719-1795) », *Histoire des sciences médicales*, t. XXXV, n° 4, 2001, p. 411-423 ; E. SARTORI, *Histoire des femmes scientifiques de l'Antiquité au XXe siècle*, Paris, Plon, 2006, chap. X.
4. Peintre et dessinatrice d'histoire naturelle au Jardin du roi. Elle était notamment célèbre pour ses dessins de plantes médicinales et de coquillages. Marie-Françoise Basseporte peut être considérée comme l'une des premières femmes scientifiques professionnelles. Elle était en effet rémunérée par une pension annuelle de mille livres.
5. On visitait ses collections pour la somme de trois livres.
6. *L'état des pièces d'anatomie dressé par Vic d'Azir* fait mention de 129 pièces en cire et en baudruche : mains, pieds, estomacs, poumons, canaux alimentaires, membranes, fœtus, portions de peau, portions d'intestin, réseaux vasculaires artériels, cœurs, différents os (pariétal, temporal, coronal), trachées artères et bronches. Voir *Documents de l'an IV et de l'an V, concernant le cabinet d'anatomie de la citoyenne Biheron, décédée*, Archives nationales AJ/16/65 63.
7. D'après l'*Acte de vente du 13 décembre 1796 après étude du citoyen Boulard, notaire à Paris*. Ibid., Archives nationales AJ/16/65/63.
8. Voir notamment ceux dressés dans *L'histoire de l'académie royale des sciences. Année 1759*, Paris, Imprimerie royale, 1765, p. 94 et dans *L'histoire de l'Académie des sciences. Année 1770*, Paris, Imprimerie royale, 1773, p. 49.
9. F.-S. MORAND, *Catalogue des pièces d'anatomie, instruments, machines, qui composent l'arsenal de chirurgie formé à Paris pour la chancellerie de Saint-Pétersbourg*, Paris, Imprimerie royale, 1759, p. 7.
10. *Ibid.*, p. 29-32.
11. Dans cet ouvrage, Melle Biheron dresse un descriptif de sa réalisation anatomique, mais surtout elle y remet en question les anciennes méthodes anatomiques et y revendique le caractère novateur de son art. Marie-Marguerite Biheron, *Anatomie artificielle*, Paris, s. n, 1761.
12. *Ibid.*, p. 4.
13. *Histoire de l'Académie Royale des Sciences. Année 1770, op. cit.*, p. 49.
14. BUFFON, *De l'homme*, Paris, Maspero, 1971, p. 404.
15. *Correspondance littéraire, philosophique et critique, par Grimm, Diderot, Raynal, Meister*, M. TOURNEUX (éd.), Paris, Garnier- Frères, 1879, t. IX, p. 275- 276.
16. *État de la médecine, de la chirurgie et de la pharmacie en Europe pour l'année 1776*, Paris, Didot, 1776, p. 23.
17. BACHAUMONT, *Mémoires secrets*, Paris, Brissot-Thivars, 1830, t. I, p. 224.
18. L.-S. MERCIER, *Tableau de Paris*, Cl. BONNET (éd.), Mercure de France, 1994, t. II, chap. DCXXIV, p. 330.

19. F.-S. Morand, *op. cit.*, p. 29-32.

20. Diderot, « Mémoires pour Catherine II », *Œuvres complètes*, t. X, Paris, Club français du livre, 1971, p. 714-715.

21. *Ibid.*, p. 714-715.

22. *Ibid.*, p. 714-715.

23. Diderot, *Correspondance,* G. Roth et J. Varloot (éd.), Paris, Éditions de Minuit, 1964, t. IX, p. 240- 241.

24. Diderot, « Mémoires pour Catherine II », *op. cit.*, p. 714- 715.

25. Diderot, « Mémoires pour Catherine II », *op. cit.*, p. 612- 617, 714.

26. Diderot, *Correspondance,* recueillie, *op. cit.*, t. VIII, p. 46.

27. A. Delacoux, *Biographie des sages-femmes célèbres, anciennes, modernes, contemporaines,* Paris, Trinquard, 1833, p. 35-36.

MADEMOISELLE MARIE LE MASSON LE GOLFT UNE INTELLECTUELLE PÉDAGOGUE AU HAVRE AU XVIIIᴱ SIÈCLE

Aline LEMONNIER-MERCIER

Née au Havre le 25 octobre 1749, fille d'un capitaine de navires, personnalité connue et pourvue d'une honorable fortune, Marie Le Masson Le Golft n'avait cependant aucune chance de devenir une « intellectuelle » dans une ville où les garçons de familles aisées pouvaient entrer au collège, mais où les filles étaient destinées à une vie de dentellières et de femme au foyer.

On ne sait pas exactement quelle a été son éducation première, elle en parle peu, mais il est certain que c'est grâce au navigateur-géographe Jean-Baptiste d'Après de Mannevillette[1] et à son mentor l'abbé Jacques-François Dicquemare[2] qu'elle a acquis un bon niveau dans l'étude des « humanités » de même que pour les connaissances historiques, géographiques et scientifiques (astronomie, mathématiques, physique et biologie) mais aussi en l'histoire de l'Art et dans la pratique du dessin. Grâce à eux, elle a pu aborder des domaines généralement réservés aux hommes et elle fera des communications dans ces différents domaines pour les Académies dont elle sera membre. Elle a acquis aussi une sensibilité artistique qui lui permettra de rédiger des textes d'une honorable critique d'art. De plus, infatigable polygraphe à la plume facile et à l'écriture ferme, parfaitement renseignée sur tous les événements havrais, elle a tenu de 1778 à 1790 un « Journal » du plus grand intérêt pour les historiens du Havre au XVIIIᵉ siècle, tout en travaillant à ses communications scientifiques et rédigeant ses ouvrages[3].

Mais, par-dessus tout, Mᵉˡˡᵉ Le Masson Le Golft a la fibre pédagogique. Sans doute la tient-elle de l'abbé Dicquemare, élève lui-même de l'abbé Nollet, qui organise des cours de sciences auxquels elle assiste. Peut-être aussi est-ce le résultat de la constatation qu'à part elle, il n'y a aucune autre « intellectuelle » au Havre.

Elle s'estime donc investie d'une mission : transmettre le savoir qu'elle a acquis, mais aussi faire connaître l'histoire de sa ville, sa « petite Ithaque » pour les générations montantes, espoirs de la ville et de la nation. Car c'est une admiratrice passionnée de sa ville natale, grande ville portuaire cosmopolite et vivante, où, dans cette deuxième moitié du XVIIIᵉ siècle, sont entrepris de gigantesques travaux d'embellissements. Aussi commence-t-elle en 1778 la rédaction de son *Coup d'œil sur l'état ancien et présent du Havre,* 357 feuillets, en neuf entretiens, pour lesquels elle choisit comme exergue une citation de Tancrède : « À tous les cœurs bien nés que la patrie est chère », qu'elle dédicace aux « écoliers » :

> S'il est un respectable, un ordre distingué entre les citoyens du monde entier, c'est sans doute celui des écoliers, puisqu'il renferme tous les autres ; j'y vois pour l'avenir des Lumières placées sous le chandelier de l'église. Des magistrats intègres, des philosophes bienfaisants, des savants pour toutes les parties ; j'y vois des littérateurs en tous genres, des artistes éclairés, des citoyens vertueux. C'est donc à vous Messieurs, qui par des exercices publics, faites déjà l'un des plus beaux ornements de notre société et à qui vont être confiés, avec les intérêts et la gloire de la patrie, le bonheur des citoyens que je vais offrir ce petit ouvrage. S'il n'a pas eu l'avantage de prendre naissance parmi vous, j'ose me flatter qu'à cause de son objet il s'y trouvera toujours de zélés protecteurs [4].

Elle cherchera à faire éditer cette œuvre trop ambitieuse et un peu irréaliste, en faisant appel au soutien des personnalités de sa connaissance comme l'abbé Rozier, mais sera obligée de l'amputer sérieusement [5]. En 1781, il paraît sous le titre d'*Entretien sur Le Havre* [6], un unique « entretien », mais de 171 pages tout de même, pour cet ouvrage destiné aux collégiens du Havre. « Il n'y a point de ville en France où les lettres ne soient moins cultivées qu'au Havre, reproche humiliant dans le siècle où nous sommes *et le peuple est livré aux excès même du libertinage* », écrit-elle à la municipalité en offrant son livre [7]. Les abbés du collège l'encensent, achètent l'ouvrage et le distribuent comme livre de prix.

Coup d'œil sur Le Havre

Dans ces deux œuvres, elle imagine une sorte de promenade dialoguée, sur un ton un peu convenu sentencieux et naïf il faut bien l'admettre, entre elle-même, la pédagogue, et un jeune homme de seize ans et demi, qui, de retour après deux ans passés dans un collège parisien afin d'y étudier la philosophie et la physique, retrouve sa ville natale. Elle entreprend donc de lui faire redécouvrir l'histoire du Havre, l'état passé et l'état présent. « Que désirez-vous pour le plus grand nombre ? », interroge son jeune interlocuteur. « Des Lumières » répond-elle, sans hésiter ! Le but étant de persuader le parisien qu'il est devenu de la qualité exceptionnelle de la ville de négoce où il peut parfaire son instruction et son éducation, tant historique que morale et philosophique. Car le commerçant, que l'on ne doit pas vilipender, est un homme des Lumières. Non seulement il ranime l'aisance et l'abondance, circule dans le monde entier, se lie avec toute la terre au travers de son courrier, mais « les moyens d'exécution exigent des talents, des connaissances, comme la géographie, le calcul, le change, les lois, les coutumes, les langues étrangères. Et des qualités comme la bonne foi, l'exactitude, l'économie et la prudence ». S'y ajoutent les connaissances du navigateur, géométrie et astronomie, et surtout l'incomparable spectacle de la nature, indispensable au naturaliste et au physicien. La conclusion étant : « Tout parle, tout appelle, tout instruit dans une place comme celle-là [8]. » « Croyez-vous que je fais des livres ? Combien de volumes croyiez-vous emporter ? », interroge-t-elle. Aucun, car elle emmène son jeune interlocuteur dans une galerie imaginaire (qu'elle ne craint pas de comparer à la galerie de Versailles dédiée à la gloire de Louis XIV !) dont elle loue la simplicité de la décoration, le silence et le recueillement. Elle affirme y avoir rassemblé une suite de dessins et de tableaux de sa main, cinquante-cinq œuvres représentant les épisodes de l'histoire de la ville du Havre depuis sa fondation, en rapport avec les événements nationaux, suivies de six portraits de personnalités havraises, écrivains et scientifiques de son choix, dont l'exemple est à imiter : Georges et Madeleine de Scudéry, Madame de Lafayette, puis Jean Baptiste d'Après de Mannevillette, l'abbé Clémence et l'abbé Dicquemare... ses éducateurs

Tel est l'enseignement qu'elle a imaginé pour un interlocuteur dont l'intérêt, réel ou feint, ainsi que les connaissances, permettent de relancer la conversation : une instruction « agréable » en une suite de scènes ou de paysages qui sera prétexte à un récit, une description, une dissertation. Histoire de la ville par l'histoire de l'Art, qui lui permet de faire passer ses idées philosophiques, sa morale, (sur la religion et le respect de l'autorité royale par exemple), des commentaires sur les avantages de la province par rapport à Paris. La tentative est ambitieuse, elle la juge indispensable : le savoir des Havrais étant à ses yeux parfaitement superficiel. Le collégien d'ailleurs s'étonne en retrouvant sa ville natale :

> Il faut être quelque chose, mais nul ne m'a parlé [ici] de sciences ni de beaux-arts ; la gloire des Descartes, des Le Brun, des Corneilles, des Réaumur, ne me paraît toucher aucun d'eux.
> – Cela ne doit point vous surprendre. Ne méprisiez-vous pas il y a peu de jour la marine et le commerce ? Ici, pour l'ordinaire, on ne voit que ces objets ; ajoutez-y le sacerdoce et le barreau, c'est où se terminent les vues de la plus grande partie de nos

concitoyens. Il s'en trouve même qui ont une sorte d'indifférence pour tout ce qui n'est pas commerce ou marine [9].

La galerie commence très pédagogiquement par des plans et des vues depuis la fondation de la ville en 1517 : il faut apprendre à regarder autour de soi, les images y aident, et Mlle Le Masson Le Golft établit un va-et-vient entre l'image et la réalité puisqu'elle emmènera son collégien faire un « tour de ville ». Elle profite de toutes les occasions pour placer ses idées et connaissances : la vue du port lui permet d'évoquer les ports de l'Antiquité : Tyr, Sidon, Carthage, Marseille, Alexandrie, Byzance, puis un thème et un message qui lui tiennent à cœur, l'esclavage (l'abbé Grégoire fait partie de ses correspondants). Il est plus surprenant, lorsqu'elle présente la statue de Louis XIV érigée sur la fontaine de la place d'Armes, de la voir affirmer que ce monument est dû à la reconnaissance des Havrais après la révocation de l'Édit de Nantes ! Tant il est vrai que Le Havre a eu longtemps à souffrir des Anglais et s'en souvient [10]. Et sa fibre royaliste vibre encore quand elle décrit la visite de Louis XV en 1749, prétexte à un très long texte dans lequel elle rappelle l'ouvrage de Jean-Baptiste Descamps, *Relation de l'arrivée du roi au Havre de Grace enrichi de six estampes* [11]. Elle insiste sur les mérites et les qualités du roi, « ce monarque qui venait de donner par une modération peu commune la paix à l'Europe ». Elle commente les vues, la joie des habitants, les transports qui éclatent dans toute la ville, et les espoirs que fait naître sa visite. Puis, sensible à la beauté du paysage que le roi va admirer, aux couleurs et à la lumière, elle ajoute, en vraie critique d'art :

> Cette vue reçoit un nouvel intérêt à chaque heure du jour car la mer varie en couleur, en degré d'agitation, sous un ciel différent. Cette vue offre quelque chose de vivant et d'animé qui ne se rencontre pas partout.

L'ouvrage est loué par ses correspondants : « Quand verrons-nous des villes à l'exemple de Langres consacrer par des monuments durables la mémoire des personnages illustres nés dans leur sein ? », s'exclame Parmentier. « Messieurs, des livres pareils sur toutes les villes de France formeraient une charmante description de ce royaume », déclare Dubois de Fosseux dans sa présentation à l'académie d'Arras. Quant à l'abbé Rozier il propose que l'éducation soit reprise en ce sens à Saint-Cyr [12] !

Les Lettres sur l'éducation

Mais une occasion bien différente de soutenir ses idées sur l'éducation va se présenter, lorsqu'en 1784 [13] la comtesse de Bourbon, fille naturelle du comte de

Charolais désirant veiller elle-même sur sa fille, sollicite ses conseils[14]. Conseillère d'une noble personne est un rôle prestigieux et flatteur, mais difficile. Est-ce pour cela que Mlle Le Masson Le Golft prend bien des précautions épistolières? Est-ce vraiment, écrit-elle, le rôle d'une « demoiselle » d'écrire sur l'éducation? Non! Seuls ses travaux et sa culture le lui permettent, mais elle y a été poussée et se justifie par les compliments et encouragements de quelques Académies!

Et, en 1788, elle publie ses douze *Lettres sur l'éducation*[15], destinées à la comtesse de B., s'échelonnant entre mars 1785 et mars 1788 dans lesquelles elle développe, cette fois, ses idées sur l'éducation d'une jeune fille noble. Ses préoccupations sont doubles : l'éducation familiale est-elle une bonne solution, mais surtout quel va en être le programme?

Sa réflexion l'incite à préférer l'éducation maternelle, ce que « la prudence, la tendresse et la sagesse » préconisent, la mère devant être secondée par une personne avertie, elle en l'occurrence. « Philippe, père d'Alexandre se félicitait moins de ce que le ciel lui avait donné un fils, que d'en avoir confié son éducation à Aristote », affirme-t-elle, en toute simplicité[16]. Cependant elle demande à Dubois de Fosseux, un de ses correspondants préférés, de la conseiller. « C'est une grande question », lui répond le secrétaire perpétuel de l'Académie d'Arras, « Vous me faites la question de savoir si l'éducation particulière est préférable à l'éducation publique. Je me féliciterai toujours de n'avoir pas été livré à des gens dominés par l'intérêt; il me semble que pour les jeunes gens l'éducation publique est préférable ne fusse que pour l'émulation[17]. » Et, comme « rien n'est comparable à l'âme d'une femme bien instruite[18] » la vie de la jeune fille va être parfaitement organisée : tout doit être fait afin de former une demoiselle pour laquelle « il est beau sans doute de posséder un fond riche pour ainsi dire inépuisable, qui fournisse également à la conversation et à la retraite à laquelle les femmes sont souvent obligées par bienséance[19] ».

Pourquoi Melle Le Masson Le Golft ne se lance-t-elle pas d'emblée dans un projet d'éducation féministe novatrice, elle si fière de ses nominations d'Académicienne? Elle si dynamique, indépendante et volontaire, qui se pose en modèle de femme cultivée, pédagogue, célibataire, fière de sa notoriété, toujours prête à se poser en exemple, devient soudainement réservée. Elle explique dans la première lettre que « malgré un travail assidu [elle] a eu de la peine à prendre quelque essor », dans la seconde « qu'une personne de notre sexe ne doit entrer en rien dans le gouvernement de la société », dans la troisième « que les besoins de notre sexe forment un cercle plus mince que celui des hommes... » et que la jeune élève, « si elle s'accoutumait à parler avec force sur les sciences et sur plusieurs autres, sortirait du caractère féminin ». Est-ce la peur des responsabilités? Regrette-t-elle soudain ses décisions passées, constate-t-elle une certaine solitude personnelle et ses engagements, son choix de la science, dont la conséquence a été de vivre dans un milieu essentiellement masculin? Est-ce l'influence, encore, de Dubois de Fosseux qui affirme avoir donné « à peu près la même éducation » à ses enfants « du moins par rapport aux sciences, car quant aux exercices du corps et à la morale, elle ne peut être la même pour les deux sexes [20] » ?

L'éducation familiale une fois choisie, il faut en fixer le programme. La jeune femme noble sera cultivée, instruite de toutes les matières, mais surtout pas une « femme savante », terme à proscrire absolument ! Elle devra acquérir des Lumières en tout : physique expérimentale, « électricité atmosphérique qui produit le tonnerre et les éclairs, découverte qui fait honneur à notre siècle », sans oublier l'astronomie, le feu, les volcans, la puissance de l'océan, les aurores boréales. Elle sera mise en garde contre les charlatans scientifiques et les superstitions. Est-ce seulement afin d'être capable de comprendre les conversations mondaines ?

Cependant, pour contrebalancer toutes ces connaissances scientifiques, notre pédagogue, elle-même fort pieuse, prévoit une solide formation religieuse, une soumission aux croyances catholiques qui lui permettront d'entreprendre l'étude critique des autres religions et de leurs erreurs. On la sent alors mal à l'aise, gravement tiraillée entre son goût pour la connaissance et les préceptes religieux. Cette étude, insiste-t-elle, n'a d'autre but que « d'avoir des idées nettes de tout ce qui s'écarte du vrai esprit de la religion et de la solide piété » et de mettre en garde contre « la philosophie qui sous prétexte de dissiper les préjugés tend à saper les fondements de la religion, préconise le déisme, l'impiété et jusqu'à l'athéisme ». Ce qui ne l'empêche pas de souhaiter la connaissance des autres religions dans une approche critique. Elle s'interroge :

> Après nous avoir instruites sur la religion, ne devrait-on pas nous faire connaître les erreurs de la nature humaine à cet égard ? Devrions-nous ignorer [...] l'état actuel du paganisme et du mahométisme et ce que pensent les juifs les plus éclairés de notre siècle ?

L'un de ses textes porte sur le problème de l'esclavage bien connu au Havre. L'abbé Dicquemare est un fervent abolitionniste et Melle Le Masson Le Golft, qui a conçu un *Tableau général du genre humain*, planisphère monumental – dont l'usage géographique se double d'une approche pédagogique des différentes races – en profite pour écrire un beau développement sur la diversité humaine et sur la tolérance.

L'amour de la vie et de la connaissance qu'elle tient à communiquer à son élève tient de la boulimie. Il faut s'intéresser à tout, puisque Dieu a tout créé et que nous lui devons non seulement toutes les sciences, mais aussi tout ce qui vit en nous, notre corps humain et ses structures (le cœur, les poumons dont elle préconise l'étude avec des imitations en cire colorée dans sa cinquième lettre lue à l'Académie d'Arras[21]). Elle insiste sur le « génie sublime » de Buffon, « les grandes vues de son ardent génie » et la ligne de démarcation qui sépare les trois mondes[22].

Chantant ainsi Dieu puis la Nature, cette admiratrice et amie de Bernardin de Saint Pierre revient naturellement à l'éducation artistique qui lui tient tant à cœur : « La nature est le plus grand des tableaux qui conduit aux Beaux-Arts[23]. » Et elle développe ses idées en histoire de l'Art, peinture, dessin, sculpture et archi-tecture[24]. Elle reparle de l'intérêt des tableaux d'histoire, le grand genre, sur l'ex-pression des passions, sur les mérites respectifs du coloris et du dessin. L'Art est l'école de la vie, l'Art est la vie! « Combien on perd à n'être ni peintre ni poète ni musicien », écrit-elle à l'abbé Clémence l'un de ses éducateurs[25]. S'ensuit, bien évidemment, un grand cours d'histoire de l'Art à l'usage des jeunes filles, connais-sances indispensables à une femme de qualité. Alors que le jeune collégien admirait une galerie de tableaux historiques, prétextes à des digressions, et partait dans la ville à la découverte de sa vie et de ses monuments, la jeune aristocrate est initiée chez elle aux grandes œuvres de la peinture, aux théories sur le dessin et le coloris, à l'expression des passions douces, à la civilisation athénienne (dont la grandeur est proche de la civilisation française!).

Enfin, unissant à la piété l'éducation architecturale, l'élève sera conduite dans « nos temples » en particulier dans :

> Le temple magnifique, monument de la piété de Louis XV, élevé sous l'invocation de Ste Geneviève, [qui] présentera à son esprit un fait historique, bien capable de lui faire comprendre combien la vertu se fait admirer dans tous les siècles, et jusqu'à quel degré de gloire la vraie piété peut élever les personnes de notre sexe en appre-nant quelle fut Geneviève[26].

Toute la douzième lettre s'étend longuement sur l'éducation de la sensibilité, indispensable pour apprécier les grandes œuvres de la peinture certes, mais surtout en architecture dont on ne peut sinon goûter toutes les beautés.

Mais, sont-ce vraiment là des « lettres »? Ne serions-nous pas plutôt en présence, grâce à ce subterfuge, d'un texte-testament dans lequel nous constatons, au-delà de l'ambitieux et un peu excessif plan d'éducation, que Melle Le Masson Le Golft rappelle ses succès, littéraires et scientifiques, ses ambitions, ses déceptions[27]? En fait, la finalité n'est-elle pas plutôt un bilan des connaissances du XVIIIe siècle dont elle est actrice? N'est-ce pas plutôt, une fois les recommanda-tions indispensables faites, une manière déguisée de publier aussi sa « Lettre sur les

Beaux Arts » comme l'a fait l'abbé Dicquemare[28]. Nous y reconnaissons les idées de Jacques-François Blondel sur l'architecture que l'abbé soutenait avec force, mais enrichies de ses idées personnelles novatrices, dans son admiration pour l'église Sainte-Geneviève de Soufflot[29].

Conclusion

Nous ne connaissons pas la carrière éducative de Melle Le Masson Le Golft.

Au Havre, il ne faut pas négliger le rôle qu'elle a certainement eu sur le niveau des études au collège, ce dont les courriers et les lettres d'éloge témoignent. Quand les abbés-enseignants l'encensent, elle leur dessine des médailles qu'elle décerne aux écoliers. Ils lui adressent en retour des remerciements fleuris. Outre ce rôle dans une société négociante, elle a certainement eu une certaine influence sur l'éducation de Mademoiselle de Puget : celle-ci l'en remercie en janvier 1789[30].

À partir de 1789, sa préoccupation essentielle, et vaine, est pendant de longues années la publication du « portefeuille » de plans, dessins et textes de l'abbé Dicquemare[31]. Lorsqu'il lui faut gagner sa vie, elle pense à un poste d'éducatrice. Mais les événements politiques l'obligent à travailler à Rouen[32] où la directrice de la pension qui l'emploie l'assure de sa considération, reconnaît ses talents et ses vertus, et où ses élèves l'assurent de leur reconnaissance[33]. Mais les témoignages sont ténus. On sait seulement qu'elle poursuit longtemps sa correspondance avec les personnalités savantes ou politiques : l'abbé Grégoire, Cadet Gassicourt, Lacépède, Quatremère de Quincy, et qu'elle rencontre Madame de Genlis. Elle sollicite, sans succès, en 1807, un poste d'enseignante à l'école de la Légion d'Honneur d'Écouen[34]. Nous pensons à sa déception.

Néanmoins, nous retiendrons d'elle ses idées sur l'éducation, idées originales d'un apprentissage fondé sur l'histoire de l'Art dans une ville où l'on s'en préoccupait si peu, et à laquelle elle vouait une véritable passion. L'enseignement de la vie par l'Art !

NOTES

1. « Messire d'Après de Blangy, écuyer, sieur de Mannevillette chevalier de l'ordre du roi, capitaine des vaisseaux de la compagnie des Indes orientales, inspecteur général pour le Roi du dépôt des cartes plans et journaux de la navigation des Indes orientales et de la Chine, associé de l'Académie royale de marine, correspondant de celle de Paris, né au Havre le 11 février 1707, mort à Lorient le 1ᵉʳ mars 1780. Auteur du Neptune oriental et de plusieurs autres ouvrages relatifs à la marine, le premier navigateur qui ait réduit en pratique l'observation des longitudes à la mer par la distance de la lune au soleil et aux étoiles. », Marie LE MASSON LE GOLFT, *Annales 1778-1790*, Bibliothèque municipale de Rouen (BMR), Ms Y 45.
2. Abbé ANTHIAUME, *L'abbé Dicquemare, sa vie*, Recueil de l'association des amis du Vieux Havre, n° 12, 1932, p. 1-21. Aline LEMONNIER-MERCIER, « *L'abbé Dicquemare et Mᵉˡˡᵉ Le Masson Le Golft ; deux intellectuels du Havre au XVIIIᵉ siècle* », Cahiers Havrais de recherche historique, n° 62, 2004.
3. *Le Havre au jour le jour de 1778 à 1790*, édition d'un manuscrit de Marie LE MASSON LE GOLFT, présenté par P. MANNEVILLE, Société de l'histoire de l'estuaire, ADSM, 1999.
4. *Coup d'œil sur l'état ancien et présent du Havre*, BMR, Ms Y 45, dédicace, 20 octobre 1780.
5. Il semble qu'elle prenne la chose avec philosophie si l'on en croit différents courriers dont celui à madame Dufou (qui est-ce?) à qui elle adresse deux vers : « Que produira l'auteur après de si grands cris?/La montagne en travail enfante une souris. » BMR, Ms g 15.
6. « Entretien sur Le Havre, par Mᵉˡˡᵉ LE MASSON LE GOLFT. À tous les cœurs bien nés que la patrie est chère! Tanc. Au Havre chez les libraires, 1781. Avec approbation et permission. »
7. BMR, Ms g 15, lettre à la municipalité le 6 mars 1781. Et elle souligne!
8. Oserais-je citer Pierre ROSENBERG qui affirme que se rencontrent dans les villes, le monde des arts, le monde politique et le monde économique, qu'il faut exciter la curiosité sur leur histoire : « Je suis pour ma part convaincu », écrit-il, « que [...] ces questions relèvent des missions de l'Éducation nationale et retiendrait la curiosité de bien de lycéens. », Pierre ROSENBERG, « Avant-propos », *De l'esprit des villes, 1720-1770*, Ville de Nancy, 2005.
9. *Coup d'œil sur l'état ancien et présent du Havre*, BMR, Ms Y 45, p. 239.
10. *Ibid.*, p. 108-109.
11. *Relation de l'arrivée du Roi au Havre, le 19 septembre 1749 et des fêtes qui se sont données à cette occasion*, Jean-Baptiste DESCAMPS, Jacques-Philippe LE BAS, Michel-Ange SLODTZ, Paris, de l'imprimerie d'Hippolyte-Louis Guérin et de Louis-François Delatour, 1753.
12. BMR, Ms g 15, le 22 février 1789.
13. BMR, Ms g 15, lettre de Madame DE BOURBON comtesse de Puget, du 10 novembre 1784.
14. Marguerite Marie DE BOURBON (1754-1839) était la fille naturelle de Charles de Bourbon-Condé, comte de Charolais (1700-1780) et de Marguerite Caron de Rancurel, Madame de Lassone. Melle de Bourbon épousa le comte Denis de Puget en 1769 et le couple eut une fille Marguerite Marie du Puget (1772-1860). Cette jeune fille qui avait donc 13 ans en 1785, se maria avec Michel Chemin Deforges en Louisiane. BRADLEY, *ABF*, I/289, 329. Je remercie tout particulièrement Bridgette Byrd à qui j'avais envoyé des documents et qui en retour m'a communiqué plusieurs pages de la thèse qu'elle a soutenue à Oxford.
15. *Lettres relatives à l'éducation, par Melle Le Masson Le Golft de l'Académie royale des Belles Lettres d'Arras, du cercle des Philadelphes, etc.*, à Paris chez Buisson libraire, hôtel de Goëtlosquet, rue Hautefeuille, n° 20. 1788. « Avec approbation et privilège du Roi ».

16. *Ibid.*, p. VI.
17. BMR, Ms g 15, le 15 octobre 1786.
18. BMR, Ms g 15, lettre à Clémence, 28 octobre 1788.
19. Lettres, *op. cit.*, avertissement.
20. BMR, Ms g 15 le 5 novembre 1786.
21. *Ibid.*, Dubois de Fosseux 15 octobre 1786.
22. BMR, Ms g 15, lettre à Bernstorff. 16 septembre 1784. « « M. l'abbé Dicquemare a rétabli la ligne de démarcation qui sépare les trois règnes, auriez vous admis la loi de continuité ? »
23. Sixième lettre.
24. « La plus belle des créatures étant l'homme, n'est-il pas représenté par les sublimes beautés de la Vénus Médicis, l'Apollon du Vatican, l'Antinoüs, le Gladiateur… malheureusement trop indécents ». (Sixième lettre)
25. BMR, Ms g 15.
26. Douzième lettre, 28 novembre 1787, p. 126.
27. Nous possédons une lettre de la comtesse de Puget qui la remercie de ses conseils. BMR, Ms g 15.
28. « Lettre d'un amateur à son ami, Sur les Arts & les Ouvrages de Peinture, Sculpture, Architecture & sur les Fêtes Publiques », 1770, Le Havre de Grace, *in* 12, 27 pages, « par L'abbé Dicquemare », 30 janvier 1770.
29. La première pierre a été posée par Louis XV en 1764. en 1787, les ingénieurs sont en train de travailler à sa consolidation.
30. BMR, Ms g 15.
31. Qui le lui a légué avec mission de la faire publier. L'abbé est mort en mars 1789.
32. En fait, elle vient au Havre souvent, sa mère y réside. Mais il semble impossible d'y trouver un poste d'enseignante. Les enseignants de collège sont des hommes et les écoles de filles sont dirigées par des religieuses puis des institutrices laïques. Or, Melle Le Masson Le Golft est très croyante.
33. BMR, Ms g 16/141.
34. Afin que les demoiselles parviennent à « la sagesse de Rebecca, la fidélité de Pénélope, l'amabilité de Rachel ». BMR, Ms g 15, en 1807.

STATUT DES LECTRICES ET PRATIQUE DE LECTURE DANS LE PROJET PÉDAGOGIQUE DE MADAME DE GENLIS

Valeria De Gregorio Cirillo

> Diderot a dit que « lorsqu'on veut parler des femmes, il faut tremper sa plume dans l'arc- en-ciel, et jeter sur sa ligne la poussière des ailes d'un papillon ».
>
> Madame DE GENLIS, *Dictionnaire critique et raisonné des étiquettes de la cour et des usages du monde,* art. « Femmes ».

La voix que Madame de Genlis prête aux femmes est souvent celle de la lectrice, lectrice solitaire dans son intimité ou voix lisant en public, personnage typique du dix-huitième siècle, époque où la place des femmes est cantonnée dans une visibilité plus apparente que substantielle. Leur fonction n'est cependant pas simplement iconique ; au contraire, elle est le signe d'un goût en formation et qui va inspirer un des canons de l'imaginaire :

> Montrer un personnage en train de lire un roman était assez naturel : la lecture, souvent à haute voix en présence d'auditeurs, était un fait de société au même titre que la promenade, la conversation de salon, l'assistance à la messe, à la comédie ou à l'opéra, tous épisodes fréquents dans les textes romanesques [1].

Si les coutumes de l'époque et les usages de la société prescrivent aux femmes des règles de comportement avec la réserve et la pudeur comme caractéristiques paradigmatiques de leur maintien, paradoxalement leur présence se problématise au sein de la fiction et les romans les enrichissent d'une dimension inattendue. D'où une multiplicité de niveaux de confrontation : les uns s'en tiennent aux modalités du réel et donc de la sociabilité quotidienne, les autres dressent un cadre imaginaire à l'intérieur duquel la femme acquiert une valeur intrinsèque en tant qu'héroïne ou en tant qu'antagoniste naturelle de l'homme, surtout si ses sentiments, ouvertement hétérodoxes, l'opposent à ce dernier de façon manifeste. C'est pourquoi la femme, quoique limitée par les enjeux sociaux du milieu auquel elle appartient, peut revendiquer, là où la lecture manifeste sa propre suprématie, la réappropriation de tous les aspects de sa personnalité, déstructurée par les pulsions, les tensions et les abandons. Ce rôle d'antagoniste fait du produit littéraire le filtre de la promotion sociale et artistique ; dans ce cycle productif la femme, en tant que personnage de la fiction et en tant que lectrice, active un processus de *mimesis* socio-artistique qui la transforme en un modèle « d'un sublime héroïsme[2] ».

Parallèlement avec cette attitude qui suppose un engouement réel et profond pour la lecture, Madame de Genlis réussit à utiliser au mieux le répertoire illimité dont elle dispose pour la conquête autant didactique qu'éducative qu'elle ambitionne, aussi bien dans des circonstances ordinaires que dans les relations avec le monde aristocratique, connotées par une curiosité jamais stérile.

Il est incontestable que la vocation pédagogique joue chez Madame de Genlis un rôle central : elle est illustrée, de façon plus ou moins dissimulée, dans chacune de ses œuvres, et même dans son activité ininterrompue de lectrice passionnée ; son jugement porte sur la valeur stylistique ou esthétique du texte, mais vise surtout à assurer sa valeur éducative. L'observation de Wolfgang Iser selon laquelle « l'acte de lecture se déroule comme un procès de communication[3] » reflète la pratique de notre écrivain dans la mesure où le processus de communication s'appuie sur la lecture. La mise en perspective de l'acte de lire à la fois dans l'espace de la diégèse et dans la stratégie éducative et méthodologique, revient certes à se confronter au savoir livresque de l'auteur et à sa bibliothèque idéale qu'elle met à la disposition du monde éminemment social de l'apprenant, mais permet aussi de définir la place que le livre occupe dans la fiction narrative. Comment lire et quoi lire ?

La lecture – qu'il s'agisse de romans, d'œuvres historiques ou philosophiques[4], de textes classiques, de comédies ou de tragédies – ne constitue jamais, dans les récits, un acte fortuit ou une évasion. Dans le projet d'apprentissage de Madame de Genlis, la lecture fait partie d'un dispositif éducatif complexe où la capacité d'interprétation de la lectrice doit être affinée pour éviter que le texte n'entraîne des interprétations fallacieuses. Même les modalités de la lecture, en tant qu'acte individuel[5] ou collectif imposé ou librement choisi, obéissent à des normes qui toujours se rapportent à cette modalité.

Pour Madame de Genlis, la femme ingénue, parfois ignorante et souvent désarmée dans une société corrompue et corruptrice, devient facilement la victime de ce que la lecture peut faire entrevoir de façon subreptice. Que le roman ne soit pas le genre le mieux adapté aux jeunes filles est un stéréotype récurrent des éducateurs, et pas seulement dans la deuxième moitié du dix-huitième siècle. Déjà Madame de Maintenon lançait son anathème sur les « livres mauvais par eux-mêmes, tels que sont les romans, parce qu'ils ne parlent que de vanités et de passions[6] » et Rousseau, quant à lui – qui, avec Locke et Fénelon constitue l'hypotexte complexe auquel Madame de Genlis fait appel – dans la *Préface* de *La Nouvelle Héloïse* affirme que « jamais fille chaste n'a lu de Romans[7] » parce qu'en lire signifierait se perdre à tout jamais. Laclos, qui publie ses *Liaisons dangereuses* en 1782 – année où Madame de Genlis publie *Adèle et Théodore* – dans l'impossibilité de « conseiller cette lecture à la jeunesse[8] » approuve cependant la suggestion d'une mère qui lui avait fait entrevoir l'occasion de rendre à sa fille « un vrai service [...] en lui donnant ce Livre le jour de son mariage[9] ».

Cependant Madame de Genlis ne se cantonne pas seulement à une réflexion théorique mais elle met en avant le danger de la lecture sur le plan diégétique et le présente sous le prisme de la fiction. Dans *Le Philosophe pris au mot, ou Le Mari corrupteur*, la jeune Julie de Volmas, élevée au couvent, épouse le marquis de Clange, ami des Philosophes. Celui-ci, dans le but de lui offrir une vision libre et affranchie de la vie et de l'émanciper, lui ouvre sa bibliothèque. Pour elle, qui n'avait jamais parcouru un livre et qui est donc incapable de problématiser les thématiques des romans qu'elle dévore, la découverte de codes comportementaux inédits, détruit les conventions :

> [...] elle vit alors qu'un amant est l'esclave le plus soumis et le plus dévoué aux volontés de sa maîtresse : elle vit que c'est lui qui doit toujours obéir ; ce fut une grande découverte pour elle[10].

Psychiquement elle ne sera plus la même, l'esprit gâté par une fantaisie débridée, incapable de toute réflexion. Outre les romans, les textes des Philosophes et les œuvres de Voltaire complètent cette contre-éducation ; les conséquences en seront catastrophiques :

> Au bout de cinq mois de mariage, la douce et naïve Julie commençait à perdre de sa niaiserie, et à disserter, elle-même, assez passablement, sur les passions ; elle avouait déjà que bien des choses dans la religion répugnaient à sa raison. On applaudissait à ses progrès, on l'enivrait de louanges sur son esprit[11].

Julie, en effet, dans cette pratique solitaire et passive de la lecture, présentée comme une simple valeur instrumentale, n'en perçoit pas la portée critique. Le libertinage de l'esprit l'amène à rompre toute inhibition et une fois « épuis[és] tous les excès[12] », à se laisser aller, portée par sa sensualité débridée, à une « conduite

– danger du roman –

dépravée [13] » : si bien que dans le roman, la perdition morale, accentuée par les tourments de la révolution, annonce la mort physique et l'y condamne.

Par cette démonstration de la distorsion que le monde fictif du livre peut produire dans la réalité, Madame de Genlis condamne les lectures qui bouleversent le parcours de formation. Bien choisies cependant, elles peuvent avoir des effets édifiants et exemplaires. Ainsi, parmi celles qui sont proposées à Adèle par sa mère, la *Clarisse* de Richardson aide à intégrer l'affirmation que « l'amour a peu de pouvoir sur le cœur d'une femme raisonnable [14] ».

Dans un autre conte moral, *Les deux réputations*, le topos de la lecture joue un rôle encore plus essentiel. Le récit gravite autour de deux jeunes gens qui commencent le même itinéraire dans le monde des lettres : d'un côté Luzincourt, qui « parloit sans cesse du charme inexprimable qu'il trouvait dans la lecture des auteurs dramatiques et des ouvrages de morale [15] », chérissant Racine, Corneille, Fénelon, Montesquieu ; de l'autre Damoville qui, au contraire, adore Voltaire. Chacun d'eux l'emporte à tour de rôle aux yeux de la jeune veuve Aurélie, qu'ils courtisent en même temps et qui, troublée par leurs écrits [16], hésite entre les deux prétendants. Elle se décidera à la fin pour le premier, quand on découvrira la dernière œuvre philosophique de Damoville – dans laquelle il s'en prenait à la religion, et qui n'avait eu d'autre succès que celui du scandale qu'elle avait entraîné – à côté du cadavre du baron de Verzenay, qui s'était suicidé pour des problèmes financiers, mais aussi et surtout à cause de son athéisme. La présence de ce « livre censuré et défendu [17] » dont la page ouverte atteste une dernière lecture angoissée de la part du baron, témoigne des effets pervers de cette philosophie nihiliste.

Si dans les deux textes précédemment cités, la représentation intradiégétique de la lecture entraîne un dénouement funeste, dans une autre œuvre, elle est à l'origine du nœud narratif. Dans *Mademoiselle de Clermont*, au sein de la cour raffinée du duc de Bourbon à Chantilly, la pratique de la lecture, non plus solitaire cette fois, mais à haute voix, reproduit les habitudes de vie de Madame de Genlis elle-même ; à l'instar de l'auteure, l'héroïne éponyme : « Tous les jours, après dîner jusqu'à l'heure de la promenade, faisoit, dans un petit cabinet séparé, une lecture tout haut des romans les plus intéressans [18]. » La sensibilité de la Princesse qui perce souvent par le ton de sa voix et par les interruptions dues à « l'excès d'un attendrissement qu'elle ne pouvait modérer [19] », est admirée de façon unanime et correspond aux émotions et aux attentes de l'assistance : les femmes fondent en larmes ; les hommes sont en proie au même trouble. Madame de Genlis se sert du topos, fréquent dans la littérature de l'époque, qui veut que l'émotion psychique ait toujours une retombée physiologique évidente aussi bien dans les romans qu'au théâtre ; les conséquences sont plus perceptibles chez la femme, qui est à la fois l'héroïne fatale de la fiction littéraire et le destinataire presque exclusif des romans.

À cet état d'esprit, qui fait unanimité, seul se soustrait le duc de Melun : bien qu'il soit toujours présent, il écoute, enfermé dans « un morne et froid silence [20] » et semble échapper à la séduction de l'acte de lecture. La distance qu'il manifeste n'est pas le résultat d'une austérité innée ou d'une réticence altière, mais elle vient surtout du jugement négatif qu'il porte sur la valeur des œuvres choisies. Quand la Princesse lui demande un éclaircissement, il répond sans détour et ne laisse aucune ambiguïté :

> Je vois sans peine [...] des gens d'un esprit médiocre et d'une condition sociale ordinaire, faire du temps précieux de la jeunesse, un usage inutile et vain ; mais cet abus m'afflige vivement dans les personnes que leur rang et leur supériorité élèvent au-dessus des autres [21].

Le lendemain, au moment de reprendre le roman, mademoiselle de Clermont propose « une lecture plus utile et plus solide. [...] On fut chercher un livre d'histoire que Mademoiselle de Clermont commença avec un air d'application et d'intérêt qui n'échappa point à M. de Melun [22]. »

L'apparence de la réalité dans la fiction est remplacée par la réalité de l'histoire. De plus, dans son récit, Madame de Genlis décide de raconter un fait réel comme le montre le sous-titre [23] – *Nouvelle historique* – qui désigne certes un genre mais atteste également la véracité des événements qui font l'objet du roman [24]. Les paroles et les regards échangés par les deux jeunes gens, témoignent d'un processus de transformation :

> Elle n'avoit jamais éprouvé autant de désir de plaire : elle déploya, dans cette soirée, tous les charmes de son esprit, et de son côté, le Duc l'étonna par une vivacité qu'on ne lui voyait jamais, par le choix et la délicatesse de ses expressions [25].

Le passage d'une lecture frivole à une autre, plus sérieuse, sur proposition indirecte du duc de Melun, à laquelle adhère totalement la Princesse, annonce sa résolution : elle fera tout pour pousser le duc à se déclarer et à surmonter les craintes dues à la mésalliance que constituerait leur union. La lecture, dans ce contexte, est le facteur essentiel qui déclenche la communication et qui révèle la personnalité de Mademoiselle de Clermont. Elle est aussi un instrument de séduction d'où dérivent différents épisodes du roman, presque tous liés à son code : le placet, les billets, la devise sur les bracelets, l'inscription sur la chaumière de Claudine.

Si la lecture prend, dans l'écriture fictionnelle de Madame de Genlis, une importance vraiment grande, tout aussi significative est la place qu'elle revêt dans son autobiographie, telle qu'elle apparaît dans ses *Mémoires* rédigés jusqu'à un âge avancé. L'initiation à la lecture commence, avec la maîtresse d'école du village, dans ses premières années au château de Saint-Aubin, dont son père avait acquis le marquisat vers 1750 [26]. Cette pratique se poursuit au fil du temps quand, déjà plus âgée, elle voit sa journée ponctuée d'occupations conformes à son âge :

> […] les matins je jouois un peu du clavecin, et je chantois ; ensuite j'apprenois mes rôles, et puis je prenois ma leçon de danse, et je tirois des armes. Après cela je lisois jusqu'au dîner avec mademoiselle de Mars [27].

La lecture la suit dans les différents lieux où elle vit. À Orléans, chez une amie de sa mère elle lit pour la première fois *Télémaque* qu'elle trouve inférieur à *Clélie* [28]. Au couvent d'Origny, elle lit l'*Histoire ecclésiastique* de Fleury, les poésies de Pompignan et un livre de romances de Moncrif [29] ; en compagnie de son mari, les *Lettres Provinciales*, les lettres de Madame de Sévigné et tout le théâtre de Pierre Corneille [30] ; durant un séjour à Sillery, le *Traité de Westphalie* du Père Bougeant, *De la manière de juger des ouvrages d'esprit* et *Les entretiens d'Ariste et d'Eugène* du Père Bouhours, les poésies de Pavillon, l'*Histoire de Malte* de l'abbé Vertot, et les œuvres de Saint-Évremond [31], et encore les *Pensées* de Pascal, les *Oraisons funèbres* de Bossuet, *Le Carême* de Massillon, l'*Histoire naturelle* de Buffon [32]. Son goût passionné pour la cour de Louis XIV est entretenu par la lecture d'œuvres autobiographiques comme les *Lettres* de Madame de Maintenon, les *Souvenirs* de Madame de Caylus, les *Mémoires* du cardinal de Retz [33]. Elle se montre boulimique et omnivore en fait de livres et ne néglige ni les récits de voyage, ni les textes de géographie ou de philosophie, ni même les œuvres scientifiques, d'histoire naturelle ou de botanique, ni les ouvrages religieux.

L'ample bagage de connaissances que Madame de Genlis a accumulé au fil du temps, classant et annotant chaque page avec une incessante acribologie [34], doit cependant être expurgé pour être intégré dans son projet éducatif. À la différence de Madame de Maintenon, qui suggère aux jeunes filles de s'en tenir aux seuls textes religieux (« Je compte que vous ne passerez point de jour sans lire du moins un chapitre du Nouveau Testament, et quelque endroit des homélies, ou de l'Imitation [35] » et encore : « Servez-vous des Psaumes. Lisez les œuvres de Saint-François de Sales [36]. »), Madame de Genlis propose au contraire un ambitieux programme éducatif qui passe justement par une longue série de lectures, jalons incontournables de tout progrès intellectuel. Convaincue de la valeur absolue qu'elles revêtent, « on lira dans tous les temps », elle souligne par exemple, dans la *Préface* des *Veillées du Château*, à quel point certains textes sont indispensables : « On saura toujours par cœur *Télémaque*, les romans de Richardson, le *Spectateur Anglais* [37]. » Constatant combien les femmes sont rares parmi les auteurs littéraires, elle n'hésite pas à rappeler, avec une pointe de polémique, la valeur d'œuvres telles que les lettres de Madame de Sévigné et de Madame de Maintenon, *Les Lettres d'une Péruvienne* de Madame de Graffigny, *Les Lettres de Milady Catesby* de Madame Riccoboni, *La Princesse de Clèves*, tant et si bien qu'elle en arrive à un jugement plutôt audacieux pour l'époque: « Il ne faut pas conclure que l'organisation des femmes soit inférieure à celle des hommes[38]. »

Le parcours différencié que Madame de Genlis prévoit pour les adolescentes est adapté au rang qu'elles occuperont plus tard dans la société. Le programme d'études dressé dans son roman épistolaire *Adèle et Théodore*, bien que vaste, prétend foncièrement fournir, avec une litote révélatrice, « une connaissance très superficielle de toutes ces choses[39] ». Malgré ses idées d'avant-garde, elle est néanmoins consciente que le rôle de la femme, même si évolué en apparence, ne saurait qu'être secondaire par rapport aux exigences de son conjoint. Essentiellement source de plaisir pour son mari, la jeune fille, une fois entrée dans la société, devra savoir assumer avec bon sens sa fonction de maîtresse de maison et être surtout capable de veiller à éduquer ses enfants. Impossible d'imaginer l'éventualité d'un destin individuel. Impossible de penser de figurer sur la scène publique, ou d'imiter sa fonction de Gouverneur dans la maison du duc de Chartres qu'elle-même juge exceptionnelle. Le programme théorique que propose Madame de Genlis est donc strictement déterminé par des visées sociales et par tranches d'âge. Le *Cours de lecture*, présenté en épilogue à *Adèle et Théodore*, et à l'aune duquel Madame d'Almane doit préparer ses stratégies pédagogiques, suit justement une méthode progressive adaptée aux âges (de six à vingt-deux ans).

Mais il existe aussi d'inévitables contraintes et des lectures qu'il faudrait interdire parce que leur influence aurait des conséquences néfastes sur des « personnes sans lumières, sans éducation, et condamnées à la servitude[40] ». Dans sa liste à déconseiller elle inclut:

> *Les pensées philosophiques*, le *Dictionnaire philosophique*, le *Discours sur la vie heureuse*, celui sur l'origine de l'égalité parmi les hommes, les mœurs, les *Confessions* de J.-J. Rousseau, le *Tableau philosophique de l'établissement des Européens dans les Indes*, l'ouvrage intitulé *De l'Esprit*, le *Code de la Nature*, etc., etc.[41].

ainsi que le *Dialogue des Morts* de Fontenelle, les *Lettres persanes* de Montesquieu, *Zadig* et les *Contes philosophiques* de Voltaire, *La Nouvelle Héloïse*[42]. L'acrimonie que Madame de Genlis nourrit contre les « Philosophistes » en général, et contre l'auteur de *Candide* en particulier, est bien connue: elle ne manque en effet aucune occasion d'accuser Voltaire de se rendre coupable des pires perversions et d'avoir

imposé un système de pensée qui démolit tout principe moral et religieux. Elle observe à plusieurs reprises qu'il est presque impossible de trouver une éthique convenable dans les écrits des Encyclopédistes, ainsi que le souligne le je racontant du *Malencontreux* :

> Je voulois sur-tout de la morale, et j'achetai les livres de nos philosophes : cette étude
> ne servit qu'à m'embrouiller davantage ; ces auteurs soutenoient sans cesse le pour
> et le contre [43].

Et c'est pour cette raison que notre auteure propose un *Émile* expurgé de ses attaques contre la religion [44], tandis qu'une refonte de l'*Encyclopédie* et la correction de certains écrits de Raynal et de Voltaire restent à l'état de projet.

La lecture « moralisée » et encadrée est alors récupérée par Madame de Genlis à l'intérieur d'un programme mieux ciblé, une fois qu'elle l'a épurée de toute argumentation « révolutionnaire » et qu'elle a été homologuée comme un parcours culturel tout au féminin. Il ne faut pas sous-évaluer les dangers de ce type de réécriture parce qu'elle peut invalider les principes sur lesquels les auteurs fondent leurs textes et de ce fait les dénaturer ou même les discréditer. En outre Madame de Genlis utilise les œuvres d'auteur comme de simples instruments, dont elle méconnaît souvent l'aspect littéraire. Cependant ce palimpseste qu'elle propose à la lecture des jeunes filles, en parallèle avec les textes qui ont rempli sa vie, est révélateur des courants les plus profonds qui sont nés de la culture de la société d'Ancien Régime.

Annexe

Le *Cours de lecture* proposé pour le lectorat féminin à la fin d'*Adèle et Théodore*, filtré et déterminé par l'expérience de Madame d'Almane et suivi pas à pas par Adèle avec une confiance aveugle, assurera le succès et l'acquisition d'une sociabilité culturelle de qualité. Mais si cette entente réciproque était rompue, la lecture incontrôlée, comme il arrive dans les romans, serait dangereuse et n'engendrerait que des malheurs. C'est pour cette raison que Flore (fille de la Vicomtesse de Limours, amie et destinataire de Madame d'Almane, dont toutefois elle néglige les conseils), qui se livre avec trop d'exaltation à la lecture de comédies « gaies et frivoles », finit par perdre son honneur.

À la différence des fillettes de son âge, Adèle ne pourra commencer à lire des romans ou des classiques qu'à partir de treize ans [45]. Auparavant, ses lectures, au début uniquement religieuses, se cantonnent à des récits pour l'enfance et à quelques textes qui, dans la fiction narrative, sont écrits exprès pour elle par l'épistolière Madame d'Almane, mais qui en réalité sont de Madame de Genlis. La lecture n'est jamais un simple plaisir esthétique ou une tentative d'évasion, elle est avant tout parcours de connaissances. De plus elle est consolidée, principalement dans les premières années, par des réflexions et des exercices de copie ou de résumé, techniques d'auto-formation destinées à réélaborer les acquis. Consciente de l'importance de connaître des langues étrangères, Madame de Genlis propose, dans son projet auctorial, un corpus idéal de lectures à faire directement dans le texte original aussi bien en anglais qu'en italien.

• À six ans :
Madame d'Almane, *Contes* [l'auteure est en réalité Madame de Genlis, *Les Veillées du château*].
• À sept ans :
La Bible,
[Madame d'Épinay], *Les Conversations d'Émilie*,
Monget, *Les Hochets moraux* (contes en vers),
Madame de La Fite, *Drames & Dialogues pour les enfans*.
• À huit ans :
[Madame de Genlis], *Les Annales de la vertu*,
Mentelle, *La Géographie comparée*,
Traité du Blazon.
• À neuf ans :
Le Ragois, *Abrégé de l'Histoire Poétique* et *Instruction sur les Métamorphoses d'Ovide*,
[Madame de Genlis], *Théâtre d'éducation* : *Agar dans le désert*, *Les Flacons*, *La Colombe*, *L'Enfant gâté*, *L'Aveugle de Spa*.
• À dix ans :
[Joannet], *Elémens de Poésie françoise*,
[Defoe], *Robinson Crusoé*,
The Beauties of History.
• À onze ans :
[Fleury], *Catéchisme historique*[46],
Le Ragois, *Abrégé de la géographie*,
C. Rollin, *Histoire ancienne*,
Imitation de Jésus-Christ,
[A. Trembley], *Father's Instructions to his Children*,
Campistron, *Théâtre*.
• À douze ans :

Nicole, *Les Quatre Fins de l'homme*,
Laurent Echard, *L'Histoire romaine*,
La Grange Chancel, *Théâtre*,
Macaulay's History of England.
• À treize ans :
[Madame de La Fayette], *La Princesse de Clèves* et *Zaïde*,
[Prévost], *Cleveland* et *Le Doyen de Killerine*,
Anecdotes de la cour de Philippe-Auguste,
[Madame de Genlis], *Théâtre d'éducation*,
Madame d'Almane, *Ouvrage sur la mythologie*,
[A. M. Ramsey], *The Travels of Cyrus*.
• À quatorze ans :
Abbé de Velly, *Histoire de France*,
Boissy, *Théâtre*,
Marivaux, *Théâtre*,
Pluche, *Le Spectacle de la nature*,
[P. J. Buchoz], *Histoire des insectes*,
Letters of the Right honorable Lady Montagu,
Madame de Graffigny, *Les Lettres [d'une] Péruvienne [s]* (lues en traduction
italienne),
Goldoni, *Le Commedie*.
• À quinze ans :
Abbé Girard, *Les Synonymes*,
[Père Bouhours], *La Manière de bien penser dans les ouvrages d'esprit*,
Abbé Dubos, *Réflexions critiques sur la poésie & sur la peinture*,
Voltaire, *Histoire universelle* et *Histoire de [la Russie sous] Pierre le Grand*,
Destouches, *Théâtre*,
Nivelle de la Chaussée, *Théâtre*,
[Cervantes], *Don Quichotte*,
Marmontel, *La Poétique*,
Hume, *History of England*,
Métastase, *Opere*.
• À seize ans :
Virgile, *L'Enéïde* et *Les Géorgiques* (traduction française de l'Abbé de l'Isle),
Madame de Sévigné, *Lettres*,
La Fontaine, *Les Fables*,
Théâtre des Grecs,
Crébillon, *Théâtre*,

La Fosse, *Manlius,*
Thomas Corneille, *Arianne* et *Le Comte d'Essex,*
[Piron], *La Métromanie,*
[Houdar de la Motte], *Inès de Castro,*
Plaute, *Œuvres* (traduction française),
Térence, *Œuvres* (traduction française),
[Richardson], *Clarisse,*
The Thompson's Works,
[Tasso], *La Gerusalemme liberata* et *L'Aminta,*
[Guarini], *Il Pastor Fido.*
• À dix-sept ans :
Voltaire, *Histoire du siècle de Louis XIV* [47] et *Histoire de Charles XII,*
Madame Deshoulières, *Poésies,*
Gresset, *Œuvres,*
Pierre Corneille, *Théâtre,*
Racine, *Théâtre,*
Voltaire, *Théâtre,*
Bourdaloue, *Les Sermons,*
Richardson, *Grandison* et *Pamela,*
Arioste, *Opere.*
• À dix-huit ans :
Molière, *Théâtre,*
Boileau, *Œuvres,*
Regnard, *Œuvres,*
Dufresny, *Œuvres,*
J.-B. Rousseau, *Poésies,*
Massillon, *Les Sermons,*
[Addison], *The Spectator,*
Pétrarque, *Opere.*
• Entre dix-huit ans et demi et vingt ans, quoique mariée, les lectures conti-
nuent, sous le contrôle de sa mère :
[Madame de Genlis], *Lettres sur l'éducation,*
J.-J. Rousseau, *Émile,*
Homère, *L'Odyssée,*
Buffon, *Histoire naturelle,*
[Fénelon], *Télémaque,*
Fléchier, *Œuvres,*
Bossuet, *Œuvres,*

Mascaron, *Œuvres*,
La Bruyère, *Les Caractères*,
La Rochefoucauld, *Les Maximes*,
Locke, *Works*,
Pope, *Works* (parmi ceux-ci *L'Iliade*, « si supérieurement traduite par Pope »),
Guicciardini, *Storia d'Italia*,
Dante, *Opere*.
• Entre vingt ans et demi et vingt-deux ans :
Pascal, *Pensées*,
[Lesage], *Gil Blas*,
Mémoires sur l'histoire de France,
Hamilton, *Œuvres*,
Charron, *Traité de la sagesse*,
[Montesquieu], *Les Lettres persanes* et *L'Esprit des lois*,
Shakespeare, *Works*,
Milton, *Works*,
La Gerusalemme liberata (relecture).
• À partir de vingt-deux ans Adèle pourra lire, pas encore de façon autonome, mais toujours sous l'égide de sa mère, une série d'œuvres contemporaines, sans oublier *Les Mondes* et *Les Discours académiques* de Fontenelle. Tout cela implique que la lecture ne sera jamais abandonnée : une sage confrontation avec les dernières publications permettra une mise à jour des acquis et une sorte de formation intellectuelle continue. Si la lecture a enseigné la réflexion par soi-même et apprivoisé la liberté au sein d'une condition sociale déterminée, désormais Adèle devrait être capable d'en régler l'usage et de poursuivre toute seule.

NOTES

1. Henri COULET, « Le *topos* du roman corrupteur dans les romans français du XVIIIe siècle », *in* Jean HERMAN, Paul PELCKMANS (éd.), *L'épreuve du lecteur. Livres et lectures dans le roman d'Ancien Régime*, Louvain-Paris, éd. Peeters, 1995, p. 175. Sur la lecture cf. aussi le beau volume publié sous la direction d'Isabelle BROUARD-ARENDS, *Lectrices d'Ancien Régime*, Rennes, Presses universitaires de Rennes, 2003.
2. Madame DE GENLIS, *Histoire des femmes françaises les plus célèbres et de leur influence sur la Littérature Française comme protectrices des lettres et comme auteurs*, Paris/Londres, chez Colburn, 1811, 2 vol. (t. I, p. 10).
3. Wolfgang ISER, *L'Acte de lecture. Théorie de l'effet esthétique*, Bruxelles, Mardaga éd., 1997, p. 51.
4. Dans le texte écrit dans ses dernières années, *Les Annales de la vertu, ou Histoire universelle, iconographique et littéraire, A l'usage des Artistes et des jeunes Littérateurs, et pour servir à l'éducation de la jeunesse,* (Paris, Lecointe et Durey, 1825, 5 vol.) Madame de Genlis propose un résumé criticochronologique qui réunit seulement « les exemples qu'il [le lecteur] doit imiter et chérir, et les actions héroïques, seules dignes de l'immortalité » (*Préface*, t. I, p. XIII-XIV).
5. Le Vicomte de Luzincour, dans le conte moral *Les Deux Réputations*, par exemple, préfère la lecture solitaire : « J'aime mieux lire seul, je l'avoue ; je recommence ce qui me plaît, je réfléchis à mon aise, je passe ce qui me paroît ennuyeux, je laisse là l'ouvrage lorsqu'il me fatigue, et je ne suis pas obligé de m'épuiser en complimens et en éloges. Les lectures particulières ont leurs agrémens », Madame de GENLIS, *Nouveaux Contes moraux et nouvelles historiques*, Paris, Maradan, an XIII, 1804, 3 vol. (t. I, p. 140).
6. Madame DE MAINTENON, *Comment la sagesse vient aux filles. Propos d'éducation*, éd. Pierre LEROY et Marcel LOYAU, Paris, Bartillat, 1998, p. 250.
7. Jean-Jacques ROUSSEAU, *Œuvres complètes*, éd. publiée sous la direction de Bernard GAGNEBIN et Marcel RAYMOND, Paris, Gallimard, coll. « Bibliothèque de la Pléiade », 1961, 4 vol. (t. II, p. 6).
8. Choderlos DE LACLOS, *Œuvres complètes*, texte établi et annoté par Maurice ALLEM, Paris, Gallimard, « Bibliothèque de la Pléiade », 1951, p. 8.
9. *Ibid.*, p. 9.
10. Madame de GENLIS, *Le Philosophe pris au mot, ou Le mari corrupteur,* in *Nouvelles de Madame de Genlis*, Paris, Maradan, an XII-1804, p. 215.
11. *Ibid.*, p. 223.
12. *Ibid.*, p. 283.
13. *Ibid.*, p. 284.
14. Madame DE GENLIS, *Adèle et Théodore, ou Lettres sur l'éducation, contenant tous les principes relatifs aux trois différens plans d'éducation des Princes, des jeunes Personnes et des Hommes*, Paris, Lambert, 1782, 3 vol. (t. III, p. 253). Madame de Tourvel, aussi, en plus des *Pensées chrétiennes* lit *Clarisse Harlowe* de Richardson (*Les Liaisons dangereuses, op. cit.*, III, Lettre CVII, p. 255) tandis que Madame de Merteuil lit un chapitre du *Sopha*, deux *Contes* de La Fontaine et une lettre de la *Nouvelle Héloïse* « pour recorder les différents tons que je voulais prendre » (*op. cit.*, II, lettre X, p. 30).
15. Madame DE GENLIS, *Nouveaux Contes moraux et nouvelles historiques, op. cit.*, t. I, p. 5.
16. « Il faut, dit-elle, qu'un ouvrage soit bien intéressant, pour causer autant d'attendrissement à une seconde lecture ! J'ai lu celui-ci dans la nouveauté il y a un an ; et vous êtes témoin de l'impression qu'il fait encore sur moi » (*ibid.*, t. I, p. 130-131).

17. *Ibid.*, t. I, p. 177.
18. Madame DE GENLIS, *Mademoiselle de Clermont, Nouvelle Historique*, Paris, Maradan, an X, 1802, p. 18. On retrouve une pratique semblable dans les *Veillées du Château*, où la baronne d'Elby et Madame de Clémire (respectivement grand-mère et mère de trois enfants de sept à neuf ans) lisent ou racontent à tour de rôle des histoires avant que les enfants n'aillent au lit « à la veillée d'après souper, c'est-à-dire depuis huit heures et demie jusqu'à neuf heures et demie », Madame DE GENLIS, *Les Veillées du Château*, Bruxelles, Louis Hauman, 1834, 3 vol. (t. I, p. 13).
19. Madame DE GENLIS, *Mademoiselle de Clermont, op. cit.*, p. 18.
20. *Ibid.*, p. 19.
21. *Ibid.*, p. 25.
22. *Ibid.*, p. 26-27.
23. Ou plutôt « indication générique » ainsi que le suggère Gérard GENETTE, *Seuils*, Paris, Seuil, 1987, p. 89-97.
24. Dans le paratexte de ses romans Madame de Genlis souligne toujours que le récit repose sur des données incontestables et sur des recherches fondées sur la vérité historique.
25. *Mademoiselle de Clermont, op. cit.*, p. 28.
26. Madame DE GENLIS, *Mémoires inédits de Madame la Comtesse de Genlis, sur le dix-huitième siècle et la Révolution françoise, depuis 1756 jusqu'à nos jours*, Paris, Ladvocat, 1825, 10 vol. (t. I, p. 11). Madame de Genlis ajoute d'autres détails : « Comme j'avois une très-belle mémoire, j'appris avec une très-grande facilité ; au bout de six ou sept mois je lisois couramment. J'étois élevée avec mon frère […] à l'exception d'une heure de lecture, nous pouvions jouer ensemble toute la journée » (*ibid.*). Elle rappelle aussi la méthode inventée par un certain M. Bertaud de Paris auprès duquel étudiera son frère pour « apprendre à lire en six semaines sans épeler, avec des boîtes de fiches » (*ibid.*, p. 12). Dans sa vieillesse elle n'abandonne pas son habitude et à l'Arsenal elle continue ses lectures de textes d'histoire et de pièces de théâtre.
27. *Ibid.*, t. I, p. 48-49. À huit ans elle se passionne pour le théâtre de Mademoiselle Barbier et pour *Clélie* à tel point qu'elle commence à composer des romans qu'elle dicte à Mademoiselle Mars, car elle ne sait pas encore écrire.
28. *Ibid.*, p. 63.
29. *Ibid.*, p. 181. Elle connaît déjà les poésies de Gresset et les *Fables* de La Fontaine (I, p. 77) ainsi que les poésies de Madame Deshoulières (I, p. 155).
30. *Ibid.*, p. 207.
31. *Ibid.*, p. 330.
32. *Ibid.*, p. 362. Continuer à dresser la liste de ses lectures serait vraiment trop long. Il faut toutefois citer ce passage qui donne une idée de la place du livre au sein de sa journée : « Tandis qu'on peignoit mes longs cheveux, ce qui était fort long, et qu'on me coiffoit, je lus l'*Histoire ancienne* de Rollin, et les jolies comédies de Dufrény, et ensuite celles de Marivaux pour la deuxième fois » (I, p. 253).
33. *Ibid.*, II, p. 131. Elle écrira dans les années de sa maturité des romans historiques et des biographies, qu'elle cite aussi dans ses *Mémoires* (t. VII, p. 297). On peut rappeler, entre autres : *La Duchesse de la Vallière*, 1804 ; *La Princesse des Ursins*, 1804 ; *Madame de Maintenon*, 1806 ; *Mademoiselle de La Fayette ou Le siècle de Louis XIII*, 1813 ; *Histoire de Henry le Grand*, 1815 ; *Jeanne de France*, 1816 ; *Mémoires de Madame la Marquise de Bonchamps*, 1823.
34. Madame de Genlis souligne que rédiger des résumés et copier des passages des textes lus contribue à perfectionner son écriture : « Une des choses qui m'attachoient le plus à la lecture, c'étoit

la constance avec laquelle j'ai toujours fait des extraits, et le plaisir extrême que je trouvois à en augmenter le nombre » (*Mémoires, op. cit.*, t. II, p. 255). Recueils qui constituent une sorte de « bibliothèque portative » très utile pour toute activité pédagogique, cf. Nicole PELLEGRIN « Lire avec des plumes ou l'art – féminin ? – de l'extrait à la fin du XVIIIe siècle », in *Lectrices d'Ancien Régime, op. cit.*, p. 113-129. Le premier extrait que Madame de Genlis rédige est à partir du *Traité de l'opinion* de Gilbert-Charles Legendre (*Mémoires, op. cit.*, t. I, p. 157).

35. Madame DE MAINTENON, *Conseils et instructions aux demoiselles pour leur conduite dans le monde*, avec une introduction et des notes par Th. LAVALLÉE, Paris, Charpentier, 1857, p. 62.

36. *Ibid.*, p. 162.

37. Madame DE GENLIS, *Les Veillées du Château, op. cit.*, p. XII. Madame de Maintenon, au contraire, dans son style jussif, écrit ainsi aux religieuses de Saint-Cyr : « Apprenez à vos Demoiselles à être extrêmement sobres sur la lecture, à lui préférer toujours l'ouvrage, les soins du ménage, les devoirs de leur état, et si enfin elles veulent lire, que ce ne soit que des livres bien choisis, propres à nourrir leur piété, à former leur jugement et à régler leurs mœurs », *Comment la sagesse vient aux filles, op. cit.*, p. 250.

38. Madame DE GENLIS, *Histoire des femmes françaises..., op. cit.*, t. I, p. 9. À propos de Madame de Maintenon, elle écrit dans la *Préface* à la vie de la fondatrice de Saint-Cyr : « Qu'on relise ce qu'elle a conseillé sur l'éducation du duc de Bourgogne, et sur celle de Louis XV. Fénelon n'a jamais rien dit de plus solide » (*Madame de Maintenon, pour servir de suite à l'histoire de la Duchesse de la Vallière*, Paris, Maradan, MDCCCVI, p. XIX).

39. Madame DE GENLIS, *Adèle et Théodore, op. cit.*, t. III, p. 211.

40. Madame DE GENLIS, *La Religion considérée comme l'unique base du bonheur et de la véritable philosophie. Ouvrage fait pour servir à l'éducation des Enfans de S.A.S. Monseigneur le Duc d'Orléans, et dans lequel on expose et l'on réfute les principes des prétendus Philosophes Modernes*, Paris, Imprimerie Polytype, MDCCLXXXVI, p. 209.

41. *Ibid.*

42. *Ibid.*, p. 52-53.

43. Madame DE GENLIS, *Le Malencontreux, ou Mémoires d'un émigré, pour servir à l'histoire de la révolution*, in *Nouveaux Contes moraux et nouvelles historiques*, (t. II, p. 131). Bien plus convaincante est la lecture « des auteurs du siècle dernier [...], ils étaient pour moi de vrais amis ; ils m'éclairoient et me rendoient meilleure » (*ibid.*, p. 133).

44. Madame DE GENLIS, *Émile, ou de l'éducation, par J.-J. Rousseau. Nouvelle édition à l'usage de la jeunesse, avec des retranchements, des notes et une préface par Mme la Comtesse de Genlis*, Paris, 1820, 3 vol. Très significative cette annotation dans ses *Mémoires* : « Cet ouvrage qui contient tant de sophismes pernicieux et tant d'impiétés, mêlés à des très-beaux éloges de la religion, [...] a corrompu un nombre infini de jeunes pères de famille et de jeunes instituteurs » (*op. cit.*, t. VII, p. 164-165).

45. « Adèle à douze ans ne connaîtra pas un seul des livres » (t. I, p. 64).

46. Dans son enfance les lectures de piété avaient été dirigées par le père Antoine, avec l'*Imitation* elle a lu les *Évangiles* et les *Pensées de la journée chrétienne* (*Mémoires, op. cit.*, t. I, p. 49).

47. Madame DE GENLIS édite un *Siècle de Louis XIV par Voltaire. Nouvelle édition avec des retranchements, des notes et une préface*, Paris, 1820, 3 vol.

LA CONVERSATION,
UNE PÉDAGOGIE POUR LES FEMMES?

Laurence Vanoflen

Parmi les formes où les femmes éducatrices se sont illustrées au siècle des Lumières, figure – en dehors et souvent encadrant des récits courts, contes ou fables – la *conversation*, sans doute mise à l'honneur par la première édition des *Conversations* de Mme de Maintenon, en 1757.

Les exemples les plus connus sont *Le Magasin des enfants* (1756) puis des *adolescentes* (1760) de Marie Leprince de Beaumont, et les *Conversations d'Émilie*, de Louise d'Épinay (1774), dont la deuxième édition voit le couronnement du genre, en 1783, par le prix Montyon, voire *Les Veillées du château* (1782) de Mme de Genlis. On peut ajouter, dans leur sillage, Mme de La Fite (1750-1795), auteur de trois ouvrages qui s'échelonnent de 1778 à 1791, et, outre-Manche et à la fin du siècle, des femmes comme Mary Wollstonecraft (*Original stories*, 1788) et Maria Edgeworth (*The Parent's Assistant*, 1796, *Early Lessons*, 1801).

Vecteur éducatif valorisé chez Locke, Fénelon, Rousseau[1], le dialogue joue un rôle clé dans la réforme pédagogique aux XVIIe-XVIIIe siècles. Il trouve incontestablement sa place dans l'effort pour libérer l'enfant des contraintes physiques et des punitions, et remplacer un apprentissage mécanique par le développement de la raison et du jugement.

Il semble donc intéressant de revisiter ces textes lorsqu'on s'interroge sur l'apport des femmes à l'œuvre des Lumières ; d'autant que la forme a peu retenu l'attention, en dehors de l'étude sur le théâtre d'éducation de Marie-Emmanuelle Plagnol, pour le cas de Mme de Maintenon et Mme de La Fite, ou dans le domaine anglo-saxon, de celle d'Alan T. Richardson[2]. S'appuyant sur l'exemple privilégié du livre de Mme d'Épinay, on peut se demander si l'image un peu terne et compassée associée à la plupart de ces textes est justifiée. En somme, la conversation représente-t-elle des Lumières miniatures, comme le rapprochement sommaire de deux titres peut le suggérer : *Conversations d'Émilie/Émile, ou de l'Éducation*? Au-delà des déterminismes culturels et sociaux, déjà en partie connus, qui poussent les femmes à choisir la forme conversation, je vérifierai l'usage qu'elles en font, et la façon dont elle incarne les idéaux pédagogiques éclairés.

Les enjeux d'une forme

La conversation, une pédagogie pour les femmes ? La réponse ne semble guère faire de doute, que l'on se place des deux côtés de l'acte d'enseigner, ou encore, du côté de sa mise en scène littéraire.

L'historienne Paule Constant le souligne dans *Un monde à l'usage des demoiselles*, savoir converser est la compétence sociale principale attendue des filles. C'est déjà l'un des buts visés par les *Conversations* de Mme de Maintenon[3]. Dans le *Magasin des enfants*, de Marie Leprince de Beaumont, Mlle Bonne prédit le sort peu enviable de Lady Babiole, qui a refusé de se mêler des réunions savantes de ses amies : « Elle sera une ignorante, une sotte toute sa vie, et, quoiqu'elle ait de bonnes dispositions, elle restera dans des conversations comme une imbécile. » Et le *Magasin des adolescentes* invoque l'évolution des mœurs, qui généralise les lectures sérieuses et impose aux femmes de les comprendre[4].

Pour les mères, ensuite, ou les gouvernantes auxquelles les fillettes sont confiées, la conversation est l'outil pédagogique le plus immédiat, conforme à leurs compétences, souvent limitées. « Seule forme de communication qui soit naturelle aux dames[5] », elle convient en outre fort bien aux ambitions limitées, en termes de connaissances, et à l'objectif essentiellement moral qui continuent à lui être assignés[6]. Face à l'admiration de sa petite-fille, Louise d'Épinay dont le complexe d'autodidacte est bien connu, le souligne :

> [...] les sujets de la conversation journalière n'exigent pas une grande étendue de connaissances ; la raison, la réflexion, l'expérience, l'usage du monde et l'instruction la plus légère suffisent pour cela. Quant au peu que je puis savoir [...], c'est à vous Émilie que j'en ai l'obligation[7].

Souple, le dialogue accueille aussi fort bien l'initiation à la vie pratique que Fénelon recommande aux futures maîtresses de maison. Le développement sur la conversation, support d'instruction, apparaît d'ailleurs dans le *Traité d'éducation des filles* de Fénelon comme une réhabilitation du savoir pratique et quotidien que l'on peut dispenser en utilisant la curiosité des enfants. Ainsi, on assiste, chez nos auteurs, à la diversification des supports éducatifs, outre les livres. Visite à la ferme, auprès de malades, promenades, courses, prennent ainsi toute leur place chez Épinay, ou dans les contes d'*Early Lessons* de Maria Edgeworth, tels *Harry and Lucy, Rosamond*, et dans une moindre mesure, dans les *Entretiens* de La Fite.

Pour les auteures, enfin, le choix de la « Conversation », sous toutes ses dénominations, permet de respecter les partitions traditionnelles dans le champ intellectuel et éditorial. Aux hommes les ouvrages théoriques, les essais, aux femmes la fiction ou l'ouvrage utile – directement lié à leur fonction naturelle : l'éducation. Si Mme de Genlis formule cette répartition dans *Adèle et Théodore*, à propos de l'éducation intellectuelle d'Adèle, le discours préfaciel de Louise d'Épinay, souvent lu dans le cadre de la polémique avec Rousseau[8], la manifeste aussi.

Sur le plan énonciatif, tout d'abord, les procédés d'effacement auctorial se multiplient dans ces textes : outre l'anonymat de la première édition, le circuit de communication choisi, en 1774, dans une *Lettre de l'auteur à l'éditeur de la première édition*, montre les réticences à la « publicité » de Louise. Lorsqu'elle assume la posture d'auteur et s'adresse aux lecteurs, dans l'*Avertissement* de la seconde édition, c'est pour se dédouaner d'avoir publié, et réduire la portée du livre – et son intervention dans sa rédaction. Simple émanation d'une expérience vécue, le livre est tout juste un cadeau à sa petite-fille, rendu nécessaire par l'irrespect d'un enfant à l'égard de simples manuscrits. Le goût d'une enfant pour la conversation, la maladie d'une (grand)-mère, autant de circonstances atténuantes nécessaires pour un auteur qui dénie toute prétention à la gloire.

Sur le plan du contenu, dès 1774, la référence à l'idéal mondain de la *conversation*[9] lui permet d'adopter la posture modeste et dilettante convenant à une femme. Elle écarte toute prétention à l'usage public du savoir ou à la réflexion théorique et organisée :

> [...] vous m'avez rassurée, en m'apprenant que vous n'y trouvez pas ni un plan d'éducation, ni même beaucoup de liaison entre les idées. C'est que je n'ai pas eu la prétention de proposer un nouveau plan d'éducation, ni la hardiesse de m'écarter de celui que des parents sages suivent communément dans l'éducation des filles. Je n'ai voulu faire qu'un traité de remplissage [...] ; et montrer comment les heures perdues, les moments de délassement peuvent être employées par une mère vigilante, à former l'esprit d'un enfant, et à lui inspirer des sentiments vertueux et honnêtes[10].

Mais la suite, véritable dénégation, réinscrit l'ouvrage dans un plan raisonné au moins potentiel :

> Il ne s'agit donc ici ni de plan ni de système.
>
> Cependant, sous ce point de vue même, l'éducation doit être divisée, comme dans un système bien conçu et bien lié, en plusieurs époques, et il faudrait faire un travail différent pour chacune. [...]

Suivant ce plan, je n'aurais encore essayé à travailler que pour la première époque, où il s'agit de présenter à l'esprit des idées simples, de lui enseigner et de l'aider à les développer, et de profiter souvent d'une niaiserie, pour le conduire à des réflexions solides et sensées [11].

L'ouvrage représente bien le couronnement d'une expérience et révèle la « pensée affermie [12] » de celle qui est devenue, en 1774, et, *a fortiori*, en 1781, collaboratrice régulière de la *Correspondance littéraire* de Grimm.

Effet de l'avènement de la mère-éducatrice, sur le plan des mœurs, ce n'est donc pas un hasard si le livre qui donne sa consécration [13] à une littérature pour enfants naissante est les *Conversations d'Émilie*. Il marque aussi, sur le plan littéraire, la promotion de la mère-auteur. En 1778, Mme de La Fite fait paraître son volume d'*Entretiens*, inspiré de sa propre expérience maternelle. Mais sa préface n'invoque plus, comme Mme d'Épinay, le conseil des *amis*, dont le philosophe Grimm, Galiani… pour justifier la décision de publier, mais une autorité nouvelle, à coup sûr : « Une des mères les plus éclairées […] m'encourage à publier des essais qui n'étaient d'abord destinés qu'à l'instruction de mes propres enfants [14]. » Là où Mlle Bonne n'est que le médiateur d'un savoir compilé par d'autres ou d'une mémoire, *via* les contes, la mère est d'ailleurs progressivement valorisée comme auteur, à l'intérieur des *Conversations* et des *Entretiens* [15]. Enfin, Maria Edgeworth invoque puis publie les notes prises par Honora Edgeworth, sa belle-mère défunte, sur l'éducation de ses demi-frères et sœurs dans les préfaces de ses premiers ouvrages : l'essai, *Practical Education* [16], co-écrit avec son père, en 1798, et les recueils de contes, *The Parent's Assistant* (1796), et *Early Lessons* (1801). Et elle n'hésite pas à proclamer bien haut la difficulté et la grandeur de l'écriture pour enfants, contre Samuel Johnson et les contempteurs des livres d'Anna Barbauld [17].

Permettant aux femmes d'asseoir de façon nouvelle leur autorité dans le champ littéraire, la conversation pédagogique n'est donc pas une forme anodine [18]. Le dialogue maternel permet de fait aux femmes de conquérir une position d'*autorité* nouvelle dans le champ littéraire.

Les bénéfices pédagogiques de la forme dialoguée

Toutes, bien entendu, ne vont pas jusqu'aux ambitions politiques conscientes des Radicales anglaises. Mais leur participation à l'œuvre des Lumières ne peut se réduire à la mise en forme ludique du savoir, où l'on situe en général l'intérêt principal de la forme [19].

Tout d'abord, la forme dialoguée permet de développer une attitude rationnelle et critique. Parler raison aux enfants, et faire appel à leur raison, telle est bien la première exigence formulée par Locke[20]. Mlle Bonne, la grand-mère d'Émilie, ou Mme de Valcour, la mère de Mme de La Fite ne font pas autre chose, en développant des connaissances systématiques, à rebours des habitudes éducatives passées[21]. On aurait tort d'oublier la dimension proprement formatrice du savoir, même si les éléments de physique, chimie, ou sciences naturelles, introduits dans les *Magasins* ou les *Entretiens,* paraissent vite enfouis dans un déisme moralisant. Car les femmes, comme les enfants au siècle précédent, ont encore à voir reconnaître leur statut d'êtres rationnels. Les protestations vigoureuses de Marie Leprince de Beaumont – autant que les souvenirs d'Épinay – contre les préjugés en cours le soulignent :

> On a trop mauvaise opinion de l'esprit des jeunes personnes ; elles sont capables de tout, pourvu qu'on les accoutume au raisonnement petit à petit. […] ce n'est qu'après des expériences réitérées que je suis convaincue, que nous naissons toutes géomètres, et qu'il n'est pas difficile de développer des idées géométriques dans une tête de douze ans[22].

S'habituer à justifier son opinion, comme Mlle Bonne l'exige de ses élèves[23], c'est aussi, on le voit au fil du *Magasin*, se permettre de soumettre à l'examen les discours d'autrui – et parfois les lois. Si elle se réjouit de les voir « devenir physicienne », ou « parler géométriquement[24] », ce n'est pas seulement pour affirmer leurs convictions religieuses, les garantir des défauts féminins, dont les caprices, bref, en faire de bonnes chrétiennes et épouses. « Votre opinion doit être le fruit de vos réflexions », les prévient-elle en effet. Les réflexions des élèves, dont l'Avertissement du *Magasin des adolescentes* souligne l'authenticité, montrent la dimension critique et émancipatrice de cet enseignement, qui les ouvre virtuellement à la sphère publique. Au détour d'une leçon d'histoire romaine, Lady Spirituelle s'exclame ainsi, avec l'approbation de Mlle Bonne : « Obéir à de mauvaises lois, n'est-ce pas être bien méchant ? » (*adolescentes*, VII, p. 144). On verra, d'Épinay à Edgeworth, se renforcer l'accent mis sur l'autonomie morale et intellectuelle à inculquer à leurs élèves, celle-ci se fondant de plus en plus strictement sur le principe d'utilité ; « *Think for yourself, my dear* », dit la mère à Rosamond.

Le deuxième bénéfice du dialogue est l'adaptation au stade de développement de l'enfant. La conscience de la spécificité de l'enfance est d'ailleurs ce qui amène Rousseau à insérer dans *Émile* deux dialogues, dont celui de la leçon d'astronomie en forêt de Fontainebleau, et à constater l'inutilité des livres et des catéchismes[25].

S'adapter à son interlocuteur, c'est tout l'art mondain de la conversation, art qui demande psychologie et discernement. Cet art est une des qualités du

Magasin des enfants, dont le titre complet et l'avertissement soulignent d'ailleurs, excellent argument de vente auprès de parents, le réalisme psychologique (« dans lequel on fait penser, parler, agir, les jeunes gens suivant le génie, le tempérament, et les inclinations de chacun »). Spirituelle, Sensée, Violente, Babiole, Frivole… autant d'images d'enfants bien réels, et donc imparfaits, avec le mode d'emploi pour en tirer le meilleur. Certes, sauf sur le plan didactique, où la gouvernante excelle à mettre en œuvre les compétences de chacune dans l'enquête collective [26], sa pratique est moins individualisée que le titre ne l'annonce – l'art de s'adapter à l'enfant se ramène en effet à celui d'écouter, de louer et encourager les progrès, en choisissant les récits propres à corriger ses travers.

De fait, l'effort d'adaptation à l'esprit de l'enfant est d'abord littéraire. Simplicité du langage et brièveté sont les premières marques d'une littérature pour enfants émergeant et consciente d'elle-même. L'explication des mots, l'appel aux images et aux références empruntées à l'univers enfantin, concret, présents chez Leprince de Beaumont [27], s'accentuent encore chez ses successeurs. Il s'agit bien selon l'intention affichée de « conduire l'enfant du connu à l'inconnu ». Louise d'Épinay reprend les expressions et les références familières à Émilie pour formuler avec humour ses explications ou ses conseils. L'examen de conscience est ainsi baptisé « déménagement des besaces », en souvenir de la fable, spontanément citée par l'enfant (X, p. 204), et « les nœuds aux manches » de la jeune coquette aperçue aux Tuileries, deviennent l'image de tous les défauts humains (X, p. 181, XIII, p. 253). Enfin, Maria Edgeworth adjoint aux contes d'*Early Lessons* un glossaire, à lire et commenter [28]. Sauf chez Épinay, les dialogues n'excèdent d'ailleurs jamais quelques pages de petit format, quitte à s'interrompre artificiellement : 5 ou 6, en moyenne chez Leprince de Beaumont, hors contes ; et sensiblement autant pour La Fite, ou Edgeworth, dans *Early Lessons* [29]. Il ne faut pas lasser l'enfant, personnage du dialogue, ou lecteur.

Enfin, le choix de cette forme répond à la mutation des modes de transmission des connaissances, et à la confiance accrue dans l'expérience sensible. De sa réhabilitation chez Fénelon [30], on passe au rejet, chez Rousseau, et les auteures influencées par lui, des « leçons de mots » et du psittacisme.

On pourrait faire un partage, dans le corpus, entre les *Magasins* et *Entretiens*, d'une part, qui relèvent de la « vision encyclopédique de la littérature enfantine [31] », soulignée par les titres, et les *Conversations* et les fictions d'Edgeworth, d'autre part.

Dans le premier cas, en effet, la transmission repose encore largement sur l'écrit, certes encadré, commenté, analysé de façon de plus en plus sophistiquée chez La Fite [32], chez qui la récitation pure et simple (Leprince de Beaumont) est remplacée par la lecture. L'interaction reste en contrepartie limitée, ou artificielle, relevant de la ruse ou de l'expérience fictionnalisée, chez La Fite.

Dans le second, l'expérience médiatisée – celle de l'Histoire et des contes, relayés, chez Mme de La Fite, par des drames – est remplacée par les situations de la vie quotidienne : le passage de singes dans la rue ; la chute de l'échelle ; la promenade aux Tuileries ; le discours tenu à la poupée ; la noce à la campagne, de Babet, chez Épinay [33]. La lecture peut s'avérer déceptive (voir la lettre d'affaires, ou le conte de fées), tout comme la récitation sur les quatre éléments (Conversation V), prétexte à une attaque en règle contre les connaissances purement verbales : la mère y remédie par l'expérience, et fait apporter une jatte d'eau pour éprouver les propriétés du liquide. Émilie apprend encore son catéchisme, mais en dehors des conversations avec sa mère, qui n'en dit mot [34] : elle se soucie bien plus de la faire réfléchir, comme dans la Conversation I, dont les similitudes avec le dialogue de l'enfant et la bonne, imaginé par Rousseau au livre IV [35], n'échapperont pas.

Cet appel croissant (et quasi-exclusif chez Edgeworth [36]) à l'expérience, se traduit par le rôle de plus en plus actif accordé à l'enfant. De fait, la relation dialogique reste assez convenue chez Beaumont et La Fite ; l'activité de l'enfant se limite à la récitation assortie de questions et de commentaires ; même si la réponse est mise dans sa bouche, comme lorsque Mlle Bonne invite Spirituelle ou Sensée à donner son avis, Charlotte, à résumer une étape de l'explication, voire à la terminer – il ne peut rien dire qui n'ait été d'abord prévu par le pédagogue [37]. Émilie, à l'inverse, est d'abord invitée à observer et réfléchir, à donner son avis, que ce soit sur les contes, la situation d'une pauvre femme, ou une estampe.

Le dialogue retrouve là sa vocation socratique, comme le suggère la réception contemporaine des *Conversations*. Reste sans doute à mesurer la réalité de ce dialogisme, et à interroger pour cela l'éthique de la conversation.

Auto-représentation de la conversation : le cas Épinay

« Mais à force de jaser, nous voilà un peu loin de notre dessin.
– Ne perd pas son temps qui jase avec vous, ma chère Maman. »
Conversations, XVIII, p. 367.

De fait, les *Conversations* de Mme d'Épinay, après celles de Mme de Maintenon, justifient et reflètent très largement leur pratique. À cela sans doute une explication : le dialogue renvoie bien chez elle au modèle éthique et philosophique qu'il est pour les Lumières [38] ; amie et collaboratrice de Diderot et Galiani, elle partage ce modèle. Derrière le dilettantisme affiché de la conversation, se trouve une méthode pédagogique et une démarche de nature philosophique.

Une méthode ? Elle ne prétend que transmettre aux autres mères un savoir-faire, acquis grâce à Émilie, sans s'écarter de la tradition éducative – dont la lettre de 1756 la montrait, d'ailleurs, peu soucieuse. Mais elle justifie sa pratique auprès de sa fille, en vertu de l'égalité des interlocutrices, et son discours théorique dans les marges est proche de l'*Émile*. Dans la Conversation V, pour expliquer l'importance d'interroger, et uniquement sa mère, sur ce que la fillette ne comprend pas, elle développe les inconvénients des leçons de mots, la nécessité de respecter l'ordre des apprentissages, et le danger d'interroger domestiques ou étrangers[39]. Le compte rendu de Meister, dans la *Correspondance littéraire*, relie d'ailleurs cette méthode à des enjeux épistémologiques chers aux Lumières :

> Persuadée comme lui [Rousseau] que jusqu'à l'âge de douze ans les enfants sont absolument incapables de saisir une longue suite d'idées et de raisonnements, elle s'est bien gardée de donner à ses instructions un ordre systématique. La seule méthode qu'elle a cru devoir suivre, et dont elle ne s'est jamais écartée, est d'amener toujours l'enfant à trouver lui-même, ou par sentiment ou par raisonnement, la réponse à ses questions ; c'est de lui parler toujours vrai, et de ne jamais employer de définition sèche, qui ne laissent que des idées fausses dans la tête.
> [...] nous craignons beaucoup que son vrai mérite ne soit senti que des lecteurs qui auront réfléchi profondément sur la conduite de l'esprit et du cœur humain dans ses premiers développements[40].

L'ennui de Genlis face à l'ouvrage de 1782, jugé « insipide[41] », est significatif des priorités d'ordre cognitives, et non didactiques, d'Épinay. L'absence d'ordre, autre caractéristique affichée de ces conversations, se rapproche incontestablement du dialogue philosophique pratiqué par Diderot, ou Galiani.

Une démarche philosophique ? À l'occasion, Mlle Bonne et ses élèves s'amusent « à philosopher[42] », mais les conversations d'Émilie et sa « mère » ont délibérément l'allure d'une enquête socratique, où, comme il se doit, l'élève est invitée à formuler les réponses, à partir de ses observations. Le dialogue permet ainsi au lecteur de suivre le processus d'apprentissage, la quête patiente et attentive où mère et enfant sont engagées, dans une relation qui surimpose à la hiérarchie traditionnelle, une relation de coopération, à l'instar de la Conversation V : « cherchons un peu les conditions nécessaires au bonheur » (V, p. 106). De fait, le plaisir de « causer », principe affirmé, et partagé[43] dépasse celui de s'instruire, ou d'écouter des histoires, mis en avant chez Leprince et La Fite. Ainsi, lorsque la mère d'Émilie fait commenter une estampe à Émilie, c'est pour développer son sens de l'observation, voire son jugement esthétique ; alors que Mlle Bonne veut montrer l'utilité de connaître la mythologie et stimuler l'envie d'apprendre[44]. Aussi, le jeu de questions/réponses n'est pas un pur mécanisme didactique, mais il fait suivre le cheminement de la pensée, et la construction du savoir à travers préjugés ou erreurs. À cet exercice de polissage de l'esprit, la conversation est un outil indispensable, non un cadre indifférent, véhicule de vérités à absorber telles quelles. On le mesure dans ce passage de la vi^e Conversation :

> ÉMILIE. – Mais comment fait-on pour les [ses intérêts] bien entendre ?
>
> MÈRE. – On cause avec son amie en question ; on réfléchit, et on fait son profit de ce que l'on entend et qu'on sent être vrai[45].

Cette dimension philosophique est manifeste dans deux passages : l'un, dans la Conversation XVII, où Émilie joue la gouvernante interrogeant la poupée, ce qui donne... un dialogue sur les sens et l'origine des idées ! Le passage est intéressant par le sujet, révélateur d'un milieu philosophique, mais aussi par son aspect expérimental : la déroute de l'enfant, posant une question dont elle ignore la réponse, exhibe les artifices du genre. Elle sape discrètement l'image traditionnelle d'une gouvernante infaillible et omnisciente... disons... d'une Mlle Bonne, ou de la mère de l'édition de 1774, volontiers sarcastique.

> ÉMILIE. – Il serait pourtant bien honteux pour une gouvernante de rester court vis-à-vis d'une morveuse ?
>
> MÈRE. – Mais cela m'arrive tous les jours. M'en voyez-vous honteuse ?
>
> ÉMILIE. – Mais il ne tenait qu'à moi de lui faire demander toute autre chose.
>
> MÈRE. – C'est donc un grand malheur que de dire : Je ne sais pas cela ? Moi, je lui aurais répondu tout simplement : Mon chou, cette question a embarrassé de plus grands esprits que vous et moi.

En creux, la démocratie véritable de l'échange philosophique, où les questions ne sont pas contrôlées par l'intelligence du didacticien, manipulateur hors pair. Cet idéal, esquissé dès le début du livre, trouve un dernier emblème dans la xxe Conversation, où la mère se livre, pour les dix ans de l'enfant, à une autocritique :

> – Maman, si c'était à recommencer, vous me priveriez du plaisir de causer avec vous !
>
> – Du moins, j'y mettrais la condition de ne jamais rester causer assises. Avec cette loi fondamentale, nous pourrions renouveler l'école des Péripatéticiens.
>
> – Comment dites-vous cela ?
> [...] Et vous ne pouvez me faire grâce d'aucune de ces syllabes ?

– D'aucune, que je sache.

– En ce cas, je vous en rends deux de plus, car nous sommes, pour le moins, des demi-péripatéticiennes : la moitié de nos conversations se sont passées à la promenade [46].

Le passage illustre la relation égalitaire qui prévaut dans le texte (c'est Émilie qui définit leurs conversations, pas la mère), et sans doute, pour finir, la relation féminine au savoir biaisée, assumée sur le mode distancié ou humoristique par Louise d'Épinay. Sur le mode plaisant, vulgarisé à l'intention d'un enfant, qui peine à maîtriser le mot compliqué, *péripatéticienne*, la *conversation* se réclame néanmoins d'origines philosophiques antiques [47].

Pour conclure, l'autorité nouvelle conquise par les femmes-auteurs comme éducatrices, sinon mères, va de pair avec la conscience de participer à un progrès des Lumières dont l'éducation est la pierre angulaire. Malgré la modestie souvent affichée par leurs auteurs, ces conversations ou dialogues didactiques mettent en pratique les idées pédagogiques nouvelles, et sur un mode plus profond que celui de la vulgarisation des idées nouvelles, et de la mise en forme attrayante, que l'on trouve dans les *Magasins*. Car en tenant registre de leur expérience, comme Mme d'Épinay, ou Honora Edgeworth, elles espéraient contribuer à asseoir l'éducation comme pratique « générale et raisonnée », sinon comme science [48].

S'employant à connaître « bien la marche de l'esprit des enfants », elles développaient le « modèle » esquissé par Rousseau, conscient de ses lacunes pour rédiger un ouvrage élémentaire adapté aux enfants [49]. « Ce serait peut-être le livre le plus utile qu'on eût jamais écrit, et ce ne serait pas, à mon avis, celui qui ferait le moins d'honneur à son auteur », ajoutait-il d'ailleurs, en évoquant ce catéchisme.

NOTES

1. Ce dernier intégrant même deux exemples, ROUSSEAU, *Émile, ou de l'Éducation, Œuvres complètes*, vol. IV, B. Gagnebin et M. Raymond (éd.), Paris, Gallimard, coll. « Bibliothèque de la Pléiade », 1969, Livre III, p. 449-451 et Livre V, p. 723-727.

2. A. T. RICHARDSON, *Literature, Education and Romanticism, Reading as social practice*, Cambridge, Cambridge University Press, 1994, chapitre 3 : « *Children's literature and the work of culture* ». C'est l'une des trois stratégies pour intérioriser la discipline.

3. « Mais j'ai voulu en divertissant celles de Saint Cyr remplir leur esprit de belles choses dont elles ne seront point honteuses dans le monde, leur apprendre à prononcer », Maintenon, Lettre à madame du Pérou du 21 février 1701, citée par M.-E. PLAGNOL-DIEVAL, *Madame de Genlis et le théâtre d'éducation*, Oxford, SVEC 350, 1997, p. 50.

4. LEPRINCE DE BEAUMONT, *Le magasin des enfants* (éd. consultée, Limoges, Ardant et fils, 1835) Dialogue IV, t. 1, p. 38 ; *Le magasin des adolescentes* (éd. consultée, Avignon, Étienne Chaillot, 1817), p. XXIII. Je désignerai ces ouvrages en abrégé, par la fin du titre.

5. P. CONSTANT, *Un monde à l'usage des demoiselles*, Paris, Gallimard, coll. « Folio », 2002 (1987), p. 400. Voir aussi, sur les limites des cursus féminins, M. SONNET, *L'éducation des filles au temps des Lumières*, Paris, Cerf, 1 987.

6. *Cf.* I. HAVELANGE, « Des livres pour les demoiselles, XVIIᵉ-1ʳᵉ moitié du XIXᵉ siècle », *Lectrices d'Ancien Régime,* sous la direction d'Isabelle Brouard-Arends, Rennes, PUR, 2003, p. 575-584, (p. 579).

7. ÉPINAY, *Conversations*, XII, 239.

8. M. S. TROUILLE, « *Response to Rousseau's View on Women Education* », *Sexual Politics in the Enlightenment. Women Writers read Rousseau*, New York, State University of New York Press, 1997, p. 125-136.

9. Le premier titre envisagé, plus neutre, était *Dialogues d'une mère et sa fille.*

10. ÉPINAY, *Conversations*, éd. cit., p. 50.

11. *Ibid.*

12. I. BROUARD-ARENDS, « Trajectoires de femmes, Éthique et projet auctorial. Mᵐᵉ de Lambert, Mᵐᵉ d'Épinay et Mᵐᵉ de Genlis », *Femmes des Lumières, Dix-huitième siècle*, 2004, p. 189-196, p. 193-194. Voir la réflexion amorcée dans les *Lettres à la gouvernante de ma fille*, en 1756, analysée par R. DAVISON, « *Madame d'Épinay and Girl's Education* », *Femmes savantes et femmes d'esprit. Women Intellectuals of the Eighteenth Century France*, R. BONNEL, C. RUBINGER, (éd.), New York, Berlin, Paris, Peter Lang, 1994, p. 219-241.

13. Le prix Montyon récompensait l'ouvrage de l'année « dont il pourrait résulter le plus grand bien pour la société ».

14. Marie-Jeanne BOUÉE DE LA FITE, *Entretiens, drames et contes moraux, à l'usage des enfants*, La Haye, Detune, 1783 (2ᵉ édition), p. v. L'édition de 1801 renforce d'ailleurs son prestige, en choisissant pour dédicataire la reine de Grande-Bretagne, mère offerte en modèle aux lectrices.

15. Par le biais des traductions, LA FITE, *Entretiens*, IV, t. I, p. 34, et p. 211. Enfin, curieux glissement vers le roman épistolaire, dans le tome 2, Mᵐᵉ de Valcour, répond à sa nièce et adresse des textes pour les enfants de la maison où elle séjourne. Épinay reconnaît implicitement la paternité du conte *L'Île heureuse* (XIV-XV).

16. M. EDGEWORTH, *Practical Education*, Elizabeth EGER, Cliona OGALLCHOIR et Marilyn BUTLER (éd.), *The Novels and Selected Works of Maria Edgeworth*, volume 11, London, Pickering and Chatto, 2003.

17. EDGEWORTH, *Parent's Assistant*, p. 1. Sur la dimension engagée de l'entreprise, voir M. MYERS, p. 126-128, « *Aufklärung für Kinder?* », *Women's Writing*, 1995, 2, 2, p. 113-140.

18. Je rejoins l'analyse de Norma Clarke, « *The Cursed Barbauld Crew, Women Writers and Writing for Children in the late 18th Century* », p. 93, *in* Mary HILTON, Morag STYLES and Victor WATSON (éd.), *Opening the Nursery Door, Reading, Writing and Childhood 1600-1900*, London and New York, Routledge, 1997, p. 91-103, p. 95.

19. Voir M.E. PLAGNOL-DIEVAL, *op. cit.*, p. 50 et p. 330 ; I. HAVELANGE, art. cit., p. 579. Voir le *leitmotiv*, de Maintenon à Edgeworth : « La conversation est agréable et utile, c'est un dialogue qui permet d'éclairer l'esprit et de former le cœur. » (19e *Conversation*), « *From conversation, if properly managed, children may learn with ease, expedition and delight a variety of knowledge ; and a skilful preceptor can apply in conversation all the principles that we have laboriously endeavoured to make intelligible in a quarto volume.* » (*Practical Education*, p. 429).

20. J. LOCKE, *Quelques pensées sur l'éducation*, trad. G. Compayré, Paris, Vrin, 1992, § 81, p. 105.

21. Voir par exemple le traitement des contes de fées et de la fiction, P. CONSTANT, *op. cit.*, p. 349-355.

22. BEAUMONT, *adolescentes*, Avertissement, p. XXIII. Mlle Bonne ajoute : « un des préjugés les plus établis, est que les femmes doivent être ignorantes. Il faut bien se garder de suivre ce préjugé en particulier, c'est-à-dire, de rester dans l'ignorance ; mais il ne faut pas contredire ceux qui l'ont adopté. », IIIe Dialogue, t. 1, p. 71. Voir aussi la réponse à lady Mary dans *enfants*, t. 2, p. 10-11.

23. Donner ses raisons fait partie des « conventions » passées entre Mlle Bonne et ses élèves, BEAUMONT, *adolescentes*, t. 2, p. 41.

24. BEAUMONT, *enfants*, t. 2, p. 10, et *adolescente*s, t. 2, p. 43.

25. Il conseille de « parler tant qu'on peut par les actions », et de « bien mesurer sa preuve sur la capacité de l'élève » car le mal est « dans ce qu'il croit entendre », ROUSSEAU, *Émile*, éd. cit., p. 451. Locke insistait aussi sur les « raisons familières […] sensibles et palpables » accessibles aux enfants, *op. cit.*, p. 106.

26. Par exemple, sur la raison et les facultés de l'âme, BEAUMONT, *enfants*, XXI, p. 125-134.

27. Bonne compare la Terre avec une assiette, pour expliquer la marée et l'action de la lune, puis avec le coq sur clocher, pour expliquer la taille apparente de la lune, BEAUMONT, *op. cit.*, t. 2, XVI, respectivement, p. 30, p. 31.

28. EDGEWORTH, *Early Lessons, The Novels and Selected Works of Maria Edgeworth*, vol. 12, *Advertisement*, p. 81. Cf. RICHARDSON, *op. cit.*, p. 56.

29. Voir aussi les *Historiettes et conversations à l'usage de la première enfance* de Berquin, de 36 pages en gros caractères.

30. « Il ne faut jamais être importuné par leurs demandes, ce sont des ouvertures que la nature vous offre pour faciliter l'instruction : témoignez-y prendre du plaisir ; par là vous leur enseignerez insensiblement comment se font toutes les choses qui servent à l'homme, et sur lesquelles roule le commerce. », FÉNELON, *De l'éducation des filles, Œuvres complètes*, éd. Jacques Le Brun, Paris, Gallimard, 1983, t. I, chap. 4, p. 100.

31. M.-E. PLAGNOL, *op. cit.*, p. 330.

32. La Fite, *Réponses à démêler ou Essai d'une manière d'exercer l'attention. On y a joint divers morceaux, qui ont but d'instruire et d'amuser*, Lausanne, Higoux, 1791.
33. Épinay, *Conversations*, I ; VII ; X ; XIV ; XVIII. Les *Magasins* introduisaient des anecdotes quotidiennes à l'appui de l'examen de conscience des élèves.
34. *Cf. Conversations*, I, p. 51, V, p. 108.
35. Pour donner une idée du catéchisme adapté aux enfants, Rousseau, *Émile*, V, pp. 723-727. De même qu'il s'agit pour lui d'amener l'enfant à poser la question du catéchisme, « Qui vous a créée et mise au monde ? », Émilie se demande, à partir du spectacle des singes : « Maman, mais pourquoi suis-je au monde ? », puis, « qu'est-ce que je suis donc à présent que je suis un enfant ? », Épinay, *Conversations*, I, p. 54-55.
36. Nourri de surcroît par les théories associationnistes des successeurs de Locke, comme Priestley, *cf.* A. Richardson, *op. cit.* p. 128-132.
37. Exemple de ces dialogues prétendument socratiques, ceux de la mère et de la petite fille dans *Rosamond* pour A. Richardson, *op. cit.*, p. 149.
38. Voir S. Pujol, article « Conversation », dans M. Delon, *Dictionnaire des Lumières*, Paris, PUF, 1997, p. 259-263 (repris en substance dans *Le Dialogue d'idées au dix-huitième siècle*, Oxford, SVEC 6, 2005). Je ne peux dans les limites de cet article qu'esquisser le développement que mérite le sujet.
39. Après la récitation sur les éléments, Épinay, *Conversations*, V, p. 94-96.
40. Grimm, Diderot, Raynal, Meister, *et al.*, *Correspondance Littéraire*, M. Tourneux (éd.), Kraus reprint, Nendeln/Liechtenstein, 1968, t. X, 15 juin 1774, p. 441-442. Le début, souvent critiqué, fait du livre « l'excellente application du catéchisme moral » exposé dans *Émile*.
41. Dont Rosena Davison souligne le ton moins « impératif et didactique », *op. cit.*, Introduction, p. 41. Voir l'extrait d'une lettre de Mme de Genlis à son cousin, membre de l'Académie Française, cité par Élisabeth Badinter, *Émilie, Émilie, ou l'ambition féminine au XVIIIe siècle*, Paris, Flammarion, 1983, p. 404.
42. Sur la raison et les facultés de l'âme, Beaumont, *enfants*, t. I, XXI, p. 125-134.
43. Voir Épinay, *Conversations*, V, p. 90, VI, p. 96.
44. « Elle n'a pas besoin de lire les noms des personnages qui sont dans cette estampe ; quand on sait bien l'histoire et la fable, on devine tous les tableaux, toutes les tapisseries et toutes les estampes. », Beaumont, *enfants*, t. 1, XIV, p. 113-114 ; « S'il est bien fait, vous devez en deviner le sujet sans difficulté », Épinay, *Conversations*, XVII, p. 363.
45. Épinay, *op. cit.*, VI, p. 121.
46. Épinay, *Conversations*, I, p. 54 ; XX, p. 400-401, passage cité par P. Constant.
47. Référence révélatrice, au moment où Diderot et Grimm remettent à l'honneur la dialectique, *cf.* S. Pujol, *op. cit.*, p. 113.
48. Épinay, *op. cit.*, p. 49.
49. Il note avant d'insérer le second dialogue : « Pour faire entendre ce que je veux dire, il faudrait une espèce de modèle et je sens bien ce qui me manque pour le tracer. », *Émile*, Livre V, p. 722.

LES *MÉMOIRES* DE MADAME DE GENLIS : AUTOBIOGRAPHIE ET PÉDAGOGIE

Béatrice DIDIER

Toute autobiographie amène à aborder les problèmes de l'éducation, à partir du moment où elle évoque l'enfance de l'écrivain – et parfois de façon très critique, ce qui n'est pas le cas de Mme de Genlis, parce qu'elle ne peut se garder d'une certaine tendresse à l'endroit d'un monde que la Révolution a aboli. Cependant, et même chez les autobiographies les plus nostalgiques, on sent presque toujours une tension entre le souvenir d'un mythique bonheur de l'enfance et la critique des méthodes pédagogiques, ainsi chez Chateaubriand, ainsi chez Jean-Jacques Rousseau, modèle incontournable des autobiographies au début du XIXe siècle. Chez Mme de Genlis les liens entre autobiographie et pédagogie deviennent particulièrement manifestes lorsqu'elle aborde son rôle d'éducatrice. À l'instar de Rousseau, souvent en s'opposant à lui, elle laisse une œuvre pédagogique considérable par rapport à laquelle ses *Mémoires* peuvent apparaître comme le lieu d'une expérimentation. C'est donc dire que le sujet que nous abordons ici est vaste et que nous ne l'épuiserons pas. Ne pouvant traiter de tout, j'aurai tendance à faire une large place à la question de la pédagogie musicale, question qui m'a toujours intéressée et qui permet de mettre en relief un aspect relativement moins étudié jusqu'ici.

Une éducation d'Ancien Régime

Pour le meilleur et pour le pire, l'éducation que Mme de Genlis reçut pendant son enfance et son adolescence est bien caractéristique de l'Ancien Régime. Ainsi en ce qui concerne la relation avec les parents. Aucune intimité avec sa mère :

> Ma mère, distraite par ses occupations particulières et par les visites continuelles des voisins, ne s'était jamais occupée de moi, et l'on ne m'avait encore appris qu'un peu de catéchisme, que m'avaient enseigné les femmes de chambre avec lesquelles je passais ma vie, et qui avaient d'ailleurs orné mon esprit d'un nombre prodigieux d'histoires de revenants [1].

Le père pour qui la petite fille éprouve une grande affection, passe beaucoup de temps à la chasse : « Mon père avait pour moi la plus vive tendresse ; mais il ne se mêla de mon éducation que sur un seul point : il voulait absolument me rendre une femme forte » (p. 49) ; ce qui serait certes un beau programme, mais il va se contenter de lui apprendre à surmonter la peur qu'elle a des araignées et des crapauds, quitte à lui donner des crises de nerfs. Après les femmes de chambre, c'est Mlle Mars qui est chargée de l'éducation de la petite fille ; elle lui enseigne le catéchisme, un peu d'histoire et le clavecin.

Lorsqu'elle vient à Paris – heureusement elle échappe à cette contrainte à Saint-Aubin – la petite fille doit revêtir ces costumes engoncés et douloureux, dont témoigne également la peinture de l'époque : l'enfant est considéré comme un modèle réduit de l'adulte :

> On me donna un corps de baleine qui me serrait à l'excès ; on m'emprisonna les pieds dans des souliers trop étroits, avec lesquels je ne pouvais marcher ; on me mit trois ou quatre mille papillotes sur la tête ; on me fit porter, pour la première fois un panier ; et, pour m'ôter un air provincial, on me donna un collier de fer. (p. 41)

Une véritable torture ! Mieux vaut être nommée chanoinesse, se faire gâter par les religieuses d'Alix, même si l'on a peur de la bête de Gévaudan (p. 44). Être reçue chanoinesse du chapitre noble d'Alix n'entraîne d'ailleurs aucune obligation de célibat, et c'est un prétexte à festivités.

Malgré des contraintes caractéristiques de la génération de Mme de Genlis, l'image que le lecteur retient de ces pages est celle d'une enfance heureuse. D'abord l'apprentissage de la lecture et de l'écriture va procurer de grands bonheurs à Stéphanie-Félicité. J'ai eu l'occasion de noter combien cette découverte est, dans la plupart des autobiographies féminines, représentée comme apportant une joie très vive, une libération : ainsi chez G. Sand, chez Marguerite Yourcenar, chez Nathalie Sarraute. Mademoiselle Urgon, maîtresse d'école du village, apprend à lire à la petite Félicité : « Comme j'avais une très belle mémoire, j'appris à lire avec une très grande facilité ; au bout de six à sept mois je lisais couramment. » (p. 40) Curieusement on ne lui a pas appris l'écriture ; elle va donc l'apprendre en autodidacte ; elle a une bonne orthographe, grâce à la lecture, et elle s'exerce à écrire toute seule (p. 61). Comme George Sand, lorsqu'enfant, elle crée une épopée orale, *Corambé*, Félicité avait inventé des romans avant même de savoir écrire, « de tête » ; et elle est l'héroïne de ces aventures romanesques :

> […] je me composais une destinée ; non seulement je la remplissais d'événements singuliers, mais j'y plaçais des renversements de fortune, des persécutions ; j'aimais à me figurer que j'aurais la force d'y résister. (p. 56)

Ce récit d'enfance est aussi le récit de fêtes multiples qui donnent l'occasion à la jeune fille de développer son goût du théâtre et de l'opéra, fêtes d'abord dans le château de ses parents ; puis les difficultés que rencontre la famille, les problèmes d'argent qui semblent avoir été graves, n'empêchent pas Félicité, grâce à ses relations avec beaucoup d'aristocrates richissimes de continuer à vivre dans une sorte de féerie, mais par-delà le divertissement, la jeune fille, puis la femme, sait poursuivre son éducation, et se préparer à la création littéraire. La mode est aux proverbes et aux quadrilles. « Chaque couple formait un proverbe dans la marche deux à deux, qui précédait toujours la danse. » (p. 146) C'est le célèbre Gardel qui met au point les figures. La perfection de ce spectacle longtemps répété est telle qu'il suscite une cabale. On aime aussi les turqueries et les mystifications. Les fêtes au Vaudreuil sont décrites en détail : architectures artificielles, décors, mise en scène pour faire croire à un enlèvement par les barbaresques (p. 180), enlèvement auquel d'ailleurs on ne croit guère plus que si l'on voyait un spectacle d'opéra (et que d'œuvres, avant et après Mme de Genlis, ont développé ce thème, de l'*Enlèvement au sérail* à l'*Italienne à Alger*, pour ne citer que des œuvres bien connues). Le jeu devient théâtre, le théâtre est le jeu suprême. Autres fêtes encore : le feu d'artifice vu de chez M. de la Reynière, féerie pour les yeux.

Un des traits de caractère le plus marquant réside dans ce goût d'apprendre qui amène Mme de Genlis à poursuivre sa propre éducation, bien au-delà des années d'enfance et d'adolescence. Ainsi elle apprendra la peinture. Mme de Puisieulx lui ayant demandé une petite tabatière, elle l'orne de fleurs ; elle se met alors à la peinture de fleurs en miniature, tandis qu'elle parachève son éducation par de nombreuses lectures ; elle connaît bien la littérature et l'histoire, mais s'avisera d'apprendre aussi la géographie et l'histoire naturelle ; elle se mettra à apprendre l'anglais ; il y a chez elle une sorte de boulimie de savoir, le désir d'utiliser toutes les circonstances pour s'instruire : « Je ne perdais pas un moment ; quand j'allais à Versailles, je m'arrangeais pour y aller communément toute seule, afin de pouvoir lire en voiture. » (p. 214) L'histoire de sa propre éducation ne s'arrête donc pas aux commencements de l'autobiographie, elle se poursuit lorsqu'elle devient elle-même éducatrice.

Quel jugement porte-t-elle sur l'éducation reçue dans son enfance ? À propos de représentations données dans le château de sa mère et où elle fut déguisée en enfant amour, ce qui ne l'empêcha pas de participer, dans ce costume à une procession de la Fête-Dieu, elle parle d'une « singulière éducation » (p. 54), plus singulière encore que celle qu'elle peint dans *Les mères rivales*, et elle ajoute :

> […] il y eut un inconcevable mélange de choses profanes et de pieuses cérémonies […] Dans ce temps on raisonnait fort peu, on faisait avec une grande simplicité beaucoup d'actions étranges, surtout en province, où la bonhomie du voisinage des châteaux était portée à son comble. (p. 55)

Comme Rousseau, comme plus tard Freud, elle est persuadée que l'enfance laisse une marque indélébile sur l'identité ; aussi ajoute-t-elle à ces réflexions sur la bizarrerie de son éducation – bizarrerie qui, on le voit, serait celle de la province d'alors, même si elle a su en tirer un meilleur parti que d'autres enfants :

> […] les impressions reçues dès l'enfance, lorsqu'elles ont été vives, ne s'effacent jamais. Cette bizarre éducation produisit dans mon imagination et dans mon caractère un mélange à la fois religieux et romanesque, dont on ne trouve que trop de traces dans la plus grande partie de mes ouvrages. (p. 55)

L'apprentissage musical

Le domaine où elle nous livre les renseignements les plus précis, serait peut-être celui de son éducation musicale. Le père de Félicité est musicien, il joue du cor et du violon. Nous avons eu l'occasion de parler de Mlle Mars : elle était la fille d'un organiste, elle lui apprit le clavecin. On sait combien la lecture d'une partition musicale semble redoutable à Rousseau, au point qu'il propose un autre système de notations par chiffres – dont Rameau tente de lui faire comprendre qu'elle est inutilisable dans la pratique ; Rousseau n'est cependant pas le seul en son temps à proposer d'autres systèmes de notations, tant cette lecture musicale (encore plus complexe que de nos jours à cause des basses chiffrées) pouvait sembler rebutante. Or Mme de Genlis nous raconte comment pour contourner cette difficulté, et en s'amusant à tromper Mlle Mars, elle pratique une méthode qui nous semblerait l'ancêtre de la méthode Suzuki, c'est-à-dire qui consiste à privilégier l'audition et la mémoire, plutôt que la vue et la lecture :

> Je feignais d'aimer à la folie la pièce qu'on voulait me faire apprendre, et sous ce prétexte je la faisais jouer continuellement par Mlle Mars pendant deux ou trois jours. Au bout de ce temps je la savais par cœur, et alors la mémoire et l'oreille me

suffisaient pour l'étudier à la grande satisfaction de ma maîtresse, qui s'applaudissait des étonnants progrès que je faisais dans la musique. (p. 49-50)

Outre le clavecin, elle pratique aussi la guitare (p. 66, p. 82) ; elle apprend également à jouer du « pardessus de viole » (p. 82), c'est-à-dire de la viole soprano, et de la musette :

> Au milieu de l'hiver j'eus la fantaisie d'apprendre à jouer de la musette ; au lieu de souffler avec la bouche, on donnait du vent au moyen d'un soufflet posé sous le bras. (p. 82)

Au XVIIIᵉ siècle, la musette, ou cornemuse, est devenu un instrument mondain. On peut, au Musée des arts et traditions populaires, voir une riche collection de ces musettes luxueuses, parfois recouvertes d'un délicat damas bleu ciel ; introduit dans les salons, cet instrument, populaire à l'origine, était devenu l'objet d'un véritable engouement. Enfin l'instrument préféré de Mᵐᵉ de Genlis, est la harpe, et en cela aussi elle est bien de son temps ; entre la grande vogue du clavecin au XVIIIᵉ SIÈCLE et celle du pianoforte au début du XIXᵉ SIÈCLE, la harpe a été l'instrument préféré du public mondain, en témoignent la peinture, aussi bien que la création musicale. On se reportera à l'ouvrage fondamental de Jean Mongrédien, *La musique des Lumières au romantisme*[2]. La harpe avait bénéficié au XVIIIᵉ siècle d'améliorations techniques, avec l'introduction des pédales qui multiplia ses possibilités. L'*Encyclopédie*, à l'article « Harpe », loue le comte Olchinski de cette invention. Mᵐᵉ de Genlis attribue cette invention à Gaiffre. En fait, plusieurs musiciens et luthistes contribuèrent à cette innovation dont elle fait l'éloge :

> […] avant lui la harpe, n'ayant point de pédales, était un instrument si borné qu'on ne le connaissait qu'en Allemagne dans les rues et dans les tavernes. Gaiffre l'ennoblit, par une invention qui en fit le plus beau des instruments. (p. 76)

C'est là une vue un peu simplificatrice, mais qui reflète cependant une vérité historique. Ce triomphe de la harpe a eu son écho aussi dans la littérature ; les héroïnes de romans jouent de la harpe, et parmi elles la plus célèbre à cette génération : Delphine dans le roman de Mᵐᵉ de Staël.

Félicité pratique aussi le chant ; elle chante les cantates de Clérambault, comme le faisait Jean-Jacques Rousseau dans sa jeunesse, lorsqu'il était en Savoie :

> […] j'avais une belle voix et je chantais trois ou quatre cantates de Clérambault, c'en était assez pour enchanter mes parents et pour me faire admirer de nos voisins. (p. 51)

Elle pratique surtout l'opéra, dans des œuvres improvisées chez ses parents, où les divertissements musicaux sont essentiels au cours des nombreuses fêtes qui ont lieu au château. Pour fêter le retour de son mari, la mère de Félicité « composa une espèce d'opéra-comique dans le genre champêtre, avec un prologue mythologique ». Toute la famille, les domestiques, les voisins sont mis à contribution. Même si l'on peut douter de la réussite artistique de cette entreprise envers laquelle d'ailleurs Mme de Genlis marque une certaine ironie, il est important que les enfants aient une pratique de l'opéra dès le plus jeune âge ; c'est bien dans cet esprit que l'on créait des opéras dans les collèges de Jésuites qui en confièrent parfois la direction aux meilleurs musiciens du temps, ainsi à Marc-Antoine Charpentier. Lors d'un voyage à Paris, Félicité assiste pour la première fois à une représentation à l'Académie royale de musique : « On me mena à l'Opéra, qui me causa un ravissement inexprimable. » (p. 42) Devenue adulte et vivant dans la capitale, Mme de Genlis assiste fréquemment à l'opéra et parfait ainsi sa culture musicale.

Pendant ses années parisiennes, elle rencontre aussi de grands musiciens, instrumentistes, chanteurs, compositeurs qui contribuent à affiner son goût. Elle prend des leçons avec Gaiffre et le célèbre Philidor ; chez sa tante, puis dans le salon de La Poplinière, enfin à la cour d'Orléans, elle rencontre les meilleurs artistes : Jelyotte (p. 69), Gossec (p. 75), Rameau, Gluck. Elle rencontre aussi J.-J. Rousseau en qui elle voit surtout l'auteur du *Devin du village* et de *Pygmalion*, c'est-à-dire d'œuvres musicales. Même s'il lui arrivera de contester des idées de Rousseau, en particulier ses principes pédagogiques, elle a une admiration sans réserve pour le théoricien de la musique : « Il raisonnait supérieurement sur la musique, et il était véritablement connaisseur. » (p. 156) J.-J. Rousseau lui donna même un recueil de ses romances, mais elle l'égara : elle ne semble pas les avoir beaucoup appréciées (p. 156-157). Quoi qu'il en soit, il est nécessaire, je crois, de souligner comment son éducation musicale se prolongea au-delà de l'adolescence par cette fréquentation d'artistes, par les concerts, les représentations d'opéra.

Son expérience se poursuit par l'enseignement de la musique, ainsi elle apprit à jouer du clavecin et de la harpe à sa fille ; elle prétend innover dans sa méthode même :

> [Ma fille] jouait d'une manière surprenante du clavecin, et, pour le moins, aussi bien de la harpe que je lui avais seule enseignée avec la méthode que j'ai inventée d'exercer séparément les deux mains, par des passages contenant toutes les difficultés. Je l'avais commencée à neuf ans, et à treize elle jouait sur la harpe, avec une très belle exécution, les pièces de clavecin les plus difficiles. (p. 255)

La comparaison que fait alors Mme de Genlis entre ses deux filles est pour elle l'occasion de réflexions sur les dons musicaux auxquels aucun travail ne pourra jamais suppléer, réflexions qui font songer à celles de Diderot dans *Le Neveu de Rameau* ou dans la *Réfutation d'Helvétius*. « J'ai donné à ma fille Pulchérie les meilleurs maîtres, Charpentier pour le clavecin, Piccini, pour le chant, moi, pour la harpe, et en outre un répétiteur [...] et je n'ai jamais pu lui donner un talent musical », tandis que sa sœur « en avait de supérieurs », sans avoir eu tant de maîtres coûteux, et y avoir passé tant de temps.

Nous sommes passés, avec la musique, d'un versant à un autre, de Félicité enseignée à Félicité enseignante. La transition se fait d'autant plus facilement que Mme de Genlis, se montrant en cela bonne enseignante, ne cesse d'apprendre, et alors qu'elle n'était qu'élève avait déjà manifesté un goût précoce pour l'enseignement. Élève de Mlle Mars, « dès ce temps j'avais le goût d'enseigner aux enfants et je m'étais fait maîtresse d'école d'une singulière manière » : elle enseigne aux petits garçons du village qui viennent jouer sous sa fenêtre « le catéchisme, quelques vers des tragédies de mademoiselle Barbier, et ce qu'on m'avait appris par cœur des principes de musique » (p. 51-52). Ses dispositions à l'enseignement vont trouver leur plein emploi lorsqu'elle sera chargée des enfants du duc de Chartres ; cet épisode de sa vie est bien connu et je n'y reviendrai que pour montrer comment elle souligne, grâce à l'écriture autobiographique, l'originalité de ses fonctions et de ses méthodes. Elle s'installe dans la maison de Bellechasse, loin de la Cour d'Orléans, et y crée une sorte de petit pensionnat où viennent également les jeunes princes ; elle relate avec une certaine complaisance une conversation qu'elle aurait eue avec le duc de Chartres qui lui aurait dit à propos de ses fils : « Voilà qui est fait, vous serez *leur gouverneur*. » (p. 261) Les jeunes princes viennent tous les jours de midi à dix heures du soir. Double innovation : une femme gouverneur de princes et une éducation qui, sans être absolument mixte, n'entend pas souligner une différence radicale entre filles et garçons, puisque les filles aussi bénéficieront d'une éducation assez approfondie.

Le discours autobiographique de Mme de Genlis est marqué par deux caractéristiques : avec une tendance à l'auto-justification, elle donne d'elle-même une image valorisante, ainsi quand elle évoque (p. 245), les suffrages que rencontra le *Théâtre d'éducation*[3], d'autant qu'elle a été l'objet de nombreuses critiques (il lui faut répondre à un certain nombre de « Mémoires historiques » pleins d'erreurs, dit-elle, p. 278) ; d'autre part, l'autobiographie a l'avantage sur un discours qui serait purement théorique, de montrer les idées à l'épreuve de la réalité. L'autobiographie relate une expérience et cet aspect expérimental est un élément qui doit entraîner la conviction du lecteur. Ces deux pulsions vont donc se retrouver dans tout le récit du travail de Mme de Genlis enseignante, avec des possibilités de tension dans les cas où l'expérience ne serait pas totalement positive; d'où la tendance à valoriser, par-delà l'enseignante, les résultats eux-mêmes de l'enseignement, et par conséquent à montrer les élèves comme aussi exemplaires que le maître. Enfin il existe un effet d'écho entre Mme de Genlis enseignée et Mme de Genlis enseignante; mais, devenue « gouverneur », il lui est possible de mettre en scène des méthodes beaucoup plus audacieuses que celles qu'elle a connues dans son enfance, même si celles-ci avaient déjà été présentées comme assez originales.

De sa propre expérience, Mme de Genlis a retenu la conviction qu'il fallait commencer l'éducation dès l'enfance, et par conséquent ne pas laisser à des sous-gouvernantes la responsabilité de former les très jeunes princesses :

> Je ne voulais pas perdre ce temps si précieux pour l'éducation, car les premiè-res impressions forment la base de tout ce qu'on peut faire de bien par la suite. (p. 244)

L'éducation et même l'instruction des enfants doivent commencer beaucoup plus tôt que ne le disait Rousseau, y compris l'éducation religieuse, et on n'attendra pas l'âge qu'avait Émile lorsqu'il rencontre le Vicaire savoyard.

Mens sana in corpore sano : le principe lui-même n'est pas original, mais dans la pratique, ce souci de l'hygiène était bien souvent oublié; Mme de Genlis explique en détail comment elle veille de très près à l'environnement de ses élèves, à leur ameublement, à leur nourriture (p. 245). Il faut aussi veiller au développement physique, en leur faisant faire de la gymnastique; elle peut sur ce sujet renvoyer aux *Leçons d'une gouvernante*, où elle a expliqué la méthode qu'elle a « inventée » (p. 264). Elle envoie les jeunes princes à l'école de natation, et ils lui en seront reconnaissants par la suite (p. 278).

C'est sur l'aspect pratique, expérimental qu'insiste cette éducatrice, influencée, quoiqu'elle en dise, par la philosophie des Lumières. Elle a fait faire un laboratoire de chimie, avec « cornues », « creusets », « alambics », un laboratoire de physique; les jeunes princes disposent aussi de « tous les outils d'ouvriers », « exécutés en miniature avec une précision admirable » (p. 264). En effet, Mme de Genlis veut qu'ils fassent l'apprentissage d'un métier manuel; elle apprend en même temps que ses élèves, (car quand elle était enfant on n'avait point songé à lui apprendre ces techniques), les métiers de gainier, de vannier, les garçons s'exercent aux métiers de menuisier et d'architecte. Il est vrai qu'à la même époque, le roi Louis XVI fait de la serrurerie; l'engouement mondain pour les travaux manuels est dans l'air du temps; mais la pratique relativement sérieuse de cet apprentissage dans le cours d'études, telle que la conçoit Mme de Genlis, est assez originale.

De même l'enseignement des langues vivantes est déjà préconisé par l'*Encyclopédie* et par d'Alembert que pourtant Mme de Genlis n'aime pas ; cependant la pratique systématique de ces langues n'était pas répandue et pendant longtemps les Français parlèrent très mal l'anglais. Aussi l'autobiographie se présente-t-elle comme pionnière :

> Je suis la première institutrice de princes, en France, qui ait imaginé d'imiter l'excellente coutume, pratiquée dans les pays étrangers, d'apprendre aux enfants les langues vivantes par l'usage. Je donnai à mes jeunes princesses une femme de chambre anglaise. (p. 258)

Elle fait venir aussi une petite fille anglaise de leur âge comme compagne de jeux. Les jeunes princes doivent apprendre l'allemand. « J'avais pris un jardinier allemand, qui ne leur parlait que dans sa langue ; il les suivait à leurs promenades [...] *on soupait en italien* » (p. 261), car l'aumônier est italien. Le père de Montaigne avait usé d'une méthode assez semblable avec son fils, mais c'était pour lui apprendre le latin, non les langues vivantes.

Les élèves de Mme de Genlis auront aussi une pratique du théâtre, pratique d'acteur qui se prolongera par l'apprentissage de l'art d'être spectateur, et dès qu'ils atteignent l'âge de douze ans, Mme de Genlis loue pour eux une loge à la Comédie française :

> Je pensai aussi que les princes du sang, faits pour la représentation, et pour protéger les arts, devaient naturellement assister quelquefois à ces représentations théâtrales, et savoir les juger, sous le rapport de la morale et des mœurs. (p. 265)

C'est bien aussi avec ce genre de considérations que les Jésuites avaient intégré la pratique du théâtre, pourtant condamné par Bossuet et par l'Église, dans leur cours d'enseignement.

L'autobiographe suivant la chronologie va donc être amenée à parler de la Révolution et à tester ses méthodes d'éducation au contact d'événements pour lesquels elles n'avaient pas été prévues. Et c'est là un des aspects les plus intéressants de cette autobiographie pédagogique, puisque Mme de Genlis, tout en réprouvant les agissements révolutionnaires, et parfois avec une certaine gêne, dans la mesure où elle était liée à la maison d'Orléans dont l'attitude fut ambiguë, va s'efforcer de montrer les bienfaits de son enseignement à l'épreuve des événements. Les émigrés, et toutes les études sur l'émigration, depuis celle devenue classique de Baldensperger l'ont souligné, ont souffert de l'inadaptation totale de l'éducation qu'ils avaient reçue aux événements qu'ils durent connaître, en particulier de n'avoir aucune formation professionnelle, d'être habitués au luxe et de ne pas parler les langues étrangères. Écrivant après le retour des émigrés en France, Mme de Genlis met son point d'honneur à montrer comment ses élèves furent aidés, dans cette période si difficile pour eux, par l'éducation qu'ils avaient reçue. Déjà, si le duc de Chartres put recevoir une « couronne civique » pour avoir sauvé un homme qui se noyait, n'est-ce pas grâce à Mme de Genlis qui l'avait envoyé à l'école de natation ? Lui-même lui en a témoigné sa reconnaissance (p. 278). Avec l'émigration, les bienfaits de l'éducation reçue sont encore plus visibles. Le duc de Chartres peut traverser la Suisse en passant pour un Allemand :

> Combien de fois, depuis ses malheurs, je me suis félicitée de l'éducation que je lui ai donnée ; de lui avoir fait apprendre, dès l'enfance, les principales langues modernes ; de l'avoir accoutumé à se servir seul, à mépriser toute espèce de mollesse, à coucher habituellement sur un lit de bois, recouvert d'une simple natte de sparterie ; à braver le soleil, la pluie, le froid ; à s'accoutumer à la fatigue, en faisant journellement de violents exercices, et quatre ou cinq lieues avec des semelles de plomb, à ses prome- nades ordinaires ; enfin, de lui avoir donné de l'instruction et le goût des voyages ! Il avait perdu tout ce qu'il devait au hasard de la naissance et à la fortune, il ne lui restait plus que ce qu'il tient de la nature et de moi. (p. 309)

À avoir elle-même traversé des périodes si diverses et connu, comme tous ceux de sa génération, de tels bouleversements, Mme de Genlis a acquis le sens de l'histoire, et livre donc dans son autobiographie – genre qui se permet facilement des digressions, mais on voit que là il s'agit d'un excursus qui a un rapport direct avec son récit – une histoire des méthodes d'éducation. Elle dénonce l'époque où l'influence de Jean-Jacques Rousseau fut telle que l'on voulut livrer les enfants « à la nature » ; ainsi les jeunes gens arrivaient-ils dans le monde avec une ignorance « surprenante ». On se jeta alors « dans une autre extrémité », en surchargeant leur mémoire de toutes sortes de connaissances : histoire, géométrie, etc. Avec la Révolution, l'éducation consiste surtout dans la politique ; « depuis 1791 jusqu'en 1796, toute éducation fut suspendue » (p. 342), prétend Mme de Genlis, ce qui est foncièrement inexact, quand on sait au contraire l'effort qui fut fait aussi bien dans le domaine du primaire, que par la création des Grandes Écoles de l'an III ; mais elle pense probablement aux jeunes aristocrates émigrés ; c'est peut-être cependant aux Écoles Centrales et à l'École normale qu'elle fait allusion lorsqu'elle dénonce le développement de la rhétorique :

> On nomma des professeurs qui n'eurent qu'un désir, celui de rendre leurs disciples aussi éloquents que les orateurs modernes de nos tribunes. (p. 342)

L'emphase du style, le néologisme, des genres comme le mélodrame ou le roman « philosophique » seraient des conséquences de cette logorrhée enseignée

par la rhétorique révolutionnaire. Vint l'époque du Consulat et de l'Empire, où
« Bellone », c'est-à-dire la guerre accapara les énergies dès l'adolescence. « Pendant
ce temps on refaisait un Code, et l'autorité paternelle y fut oubliée. » (p. 343)
Jugement qui nous surprend, nous qui aurions tendance à trouver le rôle donné
au père dans le Code civil plutôt excessif par rapport à celui donné à la mère ; mais
il faut évidemment comprendre que Mme de Genlis prend pour point de comparaison le rôle du père dans la société patriarcale de l'Ancien Régime.

Nostalgique de l'Ancien Régime ? Pas absolument, si nous nous conten-
tons, comme nous l'avons annoncé, d'analyser la question de l'éducation dans
les *Mémoires*. Il y a certes une nostalgie plus encore que de l'éducation reçue
par les femmes de sa génération et dont nous avons vu qu'elle présentait aussi
des critiques, une nostalgie d'une époque un peu mythique, de ces « débris d'un
beau siècle », qu'elle avait connus dans son enfance (p. 206). Elle compare les
parents de jadis, plus réellement soucieux du bien de leurs enfants, aux parents
du XIXe siècle qui les idolâtrent, les mêlent à leur vie de société précocement, mais
finalement avec ces démonstrations d'amitié, sont peu soucieux de respecter leurs
biens héréditaires, peu soucieux aussi de leur bien moral ; elle regrette la perte de
ce qu'elle appelle « le tribunal de l'opinion ». D'une façon générale, il est bien vrai
que l'autobiographie est un genre qui favorise la nostalgie et amène à rapprocher
sans cesse le temps de l'écriture, en général la maturité, du temps raconté, celui
de l'enfance et de la jeunesse. Cette mélancolie est particulièrement sensible chez
les écrivains qui ont connu un violent bouleversement historique, une coupure
radicale, comme la Révolution ; la mélancolie est lyrique, elle est sublime chez
Chateaubriand ; elle ne manque pas de charme chez Mme de Genlis.

Pas plus que Chateaubriand, Mme de Genlis n'est cependant toujours « *lauda-
tor temporis acti* ». Nous avons vu comment elle dénonce les déficiences de l'éducation d'Ancien Régime, comment elle se pose en moderniste par les méthodes
qu'elle préconise ; elle ne manque pas d'audace, en particulier dans un domaine
qui l'intéresse au premier chef, celui du rôle des femmes. On a vu sa fierté à être
« gouverneur » des princes ; elle défend l'idée que les femmes peuvent très bien
être des scientifiques ; là aussi on peut objecter que Mme du Châtelet et quelques
autres l'ont précédée ; on rappellera pourtant que de nos jours il y a encore un
retard dans l'opinion publique, et que beaucoup de parents considèrent que les
garçons doivent faire des sciences et les filles des lettres ! Or, affirme Mme de Genlis,
« Les femmes pourraient, aussi bien que les hommes, s'appliquer avec succès aux
sciences » (p. 349), et pourquoi même n'y aurait-il pas des femmes à l'Académie ?

Audace encore, quand on sait qu'il faudra attendre Marguerite Yourcenar pour qu'une femme soit acceptée sous la Coupole.

Mme de Genlis, en racontant l'histoire de sa propre éducation et son travail d'éducatrice, entend, en définitive, faire l'éducation du lecteur. Elle éduque le lecteur en lui apportant le témoignage des époques diverses et mouvementées qu'elle a connues, et où elle a tendance, comme beaucoup d'autobiographes à se présenter comme exemplaire ; mais cette exemplarité n'entraîne pas forcément une glorification du moi. Depuis les origines en Occident, et Michel Foucault l'avait bien montré[4], le récit de vie chez les philosophes stoïciens, ou chez les Pères de l'Église, s'adresse à un disciple pour lui apporter une aide. L'exemplarité est liée à l'autobiographie qui doit être édifiante, même si le maître peut raconter des erreurs qu'il a commises afin de les éviter à son lecteur : l'exemplarité n'entraîne pas forcément l'auto-justification, bien au contraire, l'autobiographe peut se présenter, tel saint Augustin, comme un pécheur repentant. Cela dit, chez Mme de Genlis, le souci d'auto-justification l'amène à donner d'elle-même et de son rôle d'éducatrice un portrait plutôt flatteur, et alors se pose la question de l'équilibre délicat entre l'exemplarité et la vérité.

Sans vouloir trancher ici cette question difficile et qui suppose beaucoup de recherches historiques, je me contenterai, pour finir, d'évoquer des moments du texte où cette pédagogie du lecteur apparaît de façon particulièrement sensible, et où il est sommé de recevoir à la fois une leçon de morale et de grammaire. Mme de Genlis déplore comme l'ont fait Mercier et beaucoup d'écrivains de cette époque, la dégradation du langage :

> Voici les phrases qui me frappèrent le plus, et je pense qu'il n'est pas inutile pour la jeunesse et pour les étrangers de les citer ici : *ce n'est pas l'embarras, se donner des tons, des gens de même farine,* me paraissent aussi vides de sens qu'ignobles. (p. 326)

Ces tournures défectueuses sont citées longuement, car la dégradation du langage est le signe d'une dégradation morale au sens large, d'une dégradation des mœurs. Des figures de rhétorique comme l'ellipse (du *champagne* pour du *vin de Champagne*) sont censurées en conséquence de ce principe : « Pour bien parler, il faut ne rien dire de trop, et en même temps dire tout ce qui est nécessaire à la clarté du discours. » (p. 326) Mais là encore voulant être équitable, Mme de Genlis se réjouit, en revanche, de voir disparues certaines exagérations de politesse qui étaient courantes à la veille de la Révolution (p. 328-329). L'évolution du langage est liée à celle des mœurs, et Mme de Genlis se sent donc le devoir d'être à la fois non seulement un témoin du passé, mais un mentor pour le futur, et par-delà sa mort, de poursuivre son rôle pédagogique auprès du lecteur, en lui donnant une œuvre qui se doit d'être à la fois un exemple de vertu et de style.

NOTES

1. Nos références renvoient, pour des raisons pratiques, à l'édition partielle des *Mémoires*, publiée par le Mercure de France, coll. « Le Temps retrouvé », édition présentée par D. Masseau, 2004, p. 47.
2. Jean MONGRÉDIEN, *La musique en France des Lumières au romantisme*, Flammarion, 1986, p. 268.
3. On se reportera évidemment à la thèse fondamentale de M.-E. Plagnol-Diéval, *Mme de Genlis et le théâtre d'éducation au XVIIIe siècle*, Oxford, Voltaire foundation, 1997.
4. Michel FOUCAULT, « Les écritures du moi », *Corps écrit*, n° 5, *L'autoportrait*, PUF, 1983.

LA PLACE DE L'IMAGE DANS L'ÉDUCATION : DISCOURS ET LIVRES DE FEMMES

Isabelle MICHEL-EVRARD

Les acteurs des avancées éducatives au XVIII⁰ siècle ont souvent noté dans leurs écrits l'importance de l'image dans l'instruction. La présence de l'image dans le livre n'est pas nouvelle mais se développe au gré des encyclopédies et des portefeuilles pour enfants. Si le livre illustré voit sa production renouvelée dans la seconde moitié du XVIII⁰ siècle, les livres pour enfants n'ont pas encore acquis leur réelle spécificité et si les auteurs parlent d'images utilisées dans l'éducation, cela n'implique pas nécessairement des illustrations dans la publication de leurs écrits. Malgré cette contradiction apparente, ne pouvons-nous pas partir de l'illustration pour mieux discerner la cohérence qui l'unit au texte ? N'apporte-t-elle pas au lecteur – jeune ou adulte – une nécessaire complémentarité et une approche facilitée de l'écriture ?

Ces questions se sont posées, entre autres, pour les ouvrages de trois femmes : Mᵐᵉ Benoist, Mᵐᵉ de Genlis et Mᵐᵉ d'Épinay. La position de ces auteurs sur l'utilisation de l'image dans l'éducation (peinture, dessin ou gravure), et de l'illustration est plus ou moins affirmée. Nous nous intéresserons ici à trois titres : *Sophronie ou leçon prétendue d'une femme à sa fille* de Mᵐᵉ Benoist (1769, un frontispice), *Les Conversations d'Émilie* de Mᵐᵉ d'Épinay (édition française de 1781, deux frontispices), et le *Théâtre à l'usage des jeunes personnes* de Mᵐᵉ de Genlis (édition parisienne de 1781, six frontispices).

Les libraires et éditeurs ont joué leur rôle parfois indépendamment des préoccupations des auteurs. Cette intrusion entre le livre et l'auteur est-elle créatrice d'un lien nouveau ou d'une rupture immédiate entre texte et image ? Si l'illustration n'était pas prévue initialement par l'auteur, quel est finalement son apport au texte, et modifie-t-elle la portée du discours de l'auteur ?

Nous verrons dans un premier temps la valeur de l'image dans l'éducation pour Mmes d'Épinay, de Genlis et Benoist puis, dans un second temps, la mise en relation de celle-ci avec les éditions mentionnées.

La valeur de l'image ou le sens de l'exemple

Madame de Genlis et l'éducation par l'image ?

Dans ses *Mémoires* ainsi que dans *Adèle et Théodore*, Mme de Genlis expose les bienfaits de l'utilisation de l'image dans l'éducation et son attrait pour le visuel se décline dans le théâtre, les maquettes (qui « frappe[nt] à la fois l'œil et l'entendement [1] »), la lanterne magique ou les décorations intérieures des lieux de vie. Le texte, l'image et l'action peuvent fonctionner dans un même but pédagogique. Dans *Adèle et Théodore* [2], Mme de Genlis décrit la résidence de Monsieur et Mme d'Almane [3] qui dit combien l'utilisation de l'image est au centre de la vie quotidienne : des peintures à fresque ornent le plafond de la salle à manger avec des scènes des *Métamorphoses* d'Ovide, des portraits des empereurs et impératrices jusqu'à Constantin se trouvent dans un salon ainsi que des traits choisis de l'histoire romaine. L'histoire de France se découvre sur les murs de la chambre d'Adèle par cent vingt petits tableaux peints à la gouache, l'histoire sainte dans la chambre de la baronne d'Almane… Ces aménagements décoratifs et instructifs permettent même de réaliser des circuits chronologiques dans toute la maison et d'allier l'utile à l'agréable.

Le théâtre d'éducation de Mme de Genlis permet de mettre en image et en paroles divers traits moraux. Cet attrait pour le théâtre remonte à la jeunesse de l'écrivain ; elle a toujours joué de petites pièces, dès son plus jeune âge, avec Melle de Mars chargée de son éducation. Elle trouvait des idées pour les décors, les costumes et jouait aussi bien la tragédie que la comédie. À travers son théâtre d'éducation, elle souhaite également s'adresser à toutes les catégories sociales, en particulier dans le tome IV dont nous parlerons ici, avec des pièces destinées à l'éducation des femmes de chambre, des jeunes filles de boutique, des marchands et des artisans. Cependant, et en relation avec le souci de l'auteur de livrer l'instruction par le texte ou l'image, le *Théâtre d'éducation à l'usage des jeunes personnes* n'est pas illustré. Il n'existe qu'une seule édition dont nous n'avons trouvé que le tome IV, à l'INRP (Institut National de Recherche Pédagogique) à Lyon. Il s'agit de l'édition de 1781 par les Libraires associés [4] de Paris. Le *Théâtre de société* est également édité par leurs soins et illustré. Six pièces composent ce volume : *La*

Rosière de Salency, La Marchande de modes, La Lingère, Le Libraire, Le Vrai sage, Le Portrait ou les rivaux généreux.

Si chez Mme de Genlis l'illustration du livre n'est pas souhaitée ni utilisée dans un réel but pédagogique, rien ne prouve à l'inverse que son impact ait été nul sur les yeux et l'esprit des lecteurs. Qu'ajoutent au discours de l'auteur ces images gravées – un frontispice au début de chaque pièce –? Sont-elles cohérentes avec le discours de Mme de Genlis relatif à l'image dans l'éducation? Ces frontispices permettent-ils de mieux valoriser ces exemples destinés à la jeunesse dans les scènes figuratives illustrant chacune des pièces ou s'agit-il d'un pur ornement placé dans le livre par la seule volonté du libraire? C'est ce que nous analyserons dans un second temps.

Madame d'Épinay et l'Art

Mme d'Épinay offre au public les dialogues qu'elle a eus avec sa petite-fille Émilie de Belzunce âgée de dix ans. Jean-Jacques Rousseau, qui fait partie des « ours » de Mme d'Épinay, raconte dans ses *Confessions* ses premiers élans d'écriture en 1756, lorsqu'elle voulut « tâter de la littérature[5] » :

> [...] elle s'était fourré dans la tête de faire bon gré mal gré des romans, des lettres, des comédies, des contes, et d'autres fadaises comme cela. Mais ce qui l'amusait n'était pas tant de les écrire que de les lire, et s'il lui arrivait de barbouiller de suite deux ou trois pages, il fallait qu'elle fût sûre au moins de deux ou trois auditeurs bénévoles au bout de cet immense travail[6].

Après les *Lettres à mon fils* qu'elle écrit en 1756 et *Mes moments heureux*, Mme d'Épinay débute la rédaction de son ouvrage clé, *Les conversations d'Émilie*[7], en 1773. Rousseau lui fait part de son opinion après l'écriture des deux lettres adressées à son fils. Le philosophe les trouvent inadaptées par leur ton et trop sérieuses. Quelques années plus tard, les *Conversations* semblent plus adaptées à la bonne volonté éducative de l'auteur[8]. De tendres dialogues ralliant la tradition socratique montrent l'évolution de la petite Émilie et les leçons qu'elle reçoit de la vie et des hommes avant de les recevoir des livres. Cela n'est pas sans lien avec la biographie de Mme d'Épinay qui profite beaucoup des conversations au début de son mariage pour s'instruire et approfondir ce qu'elle entend afin de combler les manques de son éducation[9].

La première édition en un volume des *Conversations* est publiée à Leipzig en 1774[10] chez Crusius et la seconde, révisée et augmentée en 1781 à Paris. Jean-Michel Moreau le Jeune réalise pour cette nouvelle édition deux frontispices: un

par tome. Le premier frontispice représente une des promenades d'Émilie à l'issue
de la IXᵉ conversation :

> Émilie : Maman, nous avons assez causé, si vous permettez, je vais courir un peu.

> Mère : Je le veux bien ; mais courez dans cette allée, et ne me perdez pas de vue.

Une scène d'éducation fait donc l'objet du premier frontispice, évoquant
ainsi un modèle pour les lecteurs. Le second frontispice n'a pas une moindre
portée exemplaire [Fig. 1]. Dans l'édition de 1781 apparaît un nouveau passage

Fig. 1 : N. Le Mire d'après J.-M. Moreau le Jeune *in* Marquise d'Épinay, *Conversations
d'Émilie*, frontispice, tome 2, Paris, Belin, 1783, *in-*12°, Cliché de l'auteur, ouvrage
conservé à la Bibliothèque Municipale de Versailles.

dans la XIXᵉ conversation à propos d'une scène de bienfaisance. Le dialogue se déroule devant un dessin ; la petite Émilie parle à plusieurs reprises d'estampes, de Raphaël et semble être bien instruite de quelques règles de l'art. On s'aperçoit d'ailleurs à plusieurs reprises de la familiarité d'Émilie avec les représentations peintes, gravées ou dessinées. Les vêtements, les positions des personnages, de la pauvre femme alitée sont décrits. Émilie n'apprécie guère ni la position de la duchesse, juchée sur un escabeau, ni son visage : elle aurait préféré une figure « à la Raphaël ». Des critiques sont donc adressées au dessinateur. Malgré tout, Moreau le Jeune s'inspire des descriptions pour réaliser son frontispice. La présence de ce frontispice devient ainsi une incitation à la formation du jugement – et du goût – à l'instar d'Émilie[11].

Madame Benoist et la morale : de l'utilité du frontispice

Avec Mᵐᵉ Benoist, Françoise-Albine Puzin de la Martinière, la matière éducative est traitée de manière beaucoup plus indirecte. L'auteur est surtout spécialiste de romans où les amants vertueux sont mis en valeur. Ses ouvrages ne sont pas véritablement des plans d'éducation mais elle traite de l'éducation morale et sentimentale en prévenant des dangers. L'histoire de Sophronie se veut utile pour toutes les jeunes demoiselles menacées par les pièges de l'amour. Comme Mᵐᵉ d'Épinay, Mᵐᵉ Benoist a souffert d'un manque d'instruction[12] et tout comme Mᵐᵉ d'Épinay et Mᵐᵉ de Genlis, elle revendique l'importance du rôle de la femme qui doit former l'esprit et le cœur de ses enfants tout en s'affirmant également elle-même[13] :

> Quelques faibles que soient les talents, ils peuvent contribuer au bien général quand on est animé par de bonnes intentions. Puissent les miennes être de quelque utilité aux jeunes personnes ! ce serait pour moi la récompense la plus flatteuse[14].

Le frontispice de Jean-Baptiste Greuze, gravé par Moreau le Jeune, illustre le dénouement de ce court récit. La mère, Sophronie, est une jeune veuve de 31 ans ; sa fille Adèle en a quinze. Sophronie « […] avait été épouse fidèle, mère tendre et vigilante ; elle avait pris soin elle-même de l'éducation de sa fille. Ces principaux devoirs remplis lui avaient acquis l'estime publique[15] ». Sophronie veut proposer à sa jeune fille un exemple vif de l'attitude à conserver face aux paroles souvent trompeuses des hommes. Elle demande à Valzan de se prêter à l'expérience – elle est attirée par lui en secret et veut le mener à l'aveu – car elle sait qu'Adèle regarde souvent dans son cabinet par une porte dérobée. Il doit lui faire des avances puis Sophronie lui dira de se mettre hors de sa vue tant qu'il n'aura pas expié sa faute, ce qui représente une bonne leçon pour Adèle qui ne pourra que se féliciter de sa curiosité. Seulement Valzan endure le pire puisqu'il aime Adèle en secret et qu'un refus de cette mise en scène pourrait compromettre ses espoirs. Mais au moment fatidique :

> Le tendre Valzan insensible à l'attrait du plaisir, ne l'est point au sentiment de la pitié ; l'état de Sophronie le touche et l'émeut jusqu'au fond de l'âme […] il se jette à ses pieds […] Il est prêt à tout avouer lorsqu'Adèle accourt, entre d'un air troublé, le surprend aux genoux de sa mère […] Vous la voyez, s'écrie-t-il, en jetant sur elle un regard touchant. Ah ! Madame, laissez-vous fléchir ; daignez m'accorder sa main, vous comblerez tous mes vœux. Sophronie paraît confondue ; la honte abaisse son front, tandis qu'une pudeur charmante brille sur le visage de sa fille. L'embarras de l'innocence fixe ses yeux sur la terre […] : son cœur palpite, il est vivement agité ; mais une modestie divine la tient comme immobile à sa place. Sophronie garde un silence profond et terrible [16] […].

La sagesse maternelle retrouve bien sûr le cœur de Sophronie et les deux jeunes gens s'unissent. Mme Benoist invite par l'exemple à la moralité. Elle explique dans sa préface que le frontispice renforce ses propos :

> J'ai tâché de rendre les divers effets que la même passion produit sur différents caractères : je sais que je n'ai tracé qu'une esquisse imparfaite des écarts où elle entraîne, et des vertus qu'elle fait naître mais ce qui n'était qu'une faible ébauche au sortir de mes mains, le crayon d'un peintre célèbre en a fait un tableau frappant et plein de vie ; la sensibilité de son âme, qui l'a rendu si supérieur dans tous les sujets qu'il a traités, l'a fait entrer dans mes vues, et saisir les nuances du sentiment avec cette sagacité qui caractérise tous ses ouvrages.

Ce vibrant hommage au peintre – pour un temps dessinateur d'illustration – permet de comprendre à la fois l'éventuelle *commande* passée par Mme Benoist à Greuze mais aussi la force qu'une image peut donner à un discours dans un livre. Ce « tableau frappant » marque l'esprit du lecteur et les nuances de sentiment sont mieux exprimées que par des mots (comme le visage humble et heureux de la jeune Adèle).

Nous venons de présenter trois situations face à l'image dans l'éducation et dans le livre. Chez ces trois femmes-auteurs, l'image, qu'elle soit ou non dans un livre, a une portée directe, permet de rendre directement intelligible une idée. Notre seconde partie va développer les apports de l'image au texte et la cohérence de cette relation texte-image.

Apports et cohérence entre texte et image

Madame Benoist et Greuze

Dans les années 1769, Greuze participe à l'illustration de plusieurs ouvrages, ce qui provoque de vives réactions notamment chez Grimm dans la *Correspondance littéraire* qui l'accuse ouvertement de gaspiller son talent en faisant le Gravelot ou le Charles Eisen au lieu de faire le Greuze. Pour Grimm, plutôt hostile à la vignette qui orne le livre, ce travail permet de faire gagner aux artistes beaucoup d'argent en peu de temps [17]; les prises de position à l'égard de l'illustration se multiplient d'ailleurs dans les années 1770 [18].

Cependant le talent de Greuze est fort apprécié par Mme Benoist et il est évoqué ici comme peintre du sentiment. La position de Valzan, ses bras grands ouverts et sa présence au centre de la composition disent bien le talent de Greuze à peindre l'exacerbation des sentiments. La retenue d'Adèle d'un côté et la honte pointant dans le cœur de Sophronie de l'autre sont également très nettes. Tandis que la jeune fille laisse deviner un léger sourire, baisse les yeux par timidité et tient ses mains serrées par contenance, la mère semble affligée de ce qu'elle vient de faire et n'ose regarder autour d'elle. Elle se cache donc le visage derrière sa main. Le seul personnage qui regarde est Valzan : c'est lui qui regarde Sophronie et c'est également lui qui parle si l'on regarde le texte placé sous l'image. Cette phrase est le tournant du récit : ce sont les premiers mots prononcés par Valzan après que la pitié a succédé dans son cœur au trouble manifesté par Sophronie. Ce tournant est manifesté par la porte ouverte – une issue – et le cadre placé au mur qui montre une femme étendue sur un lit qui rappelle Sophronie attendant Valzan « presque couchée sur une duchesse ».

Greuze montre donc le moment du dénouement. Mme Benoist conçoit parfaitement la répercussion que peut avoir ce frontispice sur le lecteur. Celui-ci ne peut cependant se comprendre qu'à la lumière du texte. Valzan est agenouillé devant la mère, lui prend le poignet, seul son bras gauche vient, semble-t-il, de bouger pour désigner Adèle qui entre dans la pièce. Cette grande ligne ainsi créée par les bras relie la mère et la fille [19]. Mme Benoist souhaite montrer la formation d'un couple honnête où l'amour règne. Ici Valzan n'est pas imposé par Sophronie à sa fille. Ceci n'exclut pas la retenue qui reste l'apanage de la jeune Adèle. Chez Mme d'Épinay la retenue est justement la qualité première de la femme qui doit s'efforcer de toujours paraître sans écarts [20].

Madame d'Épinay et Moreau le Jeune

Les attitudes à adopter par Émilie sont également montrées dans les deux frontispices des *Conversations*. Dans le premier, une mère et une petite fille se promènent dans un jardin, avec vraisemblablement un jardin régulier (Émilie parle d'allée) qui se dessinerait sur la gauche, au milieu des massifs, des parterres ou des fontaines. La main de la petite fille posée gentiment sur le poignet de sa mère et l'index pointé de la mère en signe d'avertissement attestent tous deux que l'adulte et l'enfant sont unis par la confiance et la tendresse. Plusieurs passages rappellent ces promenades :

Dans la quatrième conversation :

Émilie : Maman, je voudrais vous demander quelque chose sur ce que j'ai lu.

Mère : Cet après-dîner nous en causerons en nous promenant[21].

Ou la sixième conversation :

Émilie : Irons-nous nous promener aujourd'hui ?

Mère : S'il fait beau.

Émilie : Oh, je crois qu'il fera beau. Il faut aller bien loin, bien loin… Ah, si vous vouliez, maman, nous irions boire du lait à cette ferme[22] […].

Ou encore la septième conversation :

Émilie : Quand nous faisons notre promenade ensemble, […] Nous parlons, nous causons, nous disons des choses sensées. S'il y a par-ci, par-là, quelques cabrioles, elles ne dérangent pas la conversation. Vous prenez patience avec votre Émilie, qui a quelquefois l'air d'un hanneton. Et puis vous me faites apercevoir tant de choses auxquelles je ne faisais pas attention ; je vois et j'entends cent fois plus à côté de vous[23].

Ce frontispice peut cependant se passer du texte, tout comme le second si l'on suit les recommandations de la mère à la XVIIIᵉ conversation qui demande à Émilie de raconter l'histoire du dessin :

Émilie : Comment puis-je vous conter ce que je ne sais point ?

Mère : En regardant le dessin. S'il est bien fait, vous devez en deviner le sujet sans difficulté[24].

Émilie décrit donc peu à peu les protagonistes puis le sujet se définit. Elle remarque le geste de la noble femme qui évoque la « bonté ». La femme alitée lève-t-elle les bras pour remercier ou pour se lamenter ? Émilie hésite. Elle note l'air de compassion de la petite fille noble qui console l'autre enfant qui pleure. Après cette description, Émilie avoue que cette composition lui rappelle celle de la *Dame de Charité* de Greuze (1775[25]). Et la petite fille d'en faire une description. La relation va même plus loin : n'oublions pas que Moreau et Greuze ont travaillé ensemble pour la gravure des œuvres du peintre (*La Bonne éducation, Le Fils puni, L'Éducation d'un jeune savoyard*) ou pour l'illustration (*La Rose ou La Fête de Salency* [titre de la première pièce du tome 4 du *Théâtre d'éducation*]), *Sophronie ou leçon prétendue d'une mère à sa fille*). À lire ces titres, on comprend que l'éducation représente pour les deux artistes un sujet fédérateur. Un passage de l'*Histoire de Madame de Montbrillant* nous donne une indication complémentaire très précieuse :

> Il me passe une idée par la tête qui vous paraîtra peut-être bizarre. Je veux acheter toutes les estampes d'Ogarde [comprendre Hogarth] et celles des tableaux de Greuze, et j'aurai sur le vice et sur la vertu un cours de morale complet, qui suffirait pour l'instruction de mes enfants[26].

Quelques lignes auparavant, l'auteur remarquait déjà que les enfants sont plus frappés par « ce qu'on ne leur dit pas, plutôt que par ce qu'on leur dit[27] ». L'image permettrait-elle ainsi d'emblée un éclairage marquant pour l'enfant, sans induire la nécessité du discours ? Ces propos sont antérieurs aux *Conversations d'Émilie*, la première partie de la rédaction se situant entre 1756 et 1762[28]. L'aspect frappant des peintures et gravures de Greuze rejoint l'impact que produit le dessin placé sous les yeux d'Émilie et l'adjonction de l'illustration à un ouvrage.

Illustrations anonymes et uniques de Genlis

Nous voyons encore deux illustrations de ce thème dans deux pièces de Mme de Genlis : *La Lingère* [Fig. 2] et *La Marchande de modes*. Cette fois-ci, la bienfaisance est perçue du côté de pauvres jeunes filles. *La Lingère* commence ainsi par cette citation de Jean-Baptiste Rousseau : « Le plus beau droit des vertus malheureuses est la faveur des âmes généreuses. »

Les deux illustrations mettent en valeur le rapport d'une jeune fille de condition modeste avec une comtesse ou une marquise. Les deux femmes nobles se distinguent aisément par leur tenue vestimentaire mais aussi par leurs sentiments. La marquise de Lincé dans *La Marchande de modes* pose délicatement sa main sur l'épaule d'Isabelle, une jeune apprentie. De l'autre main elle lui remet une bourse. Elle l'embrasse ensuite, ce que suggère le rapprochement entre les deux personnages.

Fig. 2 : Anonyme *in* Comtesse DE GENLIS, *Théâtre à l'usage des jeunes personnes,* frontispice pour *La lingère,* Paris, Libraires associés, 1781, in-12°, p. 149, Cliché de l'auteur, ouvrage conservé à la bibliothèque de l'INRP à Lyon.

La vertu de la comtesse de Limours dans *La lingère* n'est pas moins grande, elle ouvre grand ses bras pour accueillir la jeune Aline, agenouillée en signe de reconnaissance. Ces attitudes attirent dans les deux cas l'attendrissement des observatrices qui joignent les mains en signe de compassion ou les lèvent de surprise.

La bienfaisance et la vertu font l'objet de véritables cultes, surtout dans les années 1770 [29]. Le thème est traité dans la peinture de genre autour du Salon de 1777 avec les peintures de Pierre-Alexandre Wille ou d'Étienne Aubry qui mettent en scène des membres de l'élite en contact avec les gens du peuple [30] : *La Première leçon d'amitié fraternelle* d'Aubry en 1776, *Le Seigneur indulgent et le braconnier* de Wille (1779) ou encore en 1783, par Moreau le Jeune gravé par Delignon, *Le Seigneur chez son fermier* pour le *Monument du costume physique et moral.*

Mᵐᵉ de Genlis raconte dans ses mémoires comment à l'âge de dix-huit ans elle apprend l'existence de la fête de la rosière de Salency. Elle en parle à Le Pelletier de Morfontaine, l'intendant de Soissons et décide de se rendre au couronnement de la rosière [31]. Elle y apporte sa harpe. Cette fête a été instituée par saint Médard et se déroule à Salency près de Noyon. Elle récompense tous les ans la jeune fille la plus vertueuse de Salency et Mᵐᵉ de Genlis retient ce thème pour une des pièces de son *Théâtre à l'usage des jeunes personnes.* Plusieurs publications reprennent également la traditionnelle fête de Salency, comme Billardon de Sauvigny dont l'ouvrage en 1778 [32] est orné d'un frontispice de Moreau le Jeune d'après Greuze – encore une collaboration dans un contexte d'édification et qui n'est pas sans lien avec l'exemple éducatif. L'ouvrage est d'ailleurs dédié à Mᵐᵉ de Genlis.

Le frontispice montre l'arrivée de Basile qui vient féliciter sa sœur d'avoir été nommée rosière : il ouvre grand ses bras vers elle. Celle-ci est agenouillée devant sa grand-mère et près de sa mère pour recevoir leur bénédiction : tableau familial touchant et célébration de la vertu.

Le dessinateur est ici inconnu, son art assez simple et sage, dépourvu de grands effets, les proportions parfois approximatives (les raccourcis des bras dans *Le Libraire* ou la femme de dos dans *La Lingère*) et sans rapport technique avec Greuze. Mais le trait essentiel, l'idée maîtresse est bien présente grâce aux gestes que nous venons de montrer dans ces trois pièces.

Hormis les gestes représentés, notons également que si les décors sont précisés par Mᵐᵉ de Genlis, les illustrations ne présentent pas vraiment des allusions à des scènes de théâtre. Par exemple pour *Le Vrai sage*, la scène doit représenter un château. L'illustration présente quant à elle un paysage dans une grande perspective où se détachent un jardin ou verger qui semble être en terrasse, les villageois en train de danser au son du violon (André et Colette) puis les habitations modestes à l'arrière-plan. Par ce jardin se crée un autre monde, plus conforme peut-être à l'imaginaire des lecteurs. Une autre *ouverture* vers l'extérieur est également évoquée dans *La Rosière de Salency* : au fond de la « *chambre de paysan* » (didascalie au début de la pièce), la porte est grande ouverte (pas de battants visibles) et le village entier, les ménétriers viennent acclamer la rosière et l'emmener pour son triomphe. Un enfant semble même s'élever au-dessus de la foule. En revanche l'artiste se révèle plus fidèle pour *Le Portrait* : il a, semble-t-il, parfaitement suivi la didascalie :

Delphine prend sa place ; Verceil s'assied ; madame Duchemin s'assied près de sa fille, tire de son sac un ouvrage et travaille. Ophémon et Cléante restent debout, et vont tantôt derrière Delphine, et tantôt derrière Verceil.

Les deux jeunes gens – le jeune homme qui pose et la jeune fille peintre – s'aiment en secret et cette séance de pose avec des regards forcés de se croiser devient vite insupportable. Souvenons-nous que dans le frontispice de Sophronie, Adèle baisse les yeux pour éviter de rencontrer ceux de son prétendant.

Peut-être ces images ont-elles suscité l'intérêt des lecteurs dans cette unique édition illustrée ? Il est certain qu'aucune conclusion ne peut ressortir de la lecture de cette seule édition, dont nous n'avons retrouvé qu'un volume. Cependant les différentes scènes évoquent plutôt la vertu et renforcent le discours et la morale de chacune des pièces.

Nous avons observé d'une part l'intérêt de nos auteurs pour l'image, de l'autre l'illustration de leurs ouvrages. Il n'y a pas de réelle adéquation entre le discours et le livre mais la présence significative de l'image annonce le succès prochain de l'image dans le livre d'éducation.

De manière parallèle l'attrait pour l'image est visible à la fois dans le contexte de l'histoire du livre et dans celui de l'histoire littéraire. L'adéquation entre les deux n'est pas encore parfaitement réalisée mais les femmes participent à la construction, à l'élaboration d'un dialogue privilégié entre le texte et l'image, au même titre que les hommes de lettres de cette seconde moitié du XVIIIe siècle.

NOTES

1. Commentaire de MERCIER, L.-S., *Tableau de Paris*, Amsterdam, tome III, p. 85, 1783 à propos des maquettes des Périer.
2. Théodore est le futur Louis-Philippe, Adèle sa sœur Adélaïde.
3. Mme DE GENLIS, *Adèle et Théodore ou Lettres sur l'éducation*, Isabelle BROUARD-ARENDS (éd.), Rennes, PUR, collection des Textes rares, 2006, Lettre 9, p. 76-77. L'aménagement était sensiblement identique à Bellechasse.
4. Jacques-Hubert Butard et Augustin-Martin Lottin (et peut-être Charles Guillaume Le Clerc dès 1768).
5. J.-J. ROUSSEAU, *Confessions*, in *Œuvres complètes*, tome I, Paris, Seuil, 1967, Livre VIII : « Mon ours, voilà votre asile, c'est vous qui l'avez choisi ; c'est l'amitié qui vous l'offre ; j'espère qu'elle vous ôtera la cruelle idée de vous éloigner de moi. » Le philosophe séjourne à l'Ermitage d'avril 1756 à l'été 1757.
6. *Ibid.*, livre IX, p. 280.

7. Notons que les propos de Voltaire dans une lettre à son ami Nicolas-Claude Thieriot à propos de Mme Benoist et de l'écriture ne montrent pas davantage de crédibilité: « [...] votre belle dame qui s'amuse à faire des romans ». Benoist, *Célianne ou les amants séduits par leurs vertus suivi du Journal en forme de lettres*, Saint-Étienne, Presses de l'université de Saint-Étienne, 2002, Lettre du 28 décembre 1765, p. 28.

8. L'événement est mentionné par F. Bluche, *La vie quotidienne de la noblesse française au XVIIIe siècle*, Paris, Hachette, 1980, p. 47-48.

9. E. Badinter, *Mme du Châtelet, Mme d'Épinay ou l'ambition féminine au XVIIIe siècle*, Paris, Flammarion, 2006, p. 221.

10. Le frontispice unique de l'édition de 1774 montre une scène de dialogue entre la mère et la fille. La mère est assise, Émilie à ses côtés.

11. Le texte diffère selon les éditions de 1774 ou de 1781 mais le graveur Noël le Mire ayant signé *1779*, nous utilisons le premier texte, d'ailleurs plus proche de l'attitude des personnages. Il y a bien questionnement sur la chronologie car le second frontispice est également daté de 1779. Cependant le passage de la XIXe conversation est non plus retouché mais ajouté à la nouvelle édition. Peut-on imaginer que Mme d'Épinay ait écrit ce passage pour l'édition de 1781 après la réalisation du dessin de Moreau le Jeune, gravé en 1779? Mme d'Épinay aurait-elle terminé ce passage en 1779 et permet-elle la réalisation du dessin?

12. Sa réaction à l'égard des *Femmes savantes* est révélatrice du statut qu'elle préférerait pour elle et pour les femmes. Cette pièce ne peut être d'aucune utilité pour les femmes car elle mène plutôt à mépriser l'étude, *op. cit.*, p. 108-112.

13. Benoist, *op. cit.*, Lettre du 9 février 1757, p. 106-112.

14. Benoist, préface de *Sophronie ou leçon prétendue d'une mère à sa fille*, Londres et se trouve à Paris, veuve Duchesne, 1769, p. v-vi.

15. *Ibid.*, p. 2.

16. *Ibid.*, p. 39.

17. C. Michel, *Cochin et le livre illustré au XVIIIe siècle*, Genève, Droz, 1987, p. 82.

18. Pour ces polémiques voir C. Michel, *op. cit.*, chapitre V, p. 77-92.

19. Voir en comparaison la position de la jeune fille dans *L'accordée de village* de Greuze (1761).

20. E. Badinter, *op. cit.*, p. 402: « Modestie, maintien et réserve sont les vertus qu'on attend d'une femme. » Allusion aux ve et viiie conversations.

21. Épinay, *Conversations d'Émilie*, Texte présenté par Rosena Davison, Oxford, Voltaire Foundation, 1996, p. 87.

22. *Ibid.*, p. 121.

23. *Ibid.*, p. 132.

24. *Ibid.*, p. 362.

25. J.-B. Greuze, *Dame de charité*, huile sur toile, 114×117cm, Lyon, Musée des Beaux-Arts, 1775.

26. *Contre-Confessions, Histoire de Madame de Montbrillant*, Paris, Mercure de France, 1989 [1re édition 1818], p. 755.

27. *Ibid.*, p. 754.

28. La seconde dans les années 1770-1771 aurait-elle apporté ce trait nouveau?

29. Lire par exemple la pièce de Caron du Chanset, *La dame de charité*, publiée à Paris et à La Haye en 1775.

30. E. Barker développe avec précision ce point dans *Greuze and the painting of sentiment*, Cambridge, Cambridge University Press, 2005.

31. *Ibid.*, p. 195.

32. *L'histoire de la rosière* paraît en 1777 et la préface assure que « Toute la France a pris parti pour la Rosière. » On y trouve notamment des épîtres et des chansons à la gloire de Salency et de la rosière.

Troisième partie

Éducation noble et bourgeoise : la question du public

DE MINETTE À THÉONISE :
FRANÇOISE DE GRAFFIGNY ET L'ÉDUCATION FÉMININE

Charlotte Simonin

Oubliée pendant deux siècles, Françoise de Graffigny (1695-1758) est désormais une favorite des *gender studies*. Ses *Lettres d'une Péruvienne*, soit en français soit en traduction[1], sont désormais au programme de nombreuses universités américaines ; elles figurent même dans certains manuels français pour le baccalauréat[2], et si l'on consulte le site de la MLA, l'on est frappé à la fois par la croissance exponentielle des articles qui portent sur son œuvre et par leurs titres évocateurs[3]. Être une favorite des *gender studies* suppose que votre œuvre aborde, voire revendique des thèmes « féminins » sinon féministes : qu'en est-il de celui de l'éducation féminine dans l'œuvre de la « Grosse » ? Aussitôt, l'admirateur de Zilia songe à l'éloquente lettre 34 où la jeune Péruvienne proteste contre la vacuité et la dangerosité de l'éducation couventine donnée aux jeunes filles en France. Mais est-ce là tout ? On pourrait le croire, puisque de nombreux travaux ne traitent que de ce seul roman sinon de cette seule lettre. Sans négliger ce texte en effet fondamental, nous envisagerons le thème de l'éducation féminine, mais aussi masculine, dans l'ensemble de l'œuvre fictionnelle de Françoise de Graffigny, son roman bien sûr, mais aussi ses contes et ses pièces de théâtre.

Dans les *Lettres d'une Péruvienne* (1747), Zilia, jeune Péruvienne enlevée par les Espagnols, puis par les Français, se retrouve à Paris et porte sur la société française un regard critique, à l'instar de ses devanciers Rica et Usbek. Tout au long de la lettre 34, elle critique une éducation féminine superficielle fondée sur le seul paraître et qui ne prépare la femme ni à la sagesse ni à la vieillesse :

Il m'a fallu beaucoup de temps, mon cher Aza, pour approfondir la cause du mépris que l'on a presque généralement ici pour les femmes. Enfin je crois l'avoir découverte dans le peu de rapport qu'il y a entre ce qu'elles sont et ce que l'on s'imagine qu'elles devraient être[4]. On voudrait, comme ailleurs, qu'elles eussent du mérite et de la vertu. Mais il faudrait que la nature les fît ainsi ; car l'éducation qu'on leur donne est si opposée à la fin qu'on se propose, qu'elle me paraît être le chef-d'œuvre de l'inconséquence française [...]. Je ne sais quelles sont les suites de l'éducation qu'un père donne à son fils, je ne m'en suis pas informée. Mais je sais que, du moment que les filles commencent à être capables de recevoir des instructions, on les enferme dans une maison religieuse pour leur apprendre à vivre dans le monde ; que l'on confie le soin d'éclairer leur esprit à des personnes auxquelles on ferait peut-être un crime d'en avoir, et qui sont incapables de leur former le cœur, qu'elles ne connaissent pas [...]. Il serait encore temps de réparer les défauts de la première éducation ; on n'en prend pas la peine. Une jeune femme, libre dans son appartement, y reçoit sans contrainte les compagnies qui lui plaisent. Ses occupations sont ordinairement puériles, toujours inutiles, et peut-être au-dessous de l'oisiveté. On entretient son esprit tout au moins de frivolités malignes ou insipides, plus propres à la rendre méprisable que la stupidité même. Sans confiance en elle, son mari ne cherche point à la former au soin de ses affaires, de sa famille et de sa maison. Elle ne participe au tout de ce petit univers que par la représentation.

L'adjectif qualificatif « première » épithète d'« éducation » sous-entend que pour Graffigny il y a bien deux coupables : d'abord le père aveugle qui confie la fillette aux couvents indigents, ensuite, le mari indifférent qui, loin de combler les lacunes de sa jeune épouse, laisse perdurer un état des choses qui ne peut ultimement que lui nuire en favorisant l'adultère. Le gâchis de l'éducation féminine à la française s'accomplit donc dans un consternant diptyque où par deux fois ceux qui ont autorité sur la femme[5] s'obstinent à en mésuser et lui refusent la chance d'augmenter sa culture pour la maintenir dans une éternelle puérilité frivole. Il ne s'agit certes pas du seul passage des *Lettres* où Zilia exerce sa verve à l'encontre de la versatilité et de l'inconséquence françaises : mais sous le poli des subjonctifs imparfaits, le tranchant de la condamnation et sa virulence jubilatoire trahissent l'importance pour elle de ce thème.

Avant de triompher avec son roman épistolaire, Françoise de Graffigny avait déjà publié[6] en 1745 deux récits brefs[7] sous l'égide du groupe du Bout du Banc, une nouvelle romanesque sur un canevas imposé, et un conte de fées. *Quid* du thème de l'éducation ? On lit dans l'incipit de la *Nouvelle espagnole* :

La fierté du caractère de Dom Pèdre inspirait à sa sœur cette fermeté d'âme aussi négligée dans l'éducation des femmes que nécessaire à leur conduite : la raison d'Elvire, soutenue du charme de la persuasion, tempérait l'humeur altière de son frère ; elle trouvait en lui ce qui pouvait satisfaire son goût pour les belles connaissances.

Cette remarque d'apparence anodine fait, sept ans avant la lettre 34, le constat de la négligence où l'on laisse l'éducation féminine, et le rêve d'une éducation idéale où fusionneraient harmonieusement *virtus* masculine et *suavitas* féminine. *De facto*, l'héroïne ainsi idéalement éduquée charme tout autant le roi Alphonse que le mystérieux inconnu Alvar[8].

La Lorraine écrivit ensuite *La princesse Azerolle*, qui resta d'ailleurs longtemps attribuée à Mlle de Lubert ou à Mme Levesque. L'éducation du beau prince Doudou est d'abord négligée par la bonne mais sotte Babonette, encouragée par de néfastes intrigants :

> Les ministres s'aperçurent aisément de l'incapacité de Babonette ; mais loin d'apporter à l'éducation du jeune Roi les soins qui pouvaient y suppléer, ils s'applaudirent en secret de son ignorance.

Puis intervient la fée Canadine[9] qui pratique une pédagogie étonnante :

> Pour mieux réussir dans son entreprise, elle s'écarta autant qu'elle put de la méthode ordinairement suivie dans l'instruction de la jeunesse : son pouvoir répondant à la fécondité de son imagination, il n'y eut rien de tout ce qui fait l'objet de l'étude, ou des amusements du monde entier, qu'elle ne présentât au jeune Doudou sous des formes agréables. Curieux comme tous les enfants, ses questions auraient épuisé toutes autres complaisances que celles de l'amour, mais loin d'y répondre, comme on fait communément, en éludant, ou en substituant une erreur à une autre, Canadine ne laissait échapper nulle occasion d'expliquer au Roi les causes et les effets de tout ce qui frappait ses sens. Les amusements, quels qu'ils puissent être, ont une liaison immédiate avec les arts ou les sciences ; le Prince ayant les dispositions nécessaires fut bientôt au-delà de toutes les éducations données et reçues avec tant de fatigues. La joie de Doudou, à chaque découverte, se communiquait à la Fée ; elle jouissait voluptueusement du plaisir de perfectionner l'objet de sa tendresse. Il n'y a que le bonheur d'être aimé, qui surpasse celui d'être nécessaire à ce que l'on aime.

Héritière de Thélème, cette éducation encyclopédique, ludique et centrée sur l'élève[10] paraît étonnamment moderne et annonce l'*Émile*.

Venons au théâtre. *Cénie*[11] (1750) fut longtemps surnommée *La gouvernante* par Graffigny elle-même. La question de l'influence de Nivelle de La Chaussée dont la pièce fut jouée dès 1747, n'est pas le sujet ici[12], mais ce titre même signale bien à quel point la question de l'éducation est prégnante dans la pièce. En effet, Cénie qu'on croit la fille de Mélisse, a été éduquée par la gouvernante Orphise, en fait sa véritable mère[13]. Quelque vile que puisse être la naissance de Cénie, son éducation a fait d'elle une jeune fille emplie de charme, d'honnêteté et de modestie[14] et donc digne d'être épousée et c'est ce qu'explique l'amoureux Clerval aux incrédules Dorimond et Orphise[15]. L'éducation constituerait une dot qui surpasse le sang ou la richesse.

Dans *La fille d'Aristide* (1758), Théonise, fille du célèbre Aristide, a été élevée avec dévouement par le philosophe Cléomène après la mort de son père. Sa gratitude envers l'éducation qu'il lui a offerte est telle qu'elle la conduit par gradation au sacrifice ultime : elle renonce d'abord à son argent, puis à sa réputation et enfin à sa liberté même pour sauver ce second père[16]. En ce qui concerne les petites pièces de théâtre écrites pour la cour de Vienne, elles sont au cœur de notre sujet, puisqu'elles relèvent déjà, trente ans auparavant, du théâtre d'éducation[17] dont Mme de Genlis passe souvent pour la créatrice[18]. Destinées aux enfants de l'empereur, ces pièces mettent en scène brièvement (un acte le plus souvent, parfois trois) des moralités simples. *Ziman et Zenise* et *Phaza*[19] reprennent le dispositif du laboratoire éducatif déjà illustré dans *La Dispute* de Marivaux : des enfants sont élevés loin du monde afin que leur nature s'exprime *sponte sua*. Dans *Ziman et Zenise*, les héros éponymes se distinguent des paysans Mirflot et Philette par leurs nombreuses qualités, tandis que dans *Phaza*, l'héroïne éponyme, en dépit de l'éducation androgyne prodiguée par la fée Singulière, redevient une femme comme les autres et achève significativement la pièce agenouillée devant son futur époux[20]. Paradoxalement, l'éducation revêt un statut ambivalent dans ce genre de pièces dans la mesure où au lieu de transformer l'être, elle permet de le révéler tautologiquement : le meilleur prince est celui qui est le mieux né, et la jeune fille celle qui manifeste la soumission propre à son sexe. L'éducation est donc comme le dit crûment le sous-titre de *Phaza* inutile à tout le plus[21], redondante à tout le moins. L'obéissante Cornélie des *Saturnales* (1752) est encore un modèle de piété et d'obéissance filiale.

Ainsi l'intérêt pour l'éducation si brillamment exprimé dans la lettre 34, loin d'être un hapax uniquement dû à l'appât du gain[22], se retrouve-t-il dans toutes les autres œuvres de Graffigny, y compris donc celles où l'on s'attendrait le moins à l'y trouver, de l'espagnolade au conte de fées en passant par les pièces grandes et petites et les œuvres restées inachevées[23] ou esquissées[24]. Que l'éducation féminine soit assumée par le frère, la gouvernante, le tuteur, ou la fée, elle est toujours abordée ; c'est une préoccupation, pour ne pas dire une obsession constante de l'auteur.

Les critiques contemporains ne s'y trompèrent pas et réagirent dès la version de 1747 des *Lettres d'une Péruvienne*. Fréron étonnamment féministe renchérit sur les plaintes de Graffigny dans ses *Lettres sur quelques écrits de ce temps* (Genève,

15 avril 1749) et déplore l'inconséquence et la lâcheté masculines qui condamnent les femmes âgées à l'inutilité et au désespoir:

> On les [les femmes] a pour ainsi dire, condamnées à une ignorance perpétuelle. Il leur est défendu d'orner leur esprit et de perfectionner leur raison. Notre orgueil a sans doute imaginé ces lois insensées. Comme les femmes nous effacent déjà par les charmes de la figure, nous avons craint qu'elles n'eussent encore sur nous la supériorité des lumières et des talents. Que nous entendons bien mal nos propres intérêts, en les livrant dès leur enfance à la mollesse, au monde et aux préjugés! Nous exigeons qu'elles soient raisonnables et vertueuses; mais le moyen qu'elles le deviennent, si de bonne heure on ne leur imprime des maximes de force et de sagesse? Se peut-il qu'on élève si mal la plus belle moitié de l'univers? Ce sexe charmant n'est-il donc fait que pour être l'objet de l'admiration passagère de nos yeux? Une pareille éducation nous prive des seuls vrais plaisirs, des plaisirs de l'esprit qu'on goûterait dans leur commerce. Quand il ne s'agirait que du bonheur des femmes seules, ne devrait-on pas, par humanité, leur ménager un avenir agréable, et des ressources pour un âge, où il ne leur est plus permis de plaire [...]. Si dans leur jeunesse elles avaient pris le goût de la lecture, la privation des plaisirs ne leur laisserait ni vide ni besoin; elles recueilleraient le fruit de leurs études et de leurs réflexions, en se procurant des amusements d'une autre espèce, plus réels et plus durables. Les charmes de leur raison cultivée subjugueraient les esprits de ceux dont les attraits de leur figure auraient dompté les cœurs.

Quant à Turgot, Zilia lui inspire une lettre qui constitue en fait un véritable traité d'éducation [25] à l'usage des deux sexes [26]. Le futur ministre fustige l'absurdité d'une l'éducation qui nie le corps et s'interdit toute tendresse parentale. Appelant de ses vœux davantage d'exercice physique, d'autonomie et d'expérience pour l'enfant, il préfigure le Rousseau de l'*Émile*:

> Qu'elle [Zilia] critique surtout la marche de notre éducation, qu'elle critique notre pédanterie; car c'est en cela que l'éducation consiste aujourd'hui. On nous apprend tout à rebours de la nature. Voyez le rudiment; on commence par vouloir fourrer dans la tête des enfants une foule d'idées les plus abstraites. Eux que la nature tout entière appelle à elle par tous les objets, on les enchaîne dans une place; on les occupe de mots qui ne peuvent leur offrir aucun sens, puisque le sens des mots ne peut se présenter qu'avec les idées, et puisque ces idées ne nous sont venues que par degrés, en partant des objets sensibles [...]. Un autre article de notre éducation qui me paraît mauvais et ridicule, est notre sévérité à l'égard de ces pauvres enfants... Ils font une sottise, nous les reprenons comme si elle était bien importante. Il y en a une multitude dont ils se corrigeront par l'âge seul, mais on n'examine point cela; on veut que son fils soit bien élevé, et on l'accable de petites règles de civilité souvent frivoles, qui ne peuvent que le gêner puisqu'il n'en sait pas les raisons. Je crois qu'il suffirait de l'empêcher d'être incommode aux personnes qu'il voit. Le reste viendra petit à petit. Inspirez lui le désir de plaire, il en saura bientôt plus que toutes les parties ne pourraient lui en apprendre. On veut encore qu'un enfant

soit grave, on met sa sagesse à ne point courir, on craint à chaque instant qu'il ne tombe. Qu'arrive-t-il ? On l'ennuie et on l'affaiblit. Nous avons surtout oublié que c'est une partie de l'éducation de former le corps, et j'en sais bien la raison, elle tient à nos anciennes mœurs, à notre ancien gouvernement. Notre noblesse ignorante ne connaissait que le corps ; c'étaient les gens du peuple qui étudiaient ; c'étaient uniquement pour faire des prêtres et même des moines ; encore n'étaient-ce que des gens d'un certain âge, et dont, par conséquent les études pouvaient être conduites d'une manière plus grave [...]. Bien loin de me plaindre des caresses qu'on fait aux enfants, je me plaindrai bien plus de qu'on en ignore toute la force, de ce qu'on laisse inutile un instrument si puissant ; je me plaindrai surtout de ce que l'éducation n'est chez nous, la plupart du temps, qu'un amas de règles très frivoles pour enseigner des choses très frivoles [...]. Je sais que ces progrès ne peuvent être bien rapides ; je sais que le genre humain se traîne avec lenteur pour faire les moindres pas ; je sais qu'il faudrait commencer par apprendre aux parents à donner cette éducation et à en sentir la nécessité ; chaque génération doit en apprendre un peu, et c'est aux livres à être ainsi les précepteurs de la nation.

L'abbé de la Porte dans ses *Observations sur la littérature moderne*[27] cite largement et avec approbation les revendications de Graffigny :

> Le sujet de la trente-quatrième lettre est la mauvaise éducation, qu'on donne aux filles. Écoutons ce que dit Mme de Graffigny sur cette importante matière [...].

Qui plus est, il retourne habilement la misogynie latente du propos de Zilia sur les femmes françaises en *concetto* pour mieux louer l'exceptionnelle singularité de la romancière :

> « Il est cependant des femmes, dit Madame de Graffigny, assez heureusement nées, pour se donner à elles-mêmes, ce que l'éducation leur refuse. L'attachement à leurs devoirs, la décence de leurs mœurs, et les agréments honnêtes de leur esprit attirent sur elles l'estime de tout le monde. Mais le nombre de celles-là est si borné, en comparaison de la multitude, qu'elles sont connues et révérées par leur propre nom ». Parmi le peu de personnes qui pourraient se reconnaître dans ce dernier portrait, il n'est pas difficile de voir à qui il ressemble plus parfaitement. Mais épargnons la modestie du peintre.

Une vingtaine d'années plus tard, la comtesse de Vidampierre donne avec ses *Mélanges de poésie et de prose* (Londres/Paris, 1777) une anthologie de la littérature féminine où elle réserve une bonne place à Graffigny. Le préfacier anonyme s'emporte :

> On dit que le siècle des Sévigné, des La Fayette et des Dacier est passé ; on a tort ; jamais cette moitié du genre humain qui nous subjugue par ses charmes, ne s'occupa plus à nous subjuguer par ses talents : jamais ce Sexe que l'éducation nationale

semble condamner à une enfance éternelle, ne rougit moins de cultiver les lettres et la raison.

C'est surtout sur son roman et sur ce que l'auteur elle-même appelle la lettre sur l'éducation[28] que s'attardent les critiques. Mais certains savent repérer ce thème dans le reste du corpus. Le *Journal encyclopédique*[29] loue en incipit ses vertus d'éducatrice :

> Madame de Graffigny mérita, par ses talents et son honnêteté, qu'une grande princesse la chargeât de tracer aux princes ses enfants des leçons capables de développer en eux les germes des vertus héréditaires à leur famille. M. de G. pensait que si, pour les hommes faits, il est nécessaire d'emmieller les bords de la coupe de vérité, il faut employer bien d'autres précautions quand il s'agit de la présenter à des enfants. C'est dans ce dessein qu'elle a fait plusieurs comédies ornées de ballets, propres à être jouées en société, respirant partout la morale la plus pure et remplies des principes les plus sages.

D'autres, tels Georges Mangeot[30], se demandent si l'éducation reçue à la cour de Vienne et plus précisément l'interprétation des piécettes[31] de Mme de Graffigny n'ont pas pernicieusement influé sur le funeste destin de Marie-Antoinette :

> Quant à leur ascendant moral, il serait sans doute injuste de rendre l'auteur de *Phaza* responsable […]. Dans la suite, malheureusement, la reine n'eut plus auprès d'elle une fée Bienfaisante, ou une fée Clémentine, pour la rappeler avec indulgence à la sagesse, comme dans les saynètes de Mme de Graffigny.

Laissons enfin la parole à une spécialiste, Stéphanie-Félicité du Crest de Genlis. Dans son essai *De l'influence des femmes sur la littérature française*[32], elle révèle que la *Nouvelle espagnole, Le mauvais exemple produit autant de vertus que de vices* l'inspire sur le plan éducatif :

> On ne pourrait tracer un tableau plus moral, plus intéressant que celui d'une jeune personne spirituelle, réfléchie, bien née, mais dont l'éducation entièrement négligée n'aurait pu lui donner un seul principe arrêté, et qui, tombée en de mauvaises mains, se perfectionnerait chaque jour par son dégoût naturel pour le vice, la fausseté; par sa pénétration, la justesse d'un esprit observateur, ses réflexions et la force de son caractère. Un tel sujet qui exigerait de grands développements, ne pourrait être traité dans une nouvelle, il faudrait en faire un roman. Le fond de cette idée appartient à Madame de Graffigny: mais elle n'en a pas tiré un parti heureux dans sa nouvelle, dont les événements même semblent n'offrir aucun rapport avec le titre.

Elle ajoute dans une note à *roman*: « J'ai entrepris cet ouvrage il y a long-temps, sous ce titre: *Les Réfutations;* je compte le finir dans le courant de l'année prochaine. »

Mme de Graffigny dont les enfants moururent en bas âge et qui refusa les prestigieux postes d'éducatrice[33] que lui valait sa nouvelle notoriété, ne sut-elle éduquer que de la pointe de la plume[34] ? Dans la notice nécrologique nourrie et pleine d'empathie qu'il consacre à Françoise de Graffigny juste après sa mort (*L'année littéraire*, janvier 1759), Fréron n'oublie pas de compter au titre des grandes réussites de l'auteure l'éducation accomplie d'Anne-Catherine de Ligneville, dite Minette, parachevée par son mariage avec le brillant Helvétius[35] :

> Elle était tante, à la mode de Bretagne, de Madame Helvétius et de Madame de la Garde, toutes deux nées Comtesses de Ligneville, c'est-à-dire, d'une des premières Maisons de l'Europe, toutes deux élevées pendant quelque temps, avec le succès qu'elles prouvent, sous les yeux de Madame de Grafigny, toutes deux mariées à deux Fermiers Généraux.

La *Galerie Française* de 1770 va jusqu'à parler de « seconde mère[36] ». Ainsi cette éducation éclairée que Françoise de Graffigny vantait dans ses œuvres, elle s'évertua aussi à la prodiguer en offrant à Minette une liberté inconcevable à son époque pour une jeune femme et en la laissant, *last but not least*, choisir son futur époux. Cette parfaite gémellité du discours et de la pratique tranche en un temps où les grands pédagogues sur papier ne le sont pas toujours en chair et en os : l'auteur de l'*Émile* abandonne ses enfants, et Mme du Châtelet qui dédie ses *Institutions* à son fils et lui adresse moult conseils, le fait élever en pension. L'atypique Minette, cultivée, amoureuse et aimée de son mari, ne représente-t-elle pas, plus que Zilia, le chef-d'œuvre de Françoise de Graffigny en matière d'éducation féminine ?

NOTES

1. *Letters from a Peruvian woman*, D. KORNACKER (éd.), New York, MLA Bookstore, 1993.
2. Par exemple dans l'anthologie de M. H. Prat et M. Aviérinos, chez Bordas (1997) ou dans le manuel de première de B. Lacoste, sous la direction de J. Jordy (2002).
3. Par exemple C. DANIELS, « Negociating space for women : incest and the structure of Graffigny's *Lettres d'une Péruvienne* », *Romance Languages Annual* 6 (1994), p. 32-37 ; C. HOGG, « The philosopher as tramp and female in the writings of Graffigny », *Women in French Studies* 6 (1998), p. 3-15 ; B. KNAUFF, « Figures of female alienation : the use of periphrasis in *Lettres d'une Péruvienne* », *Studies in Eighteenth-century Culture* 26 (1998), p. 125-138.
4. Se retrouve ici en filigrane la célèbre distinction de La Bruyère dans *Des ouvrages de l'esprit* : « Corneille nous assujettit à ses caractères et à ses idées, Racine se conforme aux nôtres ; celui-là peint les hommes comme ils devraient être, celui-ci les peint tels qu'ils sont » (Pensée 54). L'intertexte théâtral affleure dans une lettre dénonçant la comédie humaine.

5. Rappelons que Françoise de Graffigny eut à souffrir d'un mari violent après avoir eu un père, pour le moins lointain, qui se remaria aussitôt sa femme décédée. Comme pour beaucoup de femmes auteurs de l'Ancien Régime, il faut malheureusement remarquer que son épanouissement, tant personnel que littéraire, correspond à l'époque de sa vie où elle se retrouve et veuve et orpheline, libérée donc d'un double joug masculin.

6. Contrairement à la légende qui la voudrait inculte et amorphe avant le providentiel séjour à Cirey, Mme de Graffigny écrivait dès la Lorraine.

7. Voir D. SMITH, « La composition et la publication des contes de Mme de Graffigny », *French Studies 50* (1996), p. 275-284 ; C. SETH, « " Je ne suis pas bien aise d'être connue comme auteur " : La *Nouvelle espagnole* de Mme de Graffigny », p. 5-15 et A. DEFRANCE, « *La Princesse Azerolle, ou l'Excès de la constance* de Mme de Graffigny : conte parodique, conte d'auteur ? », p. 16-25 in *Françoise de Graffigny, femme de lettres, écriture et réception*, études présentées par J. MALLINSON, SVEC, Oxford, 2004, p. 12.

8. Alvar, lui aussi orphelin à la suite de l'assassinat de ses parents, a bénéficié des soins d'un « tendre ami » [sic] qui « a consacré son bien, son esprit et ses talents à l'éducation de son élève ».

9. Ajoutons que l'écrivaine a souhaité se peindre elle-même dans Canadine (« Si tu n'as reconnu personne à son portrait, tu es bien bouché » nargue-t-elle Devaux le 25 février 1745) ; l'intertexte autobiographique est d'autant plus évident pour les *happy few* que Doudou est à l'époque le surnom de l'avocat Pierre Valleré, locataire et alors amant de Graffigny. Ils ont de surcroît une quinzaine d'années de différence d'âge, comme Doudou et Canadine.

10. L'intérêt de Canadine pour Doudou n'est pas purement pédagogique ; la maîtresse souhaiterait l'être à tous les sens du terme. Jouer au pygmalion se révèle douloureux, car la professeure voit son pupille s'éprendre de la princesse Azerolle.

11. Pour une édition moderne de la pièce, voir *Femmes dramaturges en France (1650-1750), Pièces choisies*, tome I (*L'amoureux extravagant* de Françoise Pascal, *Le Favori* de Marie-Catherine Desjardins (Mme de Villedieu), *Rare-en-tout* d'Anne de la Roche Guilhem, *Laodamie reine d'Épire* de Catherine Bernard, *Arrie et Pétus* de Marie-Anne Barbier et *Cénie* de Françoise de Graffigny), textes établis, présentés et annotés par Perry Gethner, Paris/Seattle/Tübingen, Gunter Narr Verlag, Biblio 17 n° 79, 1993.

12. C. FRANÇOIS-GIAPPICONI, « " Une géante et… un myrmidon ? " Graffigny et Nivelle de La Chaussée », à propos de *Cénie* et de *La Gouvernante* », p. 169-178 in *Françoise de Graffigny, op. cit.* ; Ch. SIMONIN, « *Cénie* et *La Gouvernante :* de troublantes similitudes », *in* Colloque *Nivelle de la Chaussée, Destouches et la comédie nouvelle*, Sorbonne, à paraître (2007).

13. Par amour pour sa sœur défunte, Dorimond a élevé avec soin ses neveux Clerval et Méricourt, ce dont ce dernier le remercie : « Eh ! Monsieur, que n'avez-vous pas fait pour nous ? Vos neveux n'ont-ils pas trouvé dans votre maison des bontés paternelles, une éducation, une abondance… » (I, 3).

14. Comme le veut l'étymologie, l'*élève* Cénie a été portée vers le haut par Orphise. Elle loue d'ailleurs hagiographiquement sa gouvernante : « Ils [l'élévation de [mon] âme, la noblesse de [mon] cœur, de [mes] sentiments] sont tels que vous les avez fait naître : je ne suis que votre ouvrage. Quelle âme, quel cœur, vos soins et vos conseils n'auraient-ils pas élevés ? Je vous dois tout, et je ne suis plus rien » (IV, 1).

15. Clerval s'enflamme : « Les charmes naissants de Cénie me firent connaître l'amour ; le développement de son caractère me fixa pour jamais : c'est son cœur, c'est son âme que j'adore ; ce n'est qu'à la beauté qu'on devient infidèle » (II, 2).

16. En I, 4, elle déclare à Parmenon : « Jetez les yeux sur ce qu'il a fait pour moi. Orpheline sans bien, sans patrie, je n'ai d'asile sur la terre que sa maison. Il ne rougit pas de protéger la fille d'un proscrit, de lui tenir lieu de père et de famille. Ah ! Ses vertus sont héroïques ».

17. Remarque faite par E. SHOWALTER, dans son article « Writing off the stage : Women Authors and Eighteenth Century theater », *Yale French Studies 75* (1988), p. 95-111.

18. M.-E. PLAGNOL-DIÉVAL, *Madame de Genlis et le théâtre d'éducation au XVIIIe siècle*, Studies on Voltaire and the Eighteenth Century, Voltaire Foundation, vol. 350, Oxford, 1997.

19. Nous préparons une édition de ces deux pièces ainsi que de *Cénie* aux Presses de l'Université de Saint-Etienne dans une collection d'œuvres de femmes dramaturges dirigée par A. Evain, P. Gethner et H. Goldwyn.

20. Ch. SIMONIN, « Phaza, la " fille-garçon " de Madame de Graffigny », in *Le mâle en France 1715-1830, Représentations de la masculinité*, actes rassemblés par K. ASTBURY et M.-E. PLAGNOL-DIÉVAL, Peter Lang, 2004, p. 51-62.

21. À l'ambassadeur qui la remercie des soins qu'elle a pris pour le prince, la fée déclare dans la scène dernière de *Ziman* : « Vous devez plus à son heureux naturel qu'aux soins de son éducation. Je vais vous donner un grand Roi, heureux les peuples qui vivront sous son obéissance ».

22. La lettre 34 ne figure pas dans le texte originel de 1747 et n'existe qu'à partir de la réédition augmentée de deux lettres du roman en 1752, qui est motivée par le désir qu'a la romancière de renégocier à la hausse son contrat auprès des libraires. Voir D. SMITH, « Vers une édition critique des *Lettres d'une Péruvienne* » in *Françoise de Graffigny, op. cit.*

23. H. BOSTIC, « " Que faire pour être raisonnable ? " : *La réunion du bon sens et de l'esprit* de Françoise de Graffigny » p. 337-344 in *Françoise de Graffigny, op. cit.* Parmi les *Graffigny Papers* de Yale figure aussi une pièce intitulée *Les tuteurs*, « comédie en un acte en prose » (vol. 82).

24. Elle avait aussi en projet des fables pour enfants et une biographie de Christine de Suède.

25. La formule est d'E. de Guerle, dans son « Madame de Graffigny, discours de réception » (*Mémoires de l'académie de Stanislas*, Nancy, 1882), où il déclare : « On ne s'étonne pas que la lecture des *Lettres d'une Péruvienne* ait inspiré au grave Turgot tout un traité d'éducation ».

26. F. LOTTERIE, « La romancière et le philosophe, ou le sexe de la civilisation : la Lettre à Madame de Graffigny de Turgot (1751) », *Littérature*, 36, (1997), p. 71-80.

27. Londres-Paris, Duchesne, 1752, t. VII, article V, p. 63-66.

28. « Je suis fâchée que tu n'ais pas trouvé comme moi dans la letre sur l'education un ton de sermon fort monotone et point du tout ressemblant a celui de *La Peruviene*. Aussi l'ai-je culbutée d'un bout a l'autre et je la crois mieux. Je t'en envoierai le brouillon quand elle sera transcrite ; tu n'as qu'a torcher ton deriere de ceux que tu as, ils me sont inutils » (5 avril 1751).

29. 1er juin 1771, tome IV, partie II, p. 225. *Ziman et Zénise* et *Phaza* parurent en effet posthumes en 1770.

30. Georges MANGEOT, « Une biographie de Madame de Graffigny », *Société d'Archéologie lorraine, Le Pays Lorrain 11* (1914-1919), Onzième année, p. 65-77 et 145-53.

31. Le récent film de Sofia COPPOLA, *Marie-Antoinette*, entre rose et macarons, eût pu s'ouvrir sur une représentation théâtrale à la cour de Vienne où la toute jeune princesse aurait joué Phaza ou Zénise.

32. Paris, Maradan, 1811.

33. Par exemple de la fille de Mme de Pompadour : « La Petite [Mlle Gaussin] est venue me demander a diner tout courant pour me faire une proposition que j'ai refusée tout net quoique bien brillante ; on est allé la trouver pour savoir si je voulois me charger de l'éducation de la fille de Md

la Marquise on va la mettre a l'Asomption en grand apparat, on donne six mille francs par an et toutes les pretintailles, on se portoit fort de me faire avoir cette place honnorable. J'en vois tout le beau mais comme je voudrois a faire bien mon devoir si j'y etois ma santé m'en empecheroit, c'est ce que j'ai repondu. » (11 août 1749).

34. Elle exerça un rôle éducatif par correspondance auprès des filles du comte de Cobenzl, voir J. VERCRUYSSE, « Madame de Grafigny précepteur des enfants Cobenzl : lettres inédites », *Cahiers Bruxellois*, 13, (1968), p. 73-77.

35. En effet, à partir de septembre 1746, Mme de Graffigny fit venir auprès d'elle sa petite-nièce, qu'elle avait déjà élevée en Lorraine jusqu'à ses douze ans, et qu'elle garda auprès d'elle jusqu'à son mariage en 1751.

36. « Une cousine de madame de Graffigny, mademoiselle de Ligniville, alliée à la maison de Lorraine, dut à la tendresse éclairée de cette seconde mère, chez qui elle passa une partie de sa jeunesse, le développement des vertus et des agréments qui firent de madame Helvétius une des personnes les plus distinguées du siècle dernier. »

DES FEMMES ÉDUCATRICES
DANS LE ROMAN FRANÇAIS (1671-1807)

Annie Rivara

Notre corpus est largement dispersé[1] mais nous ne traitons que des romans en première personne dits autobiographiques. Dans ce siècle où se développe le roman de formation, la période éducative et la première personne narrative ont une place majeure[2]. Nous évitons d'autre part presque toutes les œuvres très connues et déjà très analysées[3] et plongeons dans la forêt des œuvres de moyenne importance et surtout des « *minores* » qui offrent toujours des données significatives du genre narratif. Il nous fallait éviter aussi plusieurs écueils, la suite chronologique de monographies, la succession de femmes éducatrices « types » organisée de façon thématique. Enfin une organisation construite autour des problèmes de l'éducation aurait dissous notre étude, nécessairement centrée, dans les larges questions traitées par I. Brouard-Arends, Sandrine Aragon, ou plus anciennement par P. Fauchery[4].

Nous souhaitons faire une analyse de structures littéraires et de représentations romanesques. Les femmes éducatrices naissent de plumes masculines ou féminines, éduquent jeunes filles et jeunes gens, elles agissent dans le monde ou en vase clos et sont fort diverses. Nous avons fait place aussi aux éducatrices subalternes, gouvernantes, femmes de chambre et aux compagnes légèrement plus âgées. Nous savons aussi que l'opposition entre éducation et corruption permettrait d'aller plus avant dans l'analyse mais elle n'est pas exactement le cœur de notre problématique encore qu'elle n'en soit nullement absente, au contraire.

C'est ainsi qu'il nous semble que chaque roman ou ensemble de romans offre ce que nous appelons un système d'éducatrices plus ou moins nombreuses et complexes, se relayant dans l'œuvre, se renforçant ou se contredisant, avec des conséquences diverses. Nous présentons ces systèmes non pas dans l'ordre chronologique mais selon une organisation qui tient lieu de leur complexité et de leur signification, et qui va dans l'ordre croissant de la présence et de l'efficacité des éducatrices.

Notre étude suppose un rappel du statut juridique et politique de la femme qui résulte alors de la fusion de la tradition patriarcale antique et d'une tradition chrétienne misogyne. Saint Paul, après Aristote, souligne l'infériorité de la femme, méconnaissant d'ailleurs ainsi la leçon égalitaire du Christ. C'est sous l'autorité du père que se constitue la famille : le père est à l'image du roi, comme le dit I. Brouard-Arends[5]. Les idées du cartésien Poullain de La Barre sont tout à fait marginales (*De l'Égalité des deux sexes, Discours physique et moral*, Paris 1676[6]), se fondant sur l'égale répartition du jugement entre hommes et femmes, selon la double nature de l'être humain. Quelle que soit la diversité régionale du droit français, la législation est muette sur la mère, sauf dans le règlement de ses droits après la mort du mari, qui vise à préserver l'héritage des enfants, la mère ne jouissant que de l'usufruit de la moitié des biens de ces héritiers. Il faut ainsi éviter que ces biens ne passent à la ligne maternelle. La situation de la mère est donc « infantilisante et vexatoire[7] ». L'autorité ne peut lui être accordée qu'après la mort du père ou si, par sa démence ou son absence, il ne peut pas l'exercer. Hormis ces cas, la puissance de la mère est exclue, puisque la femme est sous la puissance de son mari et ne peut rien faire sans son autorisation. L'importance croissante de la dévotion à la Vierge Marie dans le cours du siècle n'infléchit en rien cette situation puisqu'elle renforce le modèle maternel de l'abnégation, de l'humilité, de la soumission et des sacrifices de soi. L'univers éducatif est donc peu maternel sauf si la mère veuve se concentre dans la préoccupation unique de l'avenir de son enfant. La famille soudée ou éclatée pèse de tout son poids sur les comportements maternels.

Or nous constatons que dans l'univers de la fiction prédomine une carence de figures maternelles et même de figures éducatrices de substitution. L.C.D.R. perd sa mère deux jours après sa naissance, ne connaît qu'une nourrice subalterne et est en butte à la haine de sa belle-mère. Le chevalier Hazard trouvé devant une église, élevé aux frais de la paroisse, trouve, grâce à sa foi et à ses connaissances religieuses, non pas une éducatrice, mais une protectrice qui paie pour lui une formation chez un orfèvre (p. 17), mais elle meurt au bout de six mois. Des Grieux et Manon sont sans mère et sans figure éducatrice féminine. Pas de figure féminine non plus près du commandeur qui a reçu fortune et chance par la mort de son frère aîné, et qui choisit l'ordre de Malte « ayant pris ce goût dans la lecture » et malgré la « résistance de [sa] famille », non précisée (p. 44). Pas d'éducatrice non plus dans *Les Confessions du Comte de* * de Duclos ni dans *La Poupée* de Galli de Bibiéna. Dans *Imirce ou la fille de la Nature* de Du Laurens, c'est le philosophe Ariste qui assure la formation des héros. Dans *Amabile* enfin du Prince de Ligne, le prince n'a d'autre éducatrice que la « Nature[8] ».

Notre analyse a quatre étapes, deux modèles fondés sur la mort de la mère, quatre modèles illustrant la problématique de la mère qui renonce à son rôle d'éducatrice ou qui échoue, puis les deux modèles en miroir contradictoire des éducatrices de l'ascension sociale des paysannes parvenues, cinq systèmes enfin d'éducatrices cohérentes en dépit d'une tonalité parfois très paradoxale.

Sur la mort de la mère peuvent se construire d'abord deux systèmes, un système de mystères non résolus et un système conventuel perverti.

Le premier système est celui des mystères Dans les *Mémoires d'Henriette Sylvie de Molière*[9], la mère a accouché mystérieusement dans un village au bord de la Méditerranée puis a disparu. Sur son ordre, la petite fille est nommée Henriette Sylvie : Henriette évoque une haute lignée, Sylvie le lieu de sa naissance. C'est d'abord une paysanne qui se charge d'elle mais à cinq ans elle plaît au duc de Candale qui la remet à un couple de financiers de Pézenas. L'épouse la fait instruire avec soin mais on ne sait comment. Elle acquiert des talents convenables à ses futures aventures : elle a le don d'apprendre les langues y compris l'allemand. Elle chasse et, dès l'âge de dix ans méprise les divertissements du sexe « pour monter à cheval, tirer au pistolet ou quelque autre semblable exercice ». En fait sa mère adoptive, la dame de Molière, cherche à se débarrasser d'elle quand celle-ci a refusé à coup de pistolet de se laisser prendre par violence par le mari. La « bonne fortune » amène heureusement « une puissante dame » du fond de la Flandre pour prendre soin d'elle en France comme si elle eût été sa mère (p. 41). Les enquêtes mystérieuses de cette Mme de Séville, qui fait tout pour retrouver Sylvie s'achèvent sur une rencontre révélatrice qui évoque par avance celle de Marianne et de Mme de Miran : « Je la vis, je ne sais quoi que je ne puis exprimer nous donna de l'émotion à la vue l'une de l'autre. » (p. 57) « Sympathie » entre celle qui enquête et celle qui en est le but ou « mouvement plus caché » ? Une fois assurée que ce n'est pas une émissaire de Mme d'Englesac, la mère hostile du jeune noble qui l'aime, elle reste avec elle à Bruxelles, reçoit une donation de ses biens et épouse Englesac (p. 116). « Ce fut à cette fois que je la regardais comme si elle eût été ma véritable mère. » (p. 60) Ainsi s'achève cette étrange éducation mystérieuse et providentielle.

Le système conventuel perverti apparaît dans les *Mémoires d'une religieuse*, 1766[10]. Des éducatrices faibles et sottes mènent les héros à l'inceste. Deux religieuses dont l'une est la tante des enfants et l'autre la maîtresse des études de l'institution, éduquent deux jumeaux, un garçon et une fille, tous deux vêtus en fille. Ils ont alors huit ou neuf ans. Elles s'associent ainsi aux manœuvres familiales frauduleuses du baron de Roche-Ecueil qui veut s'assurer la succession de son frère. Par la douceur de sa sœur Adélaïde, cette éducation freine la pétulance du garçon, prénommé Henriette, qui pourrait être révélatrice. La nature peu à peu parle chez les enfants, en un amour incestueux et innocent, puisqu'il s'ignore, mais les engage à progresser ensemble sur tous les plans. « Ce fut donc à l'Amour que nous dûmes notre avancement dans l'étude… et nos progrès dans la vertu. » (p. 44) Ce n'est qu'au bout de quatre ans qu'un hasard de la règle monastique révèle leur sexe aux adolescents, avec les dangers d'une indiscrétion. Pour préserver le secret familial, les deux religieuses montrent alors « un empressement […] qui n'avait d'autre principe que l'intérêt, la crainte ou le remords » (p. 89) et ont sur leur visage « un air de confusion et d'embarras » qui réjouit d'abord les jeunes gens (p. 91). Le père emmène son fils avec « quelques malédictions contre le couvent et surtout contre sa sœur à qui il a imprudemment confié le secret de sa fortune » (p. 98). Henriette étant rendue malade à mourir par la séparation, on réunit les deux adolescents et l'inceste s'accomplit entre ces jumeaux si semblables : « Jamais ressemblance ne fut plus parfaite. La nature n'avait eu qu'un modèle en formant nos deux corps et nos deux âmes… Sans la différence des sexes, j'eusse été Henriette, Henriette Adélaïde. » Après des aventures multiples et violentes, Henriette consacrera le reste de sa vie à expier des crimes dont les vrais responsables sont les deux religieuses.

Un second ensemble de romans illustre justement la problématique d'un renoncement de la mère à son rôle éducateur, mais dans des perspectives très différentes, l'*Histoire de Mlle Crosnel dite Frétillon,* par Gaillard de La Bataille, 1739-1762 [11], *Thérèse philosophe*, roman anonyme, 1748, *Les Confessions de la Baronne de**, attribuées au chevalier de Neuville Brunaubois Montador, 1743 [12] et enfin les *Mémoires d'Anne-Marie de Moras*, par le Chevalier de Mouhy [13]. Les deux premiers sont des romans libertins. *Frétillon* satirise l'actrice Mlle Clairon, connue pour ses sympathies envers le parti des philosophes. Gaillard montre comment sa mère a voulu la former à la galanterie. Frétillon qui est « le fruit de ses complaisances générales » (p. 135) doit remédier à la misère de cette mère vieillissante. Ses penchants et ses lectures, Brantôme et *Aloysia*, y inclinent fort l'adolescente qui reçoit volontiers ce discours maternel « pathétique » (p. 136) : sa figure « chiffonnée » et badine lui permettra de « ménager » les hommes avec art, et d'« exploiter leurs faiblesses » pour se procurer les revenus nécessaires : « La galanterie est un art méthodique. » (*ibid.*) Il faut « parfois paraître plus facile à vaincre, céder à propos et toujours attribuer le sacrifice à l'excès d'un amour supposé ». Elle gagnera sous cette conduite, robes, bijoux, porcelaines, pièces d'argent, trumeaux, meubles et surtout argent comptant. En fait, la mère échoue dans ce projet ce qui contrarie fort les treize ans de Crosnel à qui un « badinage secret » ne suffit plus. C'est un homme qui assure l'initiation et le succès, de Crosnel que sa mère est désormais obligée de ménager. L'éducatrice entremetteuse a échoué.

L'héroïne de *Thérèse philosophe*, née en Vencerop (Provence) est d'abord éduquée par sa mère, elle-même entretenue autrefois par un gentilhomme fort riche, mais celle-ci est devenue dévote par incapacité aux plaisirs après cette naissance. Dès les sept ans de l'enfant, cette mère s'aperçoit que la petite fille maigrit, dévore et se livre au plaisir solitaire. Elle se contente alors de lui lier les mains et de l'envoyer au couvent où son tempérament la rendra très ouverte à tous les enseignements philosophiques libérateurs, notamment ceux d'une Mme de C., couronnés par la rencontre du Comte, qui fera d'elle une femme audacieuse et conforme au libertinage savant du XVIIe siècle. La mère n'a donc joué aucun rôle, ce qui est fort en accord avec l'optique libertine du récit.

La baronne de** est une sœur de L.C.D.R. de Courtilz de Sandrars, garçon noble mal aimé. Dans son récit de pécheresse, s'entassent liaisons, meurtres, procès, mutilations et tromperies. Bien nommée, Marie Madeleine a été élevée à « l'orgueil », la « volupté », la « ruse », aux précautions frivoles nées de « l'intérêt » et du « dérèglement ». « Enfant de bienséance », elle paraît incarner l'ordre établi et n'est qu'un être livré à l'anarchie morale. Son inquiétant prénom lui vient de sa marraine, une domestique, sa première éducatrice. Quoique « Des Zongaux », elle est éduquée « sans façons » (I, p. 3) c'est-à-dire sans soin. Sa mère lui en veut d'exister et lui préfère sa sœur, haineuse et moins belle qu'elle. Ses parents semblent souhaiter la voir mal tourner pour justifier leur indifférence et leur permettre de se débarrasser d'elle par un couvent. Elle est vouée à la dégradation par manque d'éducation ; elle est inconsistante et sans principes, aventurière sans dessein qui nie sa propre « qualité » sociale, se sentant autorisée par l'injustice de ses parents à bafouer les lois de l'honneur et de la famille. « Je crus que ma mère oubliant que j'étais sa fille, je pouvais oublier qu'elle était ma mère. » (I, p. 21) Ce roman est donc problématique et, à l'inverse de *La Vie de Marianne* montre comment une fille noble, nantie d'une mère et d'alliances, peut se commettre, si on ne lui enseigne pas la dignité. Cette confession pseudo-expiatoire se termine d'ailleurs sur un bilan farcesque et chiffré de cette vie anarchique.

Les *Mémoires d'Anne Marie de Moras* présentent une version complexifiée de cette problématique de la mère nuisible. Ce système d'éducatrices est un relais complexe sur trois générations et passe par des éducatrices subalternes. L'héroïne narratrice, fille de M. Perrin de Moras et de Mlle de Farges, hérite d'abord du poids de l'éducation donnée à sa mère par sa grand-mère. Celle-ci a fait lire à sa fille les « ouvrages où la tendresse domine » (I, p. 22) pour pouvoir se livrer à une « dissipation aimable » (*ibid.*). À onze ans, celle-ci connaît les tragédies, à douze, les grands romans. « Ma mère », raconte Mme de Moras à sa fille, « charmée de la vivacité avec laquelle je dévorais les livres m'en fournissait chaque jour de nouveaux ». L'adolescente est mue par un mimétisme correcteur des héroïnes :

> [...] il me semblait en m'examinant qu'à leur place je ne me serais pas fait un principe de devoir, de mettre les malheureux amants dans une situation désespérée [14] » (I, p. 23).

Elle devient rêveuse et plus avide de lectures que jamais. Pour la guérir de sa « mélancolie », sa mère l'autorise à lire « ces romans, modernes où il est permis d'avoir un cœur et d'en faire un aimable usage » (*ibid.*), ce qui l'attache encore à sa rêverie. Devenue mère à son tour, elle ne se charge pas non plus de sa fille :

> Ma mère qui aimait le grand monde avait remis mon éducation à une fille nommée Mlle de La Selle. (II, p. 5)

Jusqu'à huit ans elle reçoit l'éducation ordinaire pour une personne « née avec du bien » (*ibid.*). À la mort du père, Mme de Moras veut lui faire donner désormais « une éducation solide et suivie » (II, p. 6), ce qui est impossible dans sa maison « sans cesse remplie d'un monde distrait et vif » (*ibid.*). Elle la conduit au couvent du Cherche-Midi, avec une grande affliction et en demandant tant d'indulgence qu'il est clair que « les manières qu'on aurait pour [l'enfant] seraient peut-être toutes prises avec un peu trop d'aveuglement » (II, p. 7). L'« air sévère et rébarbatif » des vieilles religieuses destinées à l'éduquer fait « jeter les hauts cris » à l'enfant et Mlle de La Selle les éloigne de peur de mécontenter la mère. L'héroïne s'habitue enfin à cette maison, et à 10 ans et demi sait « tout ce qu'une fille bien née doit savoir » (II, p. 8), tout en gardant le dégoût du couvent. Comme sa propre mère et sans qu'on sache d'abord par quelle médiation, elle dévore les romans, « où les tendres sentiments dominent tous seuls » (II, p. 9), ce qui « mollit » le cœur et l'engage à « les imiter » (*ibid.*). Elle a trouvé une compagne, de deux ans plus âgée qu'elle, Julie, avec qui elle partage expériences et réflexions. Celle-ci plus avancée qu'elle, trouve la métaphore de la bouteille des bulles de savon pour lui expliquer la réalité du mariage et se charge, à ses risques et périls, de découvrir le mystère de l'anatomie masculine chez leur maître de musique endormi, ce qui fait un scandale et cause le renvoi de celui-ci. Mme de Moras donne à sa fille une femme de chambre, Étiennette Auger accompagnée de sa fille, La Gauri, parce que sa fille s'est plainte de Mlle de La Selle. Ainsi l'héroïne narratrice est désormais entre quatre éducatrices manipulatrices, sa mère, Julie, Étiennette et La Gauri. Sa mère favorise curieusement les relations de Julie avec un M. de La Motte, prétendant de sa fille parce qu'elle trouve « un plaisir ravissant à se gouverner tout différemment des usages ordinaires » (II, p. 53). Julie lui ment et ménage ses intérêts pour se marier et éviter une vocation forcée. Étiennette est « souple et adroite » (II, p. 73), la brouille avec Julie, se fait pardonner d'avoir révélé à la mère le secret des bandelettes soulevant les chairs pour feindre une gorge encore absente (II, p. 71) et partage le sacrifice secret d'un poulet pour faire croire qu'Anne-Marie est nubile. La Gauri lui fournit des romans, y compris des ouvrages libertins, contre l'avis de Mlle de La Selle, et les attribue à Julie quand ils sont découverts. Le secret de cet ensemble est l'orgueil maternel de Mme de Moras : « Elle s'admirait en moi » (II, p. 104), « Quelle est la mère idolâtre qui se rend justice sur l'éducation qu'elle donne à sa fille ? (II, p. 105)

Il faut associer en miroirs contradictoires les deux systèmes éducatifs ascensionnels de la Jeannette de Mouhy (*La Paysanne parvenue*) et de Jeannette seconde (*La Nouvelle Paysanne parvenue*[15]). Les nombreuses éducatrices de Jeannette lui enseignent peu à peu le brillant univers où elle parvient. Celles-ci apparaissent dans quatre mondes successifs, la campagne natale, la route qui mène à Paris, la capitale (parties I et II), le couvent de S.N. (partie III). Au hameau, sa mère lui enseigne la vertu et la prudence, sa marraine Mme de N. lui fait apprendre à écrire et à broder, une gouvernante intéressée, la Duparc reçoit de l'argent du jeune marquis de L.V. pour servir l'amour qu'il éprouve pour elle. La nièce de la Duparc, Catherine a « beaucoup d'esprit et d'éducation », Jeannette reconnaît lui devoir « beaucoup » car c'est « elle qui commença à [lui] ôter les façons villageoises » (I, p. 62). Plus avancée que Jeannette, elle lui révèle les secrets de Mme de N. qui, quoique vertueuse, a « des adorateurs » (I, p. 62). Le jeune marquis de L.V. « fort assidu auprès d'elle » en « paraît fort amoureux » (I, p. 63). Cette nouvelle fait s'évanouir Jeannette, qui s'est éprise du marquis, et qui tombe malade. Catherine la soigne et lui apprend alors que la cour de L.V. auprès de Mme de N. n'est qu'« une feinte adroite pour être à portée de la voir » (I, p. 66). Elle ne sait toujours pas lire, car ni sa mère ni sa marraine, qui continuent à prendre soin d'elle ne s'en sont occupées. Après la tentative d'enlèvement de d'Elbieu fils de Mme de N., elle reçoit dans sa fuite les conseils d'une vieille femme qui lui raconte l'histoire de sa fille, Marianne, morte d'amour malheureux et de honte d'avoir failli céder à un marquis qui allait l'épouser sous un nom supposé. Encore poursuivie, Jeannette reçoit le secours d'une dame qui voyage avec sa fille dans une chaise. « Jamais les mères ne devraient s'éloigner de leurs filles et jamais une jeune fille bien née ne devrait faire un pas sans sa mère » (II, p. 87) dit-elle alors sentencieusement mais sans à propos ! Elle-même n'est pas « bien née » ! Cette dame, Mme de G., l'emmène à Paris, lui donne des maîtres d'écriture et de musique et maintient ses liens avec Mme de N. M. de G. ayant essayé de la séduire, Jeannette se confie entièrement à elle : « trop heureuse d'être guidée par une personne aussi éclairée » (II, p. 92). Désormais c'est elle qui assure un rôle formateur et médiateur, ayant pris Jeannette « dans une affection si tendre qu'elle ne mettait aucune différence entre mademoiselle sa fille » et elle. Jeannette s'est « perfectionnée avec [ses] maîtres » et sa voix est « admirée de tous » (II, p. 99). Mme de G. finit même par renoncer à lui faire épouser le financier Gripart, vulgaire et peu estimable, mais lui demande d'user de l'amour du jeune marquis pour le faire renoncer à son projet d'« union secrète » (II, p. 112) avec Jeannette, que son père n'acceptera jamais. La seule solution est que Jeannette se retire dans un couvent : « allez, vous serez toujours ma fille ; votre vertu me touche et m'attendrit » dit Mme de G., en l'envoyant au couvent de S.N. (III, p. 116). « Saluez votre respectable supérieure, elle est bonne, je lui ai parlé pour vous, elle veut bien se charger de votre éducation. » (III, p. 121) Jeannette ravale ses larmes car « il y a des occasions où il faut de la raison et de la patience » et Mme de G. doit même cacher leur complicité (III, p. 122). Ainsi s'achève cette éducation, là où doit commencer celle d'une fille de famille, au couvent. Celui-ci est un véritable « décrassage » social et moral qui sert ensuite de palier d'élan à la paysanne. Dans *Jeannette seconde* ce système est retourné en ensemble supposé révélateur de la malhonnêteté de Jeannette. Les femmes éducatrices ne font que favoriser un tempérament décrit dès les premières pages : « Un grand fonds d'orgueil, beaucoup d'amour propre, un peu de vanité, désir de plaire, goût du plaisir, penchant pour l'amour », servis par « l'art de déguiser tous [ces] défauts avec une heureuse adresse » (I, p. 4). La dynamique ascensionnelle qui projette Jeannette seconde vers la réussite est celle de la sensualité ; et Gaillard de La Bataille accuse ainsi le roman de Mouhy d'hypocrisie. Sa complexité est ramenée à un raccourci sardonique : disparition de la mère, présence d'une femme qui lui enseigne seulement « les pièces de l'ajustement », un couvent, une femme de chambre, la Duparc, qui renforce sa curiosité sexuelle, les mondaines des eaux de Forges et surtout une princesse. Elle est fille d'un très riche laboureur mise au couvent selon les conseils du curé pour la guérir de sa « mélancolie ». Or elle n'y trouve qu'une éducation au plaisir. « L'usage […] étant qu'une religieuse avait quatre pensionnaires sous sa direction, la supérieure (nommée Ste Félicité) me confia aux soins de Mère Sainte Pélagie qui n'en avait que trois » (I, p. 20). Pour se réjouir elle-même, celle-ci encourage ses élèves à de petits goûters de « friandises » qui s'achèvent sur des conversations « éveillées » qui passent les bornes d'une éducation décente (I, p. 22). Quant aux religieuses, elles ont un « esprit curieux, jaloux », enclin à l'intrigue et désireux de petites supériorités (*ibid.*). Ayant reçu de Ste Félicité le nom supposé de Mlle du Bigard, Jeannette seconde voit ainsi sa paysannerie parée d'un prestige emprunté. Quittant le couvent avec Ste Félicité pour les eaux de Forges et abandonnant l'encombrante Duparc, elle montre aux eaux sa capacité de jouer son argent avec une certaine élégance, ce qui séduit une Princesse. Celle-ci l'emmène à Paris où sa dot de financière, heureusement découverte et sauvée, lui permet de devenir duchesse, en dépit de sa « chute » ! Gaillard de La Bataille ironise férocement sur les valeurs éthiques et sociales affichées par l'aristocratie, la finance, les couvents : les éducatrices sont corrompues comme la société ; la leçon est un ricanement universel.

Cinq romans enfin, pourtant très différents, offrent des systèmes d'éducatrices en totale cohérence, l'*Histoire de M*ᵐᵉ *de Gondez*, de Mˡˡᵉ de Lussan, *Cleveland* de Prévost, *Les Mémoires d'un jeune Espagnol*, de Florian, l'*Histoire de M*ᵐᵉ *la Comtesse des Barres* de l'abbé de Choisy, encore que ce soit dans un ton très paradoxal[16].

L'héroïne de Mˡˡᵉ de Lussan qui a 12 ans à la mort de sa mère, est confiée à l'Abbaye de Saint Antoine où sa tante religieuse, « fille d'un grand mérite qui [l'] aimait tendrement […] fit dans la suite sa principale affaire de [lui] donner les vraies idées de la vertu sans pourtant la [lui] montrer avec trop de sévérité » (I, p. 3). La mère mourante l'avait aussi confiée à la gouvernante Souville, également estimée du père, pour « continuer à donner ses soins » à éduquer l'enfant et lui « recommander avec tendresse d'écouter toujours avec douceur les conseils de cette fille, de les suivre et de [se] souvenir que c'étaient les impressions [qu'elle] recevrait dans sa jeunesse qui décideraient de toute [sa] vie » (I, p. 4). Souville et la tante l'éduquent pour entrer dans le monde en riche parti. Souville lui continue ses conseils. Quand elle s'éprend du chevalier de Fanime qui ne vaut rien, elle l'avertit :

> Ma tendresse pour vous, permettez ce terme au soin que j'ai pris de votre enfance et de votre éducation, veut que je vous montre le danger où vous êtes. » (II, p. 154)

Cette cohérence finit par porter ses fruits. Dans *Cleveland*, c'est sa mère qui élève le héros avec l'aide d'une certaine Mᵐᵉ Riding qui en fournit le lieu, qui ne manque pas de paradoxe. Cette mère qui a été la maîtresse de Cromwell après avoir été celle de Charles I, veut expier ses égarements dans une « vie sérieuse et appliquée » (I, p. 18). Elle s'est formée elle-même dans les bons auteurs, philosophes anciens et modernes. Ayant pour « principal objet de son étude la philosophie morale, elle y rapportait toutes ses lumières. Les autres sciences lui servaient comme de degré pour arriver à ce but » (I, p. 19). Elle a constitué pour son fils « un système complet » fait d'un petit nombre de principes clairs et bien établis » : pas de latin ni de langues étrangères sauf le français. « C'est le cœur et l'esprit qu'il faut cultiver à cet âge : de là dépend tout l'édifice du bonheur et de la vertu. » (I, p. 20) À la mort de Charles Iᵉʳ, Cromwell refuse d'assumer son fils et devient même menaçant. Mme Riding, qui a déjà aidé une autre ancienne maîtresse de Cromwell, lui propose alors un abri sûr dans une « petite vallée » du Devonshire. En dépit d'une « espèce d'horreur naturelle que la disposition des lieux ne pouvait manquer d'inspirer » à la mère et à son fils (I, p. 33), cette retraite de Rumney Hole, profonde caverne aménagée pour être confortable, redouble la figure maternelle. « La terre nous ouvrait son sein. » (*ibid.*) Par cette éducation fusionnelle, favorisée par une autre femme, la mère ne veut pas inspirer l'horreur du père ni le travers de « juger par les dehors qui sont souvent trompeurs » (I, p. 81). Elle est lucide : « gare le naufrage de la sagesse parmi les écueils de l'amour » et pourtant elle ne condamne pas l'amour. Hors de Rumney Hole, Cleveland doit ensuite de façon tragique confronter ces principes avec une expérience familiale et amoureuse, contradictoire et difficile : quel lien avec l'éducation maternelle ?

Dans les *Mémoires d'un jeune Espagnol*, le héros, qui est fort proche de Florian lui-même, a perdu sa mère un an après sa naissance. Mais à Fernixo (Ferney), sa tante cherche « à contribuer à [son] éducation ». « Tous les jours à sa toilette », écrivent ces mémoires, « je venais lire haut le *Télémaque* de Fénelon et *Le Siècle de Louis XIV* », ce qui associe l'éducation religieuse exigeante et l'Histoire contemporaine de Voltaire regardant le Grand Siècle. « Elle me demandait mes réflexions, elle s'efforçait de rendre mon esprit juste et personne n'était plus en état qu'elle de me donner de telles leçons. » (I, IV, p. 15) Une affection réciproque facilite cette instruction. Tout cet univers est imprégné de la présence de Voltaire travesti sous le nom de Lope de Vega. La Clairon vient jouer sur la scène construite à cette intention à Fernixo. Le héros n'a alors que dix ans : « Je fus enchanté de sa figure. Je ne la quittais jamais », écrit-il, « et me trouvais toujours dans sa chambre ». « Ma tante fut bien aise qu'on me donnât de petits rôles et je jouai deux ou trois valets dans les comédies de Lope de Vega (I, p. 18). La Clairon « avait la bonté de me faire répéter. Je prenais aisément ses inflexions de voix, et lorsqu'elle me donnait mes leçons je voulais toujours les prendre à ses genoux » (I, p. 19). La tante qui a été galante en son temps (p. 23), reste subjuguée par le besoin d'aimer, généreuse, noble, mais elle est aussi inconstante, oubliant les injures comme les services. Elle reste une éducatrice cependant. « Je méritais la tendresse de ma tante par celle que j'avais pour elle » (I, p. 25) et son influence est meilleure que celle de son précepteur Marianno (l'abbé Mignot) et d'autres. Une fois à Madrid (Paris), sa tante continue à le former doublement. « Elle s'était chargée de mes lectures et avait l'art de me faire lire avec fruit. Son grand désir était de me rendre l'esprit juste et tous les matins je lui portais l'extrait de ce que nous avions lu la veille : ces extraits en me rappelant les faits m'apprenaient à écrire et à narrer ; ma tante corrigeait mes extraits et lorsqu'elle était contente de mon travail, ma récompense était d'aller à la Comédie Française. Je jouissais souvent de ce plaisir. » « Elle regardait le spectacle comme une partie de l'éducation. » (I, VII, p. 27-28) Lorsqu'ils s'y rendent ensemble, le héros écoute le texte avec attention, sachant que « [sa] tante [lui] en demander [a] compte ». « Cette manière, dit-il, de m'amuser m'instruisit à rendre ce que [je] sentais. » Il y a donc cohérence entre l'enseignement mondain du théâtre, les lectures et les séances formatrices de la tante « philosophe ».

Il y a au contraire une pétulante et licencieuse ironie dans le système des éducatrices de l'*Histoire de la comtesse des Barres*. Il repose sur le travesti du héros qui, après la mort de sa mère, profite des pierreries qu'elle lui a laissées pour se « parer et faire la belle ». Car, dit-il, « depuis mon enfance, j'avais toujours aimé m'habiller en fille » (p. 3). C'est d'autant plus facile qu'il n'a point de barbe et qu'il se frotte d'une eau qui tue le poil à la racine. Mme de La Fayette, sa formatrice mondaine, l'engage à continuer et chez elle on s'exclame : « Ah la belle femme. » (p. 13) Il soutient ce rôle notamment dans ses relations avec un Prince qui, lui aussi, s'habille en femme. Malgré les reproches de M. de Montausier qui s'efforce de lui faire honte (I, p. 18), le héros décide de « demeurer trois ou quatre ans » dans une province « où il pourra faire la belle tant qu'il lui plaira ». À Bourges, il prend le nom de comtesse des Barres, achète un domaine et une maison et se fait d'abord à son tour l'éducatrice de Mlle de La Grise, sous prétexte de lui apprendre à coiffer puis celle de Mlle du Coudrai, fille de la lieutenante générale. Le récit s'attarde sur l'initiation de la première dans une « manière fort tendre » et totalement ambiguë. « Nos bouches étaient collées l'une sur l'autre. Je tins longtemps la petite fille entre mes bras et baisai sa gorge qui était fort belle. Je lui fis aussi mettre la main sur le peu que j'en avais afin qu'elle fût encore plus assurée que j'étais femme. » (III, p. 53) Le cri de sa véritable initiation fait lever la gouvernante mais la petite prétend que c'est une « crampe » et passe des « larmes de douleur » aux « larmes de plaisir » (*ibid.*). La comtesse des Barres complète cette initiation par l'apprentissage de textes dramatiques, d'abord *Polyeucte* (III, p. 65), puis *Cinna*. « La petite fille dit [ses scènes] à merveille et l'on convint que j'étais une bonne maîtresse mais aussi qu'elle était elle-même une bonne écolière. » (VII, p. 91) Ici s'arrête son rôle d'éducatrice. « Je n'avais que vingt-trois ans, je croyais être encore aimable et je voulais être aimée. » (IX, p. 124) Mais sa famille mécontente fait « cesser ce badinage » en l'envoyant à Venise où le jeu remplace chez lui ce goût du travesti. Curieuse éducatrice que cet abbé de Choisy déguisé par la fiction, travesti en femme et relayant l'influence de Mme de La Fayette ! L'intérêt romanesque du pseudo-authentique est ici à son comble. Curieux roman aussi !

Toutes ces fictions confirment le bien-fondé général des analyses de Fénelon et de Mme de Lambert. « Rien n'est plus négligé que l'éducation des filles », écrit le premier, « La coutume et le caprice des mères décident souvent de tout. » On donne peu d'instruction aux filles, or ce sont les femmes « qui ruinent ou contiennent les maisons », « règlent la vie domestique et décident de ce qui touche le plus près à tout le genre humain » (p. 3). « Si les mères les gâtent dès les premières années » (p. 4), elles causent grand mal » dans le monde par manque « d'une éducation qui leur inspire la vertu [17] » (*ibid.*). La seconde dit, de même et après lui, « on a, dans tous les temps, négligé l'éducation des filles […] comme si les femmes étaient une espèce à part ; on les abandonne à elles-mêmes, sans secours, sans penser qu'elles composent la moitié du monde [18] »(p. 95). En outre les gouvernantes à qui on les confie sont souvent néfastes. « Si vous laissez » votre fille, « à des femmes d'un esprit léger, mal réglé et indiscret » écrit Fénelon à une dame de qualité, « elles lui feront plus de mal en huit jours que vous ne pourriez lui faire de bien en plusieurs années [19] » (p. 144). Un esprit servile ne peut enseigner que grossièreté et superstition. Or le but de l'éducation des filles est de faire d'elles des femmes adaptées à la vie pratique correspondant à leur condition, y compris dans le domaine du droit, si c'est nécessaire, mais surtout à faire d'elles des chrétiennes, d'« une instruction solide » (p. 77), sans crédulité et capables de supporter la privation des biens d'ici bas car c'est le destin humain. Il faut « accoutumer doucement l'enfant à être privé des choses pour lesquelles il a témoigné trop d'ardeur afin qu'il n'espère jamais d'obtenir les choses qu'il désire [20] » (p. 14). Pour Mme de Lambert aussi « la religion seule calme tout et console de tout, en vous unissant à Dieu, elle vous réconcilie avec le monde et avec vous-même » (p. 97). Mais celle-ci a plus que Fénelon le souci de l'humanité sociale : « La morale n'a pas pour objet de détruire la nature mais de la perfectionner [21]. » (p. 119).

Toutefois on voit bien dans tous ces romans que l'absence d'éducatrices, ou la présence d'éducatrices de mauvaise qualité ou irresponsables est un meilleur ressort romanesque pathétique. Rappelons justement ici que Fénelon et Mme de Lambert, refusant aux jeunes filles le droit de lire des romans qui préparent trop à l'amour, leur proposent des lectures sérieuses, l'Histoire de France, l'Histoire grecque et romaine. Mme de Lambert y ajoute la philosophie cartésienne. Tous deux se méfient de l'italien, langue de l'amour et même Fénelon, de la poésie ou de l'éloquence qui peuvent « ébranler trop les imaginations vives ». Mieux vaut encore le latin tenu dans les bornes de la discrétion chez des esprits de qualité (p. 126-127 *passim*[22]). « C'est la langue de l'église, elle vous ouvre la porte à toutes les sciences » dit Mme de Lambert (p. 111 [23]).

Mais dans ces romans figurent des éducatrices qui ont réussi la formation morale des enfants qui leur ont été confiés (*Histoire de Mme de Gondez*). Il en est qui ont assumé toute l'éducation de leur enfant (*Cleveland*) mais c'est alors le monde extérieur avec ses disgrâces qui vient l'entraver par ses difficultés ou au contraire en enrichir et réformer l'étroitesse. Il est enfin un couple d'éducatrices qui parvient à une réussite paradoxale, fondée sur une parenté avec l'actualité philosophique et littéraire. Dans la société de Voltaire, déguisé en Lope de Vega, la tante du jeune Espagnol (Florian) et la Clairon font une démonstration brillante que lecture et théâtre peuvent être formateurs et se compléter harmonieusement.

NOTES

1. 1671-1674, *Mémoires d'Henriette Sylvie de Molière par Mme de Villedieu*, 1807, *Mémoires d'un jeune Espagnol* de Florian.
2. Comme l'ont bien démontré les travaux de René Démoris ainsi que nos « *Sœurs de Marianne, Suites, Imitations, Variations, 1731-1761* », Oxford 1991.
3. MARIVAUX, *La Vie de Marianne, Le Paysan parvenu*; Mme DE TENCIN, *Les Mémoires du comte de Comminge*; PRÉVOST, *Mémoires et aventures d'un homme de qualité*…
4. I. BROUARD-ARENDS, *Vies et images maternelles dans la littérature française du XVIIIe siècle*, Oxford 1991; Sandrine ARAGON, *Des liseuses en péril, Les images de lectrices dans les textes de fiction de la Prétieuse de l'abbé de Pure à Mme Bovary de Flaubert (1656-1856)*, P. FAUCHERY, *La Destinée féminine dans le roman européen du XVIIIe siècle*, 1713-1807, Paris 1972.
5. Voir I. BROUARD-ARENDS, *op. cit.*, p. 64 et suivantes. Voir aussi Aurélie DU CREST, *Modèle familial et pouvoir monarchique (XVIe-XVIIe siècles)*, Presses Universitaires d'Aix-Marseille, 2002, p. 160-161. Le père est « Roi et petit monarque en sa famille ». Au contraire, Locke distingue le pouvoir paternel (naturel et temporaire) du pouvoir politique royal (de convention).
6. POULLAIN DE LA BARRE, *De l'égalité des deux sexes, discours physique et moral où l'on voit l'importance de se défaire des préjugés*, Paris 1673.
7. I. BROUARD-ARENDS, *op. cit.*, p. 70-71 et suivantes.
8. COURTILZ DE SANDRARS, *Mémoires de LCDR*, Paris, 1687; ANONYME, *Mémoires du chevalier Hazard*, traduit de l'anglais, 1705; PRÉVOST, *Histoire de Des Grieux et de Manon Lescaut*, 1731; *Histoire de la jeunesse du commandeur de **** [1741], R. DÉMORIS, E. LEBORGNE (éd.), GF, 2005; DUCLOS, *Les Confessions du comte de * par lui-même à un ami*, Amsterdam, 1741; GALLI DE BIBIÉNA, *La Poupée*, 1747; DU LAURENS, *Imirce ou la fille de la Nature*, 1765; LE PRINCE DE LIGNE, *Amabile*, éd. Desjonquères.
9. Mme DE VILLEDIEU, *Mémoires de la vie d'Henriette Sylvie de Molière*, Paris, Barbin, 1671-1674; reprint de l'édition de 1702, groupe d'étude du XVIIe siècle, U. François Rabelais, Tours, 1977.
10. LONGCHAMP, *Mémoires d'une religieuse écrites par elle-même*, Amsterdam-Paris, 1766.
11. GAILLARD DE LA BATAILLE, *Histoire de la vie et mœurs de Mademoiselle Crosnel, dite Frétillon, écrite par elle-même, actrice à la comédie de Rouen, La Haye, aux dépens de la compagnie*, 1739-1762,

éd. utilisée, *Œuvres badines et galantes du Comte de Caylus, Radeville et Deschamps*, Paris, Bibl. des Curieux, 1921.

12. *Thérèse philosophe ou mémoires pour servir à l'histoire du Père Dirrag et de Mlle Eradice*, La Haye, 1748 ; Chevalier DE NEUVILLE DE BRUNAUBOIS MONTADOR, *Les Confessions de la baronne de *** écrites par elle-même et rédigées par le C.D.****, Amsterdam, 1743.

13. *Mémoires d'Anne-Maris de Moras, comtesse de Courbon, écrits par elle-même, adressés à Mademoiselle d'Au**, Pensionnaire du couvent du Cherche-Midi*, 4 parties, Pierre Dehondt, La Haye, 1739. Il s'agit d'une version romancée d'un fait divers juridique qui fit scandale. On reconnaît un aspect de ce que nous appelons le « contre-réalisme » de Mouhy (*Les Sœurs de Marianne, op. cit.*, conclusion).

14. Sur ces mécanismes de la lecture imitatrice, voir Sandrine ARAGON, *op. cit.*, notamment p. 132-140 ; 283-297 ; 317-335, etc.

15. MOUHY, *La Paysanne parvenue*, Paris, Prault, 1735-1736, La Haye, Néaulme, 1737 ; éd. utilisée, présentée par Henri COULET, Paris, Desjonquères, 2005 ; GAILLARD DE LA BATAILLE, *Jeannette seconde ou La Nouvelle Paysanne parvenue, par M. G. de La Bataille*, Amsterdam, Cie des libraires, 1744.

16. Mlle DE LUSSAN, *Histoire de Mme de Gondez*, Paris, 1725 ; PRÉVOST, *Cleveland*, 1731-1739, Amsterdam et La Haye, éd. utilisée : J. SGARD (éd.), PUG, t. II ; FLORIAN, *Mémoires d'un jeune Espagnol, publiés après sa mort en 1807*, éd. utilisée, préface et notes d'Honoré BONHOMME, librairie des Bibliophiles, 1883 ; Abbé DE CHOISY, *Histoire de la comtesse des Barres*, s.d., éd. utilisée : Éd. des Quatre Vents, 1945.

17. FÉNELON, *Éducation des filles (1681-1687)*, éd. utilisée : Octave Gréard, librairie des Bibliophiles, 1890, avec la *Lettre à une dame de qualité*.

18. Madame DE LAMBERT, *Avis d'une mère à sa fille*, in *Œuvres*, R. GRANDEROUTE (éd.), Paris, Champion, 1990.

19. *Lettre à une dame de qualité, éd. cit.*, p. 144.

20. *Éducation, op. cit.*, p. 14.

21. *Ibid.*, p. 97 et 119.

22. FÉNELON, *Éducation, op. cit.*, p. 126-127 *passim*.

23. Mme DE LAMBERT, *op. cit.*, p. 111.

DE MME DE MAINTENON AUX AUTEURS DE THÉÂTRES D'ÉDUCATION : AVATARS OU MUTATIONS DE LA « CONVERSATION PÉDAGOGIQUE »

Christine MONGENOT

Deux noms ont été fréquemment prononcés au cours de ces journées : celui de Mme de Genlis et celui de Mme de Maintenon. On perçoit évidemment à quel titre l'auteure d'*Adèle et Théodore* peut être mentionnée dans un colloque consacré aux « femmes éducatrices au siècle des Lumières ». La référence à Mme de Maintenon pourrait paraître plus inattendue dans un tel cadre, l'histoire littéraire la rattachant légitimement au XVIIe siècle.

Pourtant ce rapprochement est loin d'être incongru. Il se justifie tout d'abord par les intérêts que partagent Mme de Maintenon et Mme de Genlis : toutes deux n'ont cessé d'explorer le vaste champ de l'écriture pédagogique et se sont essayées à composer, parmi d'autres genres, un théâtre d'éducation favorablement accueilli par leurs contemporains mais aussi par les éducateurs du – voire *des* –, siècle(s) suivant(s) [1].

Mais cette communauté d'intérêts et de pratiques ne suffit pas à justifier que l'on privilégie Mme de Genlis lorsqu'il s'agit de construire un parallèle éducatif entre Mme de Maintenon et une éducatrice du siècle des Lumières. Si l'on se limite au champ théâtral, il serait ainsi tout aussi légitime d'explorer les parentés éventuelles entre le théâtre maintenonien [2] et celui composé par Mme Campan [3], ou celui retenu par Madame de La Fite dans son ouvrage intitulé *Entretiens, drame et contes moraux à l'usage des enfants* [4]. D'autres arguments doivent donc être avancés pour justifier ce rapprochement.

Le premier tient au fait que, chez ces deux éducatrices, le recours à la composition dramatique n'est nullement un hasard mais puise aux sources d'une expérience personnelle et mondaine. Ce facteur détermine certaines modalités de leur écriture pédagogique et doit donc, à ce titre, retenir l'attention.

Par ailleurs, chez Mme de Maintenon comme chez Mme de Genlis, l'écriture théâtrale ne doit pas être appréhendée sous le seul angle générique car elle a partie liée avec un projet éducatif plus vaste. En effet, ces deux pédagogues polygraphes ne limitent pas leur intérêt à la conception de textes dramatiques, elles en projettent aussi la réception précise dans le cadre d'une éducation qu'elles conçoivent globalement. Le rôle qu'elles assignent à la représentation, à la lecture ou au commentaire de leurs textes est-il identique ? Quelles incidences a-t-il sur l'écriture même ? Ces deux questions méritent d'être posées.

S'il fallait encore un dernier argument, il serait enfin légitime d'évoquer l'admiration explicitement vouée par Mme de Genlis à la personnalité et à l'œuvre de Mme de Maintenon. On sait que la gouvernante des enfants d'Orléans, non contente de se constituer en biographe de sa devancière[5], reprendra aussi de manière détaillée plusieurs principes de la pédagogie saint-cyrienne dans son *Discours sur la suppression des couvents*[6]*,* allant jusqu'à les proposer, à peine amendés, comme modèle pour une éducation féminine « publique » à la fin du XVIIIe siècle.

Certes, aucun témoignage de même nature n'existe à l'égard du théâtre composé par la fondatrice de Saint-Cyr. Mme de Genlis ne fait jamais référence aux textes créés par Mme de Maintenon, pas plus qu'elle n'évoque le mode de représentation que celle-ci a instauré dans la Maison Royale où il se pérennisera pourtant pendant tout le XVIIIe siècle. Silence surprenant chez une éducatrice d'un tel rang et que sont d'ailleurs loin d'observer d'autres éducateurs, contemporains de Mme de Genlis. Il paraît douteux qu'en parfaite connaisseuse des grandes sources historiographiques sur le siècle de Louis XIV, celle-ci ait ignoré une pratique et des textes que ses propres contemporains valorisent chaque fois qu'ils louent l'œuvre éducative de Mme de Maintenon[7] ou qu'ils décrivent Saint-Cyr et sa pédagogie spécifique[8].

Deux faits tendraient plutôt à faire penser que Mme de Genlis n'ignore pas ce théâtre. Tout d'abord une partie de ce modeste corpus dramatique a été publié, en 1757, dans un recueil intitulé *Les loisirs de Madame de Maintenon*[9]. L'ouvrage a livré au public le texte de 40 Conversations, soit une bonne part de l'un des deux genres dialogués explorés par Mme de Maintenon[10].

Par ailleurs, l'évocation précise de certains pans de la pédagogie saint-cyrienne dans le *Discours sur la suppression des Couvents*, suggérerait que Mme de Genlis a pu l'observer directement : a-t-elle été admise à visiter Saint-Cyr comme cela a été le cas pour d'autres pédagogues, jusque dans les dernières décennies du XVIIIe siècle encore[11]? Nul doute alors que la visite n'ait donné lieu à une représentation, dans les classes, des saynètes composées par Mme de Maintenon, car cette démonstration pédagogique constitue un véritable rituel lors des visites officielles.

L'absence d'éléments décisifs sur tous ces points interdit donc *a priori* de parler de filiation concertée entre les textes maintenoniens et le théâtre genlisien. D'autres facteurs sont d'ailleurs prépondérants pour expliquer le recours à l'écriture théâtrale chez l'éducatrice du siècle des Lumières, comme l'a fortement souligné Marie-Emmanuelle Plagnol[12] : l'expérience personnelle antérieure de Mme de Genlis, sa propre participation comme interprète à un théâtre de société et sa pratique très précoce de la composition dans ce cadre sont en effet déterminantes.

Ces constats n'interdisent pas en revanche d'observer, dans l'œuvre de Mme de Genlis, des résurgences, fortuites ou inspirées, de conceptions et de formes déjà explorées par sa devancière. Parallélismes ou divergences permettront peut-être de suivre, modestement, le fil ténu mais résistant d'une logique éducative féminine qui se joue du changement de siècle.

Un parallèle peut donc être esquissé entre le corpus maintenonien publié au XVIIIe siècle, c'est-à-dire les Conversations, et les premières pièces composées par Mme de Genlis, pièces à la fois chronologiquement et formellement plus proches du théâtre de sa devancière. Sont, à ce titre, particulièrement éclairantes des pièces comme *Les flacons* ou *La colombe*, jouées en société et interprétées par les deux filles de Mme de Genlis, mais encore *La Curieuse* ou *Les Dangers du monde*[13] représentées devant un public élargi.

Les Conversations maintenoniennes mettent fictivement en scène un cercle de jeunes filles – dans la plupart des cas des Demoiselles de Saint-Cyr – déjà assemblées ou s'assemblant pour débattre de questions morales. Au gré des entrées de nouvelles protagonistes, le cercle parfois s'élargit : les Demoiselles sont entre 4 et 6 dans chaque conversation et le groupe de pairs ainsi constitué coopère dans un même exercice d'investigation rationnelle. Les interlocutrices tentent en effet, par le jeu de la conversation, de clarifier certaines notions morales et de définir les comportements qui peuvent en découler.

Qu'advient-il donc de ce dispositif caractéristique du théâtre maintenonien[14] dans d'autres dialogues conçus pour édifier la jeunesse au XVIIIe siècle ? Perdure-t-il et sous quelle forme ? D'autres modalités apparaissent-elles dans un théâtre composé à un demi-siècle d'intervalle ?

Le recours au dialogue théâtral :
une foi commune dans les vertus pédagogiques de l'échange

Le détour par l'œuvre de Fénelon s'avère indispensable pour comprendre la primauté de la forme dialogique dans les œuvres respectives de ces deux éducatrices, le théâtre d'éducation n'étant que l'une des transpositions, dans l'ordre de la fiction littéraire, de cette hégémonie de la parole échangée. Il n'est pas nécessaire de rappeler ici le rôle déterminant joué, entre particulier, par le traité de *L'éducation des filles* dans la diffusion d'un modèle éducatif qui célèbre les vertus de l'échange[15] et de l'entretien, ainsi placés au cœur du processus d'apprentissage moral. Nos deux éducatrices ne font d'une certaine manière que s'approprier la préconisation de Fénelon selon laquelle « le moins qu'on peut faire des leçons en forme, c'est le meilleur ; on peut insinuer une infinité d'instructions plus utiles que les leçons mêmes dans des conversations gaies[16]. »

Mme de Maintenon ne cessera, en écho, d'inciter les maîtresses des Demoiselles de Saint-Cyr à établir cette indispensable interaction :

> Il ne faut point éviter d'entrer dans leurs jeux, dans leurs conversations, même dans leurs démêlés : il y a du bien à faire partout quand on le veut sincèrement, et tout cela fait partie de leur éducation[17].

On ne s'étonnera donc pas de retrouver, sous la plume fictive de la baronne d'Almane, l'évocation exemplaire de cette conduite pédagogique :

> En voiture, nous tâchons que la conversation ne soit pas sans fruit pour eux : cet art d'instruire les jeunes gens sans qu'ils s'en doutent, en causant familièrement avec eux, ce grand moyen si négligé dans les éducations communes, est peut-être le plus efficace et le plus utile de tous[18].

Ce postulat conduit les deux auteures à privilégier, dans leur écriture pédagogique, toutes les formes littéraires dérivées de l'oralité. Mme de Maintenon expose didactiquement le rôle de l'entretien individuel ou collectif dans sa correspondance, elle en propose une démonstration dans les Entretiens qu'elle conduit collectivement avec les Demoiselles de Saint-Cyr et qui, une fois transcrits, accèdent ainsi à leur tour au statut de textes littéraires dialogués[19] ; elle en livre enfin une représentation fictive à l'intérieur de son propre théâtre.

Dans la pédagogie de Mme de Genlis, le procédé connaît une déclinaison proche : *Les leçons d'une gouvernante à ses élèves*[20], intégralement construites pour organiser l'apologie d'une gouvernante idéale, insistent sur la mise en place stratégique de ces entretiens, discussions entre élèves suscitées par la gouvernante ou entretiens duels maître/élève dans lesquels elle retrouve le rôle d'accoucheuse des esprits. Mais, d'une certaine manière, toute l'écriture fictionnelle de Mme de Genlis est traversée par ce même principe structurant. *Adèle et Théodore* démultiplie ainsi la représentation des vertus du dialogue : la forme prise par l'ouvrage – un dialogue épistolaire – fait ainsi écho à un contenu dans lequel les entretiens éducatifs rapportés occupent une large place. Même les activités d'écriture proposées à titre d'exercice pédagogique miment, dans leur principe, la situation de dialogue argumentatif[21]. Enfin, en 1801 encore, et donc tardivement, la *Nouvelle méthode d'enseignement pour la première enfance*[22] livre 17 nouveaux dialogues, sans doute destinés à être lus plus que joués, et dans lesquels s'élabore aussi un contenu moral à travers un discours à deux voix.

Cette forme de redondance ainsi que les finalités convergentes de tous les genres explorés – dans tous les cas il s'agit d'édifier – justifient qu'ils soient d'ailleurs eux-mêmes constamment « mis en dialogue » dans une démarche éducative qui intègre la définition de leur réception. À Saint-Cyr, les Conversations sont jouées comme texte de façon autonome, lors de récréations ou de représentations de différents statuts, mais elles sont ensuite citées, commentées dans des Entretiens avec les Demoiselles et servent alors de références ou d'exemples dans un nouveau dialogue pédagogique, bien réel cette fois[23].

La fiction pédagogique *Adèle et Théodore* restitue une circulation du même type entre la représentation théâtrale et d'autres situations : la saynète théâtrale trouve ainsi sa place dans la stratégie de prévention morale que la Baronne d'Almane clarifie devant Adèle :

> […] par exemple pour votre habit de bal, je vous avais conseillé d'en préférer un bien simple ; *ma petite comédie de* La Colombe *avait paru vous inspirer même de l'aversion pour une parure si recherchée* ; et cependant, quand vous avez vu, chez Mademoiselle Hubert, un habit garni de fleurs, vous avez désiré d'en avoir un semblable ; *vous voyez* le succès qu'il vous a procuré…
>
> – Oh, c'en est fait, je n'aurai jamais d'habit garni de fleurs, et je ne mettrai jamais de rouge[24].

Une démarche éducative en trois temps est ainsi livrée par cette relecture explicative qui a, elle aussi, un rôle pédagogique : Adèle passe par l'expérience figurée de la représentation théâtrale préventive, puis par l'expérience réelle, avant de parvenir à un savoir moral construit à partir de la mise en relation des deux premières étapes. Cette stratégie d'apprentissage est enfin, elle-même, figurée dans une fiction littéraire qui en offre la mise en abyme. *Adèle et Théodore* organise ainsi la représentation d'une pédagogie de l'écho qui ne cesse de revendiquer une articulation forte entre toutes les situations éducatives conçues et qui pose comme un principe l'efficacité de la redondance.

Des jeux dialogués au dialogue théâtral : utilité de la fiction

La fiction dans un tel projet pédagogique n'a donc pas de réelle autonomie, quel que soit l'espace où elle se déploie, qu'il s'agisse des jeux enfantins organisés ou des dialogues dramatiques proposés à l'interprétation. Sa principale valeur réside dans sa rentabilité édifiante, dans sa portée formatrice.

À Saint-Cyr, Mme de Maintenon sanctionne ainsi avec force les « stupidités » ludiques auxquelles se livrent les Demoiselles pensionnaires :

> […] si vous étiez raisonnables, vous aimeriez mieux un jeu d'esprit qui en vous divertissant vous instruirait que ceux dont il ne vous revient aucune utilité ; quand vous auriez passé une heure à jouer « à quoi comparez-vous ma pensée », que vous en reste-t-il de bon ? Comment voulez-vous qu'on puisse se tirer avec esprit d'un jeu où il n'y a aucune raison[25] ?

À l'inverse, si elle tolère un jeu comme celui intitulé « à la madame[26] », c'est précisément parce qu'elle entrevoit une possibilité de le faire dériver vers un possible apprentissage langagier, ainsi qu'elle l'indique au marquis de Dangeau en charge de la jeune duchesse de Bourgogne :

> Le jeu à la Madame peut l'accoutumer à la conversation et à bien parler, les proverbes à entendre finement… enfin tout me paraît bon, et d'autant plus qu'elle fait toutes ces choses-là avec des personnes raisonnables qui peuvent l'instruire en la divertissant[27].

Cette orientation du jeu rejoint un des objectifs que l'Institutrice assigne aussi à ses propres Conversations lorsqu'elle les compose : fournir aux jeunes pensionnaires une matrice conversationnelle. La densité des formules exprimant le compliment, le remerciement, mais aussi l'excuse ou l'objection polie est considérable dans ces textes qui sont conçus comme des exercices de civilité au même titre que le jeu spontané.

La mention de ce jeu n'est pas anodine : un siècle plus tard Mme de Genlis exploitera cette fois toutes les possibilités déjà pressenties par Mme de Maintenon. Elle déclinera le jeu dans le xve et dernier dialogue de la *Nouvelle méthode d'enseignement pour la première enfance* (1801), poussant à l'extrême son fonctionnement en l'appliquant à toutes sortes de contenus – enseignements étroitement domestiques mais aussi écriture ou calcul[28]. On pourra objecter que cet écrit pédagogique est tardif mais il ne constitue en fait que la radicalisation théorisée d'une pratique dont on trouve déjà un témoignage dans *Adèle et Théodore*. Évoquant ce même jeu, la Baronne d'Almane écrit à sa correspondante :

> Ce jeu, par mes soins, est devenu un vrai cours de morale ; j'invente les plans, et vous imaginez bien que les petits sujets que je leur donne ne peuvent développer que des sentimens honnêtes, et qu'une bonne action en forme toujours le dénouement. Le fils de Mme de Valmont se mêle à ces jeux, et très souvent on m'y donne à moi-même un rôle que je joue, je vous assure, aussi bien qu'il m'est possible [29].

Les termes de « plan » ou « de dénouement » utilisés ici pour évoquer la conception du jeu par l'éducatrice pourraient parfaitement convenir à celle d'une composition dramatique. Par ailleurs en retenant pour le jeu des « sujets » susceptibles de « développer des sentiments honnêtes », Mme de Genlis explicite un principe de composition qui est déjà et demeurera celui de son théâtre d'éducation.

Le jeu dialogué et le dialogue théâtral relèvent donc d'une même stratégie de composition : il s'agit pour leurs auteures d'organiser de manière précise les conditions d'une projection dans un rôle pour permettre à l'enfant de s'approprier les contenus moraux mis en jeu dans la situation. La conception d'un théâtre qui offre à ses actrices l'occasion de jouer des rôles féminins préalablement définis et de s'identifier à eux obéit finalement au même principe que ce jeu de rôle apparemment spontané mais en fait bien encadré.

Il faut sans doute restituer derrière cette valorisation de la pratique ludique dont le dialogue théâtral constitue un aboutissement, une foi commune dans les vertus de la fiction, fiction conçue comme préparatoire à la rencontre avec le réel, ainsi que nous l'observions plus haut.

Chez Mme de Maintenon ce postulat est d'autant plus fort que les pensionnaires de la maison Royale de Saint-Cyr, pour lesquelles elle compose ses saynètes, sont coupées du monde pendant une scolarité qui, en principe, dure treize années consécutives : les fillettes éduquées dans l'institution de sept à vingt ans ne reçoivent en principe les visites des parents qu'aux « quartiers », c'est-à-dire tous les trois mois, et les sorties ne sont tolérées qu'à titre tout à fait exceptionnel. La fiction dramatique constitue donc une réponse à la contrainte institutionnelle en proposant une expérience substitutive d'une rencontre avec le réel longtemps différée.

En ce sens la représentation des Conversations à Saint-Cyr va bien au-delà d'un simple divertissement ou de l'appropriation d'un contenu moral dialogué. Les Demoiselles personnages des Conversations le rappellent explicitement, à l'intérieur de la représentation littéraire, lorsqu'elles soulignent les vertus de la parole échangée :

> Floride : [...] nous faisons quelque observation ; on nous écoute, on y répond : nous disons des choses pleines de raison et de vérité.

Euphrosine : Notre esprit s'éclaire *sur des choses que nous n'aurions peut-être jamais connues, ou du moins qui ne nous seraient venues qu'après une longue expérience*

Éléonore : Non seulement notre esprit s'élève, mais notre cœur se forme à toutes sortes de vertus [30].

Certes, le cadre éducatif qui sert d'arrière-plan à la pensée de Mme de Genlis n'est pas celui d'une rupture avec le monde, au contraire : les destinataires projeté(e)s pour son théâtre ne vivent pas au couvent mais sont en prise avec des formes concrètes de sociabilité. Pourtant l'éducatrice partage avec sa devancière la conviction que le passage par la fiction, par l'expérience fictive dans le cas du théâtre, peut constituer une alternative à une expérience non pas interdite cette fois, mais consommatrice de temps parce que cumulative. La fiction dramatisée constitue donc un relais de l'expérience réelle chez Mme de Genlis, ou plutôt elle prédispose l'élève à tirer un profit moral de l'expérience réelle à venir.

De ce point de vue l'écriture de dialogues théâtraux à des fins édifiantes paraît donc en parfaite harmonie avec un projet pédagogique qui organise l'ensemble de la stratégie d'éducation comme un petit théâtre, ainsi que l'explicite plus tardivement la *Nouvelle méthode d'enseignement* :

Oui, l'éducation peut nous donner jusqu'à l'expérience en composant un plan de scènes fictives et successives selon les âges, qui ferait passer l'élève abusé par une certaines quantité d'épreuves. C'est une idée neuve, de très facile exécution, et que je crois avoir passablement bien développée dans *Adèle et Théodore* [31].

Mme de Genlis semble ainsi franchir un pas en deçà duquel la pédagogie maintenonienne se maintient : elle organise une pédagogie d'essence dramatique et préalablement concertée, là où l'Institutrice de Saint-Cyr se contente souvent de saisir les occasions et les situations pour leur donner un plein rendement moral.

Cependant cette différence au plan de leur pédagogie générale n'intervient plus lorsque l'on s'attache à la composition de leur théâtre : celui-ci est aussi concerté chez Mme de Maintenon que chez la gouvernante des enfants d'Orléans et ce sont donc bien deux écritures dialoguées fortement intentionnelles qu'il s'agit alors de mettre en parallèle.

Les possibilités offertes par le dialogue dramatique : usages communs et variations

Chez Mme de Maintenon l'écriture du dialogue théâtral est d'abord modélisée par la pratique de la conversation mondaine, comme joute argumentative et processus pacifiant[32]. Les dialogues dramatiques qu'elle compose sont donc fortement marqués par cette source : le propos édifiant s'y trouve mis en forme dans un échange entre des pairs qui développent un principe de collaboration. Cet idéal rhétorique domine la fiction et la structure intégralement dans les Conversations.

Le premier théâtre de Mme de Genlis se construit, lui, en référence à un théâtre de société et se ressent de cette inspiration première : le dialogue à visée purement édifiante ne saurait y occuper tout l'espace dramatique mais il réapparaît dans les interstices d'une trame dramatique qui est elle aussi porteuse d'enseignement.

Ces différences posées, la finalité édifiante détermine néanmoins – totalement chez Mme de Maintenon, partiellement chez Mme de Genlis – l'économie d'un dialogue dramatique conçu pour livrer un message moral clair et sans ambiguïté.

Chez l'une comme chez l'autre, le dialogue théâtral ne saurait demeurer ouvert : il se clôt nécessairement par un propos fort, définition univoque ou rappel à l'ordre. La fin de la pièce intitulée *La colombe* fournit un exemple du procédé :

> Amélie : [...] Non, non Rosine a trop d'esprit pour ne pas sentir que la délicatesse qui va jusqu'à la défiance est un tourment pour celle qui l'éprouve, et la plus mortelle injure pour celle qui la fait naître. Songez-y bien, chère Rosine, et répétez-vous que l'amitié ne peut exister sans l'estime et la confiance.

L'écriture maintenonienne souscrit aux mêmes exigences de clarté dans les Conversations : si le débat semble rester en suspens, le propos final vient définitivement mettre un terme à cette incertitude. Ainsi, lorsque dans la Conversation « Sur les égards », et alors qu'une Demoiselle constate : « Il faut donc nous séparer sans avoir trouvé le secret de vivre sans contrainte », sa consœur apporte immédiatement un correctif :

> Vous le chercheriez inutilement : nous avons tous des défauts, des humeurs ; il faut se ménager pour vivre en paix, et les plus aimables sont ceux qui ont beaucoup d'égards pour les autres, et qui en demandent peu pour eux[33].

Fiction destinée à préparer une lecture adéquate du monde, le dialogue théâtral est par ailleurs le lieu de sa peinture anticipée. Le dispositif des personnages sert donc cette fonction descriptive : ils sont répartis entre quêteurs d'information et informateurs, ce qui permet de légitimer de véritables comptes rendus sur l'univers qu'il s'agira de fréquenter et dans lequel il faut apprendre à se comporter.

Cette description peut être très concrète, dans certaines Conversations maintenoniennes : elle permet d'imaginer la vie d'une jeune fille en famille ou celle d'une jeune mariée, les différentes situations que projettent les jeunes pensionnaires comme celles qu'elles rencontreront effectivement[34]. Le même prosaïsme se retrouve chez Mme de Genlis, mais pour évoquer cette fois, les contraintes et la frivolité de certaines occupations mondaines : tel est le sens de la longue évocation du véritable harnachement que doit subir Zélis avant de se rendre au bal dans *La colombe*[35] et de son récit témoignage sur l'expérience qu'elle vit ensuite.

Dans d'autres cas cette peinture se fait plus abstraite, la représentation empruntant un langage qui frise l'allégorie. Dans la comédie *Les flacons,* c'est la mère, Mélinde, qui se trouve investie de cette fonction descriptive préventive :

> Mélinde : Quand vous connaîtrez le monde, vous saurez mes enfants, comme on doit compter sur ses louanges.
>
> Cénie : Ah ! Si le monde est menteur, je ne l'aimerai pas.
>
> Mélinde : Il faut le connaître, s'en défier ; ne le point haïr, parce qu'il faut y vivre, et s'en faire estimer parce qu'il nous juge.
>
> Iphise : S'il est trompeur, je le fuirai.
>
> Mélinde : Il ne trompe que ceux que l'amour-propre aveugle, les sots ou les fous. Il est injuste quelque fois, mais il revient de ses préventions. Il est plus léger que méchant, plus frivole que dangereux : enfin il n'est pas méprisable ; car toujours il honore, il respecte la vertu[36].

La description faite par Mélinde est déjà, on le voit, au-delà de la simple description, une mise en forme allégorique et critique du monde observé : dans les Conversations saint-cyriennes, des Demoiselles, plus sages que les autres, se livrent au même exercice, quoique dans des termes plus sombres[37]. On pourrait multiplier les exemples de ce procédé commun que le théâtre d'éducation du XVIIIe siècle ne cessera de reproduire et même de systématiser au point d'en surcharger le dialogue théâtral et de la faire basculer dans une peinture du monde lourdement didactique.

Mais la description n'est pas le seul procédé mis en jeu dans le dialogue édifiant. Préparer les jeunes filles à la rencontre avec le monde suppose un « outillage » moral, une conscience claire non seulement des comportements à adopter mais surtout des valeurs et des vertus qui les fondent. Le propre de l'éducation pour Mme de Maintenon comme pour Mme de Genlis est donc aussi de permettre d'accéder à la définition d'un certain nombre de concepts moraux. Or les modalités de cet accès ne sont pas identiques dans les Conversations maintenoniennes et dans le dialogue théâtral genlisien.

Dans l'écriture maintenonienne, cette quête notionnelle suppose la mise en œuvre d'un processus distinctif qui permet d'élaguer les fausses représentations, de différencier des termes proches, etc. Dans la Conversation « Sur la bonne humeur », celle-ci sera par exemple définie par opposition à l'esprit :

[...] l'esprit peut plaire davantage en passant, il donne des plaisirs plus vifs ; mais pour vivre ensemble, l'humeur est préférable à tout.

Une telle élaboration, rigoureusement conduite constitue l'un des principes fondateurs de l'éducation saint-cyrienne, comme le rappelle une Demoiselle personnage dans la Conversation « Sur l'éducation de Saint-Cyr », sur le mode de la critique. La Demoiselle déplore le temps passé à « examiner ce que c'est que l'indiscrétion, quelle différence il y a d'un bon esprit à un bel esprit, et une infinité d'autres choses qu'on nous apprend[38] ».

Dans la Conversation « Sur l'envie », une Demoiselle établit aussi, dès la deuxième réplique, le principe d'une distinction entre l'émulation et l'envie :

Sophie : Je les crois pourtant très différentes.

Marcelle : Dites-nous ce que vous en pensez.

Sophie : L'envie consiste à être fâchée du bien qu'on voit dans les autres...

Le dialogue théâtral offert par chacune des Conversations maintenoniennes met précisément en scène ce processus d'élaboration progressive, qui conduit au classement et à la hiérarchisation des conduites.

Le dialogue genlisien, lui, n'offre plus que quelques interstices à l'expression d'une telle quête, et surtout, le contenu moral final s'y trouve fréquemment délivré plus que construit. Ainsi, dans la comédie *Les flacons,* la question initiale de Cénie — « Maman, expliquez-moi ce que c'est que d'être méchant, je ne le comprends pas bien » — enclenche-t-elle un processus de définition. Mélinde en pose le premier terme :

Ma fille un méchant c'est un mauvais cœur, incapable d'aucune espèce de sensibilité, qui n'aime rien...

La réaction de sa fille conduit alors à affiner cette première ébauche :

Mélinde : Les méchans sont rares mais les méchancetés sont communes ; elles sont produites ordinairement par le défaut d'esprit, par le désœuvrement et la légèreté.

Iphise : Quoi ! L'on peut faire des méchancetés sans être méchant ?

Mélinde : C'est ce qui arrive tous les jours[39].

Mais, à partir de là, le contenu de morale abstraite n'est guère plus exploré car le travail de définition par distinction ne saurait fonctionner avec l'ampleur que lui donne, chez Mme de Maintenon, le modèle rhétorique sous-jacent.

En effet, dans les saynètes maintenoniennes la portée édifiante ne réside pas seulement dans une norme morale à intérioriser mais dans l'appropriation du mode de raisonnement qui conduit à ladite norme. La conversation dramatique entend fournir une représentation exemplaire de ce cheminement, et c'est cet *exemplum*-là – véritable mode de conduite intérieur – que les Demoiselles sont censées transposer et mettre en œuvre dans leur existence à venir.

Un tel projet implique le déploiement de toute une rhétorique argumentative à l'intérieur du dialogue théâtral, la dynamique de l'élucidation rationnelle étant servie par une distribution de personnages statutairement égaux : cette égalité superficielle fonde la fiction d'une confrontation des points de vue même si, au terme de l'échange, tous ceux-ci se réduiront à une position unique, vérité dominante présupposée latente depuis le début du dialogue[40].

Autre clivage net, dans le dialogue genlisien évoqué, l'apport argumentatif de l'enfant est inexistant : son discours n'est qu'un étayage du propos adulte puisque c'est la mère qui possède et délivre progressivement le savoir moral[41].

Plusieurs interprétations peuvent être avancées à ce glissement : la première ferait référence au contexte d'écriture et aux destinataires effectifs du théâtre composé, c'est-à-dire un petit phalanstère dans lequel la mère – ce sera aussi plus tard la gouvernante – écrit pour ceux qu'elle éduque elle-même. Il y aurait ainsi une certaine relation entre les fonctions remplies dans l'ordre du réel et la place conquise dans l'ordre de la fiction.

Mais plus profondément, ce changement de perspective marque peut-être aussi la fin d'un primat de la rhétorique, son abandon par l'écriture pédagogique, y compris dans des formes qui constituaient déjà de profondes adaptations de la grande rhétorique, comme c'était le cas avec les Conversations maintenoniennes.

Dans un théâtre plus nettement inspiré par les formes du théâtre de société et qui en intègre quelques ressorts, la définition comme la peinture morale quittent en effet le champ de la rhétorique argumentative : elles deviennent susceptibles d'être prises à contre-pied, retournées et c'est précisément leur échec que l'on retrouve au service d'une logique dramatique qui vise l'effet comique. Tel est le cas dans *L'enfant gâté*, lors du dialogue qui oppose Toinette et Lucie et où il est question de brosser le portrait d'une pédante :

> Toinette (à Lucie) : Mais Mademoiselle, oserais-je vous demander en quoi elle est pédante ?
>
> Lucie : En quoi ? Mais en tout.
>
> Toinette : Mais ayez encore la bonté de m'en citer quelques traits

Lucie : Eh, je vous en citerai mille.

Toinette : Hé bien, un seulement.

Lucie : Mais elle a un maintien pédant, une certaine manière de pincer la bouche et d'entrer dans une chambre… Tenez, voulez-vous la voir ?… la voilà…

Dorine (riant) : Ah, parfait, parfait, c'est elle-même… Encore, je vous en prie.

L'inanité de ce portrait qui finit d'ailleurs par le mime suggère en filigrane une autre définition de la pédanterie mais qui n'est ici que suggérée alors que la Conversation maintenonienne sur un sujet identique ne saurait, elle, se satisfaire d'une telle « incertitude[42] ». De plus, dans cette scène, la fausse définition de Lucie dessine en retour celle de l'enfant gâtée pleine de préjugés, qu'elle est finalement. Le message moral se déporte ainsi d'une définition qui serait portée par le discours explicite et construit des personnages vers une autre définition implicite celle-là, et que la raillerie de Toinette permet de restituer encore un peu plus nettement :

Lucie : Toinette est fâchée, elle ne rit pas.

Toinette : J'écoute, je regarde et je m'instruis. Je me faisais une toute autre idée de la pédanterie : je croyais qu'elle consistait surtout à chercher les occasions de briller, de faire des citations et de décider hardiment ; mais votre définition est beaucoup plus simple… avoir la poitrine délicate et s'asseoir sur le bord de sa chaise, voilà ce qui fait une pédante : je m'en souviendrai.

Le jeu de la raillerie dans le dialogue théâtral pourrait d'ailleurs, en surface, représenter un point de convergence entre deux théâtres qui relèvent chacun d'une pédagogie du sourire dont on retrouve déjà l'inspiration chez Fénelon[43].

Dans les Conversations maintenoniennes, le propos railleur remplit cependant plusieurs fonctions : il permet tout d'abord, à l'intérieur du dialogue, de désamorcer la lourdeur du message moral. Il intervient de manière rétroactive, comme un commentaire porté sur l'échange sérieux qui vient de se tenir : « Je ne croyois pas que les toiles peintes nous menassent à tant de réflexions sérieuses[44] », ironise une Demoiselle tandis que l'autre s'étonne faussement « Je n'aurais jamais cru qu'on apprît à la cour à devenir philosophe[45] », ou bien encore : « À ce que je vois vous aimez les femmes ménagères[46]. »

La raillerie anticipe alors au cœur du texte la réaction éventuelle du destinataire, en l'occurrence le lecteur ou l'auditeur qui pourrait juger le contenu du message excessif ou son exposé pontifiant : portée par l'une des protagonistes, la critique virtuelle se voit ainsi privée d'aliment et l'efficacité du texte renforcée par son auto-commentaire.

Mais dans la Conversation maintenonienne la raillerie peut aussi devenir une pièce du dispositif argumentatif : elle peut aller ainsi jusqu'à l'énoncé d'un paradoxe qui détruit la validité de la position défendue par un personnage : c'est Anastasie déclarant dans la conversation « Sur l'ajustement » : « il faut donc être malpropre pour être estimée » ou Aglae et Mélanie se lançant dans la surenchère paradoxale dans la Conversation « Sur la dévotion » :

> Aglae : J'aime à plaire à mes maîtresses ; je vais *donc* tâcher de les fâcher.

> Mélanie : J'aime à vivre avec douceur, je vais *donc* tâcher de me mettre en colère.

Variée dans ses procédés comme dans ses fonctions, la raillerie trouve donc dans l'écrit pédagogique un nouveau lieu d'exercice ; elle participe de l'illusion de naturel que l'ancrage du dialogue ou son cheminement s'efforce aussi d'installer. Mme de Genlis, comme Mme de Maintenon y recourra fréquemment mais parfois surtout pour peindre une certaine psychologie féminine [47]. La raillerie devient alors un élément de la caractérisation du personnage, là où elle est, dans le dialogue maintenonien, un élément de l'argumentation morale.

L'écriture pédagogique dialoguée : un art féminin du détournement ?

Le dialogue théâtral que construit Mme de Genlis à des fins édifiantes fait disparaître un idéal classique encore perceptible chez Mme de Maintenon et qui investit la forme rhétorique elle-même d'une portée modélisante ; simultanément disparaissent aussi les objectifs d'apprentissage linguistique étroitement ciblés qui commandent l'écriture des textes destinés aux Demoiselles de Saint-Cyr.

Le changement des conditions de réception – un théâtre de société qui ne mobilise que quelques actrices au lieu d'un théâtre scolaire en milieu fermé qui s'adresse à un grand nombre d'élèves – explique cette évolution des formes et des personnages : au dialogue de pairs se substitue largement un dialogue hiérarchique mère/enfant avec plusieurs variations : maître/élève, jeune fille avertie/jeune fille à former.

Mais, quelles que soient les différences observables dans le fonctionnement de leurs dialogues dramatiques, ces deux éducatrices mobilisent au service de l'écriture pédagogique des capacités, qui ne sont pas seulement d'ordre scriptural. Elles réinvestissent là des talents qu'elles ont toutes deux rodés en pratiquant tous les aspects de la sociabilité mondaine à un siècle d'intervalle : leur participation au « loisir mondain » pour reprendre le terme d'Alain Génetiot [48], a développé chez elles une connaissance de petits genres mais aussi de codes qu'elles sont aptes à réutiliser, mais en les adaptant, en les déformant ou en les parodiant.

Mme de Maintenon, comme Mme de Genlis ont été des actrices de tout premier plan dans ces cercles : les formes de badinage qu'elles y ont pratiquées l'une et l'autre s'inscrivent d'ailleurs dans une continuité : entre le *Couvent* que Mme de Maintenon reconstitue à la Cour, et par jeu, pour métaphoriser la notion de cercle amical et dévot et l'Ordre de la Persévérance institué par Mme de Genlis[49], l'inspiration est la même.

On conçoit aisément que les aptitudes développées dans ces cercles à des fins de reconnaissance par les pairs se trouvent logiquement réinvesties dans l'écriture pédagogique avec, cette fois, un objectif d'efficacité pédagogique. Ce nouvel enjeu conduit Mme de Maintenon, dans ses Conversations, à se ressaisir des formes d'une rhétorique mondaine directement pratiquées dans les cercles précieux[50] ; le même projet conduit Mme de Genlis à réinvestir la forme de la petite comédie de société pour la lester d'un contenu moral.

Dans les deux cas, le projet édifiant crée parfois de réelles tensions dans une écriture qui prétend adapter des formes conçues pour un autre usage : les auteurs des théâtres d'éducation seront tous confrontés à cette recherche d'un équilibre instable entre discours édifiant et logique dramatique.

Mais sur un autre plan, cette capacité à détourner des formes, à les réinvestir à d'autres fins nous paraît très caractéristique d'une écriture pédagogique féminine qui, loin de se glisser dans les formes majeures de la littérature morale – l'essai, ou le traité par exemple – ne réinvestit pas davantage d'autres formes majeures de la littérature comme la tragédie[51], mais s'emploie à faire dériver des formes mondaines une littérature morale buissonnière et de dimension modeste, façonnée par une « ingéniosité[52] » acquise dans l'expérience mondaine. En ce sens, comme femmes et comme auteures – même si Mme de Maintenon se défend vivement de revendiquer ce statut – toutes deux se situent au point d'articulation entre des genres ailleurs pratiqués et une écriture pédagogique qui tente, au XVIIIe siècle encore, de s'inventer.

NOTES

1. Sur la faveur des textes maintenoniens au XIXe siècle par exemple, on se reportera à la communication de B. BRAY, « Autour de Françoise d'Aubigné, marquise de Maintenon », *Albineana*, 10-11, Niort, 1988, Association des amis d'Agrippa d'Aubigné, 1999.
2. Le terme de « théâtre » englobe ici une série de 40 Proverbes dramatiques et de 56 Conversations, saynètes édifiantes dialoguées et composées pour être jouées par les pensionnaires de la Maison Royale de Saint-Cyr. La composition de ces textes s'échelonne entre 1687 et 1718.

3. *De l'éducation, suivi des conseils aux jeunes filles, d'un théâtre pour les jeunes personnes et de quelques essais de morale*, publiés par M.-F. BARRIÈRE, Paris, 1824 ; édition nouvelle et augmentée, Paris, 1824.

4. *Entretiens, drames et contes moraux à l'usage des enfants*, La Haye, 1778.

5. *Madame de Maintenon, pour servir de suite à l'Histoire de la Duchesse de La Vallière, par Mme. de Genlis, 3ᵉ édition, revue et corrigée par l'Auteur*, Paris, Cellot, 1806.

6. *Discours sur la suppression des couvents de religieuses et sur l'éducation publique des femmes*, par Mᵐᵉ de Brulart, ci-devant Mᵐᵉ de Sillery, Gouvernante des Enfans de la Maison d'Orléans, Paris, chez Onfroy, 1790. Saint-Cyr y est largement décrit et présenté comme « une ingénieuse et sage institution [qui] prépare, pour le bonheur de la Société, des femmes éclairées et vertueuses, & d'excellentes mères ».

7. Lors de la fête séculaire de Saint-Cyr, en 1786, plusieurs des éloges consacrés à la fondatrice s'attardent sur ses compositions dramatiques, qu'il s'agisse du discours du Père Lenfant ou de celui de l'abbé Du Serre Figon (*Discours pour la fête séculaire de la Maison Royale de Saint-Cyr, prononcé dans l'Église des Dames de St-Louis, le 27 juillet 1786, dédié à son A.R. Mᵐᵉ Elizabeth de France, Sœur du Roi*, Paris, de l'imprimerie de Clousier, chez Berton/Lesclapart, 1786, Approb. du 28 septembre 1786, p. 23).

8. Antoine de Caraccioli décrit cette pratique dans *La vie de Madame de Maintenon, Institutrice de la Royale Maison de Saint-Cyr*, Paris, chez Buisson, 1786. Un auteur édifiant comme Pierre Collet en préconise encore l'introduction dans les établissements féminins d'éducation à la fin du XVIIIᵉ siècle (Cf. *Recueil d'histoires édifiantes pour servir de lecture aux jeunes personnes de l'un et l'autre sexe. Nouvelle Édition, revue, mise en ordre, & considérablement augmentée. Par M. Collet, Prêtre de la Congrégation de la Mission, Docteur en Théologie, à Paris, chez la Vᵛᵉ Duchesne*, 1767, p. 411-412).

9. *Les loisirs de Madame de Maintenon*, Londres ; Paris, Duchesne, 1757, *in*-12, p. 359.

10. L'édition opère volontairement une sélection parmi les Conversations déjà composées à l'époque, organise les textes à partir de notions susceptibles d'intéresser le public en ce milieu du XVIIIᵉ siècle (« la société », « la raison ») et adoucit quelques formulations socialement marquées et donc datées. Les échos de cette publication dans le *Journal de Trévoux* en mars 1757 et les débats sur l'authenticité des textes, n'ont pu laisser cette parution passer inaperçue ; mais il est vrai que la future Mᵐᵉ de Genlis n'a alors qu'une dizaine d'années.

11. Parmi d'autres visiteurs souvent cités, Antoine de Caraccioli bénéficiera ainsi d'une telle faveur en 1784 et s'en fera l'écho dans une « Lettre de l'Auteur, sur la Maison Royale de Saint-Cyr, à Madame la Comtesse de *** », insérée à la fin de *La vie de Madame de Maintenon, op. cit.*, p. 501.

12. *Madame de Genlis et le théâtre d'éducation au XVIIIᵉ siècle*, Studies on Voltaire and the Eighteenth Century, Voltaire Foundation, Oxford, vol. 350, 1997.

13. Mais, à l'inverse, une autre série de textes tardifs, permettra de montrer la longévité de certains choix ou de certaines conceptions : ainsi les 17 dialogues présents dans la *Nouvelle méthode d'enseignement pour la première enfance…*, Imprimerie de Crapelet, Paris, 1801. Les différentes pièces sont citées d'après l'édition suivante : *Théâtre à l'usage des jeunes personnes*, Paris, M. Lambert et F.-J. Baudoin, 4 vol., 1779-1780, 522 ; 463 ; 435 ; 411 p.

14. On le retrouvera aussi dans les Proverbes, bien que cette catégorie de saynètes propose une intrigue minimale, construite autour d'un adage qu'elle est censée illustrer ou traduire dans

une « action ». Quoique plus proches à ce titre d'une petite comédie, les Proverbes sont parfois phagocytés par le genre de la Conversation tel qu'il est mis en place dans les textes éponymes.

15. *L'Éducation des Filles* a largement valorisé la conduite de l'entretien entre maître et élève en soulignant l'effort de mise à niveau du maître par rapport à son interlocuteur enfantin.

16. Chapitre V, « Instructions indirectes: il ne faut pas presser les enfants », in *De l'éducation des filles* [1687], Bassompierre, Paris, 1771, p. 34.

17. Entretien LVI, « Avec les Dames de Saint Louis », novembre 1706, in *Lettres et Entretiens sur l'éducation des filles,* T. Lavallée éd., Paris, Charpentier, 1854, 2 vol., p. 235.

18. *Adèle et Théodore, ou Lettres sur l'éducation, Contenant tous les principes relatifs aux trois différents plans d'éducation des Princes et des jeunes personnes de l'un et l'autre sexe,* introduction, édition, index et notes par Isabelle BROUARD-ARENDS, Presses Universitaires de Rennes, 2006, Tome second, Lettre XXXIII, La même (baronne) à la vicomtesse, p. 355.

19. Ces Entretiens, transcrits par les Dames de Saint-Louis maîtresses des classes à Saint-Cyr, ont été « révisés » par Mme de Maintenon elle-même. La plupart sont rassemblés dans les *Lettres et Entretiens sur l'éducation des filles,* (voir note 18); quelques-uns figurent aussi dans les *Lettres historiques et édifiantes,* T. Lavallée éd., Paris, Charpentier, 1856, 2 vol.

20. Le titre intégral de l'ouvrage est: *Les Leçons d'une gouvernante à ses élèves ou Fragmens d'un Journal, qui a été fait pour l'Éducation des Enfans de Monsieur d'Orléans,* par Madame de Sillery-Brulart, Gouvernante de Monsieur d'Orléans, Paris, Onfroy, 1791, 2 vol.

21. Tel est le cas pour l'exercice d'écriture proposé à Adèle et dans lequel il s'agit de rédiger une lettre de réponse aux positions développées par sa mère: l'échange rédigé apparaît bien comme une autre situation de dialogue.

22. Le titre complet est *Nouvelle méthode d'enseignement pour la première enfance par Mme de Genlis*; Impr. de Crapelet, Paris, 1801.

23. Dans un entretien de 1716 à la classe jaune, Mme de Maintenon renvoie ses auditrices à la conversation « Sur l'indiscrétion » (*Entretiens sur l'éducation des filles, op. cit.,* Entretien LXXVI, p. 332); dans un autre entretien, inédit celui-là et intitulé « De la manière de parler raisonnablement », l'Institutrice explicite les intentions qui ont guidé la composition de la conversation « sur le mensonge » et précise: « […] c'est ce qui m'a fait mettre des sentiments si différents dans ces conversations surtout en celle du mensonge ».

24. *Adèle et Théodore, op. cit.,* p. 256. C'est nous qui soulignons. Le rôle de la saynète dramatique avait déjà été mentionné plus haut: « Adèle, *prévenue* par la petite comédie de *La Colombe,* n'avait qu'une médiocre envie d'aller au bal. » (*ibid.,* p. 243)

25. 52e instruction, « Des jeux d'esprit », in *Copie des instructions de Madame de Maintenon,* Bibliothèque de l'Institut Catholique, Manuscrit 243, p. 558 *sq.*

26. « Instruction aux Demoiselles de la classe verte », *Sur les jeux d'esprit,* octobre 1705, *Entretiens sur l'éducation des filles, op. cit.,* Entretien XLIX, p. 196-197.

27. Lettre du 26 octobre 1696, à M. le Marquis de Dangeau (*Lettres de Mme de Maintenon,* éd. par Marcel LANGLOIS, t. V. Dans un autre entretien aux Dames de Saint-Louis Mme de Maintenon concédera même une variante religieuse du jeu, à condition que cela ne conduise pas à singer de façon blasphématoire les pratiques du christianisme.

28. L'exposé du jeu lui-même est encore suivi d'un développement intitulé « Instructions relatives au jeu de Madame pour la petite fille qui doit jouer le rôle de mère » et qui livrent des contenus concernant les propriétés des aliments qui pourraient être réinvestis utilement dans le jeu.

29. *Adèle et Théodore…, op. cit.,* lettre XI, p. 87.

30. La substitution des vertus de la parole à celles de l'expérience, ou leur équivalence est aussi affir-mée par Mélanie dans la Conversation « Sur les lettres » lorsqu'elle conseille d'écouter Héloïse : « […] il vaut mieux profiter des lumières qu'elle nous donne, et qui devraient nous avancer dans la sagesse que tant d'autres n'acquièrent que par l'expérience ».

31. *Nouvelle méthode…, op. cit.*, p. 18.

32. Nous renvoyons ici aux remarquables synthèses de Myriam Maître et de Delphine Denis sur l'œuvre de Mlle de Scudéry, qui soulignent cette dimension de la conversation pratiquée dans les cercles mondains à partir du milieu du XVIIe siècle.

33. *Conseils et Instructions aux Demoiselles pour leur conduite dans le monde* (Avis, Lettres, entretiens, Conversations, Proverbes), T. Lavallée éd., Paris, Charpentier, 1857, Conversation 28.

34. On trouve de telles évocations dans les Conversations « Sur la liberté des femmes lorsqu'elles sont dans le monde », « Sur l'éducation et l'avantage d'être élevée un peu durement », « Sur la bonne et la mauvaise gloire », « Sur le célibat », « Qu'il y a de la peine dans tous les états », ou « Sur les inconvénients du mariage ».

35. À la scène III, Zélis qui a déjà connu l'expérience du bal en dévoile les inconvénients pour les néophytes que sont Rosine et Amélie

36. Comédie en un acte, scène II, p. 99 *sq.*

37. La Conversations « Sur les lettres » ou celle « Sur les occasions » se saisissent de la peinture concrète et horrifiante des situations dans lesquelles les femmes peuvent se perdre de réputa-tion.

38. Le même priorité est réaffirmée dans la correspondance avec les maîtresses des classes : « […] tâchez de leur apprendre à distinguer le bon, le mauvais, l'indiscret, l'imprudent, l'immodeste, le grossier et tout cela peu à peu, laissant passer même bien des choses. », LANGL. INED., L. 3418, 12 juin 1715, A ma Sr de Vandam, Première maîtresse des Bleues.

39. *Les flacons*, Comédie en un acte, scène II, p. 99 *sq.*. Le processus distinctif apparaît bien comme caractéristique de l'élaboration du savoir moral comme on le voit encore dans *Adèle et Théodore*, lorsque la vicomtesse demande à Mme d'Almane d'évoquer le défaut secret d'Adèle : « D'abord il faut nous entendre : définissez-moi ce que c'est *qu'avoir un défaut* ? – C'est un penchant plus ou moins dangereux qui nous domine *constamment*… – *Qui nous domine constamment*! Quelle terrible définition !…. – Je la crois juste. – Et moi aussi c'est pourquoi j'ai toujours pensé qu'il est impossible d'être parfaitement heureux si l'on a un seul défaut. – Et vous pensez que l'éduca-tion peut les corriger tous ? – Si elle ne corrige un, pourquoi n'en corrigerait-elle pas deux, trois, quatre ? – Oh, parce que nous ne pouvons être parfaits. – Parfaits ! Non, certainement. Mais songez qu'il est fort différent de faire une faute ou d'avoir un défaut » (*op. cit.*, p. 596). Les opéra-tions de définition interviennent ici entre adultes et ont quitté l'espace du dialogue théâtral.

40. Ce présupposé constitue d'ailleurs une différence essentielle entre les Conversations de Mme de Maintenon et les textes éponymes de Mlle de Scudéry publiés à partir de 1680 : les *Conversations morales* de cette dernière laissent parfois coexister plusieurs points de vue ou admettent qu'une question ne soit pas résolue.

41. De façon parallèle dans *Les dangers du monde*, Dorizée parlant de Mme de Germini, est celle qui livre la leçon à tirer de sa mauvaise conduite : « Eh quoi ! Tant de confiance et d'estime n'ont pu la retenir ? Ignore-t-elle donc qu'en abuser, c'est, en se déshonorant, s'en rendre à jamais indigne ?/ Juliette : Ah ! Madame, n'accusez point son cœur./Dorizée : Mais à quoi sert un bon cœur, si la conduite et les actions de la vie en démentent les sentiments ?/Juliette : A gémir de ses fautes et à les réparer./Dorizée : Les réparer ! Eh ! Le peut-on toujours ? Non, celui qui peut en commettre

de graves ne réfléchit guère à la possibilité de la réparation ; ou, pour mieux dire, la supposition d'un tel calcul est chimérique : entraîné, séduit, égaré, conserve-t-on encore l'usage de la raison et la faculté de réfléchir ? » (*Op. cit.*, tome II, acte I, sc. 2, p. 371).

42. Lorsqu'il arrive qu'une « mauvaise » définition soit proposée, elle est immédiatement explicitement dénoncée par les protagonistes et conduit à des rectifications (voir par exemple la Conversation « Sur la contrainte » qui est construite sur la réfutation successive des définitions du bonheur respectivement proposées par plusieurs Demoiselles : le jeu des contre-exemples successifs conduit à renouveler plusieurs fois les hypothèses de définition jusqu'à la résolution de la question posée.

43. Voir Dominique BERTRAND, « L'éducation selon Fénelon », *Enfance et littérature au XVIIe siècle*, *Littératures Classiques*, n° 14, janvier 1991, p. 222 *sq.*

44. Conversation « Sur les discours populaires ».

45. Conversation « Sur la faveur ».

46. Conversation « Sur le bon esprit ». Propos de Célestine après la longue description de sa vie sage par Agathine. D'autres Conversations fournissent des exemples de jugements railleurs du même ordre : « Croyez-vous ces distinctions-là bien divertissantes ? (« Sur les différents caractères d'esprit »), « Voilà une dévotion bien mélancolique » (« Sur la dévotion »), « Ce beau parti sera peu suivi » (« Sur la générosité »).

47. *L'île heureuse* offre ainsi une scène dans laquelle les jeux subtils de raillerie entre les deux personnages de jeunes filles et leurs retournements – l'une croit être seule capable de railler alors que l'autre lui retourne habilement sa raillerie – constituent une véritable joute parfois proche de la méchanceté et en tout cas significative d'un rapport de forces.

48. Alain GÉNETIOT, *Poétique du loisir mondain de Voiture à La Fontaine*, Paris, H. Champion, 1997.

49. Dans ses *Mémoires*, tome II, p. 361, Mme de Genlis, expose les règles de cette société, parodie des modes de recrutement de l'ancienne chevalerie. Le loisir mondain au XVIIe siècle détourne lui aussi les règles d'autres institutions comme celle du couvent, ou de l'Académie avec son système d'élection.

50. La pratique des définitions mobilise nombre de cénacles parisiens ou provinciaux ; on verra ainsi Bussy-Rabutin exiger de sa fille qu'elle fasse clairement la distinction entre la bonne grâce et le bon air, la différence « de bon sens et de jugement, celle de raison et de bon sens, celle de génie et de talent, celle de l'humeur, du caprice et de la bizarrerie ; de l'ingénuité et de la naïveté ; de l'honnêteté, de la politesse, de la civilité ; du plaisant, de l'agréable et du badin » (*Correspondance de Roger de Rabutin, Comte de Bussy avec sa famille et ses amis (1666-1693)*, Ludovic LALANNE (éd.), Paris, Charpentier, 1858-59, Lettre du 28 décembre 1678).

51. Mme de Genlis ne fera que quelques tentatives relativement marginales pour s'approcher du genre et ses toutes premières pièces ne sont pas de cette nature, quant à Mme de Maintenon elle n'entendra jamais qu'être la commanditaire de telles pièces, faisant appel à Racine certes mais aussi à Duché de Vancy ou à l'abbé Boyer.

52. En 1786, lors de la fête séculaire de Saint-Cyr, le terme revient à plusieurs reprises dans les discours du Père Lenfant ou de l'abbé Du Serre Figon, lorsqu'ils célèbrent les talents d'auteure de Mme de Maintenon.

LES DAMES DE SAINT-LOUIS, MAÎTRESSES DES DEMOISELLES DE SAINT-CYR

Dominique Picco

Au siècle des Lumières, l'éducation conventuelle a mauvaise réputation. Pour Castel de Saint-Pierre, à leur sortie, « les jeunes filles sont ignorantes des choses les plus communes et les plus importantes » et ont « peu d'usage de raisonner […] peu d'habitude à la politesse, à la douceur, à l'indulgence, à la patience, à la discrétion et aux manières vraies, gracieuses et prévenantes [1] ». Saint-Cyr n'échappe pas à la critique. Selon Mme du Hausset, pour Louis XV, ces Demoiselles sont des « bégueules […], Mme de Maintenon s'est bien trompée avec d'excellentes intentions. Ces filles sont élevées de manière qu'il faudrait de toutes en faire des dames du palais ; sans quoi elles sont malheureuses et impertinentes [2] ». Sans doute, cette prévention explique-t-elle que Mesdames, ses filles, aient été envoyées à Fontevraud. Mme Campan, leur lectrice à partir de 1768, est plus nuancée. Ses écrits mêlent admiration pour une « utile institution », un « bel établissement [3] » qui « eut été plus convenable » pour des princesses que des « religieuses de province » et critiques : « Le système d'éducation donné par la fondatrice, et religieusement maintenu par les dames de Saint-Cyr, finit par trop vieillir dans l'enceinte de cette maison, et par se trouver trop loin de l'éducation donnée dans le monde [4]. »

Créée par Louis XIV en 1686, sur les instances de Mme de Maintenon, la Maison royale de Saint-Louis, installée non loin de Versailles, est réservée aux filles de la vieille noblesse désargentée. Elle répond aux préoccupations politiques du monarque et à la passion de Mme de Maintenon pour l'éducation. Même s'ils sont peu venus à Saint-Cyr, Louis XV et Louis XVI n'ont jamais remis en cause son existence ; ils ont même fait entreprendre des travaux pour assainir les bâtiments dégradés par l'humidité. Jusqu'à sa fermeture par la Convention en 1793, ce pensionnat accueille, aux alentours de dix ans, des fillettes sélectionnées avec soin [5]. Bien logées, bien nourries, elles reçoivent, aux frais de l'État, une éducation complète alliant tradition et originalité. Au terme de leur séjour, âgées de vingt ans, dotées de 3 000 livres, elles se marient ou entrent au couvent, retournant souvent dans leur province, porteuses des valeurs et des savoirs transmis par leurs institutrices, les dames de Saint-Louis.

Étudier ces maîtresses conduit à dessiner le portrait d'un groupe homogène dont les activités enseignantes sont connues surtout par des écrits normatifs et théoriques. Peu de sources laissent entrevoir les réalités des pratiques éducatives de ces femmes. L'homogénéité des enseignantes, la continuité des pratiques pédagogiques ont-elles contribué à construire la réputation, au siècle des Lumières, de Saint-Cyr conservatoire du Grand siècle[6] ?

Portrait de groupe avec dames

Statut et fonctions des dames

« Il n'y a point de communauté semblable à la vôtre[7] » dit volontiers Mme de Maintenon aux dames. Louis XIV ne souhaite en effet « ni un couvent, ni rien qui le sentît[8] ». À cette fin, il établit une compagnie de trente-six dames – assistées de converses – prononçant des vœux simples, comme les Filles de la Charité, les Filles de la Croix ou les dames de Saint-Maur. Placées sous l'autorité de l'évêque de Chartres, elles ne sont pas astreintes à la clôture : Saint-Cyr n'est donc pas une communauté régulière. Le monarque a d'ailleurs souhaité que leur costume se démarque du vêtement monastique tout en restant « fort grave, fort noble et fort modeste[9] ». Mais des événements internes à la maison[10] ou liés aux relations entre Louis XIV et la papauté[11] ne permettent pas le maintien des structures initiales. Après l'installation des prêtres de Saint Lazare, hommes simples et rigoureux, l'institution est rattachée, à l'automne 1692, à l'ordre de Saint Augustin. Presque toutes les dames accomplissent un nouveau noviciat, avant de prononcer des vœux solennels : elles connaissent une transformation similaire à celle des ursulines et des visitandines au début du XVIIe siècle. Désormais, la maison comprend, jusqu'à sa suppression, quatre-vingts dames et converses. Pour moitié, ce sont des professes prononçant quatre vœux solennels – pauvreté, chasteté, obéissance et éducation des Demoiselles – les engageant pour leur vie entière. Religieuses de chœur, elles sont astreintes à chanter l'office divin et ont voix au chapitre. Elles ne revêtent l'habit monastique qu'en 1707 lorsque Louis XIV finit par s'y résoudre. À leurs côtés, des converses, sans aucune compétence pédagogique, sont chargées du service de la communauté[12].

Les dames doivent œuvrer en priorité à l'éducation des fillettes :

> Comme l'éducation des Demoiselles est la fin particulière de l'institut des religieuses de Saint-Louis, elles comprendront que c'est à cela que se doivent rapporter tous leurs emplois et s'il se peut dire toutes les actions de leur vie : qu'elles sont obligées de quitter toutes les autres fonctions plutôt que de négliger cette éducation dont elles sont si étroitement et si indispensablement chargées [13].

Parmi elles, les enseignantes sont une quinzaine : une première maîtresse par classe [14] assistée par deux ou trois adjointes, souvent des novices. À leurs côtés, deux ou trois Demoiselles au ruban noir, les meilleures parmi les plus âgées. Ce corps enseignant est soumis à l'autorité de la maîtresse générale des classes, élue par le chapitre. Celle-ci a également la charge des élèves à l'extérieur des classes et des relations avec les familles. Au moment de la fermeture de l'institution en 1793, Henriette de Crécy doit, par exemple, veiller au retour des Demoiselles dans leur famille. Comme dans toutes les communautés, d'autres occupent des charges non enseignantes, électives [15] ou à la nomination de la supérieure [16]. Ces fonctions étant limitées dans le temps, rares sont celles qui, à un moment ou à un autre, n'ont pas été maîtresses. Les supérieures, comme Madeleine de Glapion, ont souvent occupé la fonction de maîtresse générale avant d'être élues à la charge suprême [17].

L'admission au noviciat résulte d'une élection du chapitre suivi d'un examen de l'évêque et du supérieur spirituel ; il permet d'évaluer les connaissances, mais surtout un profil défini par Mme de Maintenon :

> […] une fille humble, intérieure, obéissante, sera plus propre aux Demoiselles qu'une autre qui serait savante dans toutes les bienséances du monde : les talents sont moins nécessaires à Saint-Cyr que la vertu [18].

Si, au moment du recrutement, les qualités morales et religieuses sont privilégiées, le noviciat permet de renforcer l'instruction des futures maîtresses dans tous les domaines enseignés aux élèves. La fondatrice, très sensible à l'expression écrite et orale, accorde une large place à la pratique : les novices séjournent aux infirmeries pour acquérir des rudiments de médecine et de chirurgie et assistent les maîtresses des classes, accomplissant ainsi de véritables stages. Au terme de leur noviciat, toutes ne prononcent pas leurs vœux à Saint-Cyr : « L'on ne devait recevoir à la profession aucune fille qui n'eût une inclination particulière pour les classes et qui ne s'y portât avec une grande ardeur [19]. » Sur les cent trente-trois noviciats attestés, dix sont suivis d'une prise de voile dans d'autres communautés religieuses dont trois au carmel et autant chez les ursulines [20].

Les premières dames

Entre 1686 et 1692, trente femmes, nées entre 1652 et 1673, prononcent des vœux simples, en moyenne à 21 ans[21]. La plupart étaient déjà élèves ou religieuses à Noisy, mais Mme de Maintenon a conscience des limites de ce vivier :

> [...] je compte bien à l'avenir ne recevoir que des filles élevées à Noisy, mais il en faut d'autres présentement ; toutes celles que nous avons ne sont que des enfants qui, de longtemps ne pourront gouverner[22].

Moins des trois-quarts des origines géographiques de ces premières dames sont connus : quatre sont nées au sud de la Loire, mais les plus nombreuses viennent de Paris, d'Île-de-France, de Normandie, de Bourgogne ou de Picardie. Leur recrutement coïncide avec celui des premières élèves. Les archives sont peu loquaces sur leurs familles : quelques pères écuyer ou chevalier, d'autres mieux identifiés comme le père de Catherine du Pérou, garde de la manche du Roi.

Avec la transformation en communauté régulière, trois refusent les vœux perpétuels et quittent la maison[23] ; les troubles liés au quiétisme entraînent le encore le départ de trois[24], mais la majorité demeure et pour longtemps, la dernière ne s'éteignant qu'en 1748[25]. Nombre d'entre elles ont accédé aux grandes charges : trois maîtresses générales et six supérieures, dont Catherine Travers du Pérou, huit fois élue jusqu'en 1748, soit pendant presque un quart de siècle. Cette première génération a donc durablement marqué l'institution, d'autant plus que dix de ces dames ont été rejointes par des sœurs cadettes ou des parentes. Louise de Sailly de Berval[26], maîtresse générale des classes à la fin du siècle puis dépositaire, est suivie de Catherine née en 1680. Reçue à Saint-Cyr en 1689, cette dernière y prend le voile et meurt en 1749, onze ans après son aînée.

Presque toutes d'anciennes Demoiselles

1694 marque un tournant dans le statut des dames, les nouveaux règlements imposant que toutes soient d'anciennes Demoiselles[27]. Sur les cent dix professions postérieures, cent une sont dans ce cas. Le faible recrutement externe comprend une supérieure[28], des natives de la France septentrionale dont six ont été rejointes par une ou plusieurs parentes.

Les dames sorties des rangs des Demoiselles sont nées entre 1664 et 1771 dont 50 % avant 1715 ; une petite moitié est entrée à Saint-Cyr sous Louis XIV, cinquante-trois de 1715 à 1774 et trois sous Louis XVI. Elles commencent un noviciat à 20 ans en moyenne et prononcent leurs vœux deux ans plus tard. Après une décennie riche en professions, liée à l'ouverture récente, le rythme oscille entre cinq et dix par an, en fonction des décès. Sur l'ensemble du siècle, avec un âge moyen au décès de 57 ans, ces dames ont une longévité typique de populations protégées par leurs conditions de vie et vivent de plus en plus longtemps[29]. Le renouvellement des dames est donc de plus en plus lent, tandis que leur moyenne d'âge augmente[30]. Ce vieillissement, Mme de Maintenon en eut conscience très tôt : « Il est vrai [que les Demoiselles] seront toujours jeunes et que vous, vous deviendrez vieilles[31]. »

Socialement, il n'existe guère de différence entre ces dames et leurs élèves[32]. Les règlements exigent quatre degrés de noblesse : 15 % correspondent à ce profil minimal, toutes les autres en annoncent plus. Cent quarante ans d'appartenance au second ordre sont requis ; Gabrielle (1697-1782) et Angélique de Mornay Montchevreuil (1700-1776), nièces du gouverneur du duc du Maine en attestent jusqu'à cinq cents !

Dans 80 % des cas, la place du père dans la hiérarchie nobiliaire est connue et le rattache, en grande majorité, à une noblesse « moyenne » : seuls 7 % sont titrés, soit une proportion identique à l'ensemble des élèves. Presque tous les pères dont l'activité est connue ont servi dans l'armée, comme capitaine ou lieutenant, mais dans une proportion moindre que parmi les élèves ; les officiers généraux sont bien plus nombreux. Pour deux tiers d'entre eux, le corps de rattachement est spécifié : la moitié a appartenu à la garde rapprochée du roi et à la cavalerie, soit les armes les plus prestigieuses ; en y ajoutant les capitaines de vaisseaux, on atteint les deux tiers. De là, et malgré la faiblesse de l'échantillon, surgit une hypothèse : les carrières militaires plus brillantes des pères des dames seraient-elles le signe de leur recrutement au sein des familles les plus en vue ? Certaines alliances matrimoniales[33] contractées par ces hommes vont dans le même sens : ils épousent des filles d'officiers généraux, de nobles titrés, de gentilshommes ordinaires de la chambre, de parlementaires ou d'officiers, tel ce président des trésoriers de France à Amiens, grand-père maternel de Jeanne Françoise de Boufflers (1682-1751), maîtresse des rouges au début du xviiie siècle et supérieure de 1735 à 1741.

Géographiquement, les Dames sont encore plus normandes que les Demoiselles, 25 % contre 15 % chez les élèves. Auvergne et Bourgogne ont un poids bien plus important, alors que celui de l'Île-de-France et du Poitou est moindre. Les provinces méridionales, qui ne pèsent guère dans le recrutement total (13 %) sont encore plus effacées. Ces distorsions s'expliquent à la fois par un décalage chronologique – les marges du royaume envoient tardivement des fillettes à Saint-Cyr, or la moitié des dames sont nées avant 1715 – mais également par le poids des parentés et des clientèles. En effet, deux sur trois sont insérées dans des réseaux familiaux : près de la moitié a été rejointe par une ou plusieurs sœurs ou demi-sœurs, d'autres sont entourées de cousines, de nièces et autres parentes plus lointaines, marque d'un vigoureux népotisme. Ainsi en est-il du « clan » auvergnat des Bosredon : Anne Claire (1693-1780) admise en 1704, prend le voile en 1713 ; trois de ses sœurs la rejoignent, dont Jeanne (1702-1775) professe, elle aussi. D'une longévité exceptionnelle, elles œuvrent pour leur famille : jusqu'en 1780, deux nièces – dont Catherine, dame jusqu'à la fermeture – une petite-nièce et cinq cousines sont reçues à Saint-Cyr.

Après 1767, on ne compte plus aucune Dame qui n'ait été demoiselle et cela fait déjà vingt ans que la supérieure est une ancienne élève. Dans la seconde moitié du siècle, l'autorecrutement des enseignantes est complet ; le poids des réseaux est considérable tant au niveau de l'entrée des fillettes que du choix des dames. Saint-Cyr paraît donc replié sur lui-même : condition idéale pour perpétuer une éducation dont les bases ont été jetées au Grand siècle ?

L'éducation délivrée par les maîtresses

L'historien ne dispose d'aucun plan d'étude et doit donc se contenter de textes normatifs – *Constitutions*, règlements – et des multiples écrits de Mme de Maintenon pour cerner cette éducation. Ceux-ci renseignent sur les objectifs, les contenus et les méthodes théoriques à mettre en pratique par les éducatrices. Reste à découvrir quelle fut la réalité des classes et de la formation reçue.

L'idéal à atteindre : objectifs, contenus et méthodes

Le premier objectif des dames n'a rien d'original : l'éducation des filles est à la mode depuis la Renaissance et le reste au siècle des Lumières. Qu'il s'agisse d'enraciner la foi dans les familles, ou de préparer la société future voulue par les hommes des Lumières, les femmes ont un rôle essentiel à jouer comme premières enseignantes des nouvelles générations. Cette éducation répond également à des objectifs spécifiques. Pour Louis XIV, il s'agit de fidéliser une noblesse « moyenne » aux fortes attaches provinciales et de faire passer des messages religieux, moraux et politiques à l'ensemble du corps social. Par l'intermédiaire de ces femmes, le souverain veut pérenniser son image et rallier les générations à venir aux principes monarchiques. Largement politique, la finalité de Saint-Cyr rend impératif de préparer les élèves à leur vie future. Dès la création, Louis XIV a prévu de quoi doter chaque demoiselle à sa sortie. Mariage ou cloître, des deux états, le premier a sa préférence car « l'objet de la fondation [est] de donner à l'État des femmes bien élevées. Il y a assez de bonnes religieuses et pas assez de bonnes mères de famille[34] ». Mme de Maintenon encourage les éducatrices à « disposer [les élèves] à remplir saintement les différents états où il plaira à la providence de les appeler[35] », soit à en faire de « bonnes religieuses » ou de « bonnes femmes[36] », car « une mauvaise religieuse n'est pas plus heureuse qu'une femme mariée[37] ». Face à l'éventualité du mariage, il faut leur donner une formation « ménagère[38] » car « les femmes font et défont les maisons[39] » et leur apprendre à diriger leur domesticité. Il s'agit donc bien de préparer leur avenir, sans les leurrer sur leur position sociale : « Accoutumez-les à toutes sortes de fatigues ; elles sont pauvres et apparemment elles le seront toujours[40]. »

En 1696, Mme de Maintenon résume ainsi les contenus de l'enseignement :

> [...] apprenez à vos Demoiselles à être extrêmement sobres sur la lecture, à lui préférer toujours l'ouvrage des mains, les soins du ménage, les devoirs de leur état. [...] Vos Demoiselles ont infiniment plus besoin d'apprendre à se conduire chrétiennement dans le monde et à bien gouverner leur famille avec sagesse, que de faire les savantes et les héroïnes ; les femmes ne savent jamais qu'à demi, et le peu qu'elles savent les rend communément fières, dédaigneuses, causeuses et dégoûtées des choses solides[41].

En priorité, les dames doivent leur faire « connaître Dieu et la religion, [et] l'aimer par-dessus toutes choses[42] », et rendre leur piété « solide, droite et simple[43] » par le respect de « tous les devoirs de la piété chrétienne[44] » : tout excès est ici proscrit. À elles de « leur enseigner le catéchisme fort simplement en leur montrant la vérité des mystères et la morale de l'Évangile. Il leur faut inspirer une grande horreur du vice et un grand amour pour la vertu[45] ». Sur les traces de Fénelon, cette formation s'appuie dès l'âge de dix ans sur l'histoire sainte qui rend les dogmes plus accessibles. La formation morale est sexuellement très marquée : les élèves doivent acquérir les « vertus convenables à leur sexe[46] », piété, vertu, modestie et soumission : femmes, elles devront obéir toute leur vie, à leur père, leur époux, ou leur supérieure.

S'il n'est pas question de former des femmes savantes, les maîtresses ne négligent pas pour autant les contenus intellectuels. Elles apprennent aux fillettes à lire en français et en latin, tout en proscrivant certains livres dont « [...] les romans, parce qu'ils ne parlent que de vices et de passions[47] ». L'écriture comprend calligraphie, orthographe et acquisition d'un « style simple, naturel et sans tour[48] ». Leur faire parler un « bon Français[49] » sous-entend d'« ôter le patois des provinces[50] » et de « leur apprendre à bien prononcer[51] », ce qui passe par le théâtre de Racine mais aussi par les *Conversations* de la marquise. Elles commencent le calcul par le jet puis abordent opérations et conversions monétaires. L'histoire est enseignée dès la classe verte pour répondre aux exigences de la noblesse et des conversations de salon ; en effet, « il est juste de connaître les princes de sa nation, pour ne pas brouiller la suite de nos rois et leurs personnes avec les princes des autres empires, dont il convient aussi qu'elles aient une légère connaissance[52] ». Histoire sainte et antique puis, pour les grandes, moderne et nationale exalte la monarchie absolue et s'accompagne de géographie pour situer les événements. Cette matière apporte aussi un savoir étendu sur la France dans l'optique des *Mémoires pour l'instruction du duc de Bourgogne*. S'y ajoute la musique : les petites déchiffrent les partitions, « on apprend à chanter à celles qui ont de la voix[53] » et, partir de quinze ans, les plus douées pratiquent un instrument, violon ou viole[54]. Le « travail » – broderie ou tapisserie – est exalté par la fondatrice. « Rien n'est plus nécessaire aux person- nes de notre sexe que d'aimer le travail : il calme les passions, il occupe l'esprit, et ne lui laisse pas le loisir de penser au mal, il fait même passer le temps agréable- ment[55] » mais peut aussi être nécessaire aux familles les plus modestes.

Non seulement la nourriture est abondante, le dispositif de santé impres- sionnant mais les institutrices n'oublient pas l'éducation du corps : l'apprentissage des règles d'hygiène est constant. Chaque matin, après la toilette, les dents et les vêtements sont inspectés par les maîtresses qui surveillent aussi que les fillettes se lavent les mains et se rincent la bouche, à l'entrée et à la sortie du réfectoire. Elles leur apprennent « à se tenir de bonne grâce[56] » à l'aide d'un corset changé régulièrement et de la pratique de la danse. Selon la marquise, du maintien de leur corps dépend leur avenir :

> [...] je traite le soin de leur taille d'un endroit important, parce que si elles devien-
> nent bossues, elles ne trouvent personne qui les veuille, n'ayant pas d'ailleurs une
> fortune qui fasse passer par-dessus la difformité[57].

Les dames « ne sont pas seulement engagées à instruire les Demoiselles, mais à les élever, ce qui comprend tous les soins des mères envers leurs enfants[58] » : affection et attention portées à chacune doivent les guider en tout. Certaines méthodes n'ont rien d'original : placées sous la surveillance constante d'une maîtresse, les fillettes sont occupées sans cesse, changent souvent d'activité ; seuls les « jours de récréation » vien- nent briser un rythme immuable. Plus moderne est la volonté que les enseignantes adaptent leur pédagogie car « la manière d'instruire les rouges est différente de celle qui convient aux bleues[59] ». À cette fin, dans chaque classe, les élèves sont divisées en bandes de dix, selon leurs capacités. Les maîtresses manient le cours *ex cathedra*, le jeu, l'image et le travail par table. Pour leur apprendre progressivement – « il faut leur dire peu de choses à la fois, afin qu'elles retiennent plus facilement[60] » – elles usent de douceur, de persuasion, encouragent l'entraide mais aussi l'émulation par des récompenses. Les punitions sont graduelles, légères et rarement corporelles ; elles ne doivent ni faire souffrir, ni humilier mais former.

La plupart des contenus et des pratiques suggérés aux dames à l'époque de Mme de Maintenon correspond aux conceptions du temps et coexiste avec quelques originalités : les méthodes individualisées, le souci de donner à ces femmes les outils pour participer à la sociabilité de leur milieu, la dimension politique de certains contenus et la volonté d'exhaustivité d'une éducation sexuellement et socialement marquée.

Réalités et résultats de cette éducation

L'appréhension par l'historien des enseignements dispensés dans une institution scolaire passe par des objets, des outils pédagogiques – comme des cartes – et par des témoignages d'utilisateurs. Or, à Saint-Cyr, ces sources sont maigres.

Au moment de l'installation, en 1686, Manceau ne dit mot de l'achat de livres ou de fournitures scolaires, ne consacrant que quelques lignes à la pièce à usage de bibliothèque[61]. Le premier inventaire fait état de 300 livres religieux pour les dames, de plus de 200 pour les classes – dont 60 alphabets – mais d'aucun matériel pédagogique[62]. Au moment de la fermeture, on dénombre plus de 6 000 ouvrages, pour environ 1 300 titres. En un siècle, les acquisitions ont donc été nombreuses pour un budget annuel moyen de 457 livres[63]. La répartition thématique des titres est inégale : théologie et ouvrages de piété dominent, suivis par l'histoire. La bibliothèque des dames correspond à un fonds classique de congrégation où le religieux l'emporte nettement sur les sciences, arts et belles lettres. Dans les classes, la place moindre du livre pieux va de pair avec une plus grande diversité thématique. Cette composition reflète à la fois la dualité de cette maison – communauté religieuse traditionnelle et maison d'éducation – et la diversité des thèmes abordés par les dames dans leur enseignement. Le fonds des *Cahiers de géographie* contient des cartes murales et des plus petites[64]. Vingt portefeuilles regroupent deux séries de six cahiers contenant carte et textes d'accompagnement ; sur la couverture, numéros de bande et de leçon laissent augurer d'une progression et de travaux de groupe. La politique d'acquisition repérée pour les livres se retrouve pour les cartes : seules deux d'entre elles sont antérieures à 1686, des factures attestent des achats postérieurs. Ce qui infirme à nouveau le poncif largement répandu au XVIIIe siècle – et aux siècles suivants – d'un enseignement figé dans la transmission des savoirs du Grand siècle[65].

La maison a produit nombre de *Mémoires*, tous centrés sur l'apologie de l'institution pendant la période où elle vécut dans l'orbite de la Cour et ne s'intéressant guère aux enseignantes, aux contenus et aux élèves. Un *Mémoire,* rédigé vers 1750, n'en est que plus exceptionnel : il donne l'emploi du temps des classes et précise même que « quarante [bleues] possèdent assez bien l'histoire des quatre premiers siècles de l'Église et poursuivent incessamment cette étude. Toutes savent un abrégé de l'histoire de France[66] ». D'une visite de quelques heures à Saint-Cyr, en 1769, est née une lettre d'Horace Walpole[67]. Il a été « frappé de la simplicité et de la propreté extrême de toute la maison qui est fort vaste ». Au cours d'un office « assez ennuyeux » chanté par les Demoiselles, son regard s'attarde sur leur « très joli costume » et sur une religieuse « belle comme une madone ». Lors de sa visite des classes, « dans la première, les Demoiselles, qui étaient en train de jouer aux échecs, reçurent l'ordre de nous chanter les chœurs d'Athalie ; dans une autre, elles exécutèrent des menuets et des danses de campagne, tandis qu'une religieuse […] jouait du violon. Dans les autres classes, elles jouèrent devant nous des proverbes et des dialogues, écrits par Mme de Maintenon pour leur instruction ». En ce milieu du XVIIIe siècle, tout ramène au passé : textes, danses, jusqu'à la supérieure « vieille et noble dame fort gracieuse et très fière d'avoir vu Mme de Maintenon ».

Rares sont les écrits d'anciennes Demoiselles. Au début de ses *Œuvres spiri-tuelles,* Mme de Combes Morelles (1728-1771) revient sur ses années à Saint-Cyr, « maison sainte ». Orpheline, elle considère les dames comme ses mères :

> […] ne puis-je pas leur donner ce nom ? Des personnes qui sacrifient leur santé, leur repos et chaque moment de leur vie à l'éducation de la jeunesse, ne deviennent-elles pas les mères de celles qu'elles engendrent en Jésus-Christ […] quel talent pour reprendre et corriger les enfants[68].

En elles, l'auteur a bien trouvé les qualités et les méthodes que Mme de Maintenon attendait des dames. La correspondance entre Henriette Victoire de Bombelles et son frère, entre 1773 et 1775, témoigne des résultats de l'éducation reçue. Sa piété, sa conduite, sa gentillesse sont admirées par Marc ; Henriette se soucie sans cesse des autres, manifestant qu'elle a parfaitement intégré les valeurs enseignées par les dames. Elle épouse, sans rébellion, Constantin, Landgrave de Hesse, un veuf malade, de 40 ans son aîné, père de neuf enfants, mesurant la chance qu'elle a d'avoir trouvé un mari qui, de surcroît, lui permet de s'élever socialement[69]. Reste le témoignage d'un frère de demoiselle, Napoléon Bonaparte. Dans sa correspondance, nulle description de ses visites à Saint-Cyr, mais quelques impressions sur l'éducation de Marianna, pensionnaire entre 1784 à 1792. Elle sait, écrit-il, « coudre, lire, écrire, faire des coiffes, danser et quelques mots d'histoire[70]. » Docile, elle « s'accoutumera très facilement au nouveau train de la maison[71] », de bonne moralité, « elle n'a point de malice », « est absolument neuve » et « elle ne se souvient de rien, pas plus que si elle fut née à Saint-Cyr. Elle est aristocrate [72] ». L'instruction donnée par les dames a gommé toutes ses particularités corses, son accent, ses usages : sa conversion en noble jeune fille fidèle à la monarchie est complète.

Les résultats de l'éducation reçue peuvent se mesurer à l'aune du devenir des anciennes élèves. Les *Registres de dotation* des Demoiselles mentionnent, entre 1698 et 1786, leur situation lors du paiement de la dot [73]. Le destin de 60 % d'entre elles est connu, avec une baisse sensible de l'information au fil du temps [74] : 22 % sont mortes pendant leur séjour à Saint-Cyr, un tiers a pris le voile, 28 % se sont mariés ; chanoinesses, célibataires, novices représentent 4 % chacune. Même en excluant les décès, les femmes mariées dépassent juste le tiers des devenirs connus. Bel échec pour une maison qui devait former des épouses ! Si la faiblesse de la dot est sans doute en grande partie responsable, d'autres facteurs y contribuèrent et, en particulier, la difficulté pour des religieuses de former des femmes pour le monde. Si à la fin du XVIIᵉ siècle, les femmes mariées représentent 20 %, un siècle plus tard, elles sont 62 % tandis que, dans le même temps, le nombre de religieuses s'effondre : la désaffection pour les couvents est réelle [75]. Derrière sa clôture, Saint-Cyr n'est donc pas à l'abri de l'air du temps.

Les dames de Saint Louis, maîtresses des Demoiselles de Saint-Cyr ont constitué de 1686 à 1792 un groupe homogène issu d'un autorecrutement presque complet. Éducatrices avant d'être moniales, elles ont toujours gardé comme base de leur pédagogie les textes de la fin du XVIIᵉ siècle. Cela ne les a pas empêchées d'actualiser leurs savoirs, par des livres ou des cartes, et d'en faire sans doute profiter leurs élèves. Même si, contrairement aux vœux de Louis XIV, elles ont formé en un siècle plus de religieuses que d'épouses, leur réussite transparaît dans l'influence que l'éducation délivrée à Saint-Cyr a exercée sur d'autres maisons et sur les conceptions pédagogiques ultérieures. Au XVIIIᵉ siècle, la Maison royale de l'Enfant Jésus de Paris, le « petit Saint-Cyr » de Luçon l'ont copié ; à l'institut Smolny à Saint-Pétersbourg, Catherine II et Betskoï s'en sont largement inspirés, tout en s'en démarquant, et en 1772, Voltaire peut écrire à la tsarine : « Votre Saint-Cyr […] est fort au-dessus de notre Saint-Cyr [76]. » Cette éducation sert de repoussoir à Napoléon pour son projet de maisons de la Légion d'honneur : « Gardez-vous de suivre l'exemple de l'ancien établissement de Saint-Cyr où l'on dépensait des sommes considérables et où l'on élevait mal les Demoiselles », écrit-il au comte de Lacepède en mai 1807 [77]. Néanmoins bien des parentés existent entre Saint-Cyr et Ecouen. Littérature pédagogique et grande littérature se sont emparées, au XIXᵉ siècle, de l'éducation donnée par les dames. Dans les écrits de Madame Campan, Saint-Cyr revient tel un leitmotiv. La mère d'une des deux protagonistes des *Lettres de deux jeunes amie*s y a été élevée[78], tout comme la comtesse de Pontourant, « pieuse, douce, sensée, d'un jugement parfait et digne, enfin, d'avoir profité dans la maison de Saint-Cyr où elle avait été élevée, des précieuses leçons de madame de Maintenon[79] ». Au début de ses *Mémoires*, Chateaubriand décrit ainsi sa grand-mère :

> […] mon aïeule maternelle […] avait été élevée à Saint-Cyr dans les dernières années de madame de Maintenon : son éducation s'était répandue sur ses filles. Ma mère, douée de beaucoup d'esprit et d'une imagination prodigieuse, avait été formée à la lecture de Fénelon, de Racine, de madame de Sévigné et nourrie des anecdotes de la cour de Louis XIV ; elle savait tout Cyrus par cœur[80].

Quelle belle postérité pour l'œuvre pédagogique des dames que l'admiration de Chateaubriand ! D'autant plus que cette grand-mère n'y fut jamais élève. Manière sans doute pour cet écrivain ou pour sa famille de se rattacher au Grand siècle à jamais disparu.

Notes

1. Castel de Saint-Pierre, *Ouvrages de politique et de morale*, Rotterdam, 1738-1740, p. 270.
2. Mme du Hausset, *Mémoires sur Louis XV et Madame de Pompadour*, Paris, Mercure de France, 1988, p. 58.
3. Mme Campan, *Mémoires*, Paris, Mercure de France, 1988, p. 26.
4. Mme Campan, *De l'éducation*, Paris, Beaudouin, 1824, tome I, chapitre IV.
5. Sur un peu plus d'un siècle, la maison accueillit 3155 Demoiselles. Voir D. Picco, *Les Demoiselles de Saint-Cyr (1686-1793)*, doctorat Paris I, sous la direction de Daniel Roche, 1999, chapitre I.
6. B. Neveu, « Du culte de Saint Louis à la glorification de Louis XIV : la Maison royale de Saint-Cyr », *Journal des savants*, juillet-décembre 1988, p. 277-290.
7. *L'esprit de l'institut des filles de Saint Louis*, Paris, J. Anisson, 1699, p. 3.
8. *Mémoires de ce qui s'est passé de plus remarquable dans l'établissement de notre maison depuis sa fondation jusqu'à présent (1686-1739)*, dans *Recueil de pièces et mémoires pour servir à l'histoire de la Maison royale de Saint-Cyr (1686-1732)*, BNF, Ms. fr. 11674. chapitre VII, p. 151-152.
9. *Ibid.*, chapitre VIII.
10. Mme de Brinon, la première supérieure trop encline aux mondanités est écartée dès 1688. Les représentations d'*Esther* en 1689 et 1690 attirent une foule de courtisans et conduisent Mme de Maintenon à souhaiter protéger son œuvre.
11. Lors de la fondation, Louis XIV a rattaché à Saint-Cyr les biens de la manse abbatiale de Saint Denis, ce qui participe de ses mauvaises relations avec le Saint Siège. Innocent XII finit par entériner cette décision, en juin 1692, mais attend du roi qu'il transforme l'institution en communauté régulière.

12. Certaines prononcent des vœux simples, d'autres des vœux solennels mais sans le quatrième. S'y ajoutent des sœurs-servantes n'ayant prononcé aucun vœu et, hors de la clôture, quelques hommes : économe, boulanger, cuisinier, portier, cocher, garçon à tout faire.

13. *Règlements généraux de la Maison royale de Saint Louis*, 1695, BNF, Ms. fr. 14446, p. 31.

14. Il existe quatre classes : rouge (7 à 10 ans), verte (11 à 14 ans), jaune (15 à 16 ans) et bleue (jusqu'à 20 ans).

15. Supérieure, assistante, dépositaire, maîtresse générale des classes et des novices.

16. Maîtresse du chœur, économe, secrétaire, portière, etc.

17. Madeleine de Glapion (1674-1729), élue en 1716, réélue en 1720 et 1729.

18. Cité dans T. LAVALLÉE, *Histoire de la Maison Royale de Saint-Cyr (1686-1793)*, Paris, Furne, 1853, p. 124.

19. *Ibid.*

20. Il faut ajouter quatre décès en cours de noviciat, quatre noviciats interrompus par la fermeture de la maison et quatorze inconnus. Voir *Registre des noviciats et professions*, Archives départementales des Yvelines (ci-après ADY), D 157.

21. *Ibid.* À compléter avec le *Registre des décès du personnel de la maison*, ADY, 4E2416.

22. Lettre du 10 octobre 1685. Citée dans J. PRÉVOT, *La première institutrice de France. Mme de Maintenon*, Paris, Belin, 1981, p. 74.

23. Suzanne d'Haussy, Geneviève de Montfort, Marie Anne de Loubert. Cette dernière avait succédé à Mme de Brinon.

24. Marie Marthe de Tourps, sous-maîtresse des novices, Silvine de la Maisonfort, cousine de Mme Guyon et Françoise de Montaigle reçoivent leur lettre de cachet en août 1698.

25. Catherine Travers du Pérou (1666-1748).

26. Née à Paris en 1670, petite fille d'un maître de camp d'infanterie et d'un conseiller du roi, elle prononce ses vœux en 1690 et les renouvelle en 1694. Elle a consigné une grande partie des *Entretiens* de Mme de Maintenon.

27. *Constitution de la Maison de Saint Louis établie à Saint-Cyr*, Paris, J. Anisson, 1700.

28. Élue en mai 1712, Marie de la Poype de Vertrieu est réélue trois ans plus tard et meurt en charge en 1716.

29. L'âge moyen au décès passe de 31,8 ans en 1696/1705 à 72,4 ans entre 1786/92. Voir D. PICCO, « Vivre et mourir à Saint-Cyr entre 1686 et 1793 », *in* J.-P. BARDET *et alii* (dir.), *Lorsque l'enfant grandit. Entre dépendance et autonomie*, Paris, 2003, p. 151-153.

30. Il ne semble pas cependant que les maîtresses des classes aient été plus âgées, car ce sont des postes occupées par les plus jeunes.

31. *Lettre à Mme de Berval*, 1697. Citée dans J. PRÉVOT, *op. cit.*, p. 137.

32. L'étude des origines sociales et géographiques des dames et des Demoiselles s'appuie sur les preuves établies au moment de leur réception. *Preuves de noblesse des filles Demoiselles reçues dans la Maison de Saint-Louis, fondée à Saint-Cyr par le Roi (1685-1766)*, BNF Ms. fr. 32118-32136. Voir D. PICCO, *Les Demoiselles de Saint-Cyr…, op. cit.*, chapitres V et VII.

33. Seules les fonctions de vingt-six grands-pères maternels sont connues.

34. Propos attribués au père de la Chaize par T. LAVALLÉE, *op. cit.*, p. 40.

35. *Avis aux maîtresses des classes*, 1686. Cité dans J. PRÉVOT, *op. cit.*, p. 84.

36. *Lettre à Mme de Fontaines*, 1691. Cité dans J. PRÉVOT, *op. cit.*, p. 104.

37. *Conversations sur les inconvénients du mariage*, dans Mme DE MAINTENON, *Conseils et instructions aux Demoiselles pour leur conduite dans le monde*, Paris, Charpentier, 1857, p. 272.

38. Soit avoir le sens de l'économie. *Divers avis aux maîtresses des classes*, 1702. Cité dans J. Prévot, *op. cit.*, p. 111.

39. Titre d'un *Proverbe* de Mme de Maintenon, cité dans J. Prévot, *op. cit.*, p. 238-245.

40. *Lettre* à Mme de Berval, 1699. Citée dans J. Prévot, *op. cit.*, p. 146

41. *Instruction*, 1696. Citée dans J. Prévot, *op. cit.*, p. 135.

42. *Constitutions…*, *op. cit.*

43. Mme de Maintenon, *Entretien sur l'éducation des filles*, Paris, Charpentier, 1854, p. 12.

44. *Mémoires de Manseau, intendant de la maison royale de Saint-Cyr*, Versailles, L. Bernard, 1902, p. 28.

45. *Constitutions, op. cit.* Elles sont aidées, en ce domaine, par les prêtres lazaristes.

46. *Entretien*, 1699. Cité dans Prévot J., *op. cit.*, p. 150.

47. *Instruction*, 1696. Cité dans Prévot J., *op. cit.*, p. 135.

48. *Rapport d'une visite de Mme de Maintenon à la classe bleue*, 1685. Citée dans J. Prévot, *op. cit.*, p. 124.

49. *Ibid.*

50. Manceau, *Mémoires, op. cit.*, p. 60.

51. Mme de Maintenon, *Entretien sur…*, *op. cit.*, p. 342.

52. *Instruction sur les lectures profanes*, 1696. Citée dans J. Prévot, *op. cit.*, p. 136. Sur l'enseignement de l'histoire, voir D. Picco, « L'histoire pour les Demoiselles de Saint-Cyr, 1686-1793 », *Les femmes et l'écriture de l'histoire, 1400-1800*, Actes du colloque de Rouen, mai 2005. À paraître.

53. *Histoire de la Maison royale de Saint-Cyr par Mme d'Eperville*, BNF, Nelle Acq. fr. 10677.

54. Voir A. Piéjus, « La musique des Demoiselles », *Les Demoiselles de Saint-Cyr, Maison royale d'éducation (1686-1793)*, Catalogue de l'exposition *Saint-Cyr, maison royale* (Versailles, 1999), Paris, Somogy, 1999, p. 174-181 et *Le théâtre des Demoiselles. Tragédie et musique à Saint-Cyr à la fin du Grand Siècle*, Paris, SFM, 2000.

55. *Entretien*, 1700. Cité dans J. Prévot, *op. cit.*, p. 154.

56. Manseau, *Mémoires, op. cit.*, p. 282.

57. *Lettre à Mme du Pérou*, 1696. Citée dans J. Prévot, p. 132.

58. Mme de Maintenon, *L'esprit des filles de Saint Louis*, Paris, Renouard, 1808, p. 63.

59. Mme de Maintenon, *Entretien sur…*, *op. cit.*, p. 269.

60. Manceau, *Mémoires, op. cit.*, p. 281.

61. *Ibid.*, p. 247.

62. *Inventaire général des meubles trouvés à Saint-Cyr en 1686*, ADY, D111, fol. 328.

63. Voir H. Jacquemin, *Livres et jeunes filles nobles. L'exemple de la Maison Royale de Saint Louis de Saint-Cyr (1686-1793)*, TER de maîtrise, sous la direction d'A.-M. Cocula et D. Picco, Université Bordeaux 3, 2005, (à paraître Presses Universitaires d'Angers, 2007).

64. ADY, D sup. 1 à 261.

65. Voir, par exemple, F. Girard, « Le système éducatif à Saint-Cyr », Catalogue de l'exposition…, *op. cit.*, p. 163.

66. *Mémoire de ce qui s'observe dans la royale Maison de Saint Louis [à Saint-Cyr]* fondée par Louis XIV, BNF, Mss. fr. Nlle. Acq. 10678, p. 9-16.

67. *Lettre à George Montagu*, 17 septembre 1769, *Lettres d'Horace Walpole écrites à ses amis pendant ses voyages en France (1739-1775)*, éd. Comte de Baillon, Paris, Didier, 1872, p. 209-216.

68. P. M. de Combes-Morelles, *Œuvres spirituelles*, Paris, Delaguette, 1778, p. 5.

69. Fonds Bombelles, ADY, E 398-400. Voir M. Cuirot, « Henriette Victoire de Bombelles, une jeune fille issue de Saint-Cyr se marie au siècle des Lumières (1773-1775) », *HES,* n° 2, 2002, p. 161-172.

70. *Lettre à Joseph Fesch,* 5 juin 1792. *Napoléon Bonaparte, Correspondance générale, Tome I: Les apprentissages 1784-1797,* Paris, Fayard, 2004, p. 110.

71. *Ibid.,* p. 112, *Lettre à Joseph Fesch,* 18 juin 1792.

72. *Ibid.,* p. 110, *Lettre à Joseph Fesch,* 5 juin 1792.

73. ADY, D. 177 à 201.

74. 1887 destins connus sur 3155. On passe de 71 % à 26 % entre les premières et les dernières sorties.

75. Voir D. Picco, « De Saint-Cyr à la « vie de château » (fin XVIIᵉ-XVIIIᵉ siècles) », *Le château au féminin,* Actes des Rencontres d'Archéologie et d'Histoire en Périgord, Périgueux, 2003, Bordeaux, Ausonius, 2004, p. 189-206.

76. *Lettre de Voltaire à Catherine II,* 29 mai 1772, Besterman 16707.

77. *Lettre de Finkenstein,* 15 mai 1807, cité par R. Rogers, *Les Demoiselles de la Légion d'honneur,* Paris, Plon, 1992, p. 332-335.

78. Mᵐᵉ Campan, *Lettres de deux jeunes amies, élèves d'Ecouen,* Paris, Beaudouin frères, 1824, p. 55.

79. Mme Campan, *De l'éducation, op. cit.,* p. 313

80. Chateaubriand, *Mémoires d'outre-tombe,* Paris, Garnier, 1989, tome I, p. 133.

DE L'ÉDUCATION DES PRINCESSES

Catriona SETH

Si l'éducation des princes a suscité des études nombreuses, celle de leurs sœurs a moins intéressé la critique. Faut-il s'en étonner? Elle était généralement moins soignée, n'a guère fait l'objet de plans d'étude ou de publications comparables à celles d'un Fénelon ou d'un Condillac, précepteurs des héritiers de France ou de Parme. Face à l'absence de tels ouvrages, il faut se tourner vers des commentaires privés, restés manuscrits, pour trouver des témoignages. Parmi les documents qui ont été conservés et qui nous renseignent sur ce que l'on attend d'une princesse, on peut compter les lettres de l'impératrice Marie-Thérèse. Elles fourmillent de détails sur la pédagogie active de la mère de quinze enfants et, en particulier, pour ce qui est de ses dernières filles, Marie-Amélie (1746-1804), future infante de Parme, Marie-Caroline (1752-1814), future reine de Naples, et Marie-Antoinette (1755-1793), future reine de France. Nous apprenons, grâce à cet ensemble d'écrits, conservé dans les archives de l'État autrichien, qu'une éducation en pointillés à la Cour de Vienne est complétée, après le départ du milieu familial, avant tout dans le cas de la petite dernière, par un véritable cours par correspondance.

Une éducation impressionniste à Vienne

Grâce peut-être à l'héritage de la maison de Lorraine, dont est issu l'empereur François Ier, l'étiquette à la Cour de Vienne n'est pas dénuée de souplesse. La famille impériale a un train de vie plus proche, à certains égards, de celle des grands bourgeois que de celle des princes français. L'influence la plus déterminante est sans conteste celle de la religion. En témoigne notamment la présence du prénom *Marie*, imposé en l'honneur de la Vierge, dans les noms des archiduchesses. Les dévotions sont prises très au sérieux et les enfants sont encouragés à faire preuve de piété en privé comme en public.

L'empereur meurt en 1765. Si son fils Joseph lui succède, Marie-Thérèse n'en lâche pas pour autant les rênes du pouvoir. Les dernières archiduchesses grandissent à une époque de grands troubles politiques et la surveillance maternelle est distante, même s'il arrive à l'impératrice d'annoter les cahiers de ses enfants ou de proposer des sujets de devoirs – on trouve ainsi une note autographe sur un *Extrait* d'histoire compilé par sa cadette, Marie-Antoinette, et conservé dans les archives impériales. Prises en main par des gouvernantes, les comtesses de Trautmansdorf puis de Brandeis, les filles Habsbourg sont encouragées à se perfectionner dans les arts d'agrément. On leur donne pour cela des professeurs de qualité : il arrive à Gluck de leur dispenser des cours de musique. Noverre est leur maître de danse. La série de pastels des archiducs et archiduchesses commandée à Liotard en 1762 et conservée actuellement à Genève témoigne en outre de l'importance accordée à la broderie ou au dessin. On ajoutera que la pratique des langues est considérée comme essentielle. Dès l'enfance, les archiducs et leurs sœurs parlent l'allemand et le français. Ils ont pour maître d'italien le poète Métastase. Les liens entre l'Autriche-Hongrie et l'Italie, déjà très étroits, devaient être consolidés à la génération de Marie-Antoinette par le mariage de ses sœurs Marie-Amélie et Marie-Caroline avec les héritiers de Parme et de Naples, par l'union de son frère Ferdinand avec Marie-Béatrice d'Este.

L'évocation des alliances prestigieuses des enfants de Marie-Thérèse confirme ce que laisse entendre ce panorama rapide : l'impératrice choisit des maîtres exceptionnels pour sa progéniture, mais elle ne s'intéresse véritablement à ses filles que lorsqu'elles sont appelées, *volens, nolens*, à participer – par leur mariage – à la politique étrangère de l'Autriche. Marie-Amélie avait voulu épouser un prince des Deux-Ponts mais sa mère refusa ce prétendant en faveur de l'héritier d'un trône. L'éducation des archiduchesses avait véritablement pour but d'en faire de futures reines. À bien des égards, elle procédait par un mouvement double. Elle se déployait avant et après le mariage. Elle tenait compte du corps comme de l'esprit. Elle était dispensée sur place ou par correspondance. Elle entraînait avec elle un système de punitions et de récompenses. Je voudrais me concentrer sur le cas le plus documenté, celui de la future Dauphine et reine de France, Marie-Antoinette.

L'archiduchesse Antoine

Baptisée Maria Antonia, surnommée « Antoine », la dernière fille de Marie-Thérèse, avant même son arrivée à la Cour de France, est prise en tenaille entre les Habsbourg et les Bourbons. Une fois le projet d'alliance conclu, Marie-Thérèse se rend compte que pour consolider son triomphe politique, il faut présenter une archiduchesse qui séduise les Français. Elle prend alors conscience que l'éducation de sa fille a été quelque peu négligée et met tout en œuvre pour lui donner des cours de rattrapage. Si l'enfant est très douée pour l'italien, son français parlé n'est pas dénué d'un accent germanique et elle l'écrit mal. Des acteurs sont recrutés pour l'aider à mieux prononcer la langue de son futur royaume. De son côté, l'ambassadeur Durfort s'active avec le ministre Choiseul, et un ecclésiastique français, l'abbé de Vermond, est dépêché à Vienne pour servir de professeur de langue à la princesse mais aussi pour la former aux usages français. Selon le témoignage plus tardif d'un courtisan : « Dès que la demande de la jeune princesse eut été faite, l'impératrice désira qu'on lui envoyât de France un instituteur de la nation pour perfectionner sa fille dans la langue française et achever son éducation qui, à vrai dire, avait été jusqu'alors assez négligée [1]. »

Sur un autre plan, l'impératrice s'occupe de mettre en valeur sa fille en organisant des fêtes en son honneur pendant que la France envoie à Vienne le talentueux Larseneur chargé d'inventer une coiffure pour remédier au front haut et bombé des Habsbourg ainsi qu'un dentiste auquel est confiée la tâche de redresser les dents de l'adolescente. On le voit, les volontés de Marie-Thérèse sont secondées par les Bourbons. La future Dauphine est parée de bijoux mais dénuée d'une culture véritable. Rien d'étonnant à ce qu'elle se trouve désarmée face aux exigences de sa nouvelle position.

Au moment du départ de la petite archiduchesse, l'impératrice exprime ses scrupules. Elle charge son enfant de respecter ses devoirs, mais aussi de suivre les coutumes de Versailles. Un problème latent surgit : que faire s'il y a conflit entre les intérêts de l'Autriche et de la France ? La réponse à toutes ses questions, la nouvelle Dauphine doit la trouver dans un long document qu'elle reçoit de sa mère en quittant Vienne, le « Règlement à lire tous les mois » – les autres archiduchesses mariées à des princes étrangers en ont également reçu un. Il s'agit d'une sorte de plan d'études qui va du général au particulier. À certains égards, c'est également un emploi du temps, en particulier spirituel, qui démarre ainsi : « À votre réveil, vous ferez tout de suite, en vous levant, vos prières du matin à genoux et une petite lecture spirituelle, ne fût-ce même que d'un seul demi quart d'heure, sans vous être encore occupée d'autre chose ou d'avoir parlé à personne. » C'est que Marie-Thérèse voit dans l'observation des exercices spirituels la source du bonheur temporel et éternel. Elle inscrit donc la vie future de sa fille dans un avenir réglé par la continuité et la récurrence des devoirs religieux.

Si de précédentes reines de France ont été encouragées à se réfugier dans la piété, la nouvelle Dauphine pourrait avoir des lectures profanes. L'impératrice se doute qu'avec l'essor de la littérature de divertissement, sa fille n'aura que l'embarras du choix. Comment éviter qu'elle se fourvoie ? Le relais du contrôle parental est tendu au représentant de la religion :

> Ne lisez aucun livre, même indifférent, sans en avoir préalablement demandé l'approbation de votre confesseur : c'est un point d'autant plus nécessaire en France, parce qu'il s'y débite sans cesse des livres remplis d'agrément et d'érudition, mais parmi lesquels il y a sous ce voile respectable bien des pernicieux à l'égard de la religion et des mœurs [2].

Les recommandations maternelles ne sont guère suivies d'effet. Lectrice rétive, la Dauphine, puis reine, a d'autres occupations de prédilection que l'acquisition d'une culture livresque. Elle rend compte, au début de son mariage, des textes qu'elle lit avec l'abbé de Vermond. Par la suite, les rares témoignages que nous avons, avant la période révolutionnaire, la montrent n'aimant que les romans à la mode. Les souvenirs (probablement peu fiables) de son coiffeur Léonard assurent qu'elle lisait à la messe un exemplaire des *Liaisons dangereuses* relié sous une couverture muette pour ressembler à un missel.

Une autre requête est faite par l'impératrice dans le règlement interne à l'usage de sa cadette. Elle rejoint les recommandations pieuses du début du document : la Dauphine est invitée à prier pour ses parents lors de leurs anniversaires (de mort, dans le cas des défunts, de naissance, pour ce qui est des vivants). Le devoir du souvenir unit ainsi les responsabilités dynastiques et les exercices spirituels.

Les recommandations initiales sont celles que Marie-Thérèse pourrait (et a dû) faire à toutes les archiduchesses. Elle inclut en revanche un deuxième volet qui concerne plus particulièrement le cas de Marie-Antoinette en France. On pourrait le mettre en parallèle avec les *Tibi soli*, les passages de la correspondance diplomatique entre l'impératrice et son ambassadeur Mercy qui sont hautement confidentiels. Dans ces instructions particulières, la jeune fille est mise en garde contre les familiarités, les promesses, les requêtes et ainsi de suite. Par ailleurs, un nouveau substitut de l'autorité maternelle est mis en place : « Demandez à M. et à Mme de Noailles, en l'exigeant même, sur tous les cas, ce que, comme étrangère et voulant absolument plaire à la nation, vous devriez faire, et qu'ils vous disent sincèrement s'il y a quelque chose à corriger dans votre maintien, dans vos discours ou autre points. » Les époux Noailles allaient recevoir la nouvelle Dauphine à Strasbourg lors de sa remise en France et la future duchesse devait lui servir de dame d'honneur. Elle se fit si bien le relais de la puissance maternelle que Marie-Antoinette eut l'impression de trouver en celle qu'elle surnomma bien vite « Madame l'Étiquette » une nouvelle gouvernante.

En dernier lieu, l'impératrice met en place le système d'éducation ultérieur, ce que j'appellerais bien volontiers le réseau des cours par correspondance. « Tous les commencements de mois, j'expédierai d'ici à Paris un courrier : en attendant, vous pourrez préparer vos lettres pour les faire partir tout de suite à l'arrivée du courrier. » Ce circuit parallèle doit permettre d'échapper à la surveillance des Bourbons et ainsi d'échanger des informations confidentielles. En outre, même avant l'envoi de la première d'entre elles, les lettres affichent leur vocation pédagogique. Marie-Thérèse laisse entendre qu'elle institue une relation d'échange sur un premier pied d'égalité : Marie-Antoinette doit parler à Louis XV de sa mère aussi souvent que possible. C'est laisser entendre qu'elle devient un succédané de la présence impériale à la Cour de Versailles. Le lien entre famille et politique n'aurait guère pu être mieux souligné ! Dans les dernières lignes, c'est cependant une relation d'affection qui se dessine sur fond d'un devoir partagé du souvenir : « N'oubliez pas une mère qui, quoiqu'éloignée, ne cessera d'être occupée de vous jusqu'à son dernier soupir. Je vous donne ma bénédiction et suis toujours votre fidèle mère. »

Une éducation à distance

Entre la correspondance et les relais mis en place, l'impératrice espère fournir à sa fille un guide tant pour sa conduite d'ensemble que pour toutes les situations individuelles auxquelles elle pourrait être confrontée. Si, pendant le voyage de Strasbourg à Versailles et pour les questions précises d'étiquette, elle a invité Marie-Antoinette à se fier à la comtesse de Noailles, Marie-Thérèse confie surtout à deux hommes un rôle essentiel dans la poursuite de l'éducation de la Dauphine.

Le premier d'entre eux est l'abbé de Vermond. Envoyé à Vienne comme confesseur, il avait réussi d'emblée à conquérir l'impératrice et sa fille. En dépit des traditions, il fut permis à la Dauphine de le garder auprès d'elle à Versailles. Cette entorse aux habitudes de la Cour de France fut rendue possible par un changement de statut : de confesseur, le protégé de Loménie de Brienne devint lecteur. Il gardait ainsi la possibilité de se rendre à tout moment auprès de la jeune femme et il consolidait son rôle dans le domaine des échanges de lettres entre elle et sa mère – on peut d'ailleurs supposer que certaines des belles formules qui se retrouvent sous la plume de l'adolescente lui ont été soufflées par l'ecclésiastique complaisant. Ce sentiment de lecture est étayé par une affirmation du comte de Saint-Priest : « Elle avait de la facilité et de la grâce à s'énoncer, mais dans le fond, peu d'instruction ; aucun goût pour la lecture et écrivant mal, tant en caractères qu'en diction. C'est l'abbé de Vermond qui faisait ses lettres et il s'en acquittait fort bien. » Le courtisan ajoute un mot sévère : lorsque le prélat a quitté la reine

« et qu'elle fut réduite à elle-même, on vit qu'elle avait bien peu profité de ses instructions[3] ». En contrepartie, l'ecclésiastique met en valeur les qualités de son élève, écrivant ainsi à Marie-Thérèse le 17 octobre 1776 de la jeune reine : « Elle a plus de pénétration et de jugement que tout ce qui l'obsède ; sa jeunesse et le goût de tout effleurer sans rien approfondir, voilà la source de ses torts : elle en reviendra. » En plus d'assumer le rôle de secrétaire officieux, l'abbé prit au sérieux son devoir de conseiller ès lectures. Marie-Antoinette rend ainsi compte à sa mère de son programme. Au cours de ses premiers mois à Versailles elle se penche ainsi sur une paraphrase du Livre de Tobie, sur les *Bagatelles morales* de l'abbé Coyer ou encore sur l'un des ouvrages préférés de son époux, l'*Histoire d'Angleterre* de Hume.

Si Vermond a un accès permanent à la Dauphine, la position du second relais de Marie-Thérèse est plus complexe : le comte de Mercy-Argenteau est son ambassadeur à Versailles. Il est donc censé avoir avec Marie-Antoinette des entrevues formelles et moins fréquentes que son lecteur. Toutes les semaines, il se rend à la Cour. Il est le maillon essentiel de la communication secrète entre l'impératrice et l'entourage français de sa fille. Renseigné directement par l'abbé de Vermond ainsi que par divers courtisans voire des domestiques dont il achète les services, il transmet les nouvelles à Vienne. Par lui, l'impératrice est instruite de tout et, en particulier, de tout manquement aux instructions maternelles : l'adolescente monte-t-elle à cheval malgré l'interdiction impériale ? Marie-Thérèse en est aussitôt instruite et elle gronde sa fille en feignant d'avoir appris l'information par des courtisans ou par les journaux. À l'occasion, l'archiduchesse fait un *Mea culpa* en bonne et due forme devant le ministre qui en rend compte alors dans ses *Tibi soli* adressés à la Hofburg. Grâce à Mercy, l'impératrice dispose souvent d'un résumé des conversations de sa fille. Elle s'en sert pour tenter de dresser Marie-Antoinette à avoir certains réflexes ou pour l'encourager à modifier sa conduite. Ayant appris que sa fille épouse le parti de Mesdames tantes face à la comtesse du Barry, Marie-Thérèse fait intervenir l'ambassadeur pour que la Dauphine adopte une attitude moins négative envers la maîtresse du roi. Ici, la moralité au-dessus de tout soupçon de l'impératrice le cède à la nécessité politique ! Le comte de Mercy l'informe de la réussite de ses démarches alors qu'il vient de se faire l'écho des recommandations maternelles : « Mme la Dauphine m'écouta avec une grande attention. Elle ne me répondit presque rien, et je reconnus à ce signe que mon langage avait fait impression. » Ce qui ne manque d'étonner l'observateur externe est la confiance continue que la jeune femme témoigne aussi bien à son lecteur qu'au ministre. Elle croit l'impératrice renseignée par la rumeur publique ou une presse avide de nouvelles de la Cour de France. Elle est prise au piège entre le proche et le lointain, entre les observateurs à son chevet et les règles d'une mère distante qui éduque sa fille et la contrôle par personne interposée.

Nous pourrions ajouter une troisième série de relais. Ce sont les visiteurs occasionnels dépêchés par Vienne. Il faudrait citer en tout premier lieu l'empereur Joseph II, frère de Marie-Antoinette, chargé par l'impératrice de résoudre les problèmes conjugaux du couple royal et de lui prodiguer un cours théorique d'éducation sexuelle. En effet, sept ans après son mariage, la Dauphine est encore vierge. De nombreuses discussions entre les trois jeunes gens aboutissent à la révélation d'une série de détails intimes et, semble-t-il, à un rapprochement entre les époux.

Il convient également d'évoquer le cas du comte de Rosenberg qui montre à Marie-Thérèse deux lettres alertes et railleuses dans lesquelles la toute nouvelle reine de France se moque du « pauvre homme » qu'est son mari : « Mes goûts ne sont pas les mêmes que ceux du roi, qui n'a que ceux de la chasse et des ouvrages mécaniques. Vous conviendrez que j'aurais assez mauvaise grâce auprès d'une forge. Je n'y serais pas Vulcain, et le rôle de Vénus pourrait lui déplaire beaucoup plus que mes goûts qu'il ne désapprouve pas [4]. » Les réactions de l'impératrice ne se font pas attendre. Sa fille en est meurtrie. Elle ouvre ainsi sa lettre du 12 août : « Madame ma très chère mère,/Je n'oserais jamais écrire à mon auguste mère, si je me sentais la moitié aussi coupable qu'elle le croit : être comparée aux Pompadour, aux du Barry, couverte des épithètes les plus affreuses ne va pas à votre fille [5]. » Elle se montre courbant la tête face au jugement maternel. Elle termine en présentant à Marie-Thérèse « le respect et la tendresse d'une fille désolée pour lui avoir déplu [6] ». Elle semble véritablement suspendue à la réaction de l'impératrice. Un mois plus tard, elle est rassurée : « Madame ma très chère mère,/Votre chère lettre m'a rendu la vie, l'idée d'être dans la disgrâce de ma tendre mère était bien affligeante pour moi, j'espère que je n'en mériterai jamais pour pareil soupçon [7]. » Quelques mois plus tard, la petite reine de vingt ans, a de nouveau été réprimandée. Elle retourne en compliment la sévérité maternelle : « Quelle tendresse de me faire sentir mes torts [8] ! » Elle avait remercié, peu auparavant, Marie-Thérèse « de ses bons avis qui sont encore plus de la tendresse et amitié que des droits de mère [9] ». De fait, pour une princesse arrachée à sa famille, tout signe de Vienne devait renforcer des liens affectifs distants avec cette « mère incomparable » à laquelle elle assurait que son plus grand désir serait toujours d'en mériter les bontés [10].

Récompenses et châtiments

Le système pédagogique de Marie-Thérèse repose sur le respect que ses enfants lui doivent en tant que mère et en tant qu'impératrice. De ce fait, la première récompense à laquelle ils peuvent prétendre est représentée par les éloges maternels, directs et indirects. Marie-Antoinette en est friande. Dans une lettre du 23 janvier 1772, le comte de Mercy-Argenteau, rapportant le succès de sa mission de conseil sur l'attitude à tenir face à la favorite, espère que l'impératrice ne ménagera pas ses compliments à sa fille : « Si la contenance que Madame la Dauphine a tenue le premier jour de l'an vis-à-vis de la favorite obtient l'approbation de Votre Majesté, et qu'elle daigne le faire connaître à S. A. R., je crois que cela produirait un très bon effet pour l'avenir. » On s'en doute, Marie-Thérèse obtempère et sa lettre suivante félicite l'adolescente des efforts consentis et l'encourage à poursuivre ses efforts. C'est que l'éducation des princesses, plus qu'un système d'enseignement théorique est une mise en action des règles de la vie de Cour. Elle s'inscrit donc avant tout dans une dimension pratique, pas dans la sphère intellectuelle. L'une des conséquences en est l'absence de manuels ou de plans d'étude que nous avons rappelée plus haut.

Pour Marie-Antoinette, mériter les louanges maternelles est d'autant plus important qu'on agite en face le spectre d'une princesse désobéissante : sa sœur Marie-Amélie. Cette archiduchesse avait voulu, l'on s'en souvient, s'unir à un soupirant qu'elle s'était choisi. Elle céda aux injonctions maternelles et épousa l'ancien élève de Condillac et de Deleyre, Ferdinand, Infant de Parme, l'un des petits-fils de Louis XV. Malgré l'interdiction formelle qui lui était faite de s'ingérer dans la conduite de la principauté, elle prétendait tenir les rênes du petit État et son époux falot ne s'y opposa guère. Le couple fut mis au ban de leurs familles, les Habsbourg et les Bourbons. Marie-Antoinette fut interdite de correspondance avec cette princesse turbulente. Elle n'omit pas de marquer à sa mère sa distance avec sa sœur :

> Je ne puis vous dire, ma chère maman combien je suis affligée de l'infante. Il est bien étonnant qu'elle n'ait pas profité de vos bonnes leçons et de tout ce que vous lui avez fait dire par Rosenberg. Malgré tout cela, je saisirai avec empressement toute occasion de diminuer la mauvaise impression que cela peut faire ici. Sans cela, je fuis les occasions d'en entendre parler. Il me semble que, si j'avais eu le même malheur qu'elle, le seul désir d'épargner du chagrin à ma chère maman, cela me convertirait [11].

Après ces quelques lignes de force rapides que j'ai pu esquisser, que conclure de Marie-Thérèse éducatrice de ses filles ? En premier lieu, il convient de mettre en évidence sa myopie extraordinaire. Seule héritière de son père l'empereur, elle a été élevée dans la connaissance du fonctionnement politique de son pays. Elle a donné à ses enfants l'image d'une femme de terrain. Or, elle prive ses filles d'une éducation comparable et leur interdit de suivre son exemple. Elle leur demande cependant, surtout à Marie-Antoinette, de favoriser à tout moment les intérêts de l'Autriche, même lorsqu'ils sont en conflit avec ceux de l'État de leur époux [12]. C'est peut-être à cet écart entre la pratique et les recommandations de Marie-Thérèse que nous pouvons attribuer les débordements reprochés à Marie-Amélie à Parme, mais aussi ceux qui allaient caractériser la conduite ultérieure de Marie-Caroline à Naples, voire certaines des attitudes de Marie-Antoinette en France. Le commentaire le plus cinglant sur cet écart entre l'exemple et la pratique et la constatation de l'insuffisance de l'éducation politique des archiduchesses se trouve dans un projet de lettre rédigé par Joseph II en juillet 1775. Conservé dans les archives de Vienne, le document paraît avoir été rédigé à la requête de l'impératrice pour condamner l'ingérence de la toute jeune reine de France dans les affaires du pays :

> De quoi vous mêlez-vous, ma chère sœur, de déplacer des ministres, d'en faire envoyer un autre sur ses terres, de faire donner tel département à celui-ci ou à celui-là, de faire gagner un procès à l'un, de créer une nouvelle charge dispendieuse à votre Cour, enfin de parler d'affaires, de vous servir même de termes très peu convenables à votre situation ? Vous êtes-vous demandé une fois par quel droit vous vous mêlez des affaires du gouvernement et de la monarchie française ? Quelles études avez-vous faites ? Quelles connaissances avez-vous acquises pour oser imaginer que votre avis ou opinion doit être bonne à quelque chose, surtout dans des affaires qui exigent des connaissances aussi étendues ? Vous, aimable jeune personne qui ne pensez qu'à la frivolité, qu'à votre toilette, qu'à vos amusements toute la journée ; qui ne lisez ni n'entendez parler raison un quart d'heure par mois ; qui ne réfléchissez, ni ne méditez, j'en suis sûr, jamais, ni ne combinez les conséquences des choses que vous faites ou que vous dites [13] ?

Il y avait sans aucun doute injustice, après avoir encouragé la reine à faire pardonner Choiseul ou à demander la nomination de Lorrains à des charges importantes, de lui reprocher les interventions qu'elle pouvait avoir dans les affaires de la Cour de France. La lettre semble n'avoir jamais été envoyée. Fort heureusement. Il n'empêche que les dernières lignes de l'extrait résonnent d'une ironie tragique pour qui connaît l'histoire de Marie-Antoinette. Du plan d'éducation de sa mère, l'on peut dire que son pragmatisme a souvent manqué de souplesse, ses objectifs de clarté, et peut-être que, si Marie-Antoinette aurait mieux fait, selon Joseph II, de s'occuper de frivolités que de politique, Marie-Thérèse était sans aucun doute plus douée pour les affaires d'État que pour l'éducation des filles...

Notes

1. François-Emmanuel GUIGNARD DE SAINT-PRIEST, *Mémoires du comte de Saint-Priest*, Paris, Mercure de France, coll. « Le Temps retrouvé », Paris, 2006, p. 258.
2. Cité dans MARIE-ANTOINETTE, *Correspondance 1770-1793*, Évelyne LEVER (éd.), Paris, Tallandier, 2005, p. 42.
3. SAINT-PRIEST, *op. cit.*, p. 259. Les lettres de la période révolutionnaire contredisent l'affirmation.
4. Cité dans Catriona SETH, *Marie-Antoinette. Anthologie et dictionnaire*, Paris, Robert Laffont, coll. « Bouquins », 2006, p. 48.
5. Cité *ibid*.
6. *Ibid.*, p. 49.
7. *Ibid.*
8. *Ibid.*, p. 52. Lettre du 12 novembre 1775.
9. *Ibid.*, p. 37. Lettre du 30 juillet 1774.
10. *Ibid.*, p. 67. Lettre du 12 novembre 1776.
11. *Ibid.*, p. 15. Lettre du 13 juin 1772.
12. Dès que Louis XVI hérite du trône, Marie-Antoinette est priée de défendre les souhaits de l'Autriche et de sa mère. La jeune femme se réjouit dans une lettre à Marie-Thérèse le 16 novembre 1774 : « Je suis bien contente d'avoir pu remplir vos intentions. » (Voir C. SETH, *op. cit.*, p. 41).
13. Voir MARIE-ANTOINETTE, *Correspondance 1770-1793*, *op. cit.*, p. 222.

L'ART D'ÊTRE GRAND-MÈRE :
LES ÉCRITS PÉDAGOGIQUES DE CATHERINE II

Alexandre Stroev

Plusieurs chercheurs du XIXe et du XXe siècles ont étudié les principes pédagogiques de Catherine II, depuis les travaux du comte Dmitri Tolstoï[1] et de ses contemporains[2] jusqu'aux contributions récentes de Galina Smagina et de Nadejda Plaviskaïa[3]. Cela me permet de n'aborder que quelques questions qui me semblent importantes.

Pour l'impératrice russe, les tâches de souveraine et de grand-mère sont intimement liées : l'éducation de ses petits-fils épaule l'élaboration du système de l'instruction publique en Russie. Dans le même temps, elle forme le bon prince et éclaire les sujets : Catherine II estime que c'est le meilleur moyen de faire avancer la société, d'appliquer les nouveaux principes législatifs et administratifs, apportés par ses réformes.

En s'inspirant largement des travaux de pédagogues célèbres, et notamment des ouvrages de John Locke, la tsarine en tire des leçons pratiques, novatrices pour son époque. Animée par le vif désir d'offrir la meilleure éducation possible à ses petits-enfants, elle multiplie des écrits, recourt à plusieurs genres : instructions, abécédaires, dialogues, contes, récits didactiques ou historiques, maximes, proverbes, etc. Ces œuvres moralisatrices laissent parfois transpirer une écriture intime ou prennent la forme d'attaques politiques.

La petite mère du peuple

On sait bien que Catherine II n'avait pas la possibilité d'être une mère parfaite et qu'elle ne l'était pas. À la naissance de son fils Paul, l'impératrice Élisabeth l'écarta du berceau et s'occupa elle-même de l'enfant. S'emparant du trône en 1762, Catherine II ne voit dans son fils, l'héritier légitime, qu'une menace pour son pouvoir. Le garçon vénère la mémoire de son père Pierre III, tué par les conjurés, et ne porte pas sa mère dans son cœur. La même année 1762, l'impératrice fait inviter d'Alembert en Russie pour s'occuper de l'instruction du grand-duc, mais les intermédiaires sont si mal choisis que le philosophe n'a pas de peine à décliner la proposition gênante [4]. Catherine II confie l'éducation du jeune Paul à son proche collaborateur, le comte Nikita Panine, bien occupé par la direction de la politique étrangère russe.

Selon l'historien Dmitri Kobeko [5], l'éducation de Paul fut aussi ratée que celle de son demi-frère Aleksei Bobrinski, fils naturel de Catherine et de Grigori Orlov. C'est un autre proche de l'impératrice, Ivan Betskoï, qui supervise l'instruction de Bobrinski, délaissé par sa mère. Par ailleurs, Betskoï rend de fréquentes visites pédagogiques à Paul. Après l'avènement de Catherine II, ce seigneur cultivé, lui-même fils naturel du prince Troubetskoï, s'occupe de l'enseignement public en Russie. Il est directeur du Corps des cadets, où Bobrinski fait ses études ; en 1764, il crée la Maison de l'éducation, destinée aux enfants trouvés et élabore les statuts de l'Académie des beaux-arts et de l'école, créée auprès d'elle. La même année, on ouvre l'Institut Smolny pour l'éducation de jeunes filles nobles ; deux ans plus tard, on adopte de nouveaux règlements pour le Corps de cadets. Betskoï publie ses statuts et programmes éducatifs, y compris le *Plan général de la maison d'éducation impériale à Moscou* (1763-1767), l'*Établissement général de l'éducation de la jeunesse de deux sexes, confirmé par S. M. I.* (1764), le *Règlement de l'éducation de deux cents filles nobles* (1764), l'*Instruction abrégée, tirée des meilleurs auteurs avec des notes naturelles, concernant l'éducation des enfants, de la naissance, jusqu'à l'adolescence* (1766), le *Plan d'une école de commerce* (1772), etc. En 1774 à Saint-Pétersbourg, les ouvrages pédagogiques de Betskoï, réunis en deux volumes, paraissent sous le titre *Statut et règlements, concernant l'éducation et l'instruction en Russie de la jeunesse de deux sexes* [6].

Les idées pédagogiques d'Ivan Betskoï, partisan convaincu des principes de John Locke, sont très proches de celles de l'impératrice ; Catherine II approuve et inspire ses projets et ses réformes [7]. Pour tout ce qui concerne la santé, l'hygiène corporelle et les habits des enfants, l'interdiction des châtiments corporels et la primauté des leçons morales, la nécessité des jeux et des procédés ludiques dans l'enseignement, leurs opinions concordent. Cependant, l'impératrice reste plus pratique que son ministre qui frise l'utopie et considère ces institutions comme une pépinière du Tiers-État qui manque à la Russie. Selon Ivan Betskoi, les établissements éducatifs visent la formation de l'homme idéal et du citoyen parfait. En isolant leurs pupilles, ils les protègent de l'influence néfaste des parents et de leur milieu d'origine.

Dans les années 1760, Catherine II songe à une réforme globale qui changerait le pays et rédige son fameux *Nakaz*, c'est-à-dire, l'*Instruction pour la Commission législative* (écrit en 1766, éd. 1767-1768). L'éducation entre comme partie intégrante dans son plan général, visant le développement de la Russie. Une Commission pédagogique, nommée par l'impératrice (1764-1766), analyse de multiples traités et projets, étudie des systèmes éducatifs européens, compare ceux des pays catholiques et protestants. La Russie profite de l'expérience des pays qui, après le bannissement des jésuites, développent des écoles publiques. En 1766, la Commission soumet à Catherine II un plan général des gymnases et des écoles d'État, que l'impératrice n'approuve pas. La souveraine consulte les propositions, formulées par les Anglais John Brown[8] et Daniel Dumaresq, membre de la Commission, et, en 1765, elle envoie des étudiants russes à Oxford et à Cambridge[9].

Dans la seconde moitié des années 1770 et dans les années 1780, Catherine II passe des projets à leur réalisation. Elle élabore une série de mesures administratives, y compris les *Règlements pour l'administration des provinces* (1775), et elle crée un système d'instruction sous l'égide de l'État. En 1775, la tsarine met à contribution Diderot pour « dresser un plan d'études pour les jeunes gens, depuis l'abc jusqu'à l'université inclusivement[10] ». L'année suivante, elle lit des brochures et des traités pédagogiques allemands, réunis et expédiés par Frédéric Melchior Grimm, elle s'intéresse à la pédagogie de Basedow et à son *Philantropinum*, établi à Dessau[11].

Finalement, après sa rencontre avec l'empereur Joseph II en 1780, l'impératrice opte pour le système autrichien, basé sur la création des « écoles normales » qui préparent des instituteurs. En 1782, une nouvelle Commission pédagogique lance la réforme, fait traduire et adapter des manuels. On crée des écoles primaires mixtes où garçons et filles étudient ensemble, deux ans dans les villes moyennes, quatre ans dans les grandes villes, capitales des provinces, comme le prévoit le *Règlement des écoles publiques* (1786).

Dans les années 1770, surtout vers 1775, Catherine II dans sa correspondance évoque régulièrement sa propre éducation et surtout les moyens de comprendre les petits, cachottiers depuis leur plus tendre enfance :

> [...] et l'esprit gauche[12] prenait tout cela tout autrement qu'on ne lui prônait la chose, et voilà ce qui arrivait et à Mlle Cardel et à M. Wagner[13] tous les jours de l'année, car on ne sait pas toujours ce que les marmots pensent, et les marmots sont difficiles à connaître, surtout quand la belle éducation les a rendus dociles à écouter, et qu'ils sont devenus prudents par expérience dans leur parler vis-à-vis de leurs maîtres. De cela, s'il vous plaît, vous tirez la belle maxime qu'il ne faut pas trop

gronder les marmots, mais les mettre à leur aise, afin qu'ils ne vous cachent point leurs gaucheries; il est vrai que pour les maîtres d'écoles, il est beaucoup commode d'étaler leur esprit de domination pour régir la chambrée [14].

Maintes fois, elle cite sa gouvernante Mlle Cardel, ses sentences et ses leçons dont elle avait bien profité, y compris la méfiance envers les médecins, l'amour des proverbes, le goût pour le théâtre, une haute estime des comédies de Molière, considérées comme manuels de vie. Dans sa lettre à Grimm du 27 février [10 mars] 1775, citée plus haut, elle évoque Mlle Cardel, les *Conversations d'Émilie* de Mme d'Épinay, les articles sur l'éducation dans l'*Encyclopédie* et elle commande un projet aux philosophes [15].

Dans ses mémoires, commencés en 1771, Catherine II parle avant tout de son enfance et de son adolescence. Dans leur suite, rédigée vingt ans plus tard, elle se souvient avec dépit de la façon d'élever le petit Paul, prescrite par l'impératrice Élisabeth [16].

La tsarine nurse et couturière

Depuis le mois de décembre 1777, un autre objet occupe l'impératrice: son petit-fils Alexandre, suivi en 1779 par Constantin. Catherine II prend sa revanche, ne permettant pas aux parents, au grand-duc Paul et à son épouse Maria Fedorovna, de s'occuper des garçons. Elle leur laisse les filles, dont elle ne se soucie guère [17], tandis que le garçon aîné deviendra l'empereur de Russie, et que la grand-mère espère voir un jour le cadet monter sur le trône de Constantinople, capitale d'un nouvel empire orthodoxe.

Pendant les six premières années, Alexandre est confié aux femmes. Catherine II lui choisit une gouvernante, une nurse, anglaise d'origine, et une nourrice russe. À cette étape, elle veut former l'enfant, et non pas l'instruire: ce sera l'affaire des hommes à qui l'enfant sera remis à l'âge de sept ans.

Les lettres de Catherine II à Grimm décrivent en détail la pratique pédagogique de l'impératrice, les éléments d'un plan bien suivi, et les délices d'une grand-mère de cinquante ans qui adore le « marmot » et le trouve génial en tout [18]. Elle a l'impression de renaître dans le corps du garçonnet, tandis que l'enfant veut en tout ressembler à sa grand-mère. L'impératrice partage son temps entre les affaires d'État et les jeux enfantins qui lui font plaisir, le pronom *nous* chasse le *je*:

> Il commence à montrer une intelligence singulière pour un enfant de son âge; j'en raffole, et ce marmot passerait sa vie avec moi si on le laissait faire. [...] je puis faire de lui tout ce que je veux [...]. (Tsarskoe Selo, 30 mai [10 juin] 1779 [19])

Je législate le matin ; puis le courant, à dix heures et demie, M. Alexandre ; […]
on dit que j'en façonne un drôle de corps qui fait tout ce que je veux […]. Nous
faisons tous les jours des connaissances nouvelles, c'est-à-dire que de chaque jouet
nous en faisons dix ou douze, et c'est à qui des deux développera le plus son génie ;
c'est extraordinaire comme nous devenons industrieux. […] Dame nature nous a
rendu robuste et intelligent ; tout le monde crie au miracle de grand'maman […].
L'après-dîner mon marmot revient autant de fois qu'il veut, et il passe ses trois ou
quatre heures par jour dans ma chambre, souvent sans que je m'en occupe ; s'il
s'ennuie, il s'en va, mais cela ne lui arrive guère (Peterhof, 5 [16] juillet 1779 [20]).

La grand-mère communique bien avec le petit. Elle comprend sa langue
enfantine et applique ses suggestions :

Je baptisais avant-hier un enfant avec M. Alexandre, qui, entendant crier cet enfant,
dit dans son langage monosyllabe qu'on donne à cet enfant sa nourrice. Voyant cela
je fis exécuter sur-le-champ la proposition de M. Alexandre, vu que le marchand
d'oignon se connaît en ciboule, selon l'ancien proverbe de Sancho Pança, et à la
lettre, l'enfant se tut (Peterhof, 18 [29] juillet 1779 [21]).

Ensuite, Catherine II lui apprendra à lire et leurs conversations journalières
se transformeront en leçons ludiques de géographie, d'histoire naturelle, de savoir-
vivre, de morale, etc.

La grand-mère se prépara soigneusement à sa tâche : elle consulta et copia
différents plans d'éducation des princes, y compris du jeune Frédéric II de Prusse,
rédigé par son père en 1729 [22]. Elle lut les *Aventures de Télémaque* de Fénelon, probablement, ses *Fables* et *l'Éducation des filles*. Elle fit interdire la vente de *l'Émile* en
Russie (en 1763) et critiqua les principes pédagogiques de Rousseau [23] ; cependant,
elle introduisit dans ses contes et comédies quelques idées du citoyen de Genève.
Mais, selon ses aveux, elle se sentait beaucoup plus proche des *Conversations d'Émilie* de Mme d'Épinay [24]. L'impératrice étudia attentivement les *Pensées sur l'éducation*
de John Locke : c'est la base de sa pédagogie. Pour composer son *Instruction pour
la Commission législative*, l'impératrice, à ses propres dires, avait pillé *L'Esprit des
lois* de Montesquieu ; de la même manière, dans ses écrits éducatifs, depuis les
premières ébauches jusqu'à l'*Instruction pour l'éducation des grands-ducs Alexandre
et Constantin*, remise en mars 1784 au général Saltykov, nommé leur gouverneur,
Catherine II adapta Locke [25]. Voulant être exhaustive, Catherine II rédigea l'*Instruction* qui visait une éducation parfaite du garçon dont elle se séparait. Même
un gouverneur idéal n'aurait jamais pu suivre ce programme. En revanche, quand
il s'agit du bébé, docile, attaché à sa génitrice, les conseils de la tsarine gardent
toute leur valeur.

Comme tous les néophytes, l'impératrice aime partager ses connaissances. En septembre 1778, elle explique au roi de Suède Gustave III qui attend un héritier[26], comment elle fait soigner le bébé depuis sa naissance jusqu'à neuf mois[27]. Elle joint à ses instructions la corbeille qui avait servi de berceau à Alexandre et une poupée qui montre la bonne manière d'emmailloter l'enfant. Ensuite, elle expédie l'habit, confectionné selon ses vœux, comme elle l'explique plus tard à Grimm:

> Voici comme il est habillé depuis le sixième mois de sa vie: tout cela est cousu ensemble et se met tout d'un coup et se ferme par derrière avec quatre ou cinq petits crochets; à l'entour de l'habit il y a une frange, et cela habille parfaitement bien; le roi de Suède, le prince de Prusse ont demandé et obtenu un modèle de l'habit de M. Alexandre. À tout cela, il n'y a aucune ligature, et l'enfant ignore presque qu'on l'habille, on lui fourre les bras et les pieds dans son habit à la fois, et voilà qui est fait: c'est un trait de génie de ma part que cet habit, et que je n'ai pas voulu que vous ignoriez (Tsarskoe Selo, 24 mai [4 juin] 1781[28]).

L'auguste couturière joint un dessin à la lettre:

Habit du grand-duc Alexandre (dessin de Catherine II)

D'autres souverains suivent la façon russe. En 1782, la grande-duchesse Maria Fedorovna, voyageant en Europe avec son époux, offre le modèle du vêtement aux princesses italiennes et à Marie-Antoinette pour le dauphin. Selon Grimm, les Parisiens l'adoptent : « Il y a déjà des marmots dans mon quartier qui le portent et un tailleur qui en vend » (10 (21) juin 1782[29]). L'impératrice est flattée :

> Voilà donc que l'habit d'Alexandre est devenu l'habit universel de tous les marmots ; ma foi, les marmots s'en trouveront bien : ils crieront moins pour faire leur toilette, et elle les tourmentera moins et durera moins (Saint-Pétersbourg, 3 [14] octobre 1782[30]).

Habit offert par Catherine II au prince de Suède,
d'après le modèle de celui d'Alexandre

Catherine II, femme pratique, explique en détail, comment il faut nourrir et habiller, laver et promener un enfant pour endurcir son corps et préserver sa santé. Voici ses dix commandements, bien inspirés par Locke, trouvés dans son exemplaire des *Aventures de Télémaque* :

Que les enfants ne soient point vêtus ou couverts trop chaudement en hiver ou en été.
Il vaut mieux que les enfants couchent aussi la nuit sans bonnet.
Laver les enfants le plus souvent possible dans l'eau froide.
Leur faire porter des souliers minces et sans talons.
Qu'ils soient tête et pieds nus la première année.
Il serait bon d'apprendre à nager à un enfant, lorsqu'il est d'âge pour cela.
Faites-les aller souvent au grand air.
Faites les tenir le moins que possible auprès du feu même en hiver.
Laissez-les jouer au vent, au soleil, à la pluie sans chapeau.
Les habits des enfants ne doivent jamais être étroits et surtout autour de la poitrine[31].

Dans l'*Instruction*, remise au général Saltykov, l'impératrice recommande l'usage des bains traditionnels russes qui, en faisant transpirer le corps, évacuent des humeurs. Selon la tsarine, l'expérience avait démontré que l'habitude de fréquenter les bains une fois par mois, en été comme en hiver, et de se baigner dans l'eau froide, en sortant des étuves surchauffées, renforce la santé des garçons[32] (qui au moment de la rédaction n'ont que cinq et six ans). Catherine II préconise la méthode des vapeurs humides, prescrite dans le *Mémoire sur les bains de vapeur en Russie* par Antoine Ribeiro Sanches[33], médecin français d'origine portugaise, ami de Diderot. Ainsi, la tsarine marie les traditions populaires russes avec les théories médicales les plus avancées.

Cette éducation physique ne constitue que le fondement de l'éducation générale qui forme l'âme et l'esprit des enfants. Avant tout, Catherine II veut développer les qualités naturelles de ses petits-fils et leur sociabilité. La liberté de l'enfant, la vie sans contraintes en parfait accord avec les autres, l'instruction ludique sont les mots clés de sa pédagogie.

Comme l'*Instruction* de l'impératrice n'est adressée qu'aux gouverneurs, elle rend les mêmes principes accessibles aux enfants dans les textes qui leur sont destinés. La formation intellectuelle et morale des grands-ducs se base sur la lecture des œuvres, réunies, adaptées ou rédigées entièrement par Catherine II.

Sa Majesté des lettres

La *Bibliothèque*, composée par l'auguste grand-mère, comporte un abécédaire agrémenté d'estampes, un choix de proverbes russes, des maximes, des dialogues, des récits didactiques et des contes, ainsi qu'un précis d'histoire russe. Plusieurs textes sont rédigés en 1780-1781, quand le grand-duc Alexandre n'a que deux ou trois ans et lui servent de manuel de lecture. Ainsi, l'enfant s'imprègne des maximes, en apprenant à lire.

L'impératrice raconte à Grimm comment elle guide simultanément le pays et l'enfant:

> Depuis deux mois, tout en législatant, j'ai entrepris pour mon amusement, à l'usage de M. Alexandre, un petit *abc* de maximes [...]. Cela commence par lui dire au nez qu'il est un marmot né nu, comme la main qui ne sait rien, que tous les marmots naissent ainsi, que par la naissance tous les hommes sont égaux, que par l'étude ils diffèrent entre eux infiniment [...]. Je n'ai que deux buts en vue, l'un d'ouvrir l'esprit à l'impression des choses, l'autre d'élever l'âme en formant le cœur (Pleskov, 14 [25] mai 1780[34]).

Disciple des philosophes sensualistes, l'impératrice suit Locke en niant l'existence d'idées innées et va jusqu'à lancer un projet d'éducation civique, basé sur l'idée de l'égalité. L'année suivante, elle fait une version de son abécédaire pour les écoles publiques: *L'Abécédaire russe pour apprendre à lire aux jeunes*. La seconde partie, intitulée *L'Enseignement civique élémentaire*, comporte 117 maximes. Elle s'en vante dans sa lettre à Grimm:

> De l'*abc* de M. Alexandre nous avons extrait ce qui peut servir pour tout le monde, et cela fait l'*abc* russe présentement, de cet *abc* dans quinze jours on a vendu ici en ville vingt mille exemplaires; c'est cet *abc* qui va devenir l'accoucheur de toutes nos cervelles futures (Saint-Pétersbourg, 25 juin [6 juillet] 1781[35]).

Des synthèses historiques, commencées par l'impératrice en 1783 pour l'instruction des grands-ducs et considérées comme d'importants instruments d'éducation patriotique, seront imprimées et mises à la portée de tous[36]. Et vice-versa: quand en 1784 paraît le catéchisme pour les écoles publiques, l'impératrice le recommande pour l'instruction de ses petits-fils.

On peut reprocher aux textes pédagogiques de Catherine II leur didactisme outré, le style peu recherché, la narration simpliste et le ton trop sérieux, sans un brin d'humour ou de merveilleux. On peut considérer ces défauts comme des atouts: même si les contes et les récits ne sont pas captivants, ils sont accessibles aux plus jeunes enfants et ils permettent au gouverneur de développer leur curiosité, de leur faire découvrir les choses par eux-mêmes. Catherine II emprunte cette méthode « socratique » aux *Conversations d'Émilie* de Mme d'Épinay [37] :

> Je trouve que sa méthode me réussit avec mes petits-fils (Tsarskoe Selo, 2 [13] juin 1782) ; Il est très vrai que j'ai mis les *Conversations d'Émilie* à contribution (8 [19] décembre 1782 [38]).

Grimm le confirme en 1797 :

> Ce que Sa Majesté aimait particulièrement, c'était l'emploi de la méthode socratique qui, à la place des lieux communs dont on a coutume de remplir les pauvres têtes, apprenait comment il fallait développer dans chacune le germe de ses propres idées, les rectifier ensuite, au besoin, à l'aide de leurs propres réflexions, et les conduire à la maturité par les degrés insensibles d'une culture sage et conforme à la marche de la nature [39].

Les récits, décrivant le comportement des bons et des mauvais enfants, sont loin d'être abstraits : ils visent les défauts réels d'Alexandre, dont il devrait se débarrasser, y compris ses peurs, et surtout les tares de son père le grand-duc Paul, orgueilleux et timide, têtu et facilement influençable, autoritaire et capricieux.

Deux textes plus élaborés, *Le conte du tsarévitch Chlore* (1781) et surtout *Le conte du tsarévitch Fevei* (1782, adapté pour l'opéra-comique en 1786), développent les points didactiques essentiels qui serviront de base à l'*Instruction*. Des conseils pratiques pour l'éducation de l'enfant, dès son bas âge jusqu'à l'adolescence et la jeunesse, accompagnent le discours allégorique à l'usage du futur souverain. Les maximes de *L'enseignement civique* qui programment les rapports de l'homme avec les autres, se transforment en épisodes des contes. Le tsarévitch Chlore doit trouver le droit chemin qui mène à la vertu, incarnée par la « rose sans épines qui ne pique pas ». Guidé par son compagnon, la Raison, il doit éviter les pièges tendus par la paresse et l'oisiveté. On reconnaît facilement la construction du *Roman de la rose*, expurgée de l'amour courtois. Plus difficile à reconnaître, mais non moins évident est l'emprunt fait à l'*Émile* de Rousseau (Livre 3) : le prince préfère un repas simple chez un paysan laborieux aux festins opulents et aux mets exquis, mais mauvais pour la santé, servis chez un seigneur paresseux.

Ces deux contes qui présentent les succès de la bonne éducation et les faits d'un prince qui suit de sages préceptes, trouvent leur écho dans les pièces historiques de l'impératrice, vaguement inspirées par Shakespeare, qui évoquent la création de l'État russe et les faits des premiers monarques : *La représentation de la vie de Rurik* (1786) et *Les débuts du gouvernement d'Oleg* (1790).

En revanche, le personnage du conte satirique *Le chevalier de la mauvaise chance Kosmetovitch*, transformé en opéra comique en 1789, apparaît comme un contre-exemple. Ce jeune homme poltron et vantard, mal élevé par des femmes, rêve d'exploits et part à la conquête de l'univers. Il rentre bredouille : un vieillard manchot le bat, des histoires d'horreurs, racontées par ses proches, le terrorisent et lui font rebrousser chemin. Catherine II se moque du roi de Suède Gustave III qui, en 1788, déclare la guerre à la Russie, et elle profite de l'occasion pour donner des leçons à ses « marmots ».

Comme l'a montré parfaitement Nikolaï Lavrovski, il y a cent cinquante ans, les écrits pédagogiques de l'impératrice élaborent un programme positif, tandis que ses comédies russes (*Ô temps ! L'anniversaire de Mme Boudeuse, Mme Nouvelliste et sa famille*, 1772), ses textes satiriques (*Les histoires vraies et les contes faux*, 1783), ses proverbes dramatiques rédigés en français (*Les voyages de Monsieur Bontemps, Qu'il n'y a point de mal sans bien, La rage aux proverbes, Le flatteur et les flattés*, 1788, etc.) montrent les défauts de l'instruction traditionnelle [40]. La tsarine ne ménage pas les vices de l'éducation « à la russe », basée sur la peur, la discipline et la domination, l'éducation qui prive l'enfant et surtout une jeune fille, d'initiative et d'opinion personnelle, l'écrase par des tendres soins, des réprimandes interminables et des punitions corporelles. Les garçons qui suivent des cours font montre d'une ignorance crasseuse, tandis les filles n'ont pas droit à l'instruction. « Une fille n'a aucun besoin d'apprendre à lire : moins elle sait, moins elle radote », déclare la mère (*Ô temps*, III, 3). Catherine II n'apprécie pas non plus l'éducation « à la française » : les gouverneurs étrangers sont souvent incultes, les jeunes hommes ne rapportent de leurs voyages éducatifs que de l'arrogance, du mépris pour leur patrie et des dettes énormes, ne savent que jouer, tricher et s'habiller à la mode [41]. Les jeunes filles n'apprennent que des futilités, la toilette prend tout leur temps, le jargon à la mode chasse la raison, la lecture des romans remplace les sciences, la connaissance des langues française et italienne parachève cette éducation. Pour réussir dans la société, elles doivent se contrefaire, devenir hypocrites, jouer la modestie et la faiblesse, étaler une santé fragile. Toutefois, dans quelques comédies, les jeunes filles préservent leurs qualités envers et contre tous (*Ô temps ; Qu'il n'y a point de mal sans bien*) ; l'éloge de la nature et la critique de la mauvaise éducation, imposée par la société, paraissent presque rousseauistes.

En conclusion, on peut dire que Catherine II remplit bien les deux rôles. Grand-mère, elle éduqua le futur empereur. Créatrice des écoles primaires en Russie, elle forma ses sujets. Cependant, si la première étape de l'éducation du jeune garçon se déroula d'une manière exemplaire, la seconde et la troisième, le passage de l'enfance à l'adolescence et, ensuite, à la jeunesse, causa plusieurs soucis. Fidèle à ses principes, l'impératrice confia l'instruction des grands-ducs aux professionnels, choisis avec soin, en espérant, toutefois, garder les enfants sous sa tutelle : Nikolaï Ivanovitch Saltykov ne devait servir que de paravent pour l'auguste grand-mère[42]. En 1786, elle déclare avec orgueil aux parents : « Vos enfants sont à vous, ils sont à moi, ils sont à l'État[43]. »

Néanmoins, l'éducation « virile » d'Alexandre, exercée par ses professeurs, entra en contradiction avec l'éducation « féminine », dispensée par Catherine II. L'amour ardent de la grand-mère parut étouffant au jeune prince qui tenta de préserver son indépendance, chercha un refuge auprès de son précepteur Frédéric César de La Harpe et surtout auprès de son père Paul, écarté du trône. Pour le grand-duc Alexandre, l'apprentissage des sciences, des lettres et de l'art militaire fut en même temps une école de duplicité. La grand-mère avait prédit et décrit de pareils conflits psychologiques dans ses *Contes* : éducation et comportement du garçon, séparé de ses parents (*Le conte du tsarévitch Chlore*), tensions entre le jeune prince et le roi, entre l'adolescent et les ministres de son père, son désir de quitter la cour et d'effectuer un voyage éducatif (*Le conte du tsarévitch Fevei*). Hélas, elle ne put éviter à son petit-fils les crises d'identité, qui marqueront son avènement et son règne.

Catherine II, sa famille et sa cour (fragment)

Catherine II et sa famille à Tsarkoe Selo
(gravure de D. Berger, vers 1791)

Annexe

L'art d'accommoder les marmots selon Catherine II

I. – *Mauvaise éducation du grand-duc Paul, imposée par l'Impératrice Elisabeth*[44]

Je ne pouvais avoir de ses nouvelles que furtivement, car demander de ses nouvelles aurait passé pour un doute du soin qu'en prenait l'Impératrice et aurait été très mal reçu. Elle l'avait pris d'ailleurs dans sa chambre et dès qu'il criait, elle y courait elle-même, et à force de soins on l'étouffait à la lettre. On le tenait dans une chambre extrêmement chaude, emmailloté dans de la flanelle, couché dans un berceau, garni de fourrure de renard noir ; on le couvrait d'une couverture de satin piqué et doublé d'ouate et par-dessus celle-ci on en mettait une de velours, couleur de rose, doublé de fourrure de renard noir. Je l'ai vu moi-même après cela bien des fois ainsi couché, la sueur lui coulait du visage et de tout le corps, ce qui fit, que devenu plus grand le moindre air qui venait jusqu'à lui le refroidissait et le rendait malade. Outre cela il y avait autour de lui un grand nombre de vieilles matrones, qui à force de soins mal entendus et n'ayant pas le sens commun, lui faisaient infiniment plus de maux physiques et moraux que de bien.

II. – *Éducation exemplaire du grand-duc Alexandre*[45]

Monsieur Alexandre naquit le 12 décembre 1778[46], par conséquent en hiver. Dès qu'il fut né je le pris sur mes bras[47], j'emportai Monsieur Alexandre après l'avoir fait laver[48], dans une autre chambre où je le plaçai sur un grand casseau. On l'enveloppa fort légèrement et je ne souffris point qu'on l'emmaillota autrement que comme la ci-jointe poupée l'est. Après que cela fut fait, on mit Monsieur Alexandre dans la corbeille où est la poupée afin que les femmes n'eussent aucune tentation de le bercer, cette corbeille on la plaça derrière un écran sur un canapé. Monsieur Alexandre ainsi accommodé fut remis à Madame la générale Benkendorf[49], on lui donna pour nourrice la femme d'un garçon jardinier de Tsarskoe Selo[50], et après son baptême il fut transporté des appartements de Madame sa mère dans celui qui lui était destiné. C'est une grande chambre, au beau milieu de laquelle il y a sur quatre piliers et attaché au plafond un dais ou ciel[51] à dos avec des rideaux alentour jusqu'à terre, les rideaux et ce dais sous lequel est le lit de M. Alexandre sont entourés d'une balustrade à la hauteur d'appui, le lit de la nourrice est derrière le dessous du dais. La chambre est grande pour qu'il y ait meilleur air, le lit est au milieu de la chambre[52] vis-à-vis des fenêtres pour que l'air puisse[53] circuler plus librement à l'entour[54] du dais et des rideaux. La balustrade empêche qu'il[55] n'approche du lit de l'enfant trop de personnes à la fois ; on a évité qu'il n'y eût beaucoup de monde dans la chambre et l'on n'allume qu'une couple de bougies et que par là il n'y ait autour du dais[56] un air trop étouffé. Le petit lit de M. Alexandre, car il ne connaît ni bercer, ni berceau, est de fer, sans rideau ; il couche sur un matelas couvert d'un[57] cuir qu'on couvre du drap de son lit, il a un oreiller, et sa couverture d'Angleterre est très légère, on a évité toutes les agaceries étourdissantes, mais on a toujours parlé haut dans sa chambre même pendant son sommeil. On a eu grand soin que le thermomètre dans sa chambre ne passe jamais les quatorze à quinze degrés de chaud, tous les matins pendant qu'on balaye sa chambre en hiver comme en été, on le porte dans un autre appartement et l'on ouvre les fenêtres dans sa chambre à coucher pour renouveler l'air de la chambre, quand la chambre est chauffée, on rapporte M. Alexandre dans son appartement. Dès sa naissance, on a commencé à l'accoutumer à être lavé tous les jours, quand il se porte bien, dans une cuve d'eau ; au commencement, cette eau était tiède, à présent, elle est froide apportée de la veille seulement. Il aime cela tellement que partout où il voit l'eau il veut y entrer et pendant les chaleurs de l'été, on le baignait deux et trois fois dans sa cuve d'eau froide. Dès que l'air du printemps a été supportable, on a ôté à M. Alexandre son bonnet et l'on l'a porté à l'air, peu à peu on l'a accoutumé à être assis indifféremment sur l'herbe et le sable, à y dormir même quelques heures à l'abri du soleil, quand il fait beau, on l'étend alors sur un coussin et il repose comme cela à merveille ; il ne connaît, ni ne souffre de bas sur ses jambes et on ne lui met aucun ajustement qui gêne le moins du monde son corps dans aucune partie. À quatre mois, afin qu'on le porte moins sur les bras je lui ai donné un tapis qu'on étend dans sa chambre de quatre archines[58] carrés environ ; là une ou deux femmes s'assoient par terre et on couche M. Alexandre sur son ventre c'est là qu'il se vautre : que c'est un plaisir à voir, il se met à quatre pattes, il recule quand il ne peut avancer. Son habillement favori est sa chemise fort courte et un petit gilet tricoté très[59] large ; quand il sort, on lui met une petite robe légère par-dessus cela de toile ou de taffetas, il ne connaît point de refroidissement, il est gros, grand, bien portant et fort gai, n'ayant pas une dent et ne criant presque jamais.

NOTES

1. Д. А. Толстой, *Взгляд на учебную часть в России с ХУІІІ столетия до 1872* [D. A. Tolstoï, *Aperçu de l'éducation en Russie du XVIIIᵉ siècle à 1782*], Saint-Pétersbourg, Académie des Sciences, 1885 ; Д. А. Толстой, *Академический университет в ХУІІІ столетии* [D. A. Tolstoï, *Université académique au XVIIIᵉ siècle*], Saint-Pétersbourg, Académie des Sciences, 1886 ; Д. А. Толстой, *Академическая гимназия в ХУІІІ столетии* [D. A. Tolstoï, *Gymnase académique au XVIIIᵉ siècle*], Saint-Pétersbourg, Académie des Sciences, 1886.

2. Я.К. Грот, *Забота Екатерины II о народном образовании по письмам к Гримму*, [Ia. K. Grot, *Le patronage de l'éducation publique par Catherine II d'après ses lettres à Grimm*], Saint-Pétersbourg, M. A. Khan, 1879 ; С. В. Рождественский, *Очерки по истории систем народного просвещения в России в ХУІІІ–XIX вв.* [S. V. Rojdestvenski, *Essais d'histoire de l'éducation publique en Russie aux XVIIIᵉ-XIXᵉ siècles*], Saint-Pétersbourg, M. A. Alexandrov, 1912.

3. Г. И. Смагина, *Академия Наук и Российская школа, вторая половина ХУІІІ в.* [G. I. Smaguina, *L'Académie des Sciences et l'école russe, seconde moitié du XVIIIᵉ siècle*], Saint-Pétersbourg, Nauka, 1996 ; Nadejda Plavinskaia, « Catherine II et le grand-duc Alexandre Pavlovitch », *Institution du prince au XVIIIᵉ siècle*, Gérard Luciani, Catherine Volpilhac-Auger (éd.), Ferney-Voltaire, Centre International d'étude du XVIIIᵉ siècle, 2003, p. 175-180.

4. Des rumeurs évoquent Diderot et même Rousseau comme précepteurs éventuels. Anne Marie Fiquet du Boccage écrit au comte Francesco Algarotti (Paris, 24 novembre 1762) : « La Tsarine demande d'Alembert ou Diderot pour élever son fils : le premier ne veut point, je ne sais si le second voudra se confier à l'instabilité du trône de la Princesse. Elle pourrait se rejeter sur Rousseau (qui ne sait où habiter) s'il avait la force d'aller jusqu'en Russie ; mais je crois qu'il mourrait en chemin », *Correspondance complète de Jean-Jacques Rousseau*, R. A. Leigh (éd.), Genève, Institut et Musée Voltaire — Oxford, The Voltaire Foundation, t. XIV, 1971, p. 99.

5. Д. Ф. Кобеко, *Царевич Павел Петрович (1754-1796)* [D. F. Kobeko, *Le tzarevitch Pavel Petrovitch (1754-1796)*], 3ᵉ éd., Saint-Pétersbourg, M. M. Stasulevitch, 1887.

6. En 1775, le prince Dmitri Golitsyne et Diderot publient *Les Plans et les Statuts des différents établissements ordonnés par Sa Majesté Catherine II pour l'éducation de la jeunesse et l'utilité générale de son Empire*, Amsterdam, M.-M. Rey, 1775, 2 t., rédigés par Betskoï et traduits par le médecin Nicolas Gabriel Clerc (Le Clerc). Voir Georges Dulac, « Diderot éditeur des plans et statuts des établissements de Catherine II », *Dix-huitième siècle*, 1984, n° 16, p. 323-344. Une autre édition française paraît la même année : *Système complet d'éducation publique, exécuté dans les différents établissements, ordonnés par S. M. I. Catherine II*, trad. du russe, Neuchâtel, Impr. de la Société typographique, 1775.

7. Cf. Isabel de Madariaga, *La Russie au temps de la grande Catherine*, Paris, Fayard, 1987. J'ai utilisé la traduction russe de cet ouvrage, paru en anglais en 1981, qui est la plus complète que la version française : Исабель де Мадариага, *Россия в эпоху Екатерины Великой*, Moscou, NLO, 2002, p. 772-800.

8. Archives russes d'État des actes anciens (RGADA), F. 1261, *op.* 1, n° 2856, fol. 1r°-16v°.

9. Antony Cross, *By the banks of the Neva. Chapters from the lives and careers of the british in eighteen-century Russia*, Cambridge University Press, 1997.

10. Catherine II à Grimm, Moscou, 27 février [10 mars] 1775, *Сборник императорского русского исторического общества* [Recueil de la Société impériale historique russe (SIRIO)], t. 23, p. 19.

11. Д. А. Толстой, *Городские училища в царствование императрицы Екатерины II* [D. A. Tolstoï, *Les écoles urbaines sous le règne de Catherine II*], Saint-Pétersbourg, Académie des Sciences, 1887.

12. Catherine II parle d'elle-même.

13. Ses précepteurs.

14. Catherine II à Grimm, Saint-Pétersbourg, 20 [31] janvier 1776, *SIRIO*, t. 23, p. 41-42.

15. *SIRIO*, t. 23, p. 18-19.

16. Voir Annexe I.

17. Catherine II écrit à Grimm bien avant la naissance de sa première petite-fille : « Les filles seront toutes très mal mariées, car rien ne sera plus malheureux et plus insupportable, qu'une pr. [princesse] de R. [Russie]. Elles ne sauront s'accommoder à rien, tout leur paraîtra mesquin ; elles seront aigres, acariâtres, critiques, belles, inconséquentes, se mettant au-dessus des préjugés, de l'étiquette, du qu'en dira-t-on ; elles auront sans doute leurs chalands, mais tout cela donnera dans les travers sans nombre... » (Peterhof, 8 [19] juin 1778), *SIRIO*, t. 23, p. 91-92.

18. Н. К. Шильдер, *Император Александр Первый : Его жизнь и царствование* [N. K. Schilder, *L'Empereur Alexandre I*^{er} *: Sa vie et son règne*], t. 1, Saint-Pétersbourg, A. S. Souvorine, 1897.

19. *SIRIO*, t. 23, p. 143.

20. *SIRIO*, t. 23, p. 148-149.

21. *SIRIO*, t. 23, p. 154.

22. *Copie de la main de Catherine II de l'instruction donnée par le roi de Prusse Frédéric-Guillaume au lieutenant-colonel Rochow pour l'éducation du prince Frédéric, Potsdam, 15 mars 1729, SIRIO,* t. 27, p. 141-144.

23. Catherine II à Mme Bielke, 13 (24) septembre 1770 : « Je n'aime point surtout cette éducation d'*Émile* ; dans notre bon vieux temps l'on ne pensait point ainsi, et comme parmi nous il y a cependant des gens qui ont réussi, je m'en tiens à cette expérience, et je ne soumettrai jamais des rejetons précieux à des épreuves douteuses ou non prouvées », *SIRIO*, t. 13, p. 36-37.

24. Catherine II à Grimm : « Envoyez-moi, s'il vous plaît, un ou deux ou plusieurs exemplaires des *Conversations d'Émilie*, de cette nouvelle édition augmentée, car c'est un excellent livre, et la pratique de ce livre m'a mise si fort dans les bonnes grâces de mon petit ami M. Alexandre ; il est étonnant, comment ce marmot aime à entendre parler raison » (Saint-Pétersbourg, 2 [13] février 1780), *SIRIO*, t. 23, p. 174.

25. Dmiti Tolstoï fournit une liste de plusieurs pages, contenant des emprunts impériaux faits au traité de Locke : Д. А. Толстой, *Взгляд на учебную часть в России* [D. A. Tolstoï, *Aperçu de l'éducation en Russie*], *op. cit.*, p. 91-100.

26. Le prince Gustave Adolphe, futur roi Gustave IV, né le 1er novembre 1778.

27. Voir Annexe II. Je remercie chaleureusement Sigun Dafgard qui m'a communiqué son article, consacré à l'éducation du prince suédois selon l'exemple russe : Sigun Dafgard, « Bringing Up Royal Children », *Catherine the Great and Gustave III*, Stockholm, Nationalmuseum, 1999, p. 249-259.

28. *SIRIO*, t. 23, p. 205.

29. *SIRIO*, t. 44, p. 226.

30. *SIRIO*, t. 23, p. 251.

31. *SIRIO*, t. 27, p. 140-141.

32. *SIRIO*, t. 27, p. 304.

33. Publié en russe en 1779 et en français en 1782.

34. *SIRIO*, t. 23, p. 176.

35. *SIRIO*, t. 23, p. 209.

36. *Les Mémoires concernant l'histoire de Russie* furent publiés en 1783-1784 dans une revue sans indiquer le nom de l'auteur, ensuite, imprimés entre 1785 et 1797, augmentés et signés par Catherine II.

37. Sur l'originalité de Mme d'Épinay voir Mme D'ÉPINAY, *Les conversations d'Émilie*, Rosena DAVISON (éd.), Oxford, Voltaire Foundation, 1996 (*SVEC*, n° 342), p. 21-26. Cette méthode est prônée par plusieurs pédagogues des Lumières, notamment par Rousseau.

38. *SIRIO*, t. 23, p. 240, 262.

39. Frédéric Melchior GRIMM, « Mémoire historique sur l'origine et les suites de mon attachement pour l'impératrice Catherine II jusqu'au décès de S. M. I. », *Correspondance littéraire,* Maurice TOURNEUX (éd.), Paris, Garnier Frères, 1877, t. 1, p. 33.

40. Николай Лавровский, *О педагогическом значении сочинений Екатерины Великой* [Nikolaï LAVROVSKI, *La valeur pédagogique des œuvres de Catherine II*], Kharkov, Imprimerie universitaire, 1856.

41. Catherine II pense au séjour parisien de son fils Bobrinski qui fréquenta des filous et des filles et dépensa des sommes faramineuses.

42. Catherine II à Grimm, 5 [16] mars 1785 : « Messieurs Alexandre et Constantin ont été mis pendant ce temps entre les mains des hommes, et leur éducation a reçu des règles immuables ; ils viennent sauter autour de moi, et nous gardons notre ton », *SIRIO*, t. 23, p. 326

43. N. K. SCHILDER, *op. cit.*, p. 50.

44. Catherine II, *Mémoires. IV, Сочинения Императрицы Екатерины II* [*Œuvres de l'Impératrice Catherine II*], A. N. PYPINE (éd.), Saint-Pétersbourg, Académie impériale des Sciences, 1907, t. 12, p. 345.

45. Texte joint à la lettre de Catherine II à Gustave III du 2 [13] septembre 1778. L'original est conservé en Suède, à Upsal, publ. : *Catherine II et Gustave III. Une correspondance retrouvée,* Gunnar VON PROSCHWITZ (éd.), Stockholm, Nationalmuseum, 1998, p. 131-132. Nous donnons le texte d'après la minute autographe qui se trouve à RGADA, F. 1, op. 1, n° 114, fol. 1r°-2r°, publ. *SIRIO*, t. 27, p. 148-150. L'orthographe et la ponctuation sont modernisées.

46. Lapsus de l'impératrice qui rédigea cette lettre en 1778: Alexandre naquit le 12 [23] décembre 1777.

47. Barré: *et en attendant que l'on mit Madame sa mère dans son lit.*

48. Barré: *dès qu'il fut.*

49. Sofia Ivanovna Benkendorf (1783), née Levenstern, veuve du commandant de la garnison de Revel (actuellement Tallinn).

50. Avtodia Petrova, selon N. K. SCHILDER, *op. cit.*, p. 224.

51. Barré: *de lit et.*

52. Barré: *et.*

53. Barré: *soit.*

54. Barré: *du lit.*

55. Barré: *trop.*

56. *SIRIO*: *de lui*

57. Barré: *drap.*

58. Archine — 0,71 m.

59. Barré: *fort.*

QUATRIÈME PARTIE

France et Europe : transferts culturels

ÉDUCATRICES ANGLAISES ET TOURMENTE RÉVOLUTIONNAIRE : INFLÉCHISSEMENT DES PRATIQUES ET DES DISCOURS À LA FIN DU XVIIIᵉ SIÈCLE

Marie-Odile Bernez

L'éducation semble avoir deux objectifs contradictoires : d'une part l'épanouissement personnel, qui implique l'accomplissement des potentiels de tous les enfants perçus dans leur diversité, et d'autre part l'apprentissage de la vie en société, qui inclut le sacrifice de certaines libertés en faveur de la vie collective. La tension entre ces deux objectifs n'est pas forcément un paradoxe impossible à résoudre. En fait, il s'agit souvent de trouver pour l'enfant son propre épanouissement par le biais de l'intégration à une communauté et de la conformité à ses règles. Cependant, l'idée qui m'a guidée dans cette étude est que l'aspect de soumission de l'enfant à l'autorité de la communauté a longtemps prédominé avant que l'on commence à voir dans son épanouissement personnel un des buts premiers de l'éducation. Dans l'histoire de l'éducation, ce balancement, entre un pôle que j'appellerai, par commodité, collectif, et un pôle que je qualifierai d'individualiste, a été graduel, commençant dès la Renaissance pour certains auteurs. Les écrits d'Erasme, Montaigne, Locke et Rousseau en marquent différentes étapes. Or, dans ce contexte du collectif contre l'individuel, l'éducation des femmes est restée à la traîne, les éducateurs ayant beaucoup de mal à envisager l'épanouissement personnel de la femme en tant qu'individu, à la dégager de son rôle social. Même chez Rousseau, alors qu'Émile fait son apprentissage d'homme en tant qu'individu indépendant, l'éducation de Sophie reste subordonnée à son rôle social, car Rousseau n'envisage l'épanouissement personnel de la femme que dans le sacrifice de son individualité. Je me suis posée la question de cette tension entre pôle individuel et pôle collectif en Angleterre au XVIIIᵉ siècle, en étudiant dans cette perspective principalement les écrits de Macaulay, Wollstonecraft et Hannah More.

Dans un premier temps, je voudrais signaler quelques différences entre les pratiques et les discours dans l'Angleterre du xviiie siècle, par rapport au continent. Le texte fondateur pour comprendre l'éducation au xviiie siècle en Angleterre est l'ouvrage de John Locke, *Some Thoughts concerning Education*, qui date de 1698, mais fut constamment réédité au cours du xviiie siècle. Locke s'occupait de l'éducation des fils de gentlemen, mais il dit spécifiquement que filles et garçons peuvent être éduqués de la même manière, du moins dans la prime enfance :

> Je dis « il » ici parce que l'objet principal de mes propos est la manière dont un jeune gentilhomme [gentleman] doit être élevé depuis l'enfance, ce qui, en toutes choses, ne conviendra pas exactement parfaitement à l'éducation des filles ; toutefois les domaines où la différence des sexes nécessite des traitements différents ne sont pas difficiles à reconnaître [1].

Malheureusement Locke n'en dit pas plus sur ces domaines spécifiques, même s'il écrit quelques pages plus loin :

> Je prendrai la liberté de dire que plus elles [les filles] seront exposées à l'air, sans dommage pour leurs visages, plus elles seront fortes et en bonne santé ; et plus elles partageront les duretés de l'éducation de leurs frères, plus elles en recevront d'avantages durant tout le reste de leur vie [2].

Peu de choses en somme sur l'éducation des filles chez Locke, mais qui plaident plutôt en faveur d'une éducation plus égalitaire. Ainsi, il écrit que les écoles de garçons ne sont pas aptes à former des jeunes gens vertueux, et que le milieu familial, avec un bon tuteur, est bien préférable : on éduque les filles dans ce milieu, et elles n'en souffrent pas, dit-il, ce qui sous-entend que l'éducation des garçons pourrait se rapprocher de celle des filles, notion qui sera reprise par certaines femmes à la fin du xviiie siècle. Cependant, l'idée principale de Locke est que l'être humain est le résultat des influences de l'environnement, non de capacités innées. Cette idée par elle-même est favorable aux femmes.

La situation des femmes en Angleterre se distingue de la situation sur le continent pour plusieurs raisons : le fait que des femmes sont reines, et donc puissantes politiquement (Elizabeth, mais aussi au début du xviiie, la reine Anne) ; la religion réformée, qui ouvre notamment la porte à la lecture, puisque les femmes, même quand on leur nie l'utilité d'apprendre à écrire, doivent pouvoir lire la Bible ; la montée de la bourgeoisie qui a joué un rôle. Certains textes, qui ne sont pas spécifiquement portés sur l'éducation, par exemple chez Daniel Defoe, voient dans les femmes des partenaires dans le couple conçu comme une entité économique, ce qui implique qu'elles reçoivent une certaine éducation. Je dirais donc qu'il y a un certain terrain, politique, religieux et économique, qui se prête à une prise en compte de l'éducation des femmes. Ceci dit, cela ne signifie pas du tout qu'il y ait traitement égal des filles et des garçons dans les écoles, loin de là. Dans la bonne société, l'éducation des garçons est confiée exclusivement à des hommes, sauf dans la petite enfance, par le biais de tuteurs, d'écoles non mixtes, soit les *academies* dissidentes, soit les *grammar schools* anglicanes, et plus tard dans les universités, réservées aux garçons de religion anglicane. Pour ce qui est des classes inférieures, il existe des écoles mixtes, au niveau des paroisses, sur lesquelles nous reviendrons.

L'Angleterre étant un pays protestant, les jeunes filles ne sont pas, par définition, élevées dans des couvents. Elles bénéficient de l'enseignement délivré par des femmes dans le cadre de la famille (mères et gouvernantes) ou dans le cadre des écoles, soit les écoles mixtes de paroisses (où il y a des femmes enseignantes), soit les pensions de jeunes filles pour la bourgeoisie. Ces écoles sont typiquement destinées à préparer les femmes à un marché du mariage extrêmement concurrentiel, et donc à leur faire acquérir un certain nombre de grâces, dénoncées par tous les réformateurs comme une perte de temps. Pendant ce temps, on enseigne aux filles pauvres à coudre ou filer. Dans les deux cas, l'individu est sacrifié à la collectivité, au détriment de son développement personnel. Mais on pourrait sans doute en dire autant du garçon, dont l'éducation consiste surtout à ingurgiter des auteurs latins à force coups de martinet. Je vais passer en revue les différentes voies d'éducation existant à l'époque pour les filles : mères, gouvernantes, écoles mixtes, pensions de jeunes filles.

Le rôle de la mère est reconnu comme crucial par tous les auteurs dans la petite enfance, et c'est le terrain de prédilection des hygiénistes qui, dans le sillage de Locke, réclament l'allaitement maternel, les vêtements amples et fustigent les mauvaises mères. Pour de nombreux auteurs de l'époque, le fait que les mères élèvent aussi leurs fils pendant leur petite enfance constitue un argument pour éduquer les femmes.

L'enseignement privé à la maison existe dans les familles aristocratiques pour les garçons, et également pour les filles. Les tuteurs des garçons sont généralement des licenciés des universités en attente d'un bénéfice ecclésiastique. Certaines filles bénéficient par ce biais de l'enseignement donné à leurs frères. Mais quand une gouvernante est recrutée pour s'occuper de jeunes filles, on ne lui demande pas de qualification spécifique, sinon une réputation sans tache. Ces gouvernantes issues de la moyenne bourgeoisie qui ne peuvent trouver de mari, parce que trop peu dotées, se retrouvent donc ballottées, au hasard des circonstances, chez des familles plus ou moins aisées. Ce fut le cas de Mary Wollstonecraft, qui passa du statut de dame de compagnie à celui de gouvernante dans une famille aristocratique anglo-irlandaise. Il peut s'agir aussi de jeunes filles étrangères, notamment françaises.

Il existe dans l'Angleterre du XVIIIe siècle plusieurs types d'écoles destinées à enseigner des rudiments de lecture, parfois d'écriture et d'arithmétique, à la population. De nombreuses femmes, en particulier âgées ou veuves, y enseignent, mais font surtout office de gardes d'enfants : de nombreux documents d'époque les décrivent comme peu qualifiées. Certaines ont pu cependant marquer parfois leurs élèves. Il faut noter que les nombreuses écoles philanthropiques dans l'Angleterre du XVIIIe siècle visent plus à contrôler les masses pour leur enseigner la vertu, la moralité, la religion et le travail. Cette idée va reprendre de l'élan avec la Révolution française. Dans beaucoup de ces écoles, on n'enseigne pas l'écriture, qui pourrait conduire l'enfant, et plus tard l'adulte, à rédiger ses propres pensées, particulièrement en matière religieuse, ce qui ne ferait qu'encourager le développement des nombreuses sectes dissidentes déjà existantes. C'est dans le même genre de mixité que se développent les écoles de charité et les écoles du dimanche, destinées à contrôler les masses pauvres.

La plupart des écoles de jeunes filles, destinées à une tranche plus aisée de la population, dépendent beaucoup des capacités de celles qui les fondent, et sont donc très différentes les unes des autres. Les femmes qui sont à leur tête n'ont souvent elles-mêmes reçu qu'une éducation très limitée. La plupart de celles qui fondent des écoles se distinguent plutôt par leur bonne volonté que par leur savoir. Un ouvrage de 1749, *The Governess or Little Female Academy*, de Sarah Fielding, dépeint d'une façon idéalisée la vie dans une de ces pensions pour jeunes filles. L'histoire vise à inculquer des vertus morales et un esprit de solidarité aux jeunes filles. Chaque jeune fille à tour de rôle raconte sa vie, et les autres en tirent des leçons morales. On peut en tirer quelques renseignements sur les pensions de l'époque : ainsi, de façon assez typique, l'école ne compte que neuf élèves (et elle est complète, nous dit l'auteur), ce qui semble en effet avoir été la règle de ces petites écoles, souvent éphémères. Ce fut le cas de l'école fondée par Mary Wollstonecraft et ses sœurs, qui périclita très rapidement. Les élèves ont des âges très variables de huit à quatorze ans. Pour cette raison même, il existe une forte dose d'enseignement par l'exemple, et de prise en charge des plus jeunes par les plus grandes, qui se voient confier un rôle maternel, tutélaire ou de modèle.

Le ton est donné dès l'ouverture du petit roman : Mrs Teachum, la directrice de l'école, est chargée de l'éducation des jeunes filles, qui consiste, dans l'ordre, à leur enseigner à « Lire, Écrire, Travailler et toutes les formes appropriées de conduite ». Le « but principal » de l'éducatrice est de « faire progresser leur esprit dans toutes les connaissances utiles ; de les rendre obéissantes envers leurs supérieurs ; et aimables, gentilles et affectionnées les unes envers les autres ». Elle n'oublie pas non plus de leur enseigner « une netteté parfaite dans leurs personnes et leurs vêtements, et une noblesse parfaite dans leur maintien[3] ».

Mrs Teachum, comme beaucoup d'éducatrices de l'époque, n'a pas reçu elle-même d'instruction formelle : cette veuve a fait siennes les idées de son époux sur l'éducation. Sarah Fielding prône un enseignement par les pairs, ce qui n'est pas recommandé par Locke, qui veut, au contraire, éliminer la possibilité des mauvais exemples, ni par Rousseau, qui veut élever Émile de façon isolée de ses semblables. Il y a donc un aspect de sociabilité, particulièrement pour les filles, qui me semble intéressant dans le contexte britannique, et qu'il serait sans doute utile de creuser. On voit en elles des vertus féminines de pacification, d'intermédiaire, qui doivent être développées, puisque c'est le rôle qu'elles joueront dans leurs familles. C'est ainsi que l'aspect collectif est mis en avant.

Si les ouvrages d'éducation sont légion à l'époque, on voit que les structures éducatives telles qu'elles existent sont déficientes en ce qui concerne le développement de l'éducation des femmes. Ceci est dû au problème souligné précédemment, à savoir que peu de femmes ayant reçu une éducation formelle soignée sont en mesure à leur tour d'en faire bénéficier d'autres. Les principales femmes auteurs de l'époque ont été privilégiées, soit par leur entourage immédiat qui a pu les instruire, soit parce qu'elles possédaient une volonté de fer qui les a portées vers les livres, et a fait d'elles des autodidactes, parfois érudites, mais rarement versées dans les domaines traditionnellement réservés aux hommes (les sciences ou le grec et le latin). Mary Wollstonecraft en est encore un bon exemple puisqu'elle dut à son seul courage son apprentissage du français, qualification indispensable pour ouvrir à son tour une école.

Le contexte est propice au développement de l'éducation des femmes : au sens où des auteurs la défendent, où des écoles peuvent s'ouvrir assez librement, mais cette éducation se fait dans une optique non d'épanouissement personnel, mais de contrôle collectif. Les contraintes économiques (les grâces qui doivent mener au mariage ou, pour les plus pauvres, la nécessité de gagner leur vie) font que l'éducation est forcément orientée vers un rôle socio-économique.

Le second fil directeur de ma réflexion est qu'un auteur (d'essai ou de fiction) tire en général son inspiration de deux sources principales : la tradition ou le patrimoine commun (composé des écrits antérieurs consacrés au même sujet) et le contexte immédiat de l'écriture (qui comprend d'ailleurs, à moins qu'on en fasse même une catégorie à part, sa propre expérience de vie). Les femmes écrivant à la fin du XVIIIᵉ siècle réagissent aux événements qui agitent le monde autour d'elles. Parmi ceux-ci, la Révolution française, suivie de la guerre en Europe, sont très importants, parce que dans le débat sur la Révolution française s'affrontent deux visions de la société, donc du rôle de la femme et de son éducation. Dans quelle mesure la Révolution française et les revendications des droits de l'homme et du citoyen suscitent-elles une réflexion sur l'éducation qui fait pencher certaines théoriciennes vers le pôle que j'ai appelé de l'épanouissement personnel ? C'est ce que je voudrais traiter ici avec deux exemples, ceux de Catharine Macaulay et de Mary Wollstonecraft. Ces deux femmes se distinguent parce qu'elles se présentent en défenseurs de la Révolution française contre l'homme politique Edmund Burke qui, en 1790, publie *Reflections on the Revolution in France,* pamphlet dans lequel il critique les idéaux révolutionnaires. Toutes deux y répondent par des essais cinglants.

Les *Letters on Education with Observations on Religious and Metaphysical Subjects* (1790) de Catharine Macaulay présentent, sur la base traditionnelle d'un recueil épistolaire, des propositions extrêmement nouvelles sur l'éducation. Catharine Macaulay est typique du milieu dissident, qui voit dans la Révolution française à ses débuts un mouvement de libération comparable à la Glorious Revolution anglaise ou à la guerre d'indépendance américaine. Elle est la première femme auteur d'un ouvrage historique majeur qui traite des bouleversements politiques du XVIIᵉ siècle en Angleterre, en partant d'un point de vue de défense des libertés fondamentales du Parlement, *The History of England from the Accession of James I to the Elevation of the House of Hanover.* Dans son ouvrage d'éducation, le contexte de la Révolution est patent, puisque Macaulay adresse ses lettres à une Hortensia imaginaire, nom qu'elle a emprunté à une citoyenne romaine du Vᵉ siècle avant Jésus-Christ, une patricienne qui se plaignit des taxes imposées à des femmes, non représentées dans les assemblées législatives romaine. Cette référence est cruciale : elle rappelle à la fois les Américains qui, sous George III, désirèrent fonder leur propre nation, refusant toute taxation sans représentation, et l'idée républicaine des révolutionnaires français, désireux de voir tous les citoyens représentés au Parlement. Ainsi, la Révolution française cristallise la réflexion autour de l'idée de femme citoyenne partie prenante du discours politique. Macaulay en est elle-même l'incarnation, en prenant la parole contre Burke.

Bien des aspects de la pensée de Macaulay en matière d'éducation reprennent des idées défendues par d'autres théoriciens de l'éducation, comme Locke : l'importance du milieu, le rejet de toute forme de cruauté, etc. Cependant ce qui frappe, c'est l'idée que la réforme de l'éducation doit se faire à la fois pour les garçons et pour les filles. Pour Macaulay, les êtres humains ont tous été dotés de la même capacité de raisonner, ainsi que de la même capacité à la bienveillance (« *benevolence* »), mais jusqu'ici, on a développé la raison chez les garçons et la bienveillance chez les filles, au détriment de leurs autres capacités. Les réformes de l'éducation doivent donc se faire en développant la capacité de raisonnement des filles, mais aussi la capacité à la compassion et la bienveillance des garçons, de sorte que les deux sexes se rejoignent en accomplissant leurs doubles potentiels. D'où une défense d'une mixité absolue de l'éducation, et non un type d'éduca-tion réservé aux femmes, ou une copie de l'éducation des garçons pour les filles. Ainsi, il n'est pas dangereux pour l'équilibre de la famille et de la société dans son ensemble de développer toutes les potentialités des femmes en ce qui concerne la raison, puisque le rôle affectif et bienveillant ne serait plus tenu uniquement par la femme, mais plus équitablement réparti entre les deux sexes. Elle écrit qu'il ne peut y avoir une sorte de vertu chez l'homme, et une autre chez la femme, idée que reprendra Wollstonecraft à propos de la modestie. Chaque individu a donc potentiellement les mêmes qualités, et femmes et hommes ne sont donc pas complémentaires : « Ne limite pas l'éducation de tes filles à ce que l'on consi-dère comme les ornements, et ne prive pas tes fils des grâces[4] », écrit Macaulay à son Hortensia imaginaire. Chaque individu doit accomplir ses potentialités, sans espérer de l'autre sexe qu'il complète ses manques. Cela va à l'encontre bien sûr de l'éducation de Sophie prônée par Rousseau, mais aussi d'un préjugé courant à l'époque en Angleterre comme ailleurs, comme quoi la femme est incomplète et ne peut s'épanouir que dans une relation avec un homme, qui la contraint à sacrifier son individualité. Mais cette pensée est aussi typique d'un certain point de vue politique sur la société, qui privilégie chaque individu comme citoyen, et ne place pas la cellule familiale au cœur de la société, ce que l'on peut rapprocher par exemple de la pensée de Thomas Paine, qui n'a pourtant rien de féministe dans ses arguments de *Rights of Man* (1791). La société est selon lui un regroupement de citoyens indépendants doués de raison, et non l'assemblage de familles ou de clans, qui mettent en avant leur premier né, par la coutume de primogéniture, et érigent entre les hommes des barrières de rangs.

La même démarche guide Mary Wollstonecraft. À la suite de Macaulay, qu'elle admirait beaucoup, elle développe les mêmes idées. Son ouvrage le plus connu, *A Vindication of the Rights of Woman* (1792), dédié à Talleyrand, consti-tue une suite à sa *Vindication of the Rights of Men*, écrit en réponse aux critiques adressées par Burke à la Révolution française. Dès l'introduction, Wollstonecraft attribue aux erreurs d'éducation la condition des femmes de son temps « un faux système d'éducation, inspiré de livres écrits sur le sujet par des hommes qui, parce qu'ils considèrent les êtres de sexe féminin (« *females* ») plutôt comme des femmes (« *women* ») que comme des êtres humains, ont été plus anxieux d'en faire des maîtresses séduisantes que des épouses affectionnées et des mères raisonnables[5] ». Sans nier les différences de force physique entre les sexes, elle se place dans la tradition des éducateurs, pour qui l'être humain, quel qu'il soit, doit sur terre accomplir sa destinée. Ce qui est spécifiquement humain étant l'usage de la raison, les femmes doivent être éduquées pour développer leur potentiel rationnel. Dans sa dédicace à Talleyrand, Wollstonecraft lie dans la même phrase les termes « droits des femmes » et « éducation nationale ». Les arguments familiers (la femme doit être éduquée pour s'occuper de ses enfants, et être une compagne agréable pour l'homme au-delà de son physique ; elle doit être éduquée pour être plus morale…) sont juxtaposés à la défense des droits de toutes les minorités. Wollstonecraft se dresse contre les tyrans, qui privent du pouvoir une partie de l'humanité. Les femmes sont exactement dans la situation des esclaves. La constitution française doit leur accorder des droits égaux, si elle veut être cohérente avec sa défense des autres minorités opprimées, ne serait-ce que pour une raison pratique : si on ne libère pas les esclaves en leur donnant les mêmes droits, ils essaient d'en obtenir d'illégitimes et corrompent la société dans son ensemble. Ces droits sont claire-ment ceux à l'éducation pour tous, puisque c'est le milieu et donc l'éducation qui fait tout. Là encore, c'est la femme citoyenne qui revendique ses droits.

Cette éducation, Wollstonecraft ne la voit pas dans les termes du pensionnat de jeunes filles, mais dans ceux de l'école paroissiale mixte, reprenant l'idée de Macaulay que ce sont autant les hommes que les femmes qui doivent changer, de façon à ce que les deux sexes se retrouvent en terrain commun. L'école de village mixte, à la différence des lycées de garçons ou des pensionnats de jeunes filles, permet à l'enfant de bénéficier de l'amour des siens sans être totalement isolé de ses pairs. Si certaines idées dérivent de Locke : condamnation des châtiments corpo-rels, de la cruauté, lien entre vertu et bonheur, et principalement la notion que les associations d'idées sont cruciales dans le développement des êtres humains, Wollstonecraft s'en éloigne en prônant une éducation nationale et mixte, non un tuteur. On voit surtout très bien que c'est sa vision de la société dans son ensemble qui guide sa démarche : la femme est un individu citoyen, non pas le principal rouage du système familial, comme le déclarent les traditionalistes, même si le rôle de mère et d'épouse est encore mis en avant.

Quelles conclusions tirer de ces propositions ? Que si, depuis longtemps, l'éducation des femmes est considérée comme insuffisante, il y a au moment de la Révolution française, chez certaines femmes radicales, un désir de lier la condition des femmes à celle des autres minorités. Elles avancent les mêmes idéaux que Condorcet dans la dixième époque de l'*Esquisse d'un Tableau Historique des Progrès de l'Esprit Humain*, qui unit dans son discours les minorités opprimées des esclaves et des femmes : « Parmi les progrès de l'esprit humain les plus importants pour le bonheur général, nous devons compter l'entière destruction des préjugés qui ont établi entre les deux sexes une inégalité de droits funeste à celui même qu'elle favorise[6]. » Cette idée est visible chez Wollstonecraft, pour qui les deux sexes sont avilis par la situation faite à la femme : « Ce sont peut-être des esclaves consentantes, mais l'esclavage a toujours pour effet d'avilir le maître autant que son abject dépendant[7]. » Ainsi, l'éducation des femmes est replacée dans le contexte de la défense des minorités, qui doit faire de tous les êtres humains des acteurs de la société à part entière, des citoyens. Cette tradition est ancrée du côté de la dissidence, du point de vue religieux, elle est plus proche du déisme et de la relation personnelle à Dieu. D'où l'insistance de Wollstonecraft, dans sa vie privée comme dans ses écrits publics, sur l'idée d'indépendance : « Je considère depuis longtemps l'indépendance comme la plus grande bénédiction de la vie, la base de toute vertu[8]. » C'est un point de vue qu'elle réitère sans cesse dans ses lettres personnelles.

Ainsi ces deux femmes, en mettant en relief la raison de la femme comme égale à celle de l'homme, coupent les liens de subordination de la femme aux hommes de sa famille, et la font entrer dans le domaine de la citoyenneté, en accord avec les théoriciens révolutionnaires, qui n'ont pas toujours, pourtant, été jusqu'au bout des idées présentées dans la Déclaration des Droits de l'Homme et du Citoyen.

Cependant, avec la Terreur qui s'installe en France et la guerre qui déchire l'Europe, à partir de 1793, ce sont des théories plus traditionalistes qui resurgissent, se bornant à installer la femme dans un rôle subalterne, quoique patriotique. La mort de Macaulay en 1793, puis celle de Wollstonecraft en 1797, privent aussi le mouvement radical de deux porte-parole de poids. Les mêmes théories s'appliquent désormais aussi à l'éducation des pauvres : il s'agit maintenant de les persuader du bien-fondé de la division hiérarchique de la société, pour éviter des bouleversements dont tout le monde pâtit, et qui ont fini par entraîner l'Europe dans la guerre. En un sens, Burke se trouve confirmé dans ce qu'il avait prévu, et tout en s'accordant sur la médiocrité de l'éducation donnée aux femmes, on défend un type d'éducation qui soutient la famille, et non plus le libre exercice de la raison dans l'épanouissement personnel.

L'idée principale est que l'instruction doit servir à contenir les femmes dans leur rôle secondaire, non les mettre en concurrence avec les hommes. Leur épanouissement personnel est par nature situé dans le sacrifice à la communauté, par le biais de la famille, et non dans l'exercice de l'indépendance. Et en période de crise, alors que la patrie est en danger, leur sacrifice est d'autant plus important. Les femmes écrivains, qui sont très nombreuses à l'époque, se défendent de prendre la place des hommes, et sont très modestes dans leurs objectifs. Il en va de même des femmes éducatrices, qui rejettent la menace de la femme savante et pédante, non pas en faveur des grâces et de l'ornement (toujours condamnés) mais pour en faire des piliers de la société.

Le meilleur exemple est celui d'Hannah More (1745-1833), qui fait partie du cercle des bas-bleus, des conservateurs amis de Reynolds, Johnson et Burke, et dont l'ascendant politique prédomine avec la guerre. Sa contribution au débat est donc toute différente. Ce qui est passionnant dans le discours d'Hannah More, tout autant politisé que celui de Macaulay ou Wollstonecraft, c'est qu'elle arrive à dissocier les droits des minorités, notamment la question de l'esclavage, des droits des femmes, qui sont pour elles un malentendu. En effet, Hannah More est une fervente opposante au commerce des esclaves, mais cela vient de sa position de chrétienne, non de rationaliste.

Hannah More se place sur le terrain de la patrie en danger quand elle écrit *Strictures on the Modern System of Female Education* (1799). La femme est présentée comme un pilier de la société, parce qu'elle est au centre de la famille, et si elle n'accomplit pas ses fonctions de gardienne du foyer et des mœurs, la société tout entière s'écroulera. Elle a une fonction éminemment politique, comme rempart de l'ordre établi. Son éducation doit donc être en harmonie avec ce but. D'où les attaques de More contre les femmes « égalitariennes », dont les idées mènent à une dégradation des mœurs, une défense de l'adultère, et donc une attaque de la famille. More attaque l'idée d'indépendance de la femme raisonnable par rapport au reste de la société et notamment à l'homme, en se mettant en totale opposition avec les femmes étudiées précédemment.

Partons pourtant de cet extrait où More fait le lien entre femmes et esclaves :

> […] jusqu'à ce que les femmes reçoivent une meilleure instruction, la question de la différence entre l'entendement des hommes et celui des femmes restera en suspens, de même que la question de la différence entre l'entendement des noirs et celui des blancs, car jusqu'à ce que les Africains et les Européens reçoivent la même éducation, on ne pourra jamais déterminer avec justesse les distinctions entre leurs aptitudes innées[9].

Venant d'une opposante à l'esclavage, ce parallèle est très intéressant. C'est-à-dire qu'Hannah More ne renie pas l'égalité de raison possible entre hommes et femmes, mais en vérité elle ne considère pas la raison comme étant le pivot de l'éducation. Il y a, au-delà de la raison, des qualités féminines à cultiver, qui ne se trouvent pas chez les hommes et vice-versa. En effet, il ne s'agit pas que les deux sexes se rapprochent l'un de l'autre en éliminant leurs différences, mais qu'ils conservent leurs différences et coopèrent entre eux :

> Chaque sexe a sa propre excellence, qui se perdrait dans un caractère commun par l'amalgame défendu par la philosophie nouvelle. Pourquoi se débarrasser de distinctions qui accroissent les bénéfices mutuels et les satisfactions de l'existence ? [...] les hommes n'ont-ils aucun besoin de voir leurs angles arrondis et leurs duretés et leurs aspérités lissées et polies en se frottant à des êtres plus doux et plus raffinés ? Les idées des femmes sont-elles toujours si judicieuses, leurs principes si indiscutablement fermes et leurs opinions si correctes, leur jugement est-il toujours si exact qu'elles n'aient jamais besoin d'un poids additionnel, d'une force supplémentaire, d'une clarté en plus, rien de cet accroissement de l'esprit, rien de ce supplément de vigueur qui ne peuvent venir que du sexe fort [10] ?

Ainsi, les idées politiques de More sont celles de Burke, telles qu'elles sont présentées dans *Reflections on the Revolution in France*, c'est-à-dire une vision de la société comme un organisme vivant dans lequel les rapports entre les membres sont du ressort de l'entraide mutuelle, du paternalisme, et ne relèvent pas de la lutte entre classes ou individus :

> Maintenant, il est suffisamment clair, en dépit des théories modernes, que ce qui unit et lie ensemble la structure et le cadre des sociétés, petites ou grandes, publiques, ou privées, c'est la dépendance. Ces attaches qui ont leur origine dans les besoins partagés, les avantages réciproques et les obligations mutuelles et qui sont institutionnalisés, sont le ciment qui garantit l'union de la famille comme celle de l'État [11].

L'éducation, des pauvres comme des femmes – et Hannah More s'est beaucoup impliquée dans l'éducation des pauvres – est donc destinée à renforcer ce sentiment d'obligation mutuelle, et non à garantir l'épanouissement personnel d'un citoyen indépendant doué de raison. La femme a un rôle éminemment politique, également parce que les femmes de la haute société, auxquelles elle s'adresse en priorité, ont une influence sur les classes inférieures. Elles donnent le ton, comme More le souligne dans des élans extrêmement patriotiques où elle fait sonner l'alarme de la patrie en danger. La femme de la haute société doit donner l'exemple de la vertu, du courage, elle est le garant de l'ordre et de la société. Pour More, la Révolution vise à détruire l'ordre social, principalement en s'attaquant à la religion, et c'est pour cela qu'elle condamne tous les écrits des « infidèles » français, mais aussi toute la vague romantique venue d'Allemagne, en particulier sans doute Werther et son apologie du suicide. C'est donc la nation, le collectif, la famille qui doivent primer selon Hannah More et nombre de ses contemporains, non l'individualisme, qui mène à la destruction de l'État selon son analyse. Il y a un aspect que l'on considère bien évidemment rétrograde dans sa perspective, ce que confirme ce qu'elle dit, avec Burke, de l'âge de la chevalerie, âge d'or, où les femmes n'étaient pas les égales, mais bien les supérieures des hommes – âge rejeté par Paine, Macaulay ou Wollstonecraft comme un âge obscurantiste, où les hommes mettaient les femmes sur un piédestal pour les priver de droits égaux.

Cette courte analyse des positions de ces trois femmes permet de dégager chez elles un certain nombre de points communs sur la critique de l'éducation des filles à l'époque. Toutes déplorent qu'on développe leur aspect ornemental ou décoratif au détriment de qualités plus solides. Hannah More et Wollstonecraft donnent les mêmes exemples de femmes évaporées et mal éduquées. L'autre point commun concerne le but d'une éducation idéale : de bonnes mères, des épouses qui seront des compagnes utiles à leurs maris. Mais bien évidemment, les analyses divergent sur la question de l'indépendance. Les femmes dépendent des hommes selon More, ce n'est pas le cas, ou si cela l'est, cela doit changer selon Wollstonecraft. Du point de vue des méthodes à privilégier, les écoles mixtes sont défendues par Macaulay ou Wollstonecraft au contraire d'une éducation à la maison pour More, si l'on en croit son portrait des jeunes femmes bien élevées dans ses tracts. Ce qui importe pour elle, ce n'est pas la connaissance pure, mais la sphère domestique. Il est certain aussi que les hommes doivent changer, ainsi que la société dans son ensemble pour les radicales, alors que la société au contraire doit être préservée chez More. Une grosse différence vient du rapport au religieux. Si Wollstonecraft a une vision religieuse, elle est plutôt du type déiste, personnelle (elle meurt sans le secours d'un prêtre, elle fait une tentative de suicide…), More a une vision très traditionnelle de la religion établie : c'est dans le cadre de sa pratique religieuse qu'elle restitue sa défense des esclaves noirs, des pauvres et qu'elle envisage une éducation différente des femmes. On voit donc que deux traditions politiques s'affrontent et engendrent deux types de discours sur l'éducation des femmes. L'un, inspiré de la tradition dissidente, va se cristalliser autour d'une défense de la Révolution française par laquelle une redéfinition de la place de la femme en tant que citoyenne pourrait être possible. Le second, incarné par Burke, mais dont les racines sont très profondes, puisque dérivées d'une vision traditionnelle de la place de la femme dans la famille, va s'attaquer à la Révolution française en tant qu'elle pourrait déstabiliser la famille et par conséquent l'Etat. Bien des positions peuvent sans doute être repérées dans l'éventail d'attitudes politiques qui vont d'un extrême à l'autre, étant donné également que les positions politiques sont tempérées par les expériences individuelles des femmes auteurs et éducatrices. Ceci dit, il me semblait important de rappeler ce contexte révolutionnaire crucial à l'époque, car il a pu à la fois donner des supports théoriques à une meilleure éducation des femmes, en en faisant des citoyennes égales, mais a pu aussi empêcher le développement du pôle que j'ai qualifié d'épanouissement personnel ou individuel dans la mesure où la Révolution a été perçue comme une menace envers l'État et l'ordre établi.

NOTES

1. John LOCKE, *Some Thoughts concerning Education*, edited with an introduction by Ruth W. GRANT and Nathan TARCOV, Indianapolis, Hackett Publishing Company, 1996, p. 12, § 6. Ma traduction.
2. *Ibid.*, p. 14, § 8.
3. Sarah FIELDING, *The Governess or Little Female Academy*, introduction by Mary CADOGAN, London and New York, Pandora, 1987, p. 1. Ma traduction.
4. Cité dans Connie TITONE, *Gender Equality in the Philosophy of Education, Catharine Macaulay's Forgotten Contribution*, New York, Peter Lang, 2004, p. 90. Ma traduction.
5. Mary WOLLSTONECRAFT, *Complete Works*, edited by Janet Todd and Marilyn Butler, London, Pickering and Chatto, 1989, Volume 5, p. 73. Ma traduction.
6. CONDORCET, *Esquisse d'un tableau historique des progrès de l'esprit humain*, introduction d'Alain Pons, Paris, Garnier Flammarion, 1988, p. 286-287.
7. Mary WOLLSTONECRAFT, *op. cit.*, p. 68.
8. *Ibid.*, p. 65.
9. Hannah MORE, *Selected Writings*, edited by Robert Hole, London, William Pickering, 1996, p. 183. Ma traduction.
10. *Ibid.*, p. 179-180.
11. *Ibid.*, p. 232.

MARIA EDGEWORTH, ÉDUCATRICE, ET SES GOUVERNANTES FRANÇAISES

Gillian Dow

Maria Edgeworth (1768-1849) fut de son vivant une écrivaine extrêmement célèbre en Grande-Bretagne. Anglo-irlandaise, elle était contemporaine de Jane Austen (1775-1817) et de Mary Wollstonecraft (1759-1797). Ses romans comme *Castle Rackrent* (1800), *Belinda* (1801), *Leonora* (1806) *Harrington* (1817) étaient plus connus et lus en Angleterre au début du XIXᵉ siècle que ceux d'Austen. Ses écrits sur l'éducation tels que *Practical Education* (1798) et ses œuvres pour enfants telles que *The Parent's Assistant* (1796) ont été plus célèbres que celles de Wollstonecraft. De même ses romans sur l'Irlande et les Irlandais ont inspiré Walter Scott pour ses écrits sur l'Écosse et les Écossais. Ce dernier a reconnu ouvertement cette influence, et l'appelait « The Great Maria », de même qu'il saluait en elle une femme d'affaires : Maria Edgeworth reçut en effet £ 2100 pour son roman *Patronage* (1814), soit le triple des 700 livres que Scott reçut pour *Waverley* (1814).

Dans cet article, je m'intéresse surtout à Maria Edgeworth en tant que femme éducatrice et non pas en tant que romancière. Inspirée par les éducatrices et les femmes lettrées françaises, elle entretenait, comme beaucoup de ses contemporaines britanniques, une relation ambiguë avec les femmes françaises en général. Il est bien connu que M. Edgeworth s'est inspirée de la femme française dans ses nouvelles *Madame de Fleury* (1806) et *Émilie de Coulanges* (1809) ainsi que dans son roman *Leonora* (1806), où elle répond en partie au *Delphine* de Mᵐᵉ de Staël[1]. En revanche, dans ses écrits sur l'éducation, et dans ses contes pour enfants, son rejet du personnage de la gouvernante française démarque un nationalisme que les Français eux-mêmes n'ont pas manqué d'observer dans leurs traductions de ses écrits pour enfants.

Quelques lignes biographiques expliquent les raisons pour lesquelles cette femme conçut une passion pour l'éducation, et surtout l'éducation des filles.

Maria Edgeworth est née le 1er janvier 1768, le troisième enfant et la fille aînée de Richard Lovell Edgeworth (1744-1817) et de la première de ses quatre femmes, Anna Maria Elers (1743-73[2]). Petite, Maria Edgeworth voyait peu son père, car Richard Lovell Edgeworth a passé beaucoup de temps en France, occupé par ses projets d'ingénieur, et surtout par l'éducation de son fils aîné, Richard. Le père était même persuadé qu'il devrait essayer d'élever son fils aîné « à la Jean-Jacques », comme nous explique Marilyn Butler :

> From 1767, when his son was three, Richard Lovell conducted the experiment of bringing him up according to the ideas put forth by Rousseau in *Émile*. During the next five years the boy was not wearied with the dreary learning by rote which other children were subjected to, but instead was encouraged to observe, ask questions, and learn about the things around him[3].

Malheureusement, les expériences avec le petit Richard se soldèrent par un échec, et le fils aîné deviendra « *wild and capricious* ».

C'est peut-être à cause de l'éducation de son frère à la maison, ainsi que de ses 21 demi-frères et sœurs, que Maria Edgeworth se dévoua à l'éducation des jeunes. Des 22 enfants (dont 19 étaient plus jeunes que Maria) seulement 5 furent envoyés à l'école ; les autres suivirent des cours à la maison, autour d'une grande table dans la bibliothèque. Les aînés s'occupaient des petits, les adultes surveillaient une méthode décrite par Mme de Genlis dans *Adèle et Théodore*.

Cette expérience éducative n'explique pas pourquoi Maria Edgeworth a publié ses ouvrages – beaucoup d'éducatrices britanniques de la même époque n'ont pas fait de même[4]. Marilyn Butler est allée jusqu'à suggérer que Maria Edgeworth a été poussée à écrire pour impressionner son père. Susan Manly constate qu'il est effectivement difficile de comprendre les écrits de M. Edgeworth si nous ne la situons pas dans le milieu intellectuel de son père. Fils des Lumières, Richard Lovell Edgeworth était passionné par la science et les inventions, il lisait les philosophes français – notamment Voltaire et Rousseau – ainsi que les Écossais tels que David Hume et Adam Smith. En 1792, il identifiait l'aristocratie comme étant l'ennemie de la liberté en Grande Bretagne. Richard Lovell Edgeworth était prorévolutionnaire, et proclame en 1795 :

> When peace permits if it ever will permit everybody who can speak French & who loves Freedom will go there[5].

Durant l'été 1782, quand toute la famille s'installa en Irlande, à Edgeworthstown, Maria devint l'assistante de son père et l'aida à gérer ses affaires. Elle partage ses lectures et sa philosophie.

Néanmoins son premier ouvrage, *Letters for Literary Ladies*, est écrit sans que Richard Lovell Edgeworth le sache. Publié en 1795, il commence par une satire des hommes qui pensent que les femmes ne doivent pas avoir de goût pour les lettres, ni recevoir d'ailleurs une éducation qui les encourage à raisonner comme des hommes. Ce ne sont pas ses ancêtres britanniques – comme Mary Astell ou bien Lady Mary Wortley Montagu – qui sont cités en tant qu'exemple des femmes des lettres dans les *Letters for Literary Ladies*, mais leur contemporaine outre-Manche, Mme Dacier. Le premier *gentleman* se moque de son érudition:

> Happy Mad. Dacier! You found a husband suited to your taste! You and Mons. Dacier, if D'Alembert tells the story rightly, once cooked a dish in concert, by a receipt which you found in Apicius and you both sat down and ate of your learned ragout till you were both like to die [6].

Le deuxième *gentleman*, quoiqu'il ait plus de patience pour les femmes de lettres, avoue: « *I have as little taste for Mad. Dacier's learned ragout as you can have, my dear sir* ». Ce sont les femmes françaises qui sont dénoncées comme de mauvais exemples pour les Britanniques.

En fait, pour les femmes écrivaines britanniques, dont la majorité était issue des classes moyennes, il était important que les filles de ces classes moyennes bénéficient de leur propre méthode d'éducation. Un tel ouvrage manquait à l'éducation britannique. Quoique Locke ait publié son *Some Thoughts Concerning Education* en 1693, les Britanniques de la fin du dix-huitième siècle recouraient surtout aux méthodes de Rousseau et de Mme de Genlis (en traduction). La nouvelle méthode britannique allait paraître en 1798 sous le titre *Practical Education*, écrite par Maria Edgeworth et son père. Dans la préface, les Edgeworth insistent sur le fait qu'ils n'ont aucun système à défendre, et par conséquent, qu'ils ne veulent pas attaquer les théories des autres. Le titre *Practical Education* a été choisi pour souligner qu'ils se sont uniquement appuyés sur leur pratique et sur leurs expériences. De plus, dans l'ouvrage, l'accent est mis sur le rôle des femmes dans l'éducation des enfants. Ces deux caractéristiques relient les Edgeworth à la théorie de Mme de Genlis. En fait, Maria Edgeworth connaissait bien *Adèle et Théodore*: son premier travail, qui n'a jamais été publié, était une traduction de cet ouvrage [7].

Mais qui a écrit quoi dans *Practical Education*? Les Edgeworth avouent que la plus grosse partie du travail a été réalisée par Maria:

> When a book appears under the name of two authors it is natural to inquire what share belongs to each of them. All that relates to the art of teaching to read in the chapter on Tasks, the chapters on Grammar and Classical Literature, Geography, Chronology, Arithmetic, Geometry and Mechanics were written by Mr Edgeworth, and the rest of the book by Miss Edgeworth. She was encouraged and enabled to

write upon this important subject, by having for many years before her eyes the conduct of a judicious mother in the education of a large family[8].

Tout au long de *Practical Education*, on trouve des commentaires sur le système de Rousseau et en particulier sur ses idées du rôle des femmes dans la société. Le caractère pratique des méthodes de Mme de Genlis comparé à celles de Rousseau est admiré. Par exemple, Edgeworth loue les aides à l'enseignement de l'histoire utilisées par cette dernière :

> In the Adele and Theodore of Madame de Sillery a number of adventitious helps are described for teaching history and chronology. There can be no doubt that these are useful; and although such an apparatus cannot be procured by private families, fortunately the print-shops of every provincial town, and of the capital in particular, furnish even to the passenger a continual succession of instruction. Might not prints assorted for the purposes which we have mentioned be *lent* at circulating libraries[9]?

Un passage d'*Adèle et Théodore*, où Théodore est en train d'apprendre une leçon importante, est cité avec admiration dans *Practical Education* :

> Madame de Genlis, in her Adele and Théodore, gives Théodore, when he is about seven years old, a box of sugar-plums to take care of, to teach him to command his passions. Théodore produces the untouched treasure to his mother, from time to time, with great self-complacency. We think this a good practical lesson[10].

Edgeworth met l'accent sur *comprendre* les enfants pour les éduquer. Par exemple, un enfant qui fait des caprices n'est pas naturellement méchant, mais plutôt ennuyé.

> He breaks [his toys] not from the love of mischief but from the hatred of idleness […] All this is perfectly innocent : and it is a pity that his love of knowledge and his spirit of activity should be repressed by the undistinguishing correction of a nursery maid, or the unceasing reproof of a French governess[11].

Nous voyons là le premier reproche dirigé vers les « gouvernantes françaises », qui sera développé plus tard, dans un chapitre intitulé : « *On female accomplishments, Masters, and governesses* ». Edgeworth raconte l'histoire d'un Anglais à Lyon, qui rencontre une danseuse à la recherche d'un poste de gouvernante pour jeunes filles. Voyant que l'Anglais n'est pas convaincu, elle lui demande pourquoi :

> […] "do you doubt my capability ? Do I not speak good Parisian French ? Have I any provincial accent ? I will undertake to teach the language grammatically. And for music and dancing, without vanity, may I not pretend to teach them to any young person ?" The lady's excellence in all these particulars was unquestionable. She was beyond dispute a highly accomplished woman. Pressed by her forcible interroga-

tories, the gentleman was compelled to hint, that an English mother of a family might be inconveniently inquisitive about the private history of a person who was to educate her daughters. "Oh" said the lady, "I can change my name; and at my age nobody will make further enquiries [12]".

Il est suggéré qu'une danseuse française, même à la retraite, n'est pas capable d'inculquer de bonnes mœurs à des filles britanniques. Edgeworth est surtout très sceptique sur la mode des « *accomplishments* » pour les jeunes filles – loin d'une éducation utile qui permettra à une jeune fille de raisonner, mais consistant en une série d'arts d'agrément qui permettront de briller en public :

Every young lady (and every young woman is now a young lady) has some pretensions to accomplishments. She draws a little; or she plays a little; or she speaks French a little. [...] Stop at any good inn on the London roads, and you will probably find that the landlady's daughter can shew you some of her own framed drawings, can play a tune upon her spinet, or support a dialogue in French of a reasonable length, in the customary questions and answers [13].

C'est la mode que les filles britanniques parlent un bon français, avec un accent parisien. Edgeworth rejette cette pratique dans ses contes pour enfants. Elle a essayé de démontrer, en décriant les gouvernantes françaises, que rien ne vaut les bons soins d'une bonne mère britannique.

Whim for Whim, la seule pièce d'Edgeworth, écrite en novembre/décembre 1798, est resté non publiée jusqu'en 2003 [14]. Dans son mémoire [15] publié en 1867, sur Maria Edgeworth, Frances Anne Edgeworth, explique que « *The piece was afterwards sent to Sheridan, but rejected: the subject was not considered of sufficient interest or comic enough for the stage* [16]. » Comme les éditeurs de la pièce l'expliquent, la raison pour laquelle Sheridan a refusé la pièce est sûrement politique :

"The piece" acts out political subversion in London, based on real episodes involving not only the French Queen but an identifiable group in high society, which was also the parliamentary opposition; in real life, if not in the play, it included the heir to the throne, the Prince of Wales [17].

Dans les « épisodes » en question, il s'agit d'une version des événements qui concernaient la reine Marie-Antoinette – l'affaire du collier en 1785 [18]. La vilaine Mademoiselle Fanfarlouche (la comtesse Jeanne de la Motte) se déguise en gouvernante pour essayer de voler les diamants d'une mère de famille, Mrs Fangles. Cette Mrs Fangles est plus intéressée par les livres sur les systèmes d'éducation que par la pratique de l'éducation. Elle va même jusqu'à dire : « *These children are the plagues of my life – I wish I had no children! – Nay not so neither – for then I could not* *so conveniently try my <u>new</u> course of experiments in Education*[19]. » Comme parler aux enfants et répondre à leurs questions n'est pas une priorité pour Mrs Fangles, Mademoiselle Fanfarlouche en profite et néglige ainsi l'éducation des enfants à sa charge :

> (*Enter Christina and Hellidorus running.*)
>
> CHRIS (*to Madselle*). – Can you tell me what this plant is called ?
>
> HELLE. – Can you tell me the name of this grass ?
>
> MAD. – Ask your master of botany – Ask your master of botany – and don't trouble me wid foolish questions – It is a weed, it is a grass dat's enough Go – Go (*pushes them away*).
>
> HELLE – Come Chrysse she knows nothing[20].

Les enfants de Mrs Fangles sont les plus intelligents de tous les personnages de cette pièce, car eux au moins sont capables de raisonner. Ils savent qu'ils ne savent rien – et que leur gouvernante n'en sait pas plus !

Notre deuxième gouvernante française apparaît dans un conte pour enfants, écrit au début des années 1790, intitulé *Mademoiselle Panache*. Dans ce conte, Mrs Temple est une mère raisonnable qui a éduqué ses deux filles, Emma et Helen, avec soin. Elle est devenue leur confidente ainsi que leur perceptrice. Comme pratiquement toutes les bonnes mères littéraires au dix-huitième siècle, elle s'est retirée de la ville, et a seulement un petit cercle d'amies. Un jour, Lady S*** arrive dans cette campagne anglaise, après avoir passé un certain temps à l'étranger. Elle a une fille, Lady Augusta, qui a le même âge qu'Helen. Helen est impressionnée par cette jeune fille, quoiqu'elle ne puisse pas expliquer pourquoi quand sa mère lui demande. Elle dit, vaguement :

> I am sure Lady Augusta is very accomplished at least. Do you know, ma'am, she has a French governess ?

Sa mère se moque d'elle :

> Why undoubtedly Lady Augusta's having a French governess [is] incontrovertible proof of the excellence of her education[21].

Mrs Temple est donc réticente sur les avantages d'une gouvernante française. Néanmoins, quelques jours plus tard, elle amène ses filles dîner chez Lady S***, où elles rencontrent Mademoiselle Panache pour la première fois :

> Helen, it seems, had conceived a very sublime idea of a French governess ; and when she first came into the room, she looked up to Mademoiselle Panache with a mixture of awe and admiration. […] The conversation […] turned upon France, and French

Literature: Mrs. Temple said she was going to purchase some French books for her daughters, and very politely begged to know what authors Mademoiselle would particularly recommend. "vat auteurs! You do me much honour, madame – Vat auteurs! Why, Mesdemoiselles, there's *Telemaque* and *Belisaire*."
Helen and Emma had read *Telemaque* and *Belisaire*, so Mademoiselle was obliged to think again [...]. But the result of all her recollection was still "*Belisaire*" and "*Telemaque*" and an Abbé's book, whose name she could not remember [...] Helen could scarcely forbear smiling, so much was her awe and admiration of a French governess abated[22].

En fait, il apparaît plus tard dans le conte, quand elle aide les jeunes filles à s'habiller, que Mademoiselle n'est pas gouvernante, ni par profession, ni par éducation :

Mais tenez, toujours comme ça ; ressouvenez-vous bien, Mademoiselle – Ah bon! vous voilà mise à quatre épingles!
"À quatre épingles!" repeated Helen to herself. "Surely," thought Emma, "that is a vulgar expression; Mademoiselle is not as elegant in her taste for language as for dress[23]."

Elle est, comme la jeune fille devine, chapelière. Son manque de lecture est ainsi expliqué par son manque d'éducation : elle ne lit que des romans, quoiqu'elle interdise à son élève de faire de même. À la fin du conte, Helen est guérie de son attirance pour les gouvernantes françaises :

"But indeed," said Emma, "I do think Mademoiselle Panache, from all I saw of her, is to blame for many of Lady Augusta's defects."
"For all of them, I'll answer for it," said Helen; "I would not have a French governess for the world [...]"
"That was too general an expression, Helen, said Mrs Temple and it is neither wise nor just to judge of any set of people by an individual, whether that individual be good or bad. – All French governesses are not like Mademoiselle Panache."
Helen corrected her expression and said, "Well, I mean I would not for the world have such a governess as Mademoiselle Panache[24]!"

Malgré les raisonnements de Mrs Temple, le lecteur termine sa lecture avec une impression très négative des gouvernantes françaises.

Néanmoins, Maria Edgeworth semblait être attachée à sa création, Mademoiselle Panache, car elle a écrit une « suite » – *Mademoiselle Panache – second part*, publié dans ses *Moral Tales for Young People* en 1801. Ce petit conte revisite les deux jeunes filles – Helen Temple et Lady Augusta – elles ont maintenant à peu près 16 ans, et pensent au mariage. Mr Montague, aimé par les deux filles, est, au début, attiré par la beauté et l'élégance de Lady Augusta. Il reconnaît quand même que « *She has been educated by a vulgar, silly, conceited French governess!* [...] *but that is her misfortune, not her fault. She is very young, and a man of sense might make of her what he pleased*[25]. »

Malheureusement pour Lady Augusta, Mr Montague découvre que son choix de lecture n'est pas ce qu'une jeune Britannique modeste aurait dû élire :

> He saw one of the very worst books in the French language; a book which never could have been found in the possession of any woman of delicacy – of decency. Her lover stood for some minutes in silent amazement, disgust, and, we may add, terror[26].

Augusta essaye de nier le fait qu'elle ait lu ce livre monstrueux, non identifié dans le texte :

> "I can assure you", said her ladyship, "I don't know what's in this book; I never opened it; I got it this morning at the circulating library at Cheltenham: I put it into my pocket in a hurry — pray what is it?"
> "If you have not opened it", said Mr Mountague, laying his hand upon the book; "I may hope that you never will — but this is the 'second' volume."
> "May be so", said Lady Augusta; "I suppose, in my hurry, I mistook —"
> "She never had the first, I can promise you", cried mademoiselle.
> "Never", said Lady Augusta.
> [...] the truth is, I have de first volume. "Mon Dieu!" I have not committed murder — do not look so shock — what signify what I read at my age?"
> "But Lady Augusta, your pupil!" said Mr Mountague.
> "I tell you she has never read one word of it; and, after all, is she child now? When she was, Miladi S*** was very particular, and I, of consequence and of course, in de choice of her books; but now, 'oder affaire', she is at liberty, and my maxim is — 'Tout est saint aux saints[27]'."

Pour conclure Augusta s'enfuit avec Mr Dashwood – un très mauvais choix pour une fille noble – Lady S*** fini par comprendre que son choix de gouvernante a nui au bonheur futur de sa fille :

> "A bad education!" exclaimed Lady S***, with a voice of mingled anger and sorrow. "Leave the room, mademoiselle; leave my house. How could I choose such a governess for my daughter! Yet, indeed", added her ladyship, turning to Mrs. Temple, "she was well recommended to me, and how could I foresee all this[28]?"

Pour que ses lecteurs comprennent bien, nous avons quelques lignes de Maria Edgeworth qui servent à nous expliquer la leçon à apprendre par cœur :

> To such an appeal, at such a time, there was no reply to be made: it is cruel to point out errors to those who feel that they are irreparable; but it is benevolent to point them out to others, who have yet their choice to make[29].

Maria Edgeworth a peut-être eu mauvaise conscience de ne peindre que des méchantes gouvernantes françaises. Elle écrit dans une lettre à sa meilleure amie, Sophie Ruxton :

> I have a great desire to draw a picture of an anti-Mademoiselle Panache, a well-informed, well-bred French governess, an emigrant[30].

Ce personnage, Madame de Rosier, apparaîtra dans un conte intitulé *The Good French Governess* :

> Mad. de Rosier [...] possessed the power of maintaining herself honourably by her own exertions. Her character and her abilities being well known, she easily procured recommendations as a preceptress. Many ladies anxiously desired to engage such a governess for their children, but Mrs. Harcourt had the good fortune to obtain the preference[31].

On remarquera en lisant la citation que cette gouvernante n'en est pas vraiment une : c'est une femme mariée, mère de famille elle-même, qui va travailler avec Mrs Harcourt pour éduquer ses quatre enfants. Les Demoiselles Fanfarlouche et Panache ont une influence nocive sur les enfants ; Madame Rosier, par contre, est un exemple de la femme d'esprit francaise qui a inspiré Edgeworth dans *Madame de Fleury* et *Émilie de Coulanges*.

Est-ce que les écrits de Maria Edgeworth sur l'éducation et pour les enfants ont été lus en France, et si oui, qu'ont pensé les Français de sa représentation des gouvernantes ? Ce qui est certain, c'est qu'ils ignoraient l'existence de Mademoiselle Panache, car la pièce est restée inédite. Il ne semble pas non plus qu'il y ait eu des traductions de ses contes *Mademoiselle Panache* ni *The Good French Governess*. Mme de Genlis, elle-même, éducatrice et écrivaine de contes pour enfants n'a pas lu les œuvres de Maria Edgeworth, croit-on. Quoique cette dernière ait été influencée par Mme de Genlis dans ses écrits sur l'éducation, il semble que Mme de Genlis n'ait pas lu *Practical Education*. Maria Edgeworth en a été déçue : dans une lettre datée du 19 mars 1803, elle raconte sa visite dans l'appartement de l'Arsenal :

> I might be prejudiced or mortified by Mme de Genlis'assuring that she had never seen anything I had written except *Belinda* – that she had heard of *Practical Education* – [...] heard it much praised but had never seen it[32].

Voici pour la plus célèbre éducatrice française de l'époque. Il reste à citer Louise Swanton-Belloc dans sa traduction *Les Jeunes industriels faisant suite à l'éducation familière par Miss Edgeworth*[33]. Maria Edgeworth connaissait cette jeune traductrice, et admirait son travail, car elle arrivait même à traduire les jeux de mots :

Some which it was impossible to translate literally she has most ingeniously translated by equivalents; for instance : Ma-jest-y – what is Majesty without its externals ? – by the word R-o-I, a cipher, zero [34].

Dans la préface pour *Les Jeunes industriels*, Belloc demande :

Mais que signifie une théorie en éducation ? C'est la pratique qui nous manque. Tout le monde est à peu près d'accord sur le point où il faut arriver, la route seule est incertaine ; chacun veut s'en frayer une, au lieu de s'en fier au temps et à l'instinct.

Et là, elle trouve beaucoup à admirer dans les écrits de Maria Edgeworth, disant que chacun de ses *Contes populaires* relate une bonne action. D'autant plus que L. Belloc considère qu'il n'y a pas un seul ouvrage qu'on puisse lire sans avoir envie de devenir meilleur.

On lui a quelquefois reproché de marcher trop droit à son but, de ne pas oublier assez l'intention morale de son livre ; mais, à mon avis, c'est une des plus estimables qualités de son talent, que cette préoccupation du bien qui ne lui permet pas de le perdre de vue […] Cette droiture d'intention, si rare chez les écrivains, place Miss Edgeworth au premier rang parmi les moralistes. […] C'est ainsi que dans ses écrits pour les enfants, elle veut être comprise et non point admirée. Son langage est clair, simple, positif. Elle n'évite point les répétitions : elle les multiplie quand il le faut, au risque de perdre de l'élégance du style. On sent qu'elle n'a jamais hésité entre le petit amour-propre de briller, et le noble désir d'être utile. Aussi a-t-elle acquis en Angleterre, et en France, parmi tous ceux qui voient plus avant que la surface, une de ces réputations qui placent si haut, parce qu'elles sont le résultat d'une vie toute d'honneur et de conscience. Un jeune Anglais me disait un jour : « Comment ne l'aimerions-nous pas, elle nous a tous élevés ! » Ces mots touchants peignent bien l'immense et salutaire influence que ses écrits ont exercée sur les générations contemporaines.

Mais même ce défenseur d'Edgeworth remarque son « patriotisme » :

Le seul reproche qu'on puisse adresser à l'ouvrage, et qui n'en est certes pas un pour l'auteur, est peut-être d'exciter à l'*anglomanie*, et de placer la Grande-Bretagne trop au-dessus des autres nations. On ne pouvait attendre moins du patriotisme de Miss Edgeworth ; mais son respect pour la justice l'a préservée des exagérations dans lesquelles sont tombés quelques-uns de ses compatriotes, qui, prodigues à insulter les étrangers, ont cru s'élever en abaissant les autres peuples. Les louanges chantées à toute action généreuse, à tout noble effort, ne s'adressent-elles pas, d'ailleurs, à l'humanité tout entière ?

Ce qui est certain, c'est qu'en traçant l'évolution de la figure de la gouvernante française dans les œuvres de Edgeworth nous pouvons comprendre un peu plus l'influence de l'éducation française en Angleterre, et le rejet de cette dernière alors que le dix-neuvième siècle avance.

Notes

1. Les romans de Maria Edgeworth ont bénéficié d'une nouvelle édition érudite : *The Novels and Selected Works of Maria Edgeworth*, 12 volumes, London : Pickering and Chatto, 1999-2003.
2. Voir Marilyn Butler, *Maria Edgeworth : A Literary Biography*, Oxford, Clarendon Press, 1972, ainsi que la biographie écrite par Susan Manly sur le site-web de Chawton House Library – *www.chawton.org*
3. Butler, *Maria Edgeworth, op. cit.*, p. 37-38. « À partir de 1767, lorsque son fils eut trois ans, Richard Lovell s'est expérimenté à l'élever selon les idées de Rousseau décrites dans *Émile*. Pendant les cinq années suivantes, le garçon n'était pas fatigué par l'apprentissage par cœur que les autres enfants avaient subi, mais à la place il fut encouragé à observer, à poser des questions et à apprendre par les choses qui l'entouraient. »
4. Voir Denise Yim, *The Unpublished Correspondence of Mme de Genlis and Margaret Chinnery, and related documents in the Chinnery Family Papers*, Oxford, Voltaire Foundation, 2003. Quoique éducatrice, Margaret Chinnery n'a rien publié et s'est contentée de voir dans ses jumeaux son plus bel ouvrage.
5. Richard Lovell Edgeworth to his sister, 13 December 1792, Richard Lovell Edgeworth to Erasmus Darwin, 2 March 1795. Cité dans Butler, p. 111, 112. « Quand la paix le permettra, si jamais elle le permet, tous ceux qui parlent français et qui aiment la liberté iront là-bas. »
6. *Letters for Literary Ladies*, 1795. « Heureuse Mad[ame] Dacier ! Vous avez trouvé un mari à votre goût ! Vous et Mons[ieur] Dacier, si l'on en croit d'Alembert, aviez ensemble préparé un plat, d'après une recette trouvée chez Apicius, et vous avez mangé votre ragoût, jusqu'à en mourir. ».
7. Voir Gillian Dow, « *The good sense of the readers has encouraged the translation of the whole* : les traductions anglaises des œuvres de Mme de Genlis dans les années 1780 », in *La Traduction des genres non-romanesque au XVIIIᵉ siècle*, Annie Cointre et Annie Rivara (éd.), Metz, Centre d'études sur la Traduction, 2003, p. 285-297.
8. Voir *The Novels and Selected Works of Maria Edgeworth*, volume 11, *Practical Education*, ed. Susan Manly, p. ix-x. « Lorsqu'une œuvre est publiée sous le nom de deux auteurs il est raisonnable de se demander qui a écrit quoi. Tout ce qui traite de l'apprentissage de la lecture dans le chapitre sur les Tâches, les chapitres sur la Grammaire, la Littérature antique, la Géographie, la Chronologie, l'Arithmétique, la Géométrie, et la Mécanique ont été écrits par M. Edgeworth, et le reste du livre par Mademoiselle Edgeworth. Elle fut encouragée et autorisée à écrire sur ce sujet important par l'exemple qu'elle avait devant ses yeux – la judicieuse conduite d'une mère éduquant une famille nombreuse. »
9. *Practical Education*, p. 244. « Dans l'*Adèle et Théodore* de Mme de Sillery, de surprenante aides pratiques sont décrites pour enseigner l'histoire et la chronologie. Sans aucun doute elles sont utiles ; et quoiqu'elles ne puissent pas être facilement obtenues par des familles, les magasins d'estampes de chaque ville de province, et surtout de la capitale, fournissent heureusement de l'instruction, même aux gens de passage. Ne pourrait-on pas envisager de *louer* des dessins utiles dans des cabinets de lecture ? »
10. *Practical Education*, p. 131. « Madame de Genlis, dans son *Adèle et Théodore*, donne à Théodore, lorsqu'il a sept ans, une boîte de bonbons dont il doit prendre soin, et pour qu'il apprenne ainsi à maîtriser ses passions. Théodore montre le trésor à sa mère de temps en temps, avec beaucoup de contentement. Nous pensons que c'est une bonne leçon pratique. »

11. « Il casse [ses jouets] non par amour de la bêtise, mais par haine de l'ennui […]. Tout cela est parfaitement innocent : et il est bien dommage que son amour d'apprendre et son esprit actif soient écrasés par une bonne sévère, ou la critique incessante d'une gouvernante française. »

12. *Practical Education*, p. 293-294. « "Est-ce que vous doutez de mes capacités ? Ne parlé-je pas un bon français bien parisien ? Est-ce que j'ai un accent de province ? Je m'engage à enseigner la langue grammaticalement. Et pour ce qui est de la musique et de la danse, sans orgueil, ne puis-je prétendre à enseigner ces arts à n'importe quelle jeune personne ? » Les compétences de cette femme dans tous ces arts étaient incontestables. C'était, sans le moindre doute, une femme hautement accomplie. Poussé par ses questions, le gentilhomme fut forcé de suggérer qu'une mère anglaise pourrait poser des questions gênantes sur la vie privée de la personne qui éduquera ses filles. "Oh," dit la femme, "je peux changer de nom ; et à mon âge, personne n'ira chercher plus avant." »

13. *Practical Education*, p. 299. « Chaque jeune demoiselle (et aujourd'hui chaque fille est une jeune demoiselle) peut prétendre à être accomplie. Elle dessine un peu ; elle joue un peu de musique ; elle parle un peu le français […]. Si vous vous arrêtez à n'importe quelle auberge sur la route de Londres, vous découvrirez probablement que la fille de l'hôtelière peut vous montrer ses dessins encadrés, jouer un air sur l'épinette, ou bien converser en français pendant assez longtemps, avec les questions et réponses que l'on est en droit d'attendre. »

14. Elle se trouve maintenant dans *The Novels and Selected Works of Maria Edgeworth*, volume 12, Elizabeth EGER, Clíona Ó GALLCHOIR et Marilyn BUTLER (éd.), London, Pickering & Chatto, 2003, p. 299-384.

15. Frances Anne EDGEWORTH, *A Memoir of Maria Edgeworth, with a selection from her letters*, London, Joseph Masters and son, 1867.

16. Voir introduction, *Whim for Whim*, p. 279. « La pièce fut ensuite envoyée à Sheridan, mais rejetée : le sujet n'avait pas assez d'intérêt, ou n'était pas assez comique pour la scène. »

17. Voir introduction, *Whim for Whim*, p. 279. « La pièce dévoile la subversion politique à Londres, et se fonde sur des histoires vraies, incluant non seulement la reine française, mais aussi un groupe identifiable de la haute bourgeoisie, faisant partie de l'opposition parlementaire ; dans la vraie vie, contrairement à la pièce, ce groupe comprenait aussi l'héritier du trône, le Prince du pays de Galles. »

18. Voir introduction, *Whim for Whim*, p. 283-285.

19. *Whim for Whim*, p. 349. « Ces enfants me gâchent la vie – je voudrais ne pas avoir d'enfants ! – Non, ce n'est pas vrai – car sans enfants je ne pourrais pas essayer mes projets d'éducation. »

20. *Whim for Whim*, p. 330. « (*Entrent Christina et Hellidorus, en courant.*)
CHRIS (*à Mademoiselle*). — Est-ce que vous pouvez me dire ce que c'est comme plante ?
HELLE. — Pouvez-vous me donner le nom de cette herbe ?
MADEMOISELLE. — Demandez à votre prof de botanique — Et ne me dérangez pas avec vos stupides questions — C'est une mauvaise herbe, c'est une herbe, c'est tout – Allez, Allez. (*Elle les repousse.*)
HELLE. — Viens Chrysse, elle ne connaît rien. »

21. *Mademoiselle Panache*, dans *The Parent's Assistant* Volume 1, 1796. « Je suis certaine que Lady Augusta est très accomplie. Savez-vous, madame, qu'elle a une gouvernante française ? » « Sans doute, le fait que Lady Augusta ait une gouvernante française est la preuve incontestable d'une excellente éducation. »

22. Helen, semble-t-il, s'était fait une idée sublime des gouvernantes françaises ; et quand elle entra dans la pièce, elle regarda Mademoiselle Panache avec un mélange de crainte et admiration [...] La conversation [...] s'orienta sur la France et la littérature française : Madame Temple disait qu'elle allait acheter des livres en français pour ses filles, et très poliment demanda quels auteurs étaient particulièrement recommandés par Mademoiselle. « Quels auteurs ! Vous me faites beaucoup d'honneur madame — Quels auteurs ! Eh bien, Mesdemoiselles, il y a *Télémaque* et *Bélisaire*. »

Helen et Emma ayant déjà lu *Télémaque* et *Bélisaire*, Mademoiselle dut réfléchir encore [...] mais le résultat de ses souvenirs était encore "*Bélisaire*" et "*Télémaque*", et le livre d'un Abbé, dont elle ne pouvait se souvenir le nom [...]. Helen ne pouvait pas s'empêcher de sourire, tant son admiration et son respect pour une gouvernante française décrurent. »

23. « "À quatre épingles !" se répéta Helen pour elle-même. "Assurément", pensa Emma, "c'est une expression bien vulgaire. Mademoiselle n'est pas aussi élégante dans ses goûts pour la langue que dans ses goûts pour la mode." »

24. « "Mais", dit Emma, "je pense que Mademoiselle Panache, d'après tout ce que j'ai vu d'elle, est responsable de beaucoup de défauts de Lady Augusta." "Pour tous ces défauts, j'en suis persua-dée", dit Helen ; "Pour rien au monde je n'aurai une gouvernante française".

"C'est une appréciation trop générale, Helen", dit Madame Temple, "et il est ni sage, ni raisonna-ble de juger un ensemble de gens sur la base d'un individu, que cet individu soit bon ou mauvais. Toutes les gouvernantes françaises ne sont pas comme Mademoiselle Panache." Helen corrigea son expression et dit : "Eh bien, je veux dire que je n'aurai pour rien au monde une gouvernante comme Mademoiselle Panache". »

25. « "Elle a été éduquée par une gouvernante française vulgaire, ridicule et vaniteuse ! [...] mais ceci est sa malchance, et non pas sa faute. Elle est très jeune, un homme intelligent pourrait en faire ce qu'il veut". »

26. « Il vit un des pires livres de la langue française ; un livre que l'on n'aurait jamais dû trouver dans les mains d'une femme délicate et décente. Son amant resta silencieux pendant quelques minutes, dégoûté, et, nous pouvons même ajouter, terrorisé. »

27. « "Je peux vous assurer", dit Lady Augusta, "que je ne sais pas ce que ce livre contient, je ne l'ai jamais ouvert. Je l'ai pris ce matin au cabinet de lecture Cheltenham ; je l'ai mis dans ma poche en vitesse — dites-moi ce qu'il contient, je vous prie ?" "Si vous ne l'avez pas ouvert" dit Mr Mountague, en posant sa main sur le livre, "je peux espérer que vous le ferez jamais. Mais ceci est le 'deuxième' volume. "Peut-être que oui" dit Lady Augusta ; "j'imagine, que dans ma précipitation, j'ai confondu" "Elle n'a jamais lu le premier, je vous promets", cria mademoiselle. "Jamais" dit Lady Augusta. [...] La vérité, c'est que j'ai lu premier volume. 'Mon Dieu !' je n'ai pas commis un meurtre — il ne faut pas être si choqué — peu importe ce que je lis à mon âge ?" "Mais Lady Augusta, votre élève !" dit Mr. Mountague. "Je vous dis qu'elle n'a jamais lu un mot de ce livre ; et, après tout, est-elle encore un enfant ? Quand elle l'était, Miladi S*** faisait très attention, et donc moi aussi, bien évidemment, à son choix de livres ; mais maintenant, c'est 'une autre affaire', elle est libre, et ma maxime est 'Tout est saint aux saints'. »

28. « "Une mauvais éducation !" s'exclama Lady S***, avec une voix mêlée de colère et de tristesse. "Quittez la pièce, mademoiselle ; quittez ma maison. Comment aurais-je pu choisir une pareille gouvernante pour ma fille ! Néanmoins ", ajouta Lady S***, en se tournant vers Mrs. Temple, "elle m'était recommandée, et comment aurais-je pu prévoir tout cette histoire ?" »

29. « À cet appel, en un pareil moment, aucune réponse n'était possible : il est cruel de montrer les erreurs à ceux qui estiment qu'elles sont irréparables ; mais c'est être bienveillant que de les expliquer à ceux qui ont encore leur choix à faire. »

30. Letter from Maria Edgeworth to Sophy Ruxton, oct. 1797. « J'ai une grande envie de peindre un portrait d'une anti-Mademoiselle Panache, une émigrée bien éduquée et bien élevée. »

31. « Madame de Rosier [...] possédait le pouvoir de maintenir son rang, honorablement, par son propre travail. Son caractère et ses talents étant bien connus, elle eut facilement des recommandations en tant que préceptrice. Beaucoup de femmes eurent le désir pressant de l'engager comme gouvernante pour leurs filles, mais c'est Mrs. Harcourt qui eut la bonne fortune d'obtenir cette préférence. »

32. Maria Edgeworth to Mary Sneyd, 19 March 1803. « Je pourrais être prévenue, ou être gênée par le fait que Mme de Genlis m'a dit n'avoir rien lu de mes écrits à part *Belinda* – et qu'elle avait entendu parler de *Practical Education* – [...] elle a entendu beaucoup de bien à son sujet, mais ne l'avait jamais lu. »

33. Louise SWANTON-BELLOC, *Les Jeunes industriels faisant suite à L'Éducation familière par Miss Edgeworth, traduit de l'anglais, avec de nombreuses additions, par Mesdames L. SW.-Belloc et AD. Montgolfier*, Première série, Tome 1, Paris, Jules Renouard et Cie, Libraire-éditeur, 1843.

34. « Ceux qu'il était impossible de traduire littéralement, elle leur trouvait des équivalences ; par exemple : Ma-jest-y – qu'est-ce que la Majesté sans ses apparences ? – pour le mot R-o-I, un chiffre, zéro. » Maria Edgeworth to Rachel Lazarus, 22 March 1827, cité par Margaret LESSER, « Early French Translations of Edgeworth, Gaskell, Brontë and Eliot », in *Identity and Cultural Translation : Writing across the Borders of Englishness*, Ana Gabriela Macedo et Margarida Esteves Pereira (éd.), Bern, Peter Lang, 2006, p. 112.

LES ÉDUCATRICES FRANÇAISES À LONDRES PENDANT LA RÉVOLUTION

Katherine Astbury

La Révolution française a donné ce que Bronislaw Baczko appelle un « coup d'accélérateur » aux pédagogues du siècle des Lumières [1]. En effet, la décennie révolutionnaire a vu une prolifération de discours, de projets de loi, de brochures et d'articles, présentés aussi bien par des inconnus que par les grands acteurs politiques comme Condorcet ou Robespierre. Les révolutionnaires ont mis l'accent surtout sur l'instruction publique, but conforme à leur désir de transparence et de civisme. Le rêve de former un citoyen modèle tient d'une idée d'éducation propagée par les esprits éclairés de l'Ancien Régime mais il est élargi et développé pendant la Révolution. On y voit donc un jeu entre la tradition des Lumières et l'imaginaire révolutionnaire, mais cette vision de la société régénérée à travers l'éducation est résolument masculine.

Sans pour autant créer une partition artificielle entre des projets d'éducation révolutionnaires et masculins et des projets d'éducation contre-révolutionnaires et féminins, cet article propose de regarder quelques-uns des projets d'éducation de femmes écrits à Londres par des émigrées pendant la décennie révolutionnaire. Ces ouvrages puisent dans l'héritage des Lumières mais témoignent de la rupture qu'avait créée la Révolution. Tout comme leurs confrères révolutionnaires, les femmes auteurs de ces projets croient au pouvoir de l'éducation pour régénérer la société et, comme eux, elles restent marquées par le nouveau contexte social et politique dans lequel elles écrivent. Leurs ouvrages permettent de cerner l'interaction entre la femme, la Révolution et la tradition pédagogique des Lumières à une époque de crise.

Les trois textes choisis sont: *La compagne de la jeunesse ou l'entretien d'une institutrice avec son élève* de Marie-Antoinette Lenoir, ouvrage publié en deux volumes par la maison d'édition Edwards en 1791, *Une semaine d'une maison d'édu-*

cation de Londres, par « une dame de distinction », publiée par Galadin (1797) et *L'amie des dames* de Félicité Guériot, publiée par Baylis en 1799[2]. Tous les trois sont publiés à Londres, il n'existe pas de copie de ces éditions en France.

On ne sait presque rien de Marie-Antoinette Lenoir. Les biographies n'en parlent pas, mais elle publie un grand nombre d'ouvrages pédagogiques à Londres entre la parution de ce texte en 1791 et la seconde édition d'une *Rentrée des vacances ou présent aux jeunes demoiselles* en 1819. La « dame de distinction » reste anonyme et il est sans doute impossible d'en savoir plus sur elle. Félicité Guériot apparaît dans le *Dictionnaire* de Fortunée Briquet[3]. Née en 1767, morte en 1820, elle semble être rentrée à Paris peu avant l'An X (1802) puisqu'elle y avait publié cette année un essai, *La paix*, et une traduction des *Mémoires de Mistress Robinson*. Il y a tout lieu de croire que les trois femmes étaient des émigrées, même si Marie-Antoinette Lenoir resta en Angleterre au lieu de rentrer en France après la Révolution. La plupart des émigrés, une fois arrivés à Londres, devaient tôt ou tard trouver un moyen de subsistance. Si on en avait le talent, l'écriture fournissait un moyen honorable de gagner sa vie. Mme de Souza et Mme de Genlis sont deux exemples bien connus de femmes qui ont exercé leur talent pendant leur séjour en Angleterre[4]. Beaucoup moins connues, nos trois auteurs ont contribué à une tradition établie par Mme Leprince de Beaumont qui avait commencé sa carrière d'éducatrice en publiant son *Magasin des enfants* à Londres en 1756. Deux de nos ouvrages reprennent le format du dialogue qu'avaient utilisé Mme Leprince de Beaumont et tant de ses imitatrices, s'affirmant ainsi dans une tradition des lumières. Le troisième, *L'amie des dames*, est un essai plutôt qu'une série de dialogues et serait « le premier de ce genre » selon Mme Guériot (p. 6). Le contraste entre continuité et rupture qui caractérise les productions culturelles de la décennie révolutionnaire se définit d'ores et déjà.

Examinons d'abord ce que les trois ouvrages ont en commun afin de souligner leur appartenance à la tradition pédagogique des Lumières. Jean-Jacques Rousseau est bien sûr la référence de base pour toutes les trois[5] et elles sont très versées dans les œuvres pédagogiques de Mme de Genlis et de Mme d'Épinay. Nos auteurs partagent la ferme conviction que l'éducation des femmes est trop négligée (*L'amie*, p. 10) et il va de soi qu'elles essaient de remédier à cette situation. Leur avis que l'éducation sert à former le cœur et à créer des vertus sociales (*La Compagne*, p. 256) n'est pas si éloignée de celui du Girondin Rabaut Saint-Étienne qui, en 1792, parle devant la Convention nationale d'éclairer l'esprit et former le cœur[6]. L'héritage des Lumières s'exerce sur les pédagogues des deux côtés de la Manche malgré leurs opinions politiques. L'éducation des filles dont s'occupent nos trois auteurs est une éducation privée. Elles insistent toutes les trois sur l'importance de la bonne volonté de l'enfant si on veut l'améliorer (voir par exemple *La maison d'éducation*, p. 2), sur l'importance de la réflexion (*La semaine*, p. 27 ; *L'amie*, p. 28) et celle de la religion. Les moyens d'arriver à la perfection sont aussi analogues : l'étude, la réflexion, et, de préférence, l'aide d'une institutrice sont les clés d'une bonne éducation. Ces ouvrages réfléchissent au rôle de l'institutrice en même temps qu'à l'instruction donnée aux jeunes. La tâche de l'institutrice est difficile (*La compagne*, p. 253) puisqu'elle doit former le cœur de l'enfant, éclairer son esprit, lui donner du jugement et lui apprendre à penser (*La compagne*, p. 25) sans avoir recours à des modèles tout faits puisqu'on acquérait « peu de gloire en copiant » (*L'amie*, p. 116).

Toutefois, ces trois ouvrages de la décennie révolutionnaire ne se comprennent pas en dehors de l'époque dans laquelle ils ont été écrits. En regardant chaque texte de plus près, on verra comment l'héritage des Lumières se modifie au contact d'une nouvelle réalité sociale et politique.

La compagne de la jeunesse, publiée en 1791, est l'ouvrage le plus proche de la tradition féminine des ouvrages d'éducation d'avant la Révolution. Dans l'avertissement, Marie-Antoinette Lenoir rend hommage à Mme d'Épinay qui lui a servi de modèle. Les dialogues mettent en scène une fille, nommée simplement « élève », de 8 à 12 ans, avec le but d'amuser et d'instruire les lecteurs. Les entretiens sont parsemés de fables et d'anecdotes. Pour l'auteur, l'enfance est « comme un morceau d'argile, elle prend toutes les impressions qu'on veut lui faire prendre » (p. 37) et les entretiens sont donc structurés pour transmettre des leçons à l'élève et à la lectrice. L'élève est « vive, emportée, indocile, dure, insensible » (VIII) et doit apprendre à modérer ses passions, à se retenir, à apprendre la compassion (p. 34), à être respectueuse. L'élève est noble et riche mais l'institutrice essaie de démontrer, à travers les contes, que « la naissance et les richesses ne sont rien sans les qualités du cœur » (p. 121) : un vieux refrain de pédagogue. Tout ce que dit l'institutrice est en effet prévisible – on est en terrain connu, sinon rebattu, avec les maximes à tirer des fables, les propos pour le développement de l'élève et son acquisition d'une attitude plus soumise. Seul le caractère rebelle de l'élève rend les dialogues plus vivants que dans les autres productions de ce genre. La lectrice moderne regretterait presque la suppression de cette indocilité, qui la rend intéressante. À lire l'ouvrage, on aurait du mal à penser qu'il a été publié dans la période révolutionnaire. Une fille bien née doit apprendre à danser, à se modérer, à se conduire selon l'usage (p. 200). Elle doit apprendre à se comporter d'une telle façon que ses domestiques conviennent « que le ciel fut juste, en vous faisant naître d'un rang que vous honorez par vos vertus » (p. 154). Ce genre de remarque en 1791 met le texte fermement dans le courant contre-révolutionnaire.

Même si le projet d'éducation n'a rien d'original, il est entrecoupé de réflexions sur les ouvrages d'éducation qui l'ont précédé. Il est devenu de rigueur que les ouvrages d'éducation fournissent des plans de lecture[7]. Marie-Antoinette Lenoir nous offre un choix classique pour son élève entre l'âge de huit ans et l'âge de 12 ans. Elle lui conseille le *Magasin des enfants* de Mme Leprince de Beaumont, les *Conversations d'Émilie*, *L'ami des enfants* de Berquin, et deux ouvrages de Mme de Genlis : le *Théâtre d'éducation* et *Les Veillées du château*. Mais plus tard dans l'ouvrage, elle critique ouvertement un bon nombre de ces lectures recommandées, voire les ouvrages d'éducation en général qui sont, selon elle, peu vraisemblables puisqu'ils peignent « l'enfance telle qu'ils désireraient qu'elle fût, mais non telle qu'elle est réellement » (p. 247). Elle se plaint que « de toutes les jeunes personnes que j'ai vues, je n'en ai pas trouvé trois semblables aux modèles qu'on nous met sous les yeux » (p. 247). De ces défauts généraux, elle passe à des critiques plus précises et plus acerbes concernant ses confrères et consœurs pédagogiques. Berquin « a tort de faire connaître [aux enfants] des vices dont sans lui ils n'eussent peut-être jamais eu l'idée » (p. 249). Dans les *Conversations d'Émilie*, « l'enfant s'exprime trop bien pour son âge » (p. 245) et fait preuve d'une bonne volonté qui n'est pas naturelle non plus. Mme de Genlis a peu de talent dramatique (p 22) et M.-A. Lenoir lui reproche l'intrigue du *Bal des enfants* où le père se cache pour se réjouir de la sottise de son fils et de *La bonne mère* où elle aurait voulu que l'on enseigne « à discerner le bien et le mal » (p. 236). Les *Veillées du château* n'échappent pas plus à la critique. L'institutrice raconte l'histoire de Maldonata et de la lionne de l'abbé Raynal pour l'opposer à l'invraisemblable histoire d'Alphonse et du lion dans *Les Veillées*.

Publiée pendant les premières années de la Révolution, *La Compagne de la jeunesse* est un des derniers ouvrages d'éducation appartenant à une longue tradition de projets de l'Ancien Régime. L'auteur nous offre une image de la femme noble, modeste et décente, qui doit se conduire selon l'usage. La réflexion, la raison, les vertus morales, la sensibilité et la retenue caractérisent la femme, dont le rôle est entièrement borné à la vie des salons. M.-A. Lenoir nous offre donc une vision de la femme proche de tous les projets qui l'ont précédée et telle que la Révolution et l'émigration présumée de l'auteur semblent avoir peu d'effet sur son concept de la femme. Le contenu de l'ouvrage ne laisse pas penser qu'il soit publié sous la Révolution. Seuls le lieu et la date d'édition donnent un indice. En ceci, l'ouvrage est exemplaire des réactions contre-révolutionnaires. Lenoir n'est pas seule à répondre aux événements bouleversants de la Révolution par la négation et le silence, en se réfugiant dans un monde clos et donc sauf. Dans *Adèle de Sénange* par exemple, Mme de Souza réduit l'intrigue à une seule famille retirée loin du monde et Adèle a même une île, symbole du retrait de la réalité politique, où elle peut se réfugier. Quoi de plus rassurante pour Marie-Antoinette Lenoir qu'une conversation entre une institutrice et son élève ? Pour les émigré(e)s, la Révolution avait tout brisé et les anciennes certitudes avaient été balayées. Ils s'étaient réfugiés dans un passé plus sûr. Tandis que Mme de Genlis optait pour le roman historique (*Les chevaliers du cygne*), M.-A. Lenoir cherchait un sanctuaire dans le fond et la forme de la pédagogie d'Ancien Régime. Le silence et l'absence sont des traits classiques de la réponse psychologique à un traumatisme [8], comme le refus d'admettre que le monde a changé, ce que démontre *La Compagne de la jeunesse* en s'insérant dans la tradition littéraire contre-révolutionnaire.

Une semaine d'une maison d'éducation (1797) porte plus clairement l'empreinte de la Révolution. Tout en reprenant l'idée d'un dialogue entre une institutrice et ses élèves, et gardant les contes et les lectures traditionnels, l'ouvrage montre néanmoins l'influence de la Révolution dans le choix des extraits. Certes, les dialogues et les contes de fées permettent à l'auteur de traiter les lieux communs de l'éducation des filles : ne pas être égoïste, ne pas juger sur les apparences, (p 12) réfléchir avant de parler (p. 27), la beauté de l'âme est préférable à la beauté du corps (p. 59), il faut faire son devoir, faire le bien. Mais le texte se distingue de *La Compagne de la jeunesse* par le choix de lectures, tirées des *Incas* de Marmontel. Marmontel avait publié *Les Incas* en 1777 avec l'intention de prévenir ses lecteurs des dangers du fanatisme. Dans un contexte révolutionnaire, le choix d'extraits des *Incas* révèle l'intention contre-révolutionnaire de l'auteur. Les révolutionnaires prennent la place des Espagnols fanatiques. L'auteur anonyme change l'ordre du récit de Marmontel. En commençant par la bonté de Las Casas, forcé à trouver un asile parmi les Indiens et par des exemples de la cruauté, des ambitions et du fanatisme des Espagnols, elle augmente considérablement l'effet sensible du récit d'Orozimbo, obligé de fuir sa « déplorable patrie » (p. 231), avec lequel Marmontel avait commencé son ouvrage. Dans le contexte de l'année 1797, la position de l'auteur/institutrice, émigrée à Londres, et le choix d'extraits offrent des parallèles clairs avec la situation des émigrés et des contre-révolutionnaires. La guerre est condamnée comme « un fléau bien cruel pour les malheureux qui en sont les victimes » (p. 86), une référence de plus à la situation actuelle et si la portée contre-révolutionnaire du volume n'était pas suffisamment évidente, on nous offre l'histoire de Camille et Séphmor, roi et reine d'un peuple « féroce et fanatique » (p. 261), où le roi est remplacé par un fils d'esclave qui n'est pas digne de sa position usurpée. Le fils d'esclave est tué en duel et le roi légitime est restauré. En outre, le volume se termine avec le récit tiré des *Incas* de la mort du roi Inca Ataliba, assassiné avant qu'un procès légitime n'ait pu avoir lieu. C'est le seul extrait des *Incas* qui se passe de commentaire. Le volume se conclut sur cette image du roi injustement massacré. Le choix des *Incas* est curieux pour un ouvrage destiné à des filles de 12 ans puisque l'histoire est très sanglante mais le sujet est devenu d'actualité : les voyages, l'exil, les dangers du fanatisme, l'ambition démesurée qui entraîne la perte des êtres vertueux, sont les thèmes que l'on retrouve dans la littérature de l'époque, et surtout dans le roman d'émigration où ces *topoï* deviennent très vite des lieux communs [9].

Dans *La semaine d'une maison d'éducation*, l'auteur nous offre une transposition de son expérience personnelle de l'émigration et de la Révolution (et surtout de la mort du roi) comme quelqu'un qui n'est pas encore arrivé à affronter directement tous les effets traumatisants de la Révolution. Elle déguise ou déplace ou transfère ses expériences personnelles en trouvant des liens entre le présent et le récit des *Incas* de Marmontel. Qu'elle n'ait pas tout à fait assimilé les événements est évident puisque les extraits des *Incas* jouxtent des contes de fées et des histoires chevaleresques, deux formes qui montrent un repli vers un passé plus sûr, sinon une négation du présent. La tentative est bien plus personnelle que le travail des journalistes émigrés de la même époque qui ont essayé de recréer une mémoire collective et un nouveau caractère national fondé sur les principes aristocratiques de l'honneur et de la générosité [10]. Dans la mesure où la dame de distinction veut sauvegarder des principes de comportement convenables à des jeunes filles bien élevées, elle se rapproche de ses compatriotes mais, en fin de compte, elle s'intéresse plutôt au rapport entre le message des *Incas* et sa propre expérience personnelle qu'à une dimension nationale.

L'amie des dames de Félicité Guériot (1799) nous fait percevoir l'évolution du discours pédagogique féminin à Londres pendant la Révolution. Mme Guériot nous offre un projet d'éducation qui chevauche la tradition des Lumières et les nouvelles idées proto-féministes du XIXe siècle. Les idées ne sont pas toujours cohérentes puisqu'elle est en train d'adapter sa pédagogie à une nouvelle ère politique. D'abord, elle reflète certaines tendances des dernières années du siècle. Par exemple, elle renforce l'importance de l'éducation morale et politique plutôt que l'instruction, trait que Jean Bloch a identifié comme étant caractéristique des ouvrages sur l'éducation pendant la deuxième moitié de la décennie révolutionnaire [11]. Ainsi, Félicité Guériot propose un moyen de faire « renaître le bonheur général à travers l'éducation » (p. 8) dont la perfection est « indispensable dans un état civilisé » (p. 10).

Dans l'ouvrage on voit se développer une image de la femme qui sera celle du Code civil quelques années plus tard : l'éducation des femmes doit les rendre « plus vertueuses, plus aimables, plus attachées à leurs devoirs » (p. 40), et surtout à leurs devoirs de femme mariée. F. Guériot renonce à l'idée de droits de la femme préconisée par Mary Wollstonecraft, ne reconnaissant que « des droits qui s'étayent sur les avantages de l'éducation et la perfection et nos qualités morales » (p. 148). L'instabilité d'une dizaine d'années de Révolution se fait sentir dans *L'amie des dames* qui renforce la vision conservatrice de la femme modeste, vertueuse et retenue. On sent bien qu'on s'apprête à profiter du retour à la stabilité qu'offrira Napoléon Bonaparte. Mais à ses discours « masculins » qui renforcent le *statu quo*, se mêle un nouveau discours qui devance les pensées plus féministes des femmes du XIXᵉ siècle. D'un côté, F. Guériot rend la femme responsable de l'harmonie de la famille et donc de la nation en reproduisant les discours masculins des deux côtés de la gamme politique, de l'autre, elle nous offre une vision beaucoup plus étendue sur le potentiel de la femme. Son projet d'éducation ne se limite pas aux vertus de la femme mais inclut ses talents. Elle nous propose la possibilité d'un monde féminisé où la violence et la souffrance auraient moins de place. Elle se situe bien plus clairement dans l'actualité que ses deux consœurs. Son but est « d'exciter les femmes à s'immortaliser par la pratique des talents et des vertus » parce que cela « serait l'appareil le plus efficace que la philosophie pût poser sur les plaies que la guerre a fait souffrir au genre humain » (p. 8). Selon elle, les femmes peuvent exercer une influence réelle dans le corps politique et doivent par conséquent avoir quelques notions de la politique au lieu de borner leurs connaissances à la musique et à la danse comme dans *La compagne de la jeunesse*. Elle cite en exemple les femmes auteurs, les peintres, les femmes de science qui ont surpassé leur éducation et elle dénonce les auteurs masculins qui ont essayé de « détourner le sexe de ce qui pourrait l'élever à un degré de connaissance désirable et même nécessaire » (p. 102). Elle reste convaincue que si les femmes reçoivent une bonne éducation, « on verra sortir en foule, même de la masse commune, des femmes qui deviendront la gloire de leur siècle » (p. 97).

En partant d'un discours qui s'appuie sur des notions masculines et restreintes concernant le rôle de l'éducation des femmes, elle plaide pour une éducation qui offrirait aux femmes la possibilité de montrer ce dont elles sont capables, dans tous les domaines de la société. Elle dépasse de loin les bornes des deux autres auteurs que nous avons étudiés ici puisqu'elle reste convaincue que les hommes et les femmes « ont les mêmes facultés pour [s]'élever à la gloire » (p. 144) et fraye ainsi le chemin aux luttes féministes du XIXᵉ siècle.

Son opinion sur les romans témoigne également de la place qu'elle occupe parmi les écrivains de son époque. Tandis que la plupart des éducatrices recommandent des romans, elle rejette le roman comme outil de formation des jeunes puisqu'il dérègle le goût (p. 124). Son essai vise les filles de 12 à 16 ans, mais, selon elle, elles ne sont guère prêtes à lire des romans qui leur empoisonneraient le cœur (p. 30). Même si son plan de lecture ressemble en partie à ceux des femmes éducatrices des années 1780 (les *Synonymes* de l'abbé Girard, *Télémaque*, l'*Histoire romaine et ancienne* de Rollin, les ouvrages de Bernardin de Saint-Pierre et la poésie de Despréaux), il est en effet plus limité puisqu'elle refuse toute lecture de romans et en ceci elle ressemble à bon nombre d'éducateurs de la fin du siècle [12]. Mais elle dit explicitement que l'on « ne devrait pas écouter ceux qui cherchent à détourner les femmes de la lecture » (p. 109), visant ainsi le corps d'éducateurs à travers l'Europe qui, surtout depuis les années 1780, avait essayé de limiter l'éducation des femmes à des bornes domestiques et privées. Elle conseille même aux femmes de lire l'*Encyclopédie*, ce qui est un choix curieux pour quelqu'un qui dénonce la « philosophie moderne » (p. 78) qui a pour base l'athéisme.

Félicité Guériot reste résolument un auteur contre-révolutionnaire. En insistant sur l'importance de la religion, et en utilisant l'exemple de la fermeté de Louis XVI sur l'échafaud (due, selon elle, à sa religion) (p. 52-53), elle s'inscrit dans une tradition contre-révolutionnaire qui maintient que les philosophes ont provoqué, sinon causé, la Révolution. Pour elle, il n'y a que ceux qui manquent de raison qui abandonnent la monarchie, tandis que montrer du respect pour le monarque est une preuve d'esprit et de solidité. De nouveau pourtant, elle semble hésiter entre une attitude conforme, attendue et un désir d'émancipation. Même si elle est royaliste, contre-révolutionnaire, chrétienne, elle a du mal à accepter la position traditionnelle de la jeune fille qui s'incline devant le choix de son mari par ses parents et se soumet à celui-ci sans se plaindre. L'image du mariage qu'offre Mme Guériot n'est faite que de soumission et de résignation mais ses vraies pensées, plus subversives, lui échappent lorsqu'elle révèle qu'elle se sent contrainte par l'idée qu'une femme est « assujettie dans la maison à la volonté de celui qui en est politiquement le maître » (p 10).

La confusion de ses discours et l'inclusion d'idées souvent énoncées par les éducateurs, à côté de réflexions typiques des éducatrices d'Ancien Régime et de souhaits proto-féministes pour un monde où la femme instruite sera acceptée par la société et libre de choisir le mari qui lui convient, sont le résultat direct de l'époque dans laquelle le texte a été écrit. Publiée en exil, *L'amie des dames* est le produit d'une période d'incertitude et d'instabilité, d'une expérience personnelle de ce dont les femmes sont capables dans l'adversité. Même si le désir de restaurer la monarchie afin de retrouver le calme est manifeste, si l'apport de Rousseau est explicite, si le but affiché de l'ouvrage est d'offrir une éducation éclairée et vertueuse (p. IV), l'accent qu'elle met sur l'étude et sur la femme *instruite* qui peut « jouir d'une tranquillité individuelle même si son mari est injuste » (p. 146) éloigne cet ouvrage des idées plus timides des éducatrices des Lumières, et ouvre la voie à de nouveaux projets d'éducation visant à une reconnaissance plus juste des talents de la femme.

Les trois éducatrices étudiées ici sont bien des produits de leur époque, malgré l'héritage des Lumières. Chaque ouvrage porte l'empreinte d'une période différente de la Révolution et le contexte politique affecte directement le contenu pédagogique des ouvrages de la « dame de distinction » et de Mme Guériot. En contrepoids aux débats en France sur l'instruction publique des garçons, ils ne sont pas simplement des réactions, ne préconisent pas simplement un retour à l'état antérieur de l'éducation des filles sous l'Ancien Régime. Certes elles gardent l'optimisme de leurs consœurs des Lumières dans leur souci de perfectionner l'éducation mais elles innovent au lieu d'offrir un retour au passé. Mme Guériot en particulier présage nombre de discours de la femme du XIXe siècle. Ces textes nous offrent donc un jeu encore plus complexe de continuité et de ruptures que celui des révolutionnaires éducateurs et prouvent avant tout l'impact de la réalité historique sur tout projet d'éducation.

NOTES

1. *Une éducation pour la démocratie. Textes et projets de l'époque révolutionnaire* Genève, Droz, 2000, « Introduction », p. 9.
2. Les ouvrages font partie de la « Eighteenth-Century Collections Online » de Gale et ont été consultés en ligne, http://infotrac.galegroup.com/menu.
3. Consulté sur le site SIEFAR : *http://www.siefar.org/DictionnaireFB/FBGuerioStMartin.htm.*
4. Pour en savoir plus voir Kirsty CARPENTER, *Refugees of the French Revolution : Émigrés in London, 1789-1802,* New York, Palgrave Macmillan, 1999.
5. Par exemple, *La compagne de la jeunesse* utilise des citations en épigraphes et *L'amie des dames* le cite dans le texte.
6. Projet d'éducation nationale présenté à la Convention nationale le 21 décembre 1792, *Une éducation pour la démocratie, op. cit.,* p. 297.
7. Voir par exemple mon article « Recommended Reading for Women in Germany, France and England 1782-84 », in *The Transmission of Culture in Western Europe 1750-1850. Papers celebrating the Bi-Centenary of the Foundation of the Bibliothèque Britannique (1796-1815) in Geneva*, David BICKERTON et Judith PROUD (éd.), Peter Lang, 1999, p. 21-36.
8. Pour en savoir plus sur le traumatisme et la psychologie, voir Cathy CARUTH (éd.), *Trauma and Explorations in Memory*, Baltimore et Londres, The Johns Hopkins University Press, 1995. Pour une première étude des réponses littéraires au traumatisme de la Révolution voir mon article « Une Chaumière et un cœur simple : Pastoral fiction and the art of persuasion », in *Revolutionary Culture : Continuity and Change*, Mark DARLOW (éd.), *Nottingham French Studies*, 45 (1), Spring 2006, p. 5-19.

9. Pour en savoir plus sur le roman d'émigration, voir *Autour du roman d'émigration*, Claire JACQUET, Florence LOTTERIE, Catriona SETH (éd.), Desjonquères, à paraître.

10. Voir Simon BURROWS, « The Cultural Politics of Exile », *Journal of European Studies*, XXIX, 1999, p. 157-177 et notamment p. 160.

11. « Contrasting voices : male and female discourse on the education of women in eighteenth-century France », *Studies on Voltaire*, 303, 1992, p. 276-279 et notammen p. 278.

12. Voir par exemple Joachim Heinrich CAMPE, *Väterlicher Rat für meine Tochter* (1790) ou Bernardin DE SAINT-PIERRE « Discours sur cette question : comment l'éducation des femmes pourrait contribuer à rendre les hommes meilleurs ? », *Œuvres complètes*, vol. 18, Paris, 1823.

QUE LA RAISON RÈGNE
LES THÉORIES ÉDUCATIVES
DE MARY WOLLSTONECRAFT

Helje Porré

Mary Wollstonecraft est connue principalement par son traité intitulé *Défense des droits de la femme (A Vindication of the Rights of Woman)*, paru en 1791 qui a fait d'elle une féministe, surtout à l'époque moderne. C'est avant tout un traité politique sur les droits de la femme, mais étant donné que Mary Wollstonecraft considère l'éducation comme un élément fondamental pour toute libération de la femme comme elle est aussi la base de toute société civilisée, elle consacre de nombreuses pages à ce sujet et ses théories sur l'éducation ont un intérêt et pour son époque et pour l'époque moderne.

Mary Wollstonecraft est née à Londres en 1759 dans une famille bourgeoise où elle a vécu une enfance malheureuse. Son père avait l'ambition de devenir un *gentleman farmer* et à la poursuite de ce rêve il a déménagé avec sa famille un peu partout en Angleterre. Aucune des entreprises de M. Wollstonecraft n'a réussi et ses finances se sont progressivement détériorées. Son manque de réussite l'a rendu violent au foyer, surtout envers sa femme. L'éducation de Mary était négligée et elle aurait fini ignorante si un pasteur et sa femme à Hoxton ne l'avaient prise en affection en 1774 et n'avaient guidé ses lectures et son développement intellectuel. À dix-huit ans, Mary Wollstonecraft a quitté son foyer pour n'y revenir que peu de temps avant la mort de sa mère pour la soigner. Ensuite elle a quitté de nouveau le foyer paternel.

Les débouchés pour une jeune femme sans appui familial et sans fortune comme Mary Wollstonecraft n'étaient pas nombreux. Elle a occupé les trois fonctions considérées comme respectables, mais mal rémunérées et sans prestige social, à savoir dame de compagnie, maîtresse d'école (l'Angleterre avait un bon nombre d'écoles privées pour les jeunes filles, la plupart sans distinction) ou gouvernante

dans une famille pour s'occuper des filles et les éduquer. Le premier poste de Mary
Wollstonecraft a été d'être dame de compagnie auprès d'une veuve, poste qu'elle a
dû quitter à cause de la maladie de sa mère. Après le décès de celle-ci, elle a ouvert
une école avec une de ses sœurs et une amie mais l'école a fait faillite. En 1786,
Mary Wollstonecraft a accepté le poste de gouvernante pour les trois filles du
vicomte Kingsborough en Irlande. Elle s'entendait bien avec les jeunes filles, mais
après un an, Lady Kingsborough l'a congédiée. Les raisons de son renvoi ne sont
pas très claires. Les biographes de Mary Wollstonecraft ont spéculé sur le fait que
le maître était un peu trop attentionné envers Mary et que Lady Kingsborough
était aussi jalouse de l'influence de la gouvernante sur ses filles, surtout l'aînée qui
est restée toute sa vie en contact avec Mary Wollstonecraft.

C'est en Irlande que Mary Wollstonecraft a composé son œuvre de jeunesse,
Thoughts on the Education of Daughters publiée en 1787 à Londres par Joseph
Johnson, homme d'affaires aux idées radicales, qui possédait une maison d'édition. Cet ouvrage a rapporté à Mary les 10 guinées dont elle avait grand besoin.
L'ouvrage est mal organisé et manque de maturité. Cependant il est intéressant
grâce à l'ébauche de plusieurs idées et thèmes qui seront développés dans sa *Défense
des droits de la femme*. De retour à Londres, Mary Wollstonecraft a obtenu du travail
dans la maison d'édition de ce même Joseph Johnson comme éditrice et traductrice.
(Mary avait appris le français mais elle a traduit aussi des textes allemands, langue
qu'elle ne connaissait pas, à l'aide d'un dictionnaire et d'une grammaire!) Elle a écrit
aussi à son propre compte des traités, des articles, des comptes rendus et un roman.
Faisant partie du cercle d'écrivains et d'artistes autour de Joseph Johnson, cercle qui
la nourrissait intellectuellement, elle a réussi à vivre de sa plume. Accomplissement
plutôt remarquable. Puis la Révolution française a éclaté. Mary Wollstonecraft a été
fascinée par cet événement au point de partir pour la France en 1792. Auparavant,
cette année là, elle a publié *A Vindication of the Rights of Woman (Défense des droits
de la femme)*, ouvrage qu'elle a dédié à Talleyrand, membre de l'Assemblée législative
en France. Dans sa dédicace, elle le supplie d'accorder des droits à la femme aussi
bien qu'à l'homme. Vain espoir. Comme on le sait, la Révolution française a bien
peu fait pour les droits de la femme[1].

La *Défense des droits de la femme* est une réclamation de l'égalité des deux sexes
et une affirmation que les hommes et les femmes sont fondamentalement pareils
et égaux. Mais dans la vie réelle, ils ne le sont pas, et selon Mary Wollstonecraft,
dans l'état actuel des choses, les femmes ne méritent pas l'égalité à cause de leur
comportement et de leurs mœurs. Elle déclare qu'elle a acquis la conviction
profonde par ses lectures et ses observations que cette situation déplorable vient

de « leur éducation négligée » et « d'un mauvais système d'éducation [2] ». Ces deux thèmes vont être les fils conducteurs de son traité.

Au début du premier chapitre de son discours, Mary Wollstonecraft indique les trois concepts qui, pour elle, sont les trois piliers de l'existence humaine, concepts qui nous distinguent des animaux. Ce sont la Raison, la Vertu et l'Expérience, mais le plus important est la Raison. C'est de l'exercice de la raison que découlent le savoir et la vertu [3]. À vrai dire son livre entier est un panégyrique de la raison. La raison n'est pas un domaine réservé exclusivement ni à l'homme ni à la femme. Elle appartient aux deux et doit être le principe de base de toute éducation donnée à un être humain. Pour citer ses propres paroles :

> Il est absurde et tyrannique [...] d'essayer d'éduquer des êtres moraux par d'autres règles que celles qu'on tire de la raison pure et qui s'appliquent à toute l'espèce [4].

Il est d'importance capitale de former les enfants de telle façon que, arrivés à l'âge adulte, ils soient capables de penser, de réfléchir et d'exercer un jugement indépendant.

C'est une belle idée qui se retrouve à bien des reprises dans les textes du Siècle des Lumières. Mais Mary Wollstonecraft est probablement la première à appliquer ce principe aux filles et aux femmes et pas exclusivement aux garçons et aux hommes. Elle consacre des pages et des pages à une forte critique de l'éducation des jeunes filles en commençant par *Thoughts on the Education of Daughters* pour ensuite l'élaborer d'une manière plus définitive dans *Défense des droits de la femme*.

Pour commencer, l'éducation féminine est caractérisée par sa superficialité. Les connaissances sont acquises par bribes et l'instruction n'est souvent que secondaire. Il est rare que les femmes « poursuivent une discipline avec persévérance pour développer les facultés et éclairer le jugement [5]. » Au lieu d'un entraînement intellectuel et de l'acquisition de connaissances solides, on se concentre sur les arts d'agréments comme la musique, la danse, le dessin. les bonnes manières, les questions de bienséance et, avant tout, l'art de plaire aux hommes. Écoutons les paroles de Mary Wollstonecraft :

> On dit aux femmes dès leur enfance [...] qu'une certaine fourberie, un tempérament docile, une obéissance apparente, et un soin scrupuleux à adopter un comportement puéril, tout cela leur vaudra la protection de l'homme ; et si elles possèdent en plus la beauté, tout le reste est inutile durant au moins vingt ans de leur vie [6].

Et elle continue d'une façon sans équivoque quant à son opinion personnelle :

Je condamne tout ce qui […] tend à discréditer une moitié de l'espèce humaine et à rendre les femmes séduisantes aux dépens de toutes les vraies vertus [7].

Rousseau est la bête noire de Mary Wollstonecraft dans la *Défense des droits de la femme*. Bien qu'elle accepte et admire la plupart des idées que Rousseau exprime dans *Émile* quand il s'agit de l'éducation d'Émile, elle rejette catégoriquement ce que Rousseau propose pour Sophie et fait une critique mordante de la femme idéale telle qu'il l'imagine – faible, passive, dépendante, formée pour être assujettie à l'homme. Elle réplique à Rousseau :

« Éduquez les femmes comme les hommes, » dit Rousseau, « et plus elles ressembleront à notre sexe, moins elles auront de pouvoir sur nous. » C'est exactement l'objectif que je vise. Je ne souhaite pas qu'elles aient dû pouvoir sur les hommes mais sur elles-mêmes [8].

Un aspect de l'éducation des filles où Mary Wollstonecraft est bien en avance sur son temps est l'importance qu'elle donne à l'activité physique. Les femmes des classes aisées exerçaient bien peu leur corps et leur mode de vie était sédentaire. Dès l'enfance, on apprenait aux petites filles à se tenir tranquille, à jouer calmement dans une pièce à la poupée. Mary Wollstonecraft trouve ce genre de comportement peu naturel et nuisible à la santé physique et morale. Elle souligne que, d'après ses observations, les filles sont aussi turbulentes que les garçons et que, par conséquent, il est naturel de laisser les petites filles et les petits garçons jouer ensemble. Elles grandiront plus saines et à l'âge adulte jouiront d'une bien meilleure santé. Aussi longtemps qu'on prise chez la femme la faiblesse physique, qu'on appelle la délicatesse, les femmes de bonne famille seront « littéralement parlant, esclaves de leur corps et se vanteront de cette sujétion. » Mais le fait le plus grave selon Mary Wollstonecraft est que « la dépendance physique engendre naturellement la dépendance intellectuelle » et elle déclare :

[…] j'affirmerai comme un fait indiscutable que la plupart des femmes que j'ai pu observer, qui se sont comportées de façon rationnelle, ou qui ont fait preuve d'une solide intelligence, se trouvaient avoir été élevées à la va-comme-je-te-pousse [9].

On ne pourrait guère s'exprimer d'une façon plus convaincante pour plaider en faveur d'un changement dans ce domaine de l'éducation des filles.

Après la critique de l'éducation des femmes dans son état actuel, Mary Wollstonecraft continue en proposant un système dont profiteront et les filles et les garçons. Tout le long de son traité, elle insiste sur le fait qu'on doit former des êtres humains rationnels et vertueux et que ces qualités s'appliquent également aux hommes et aux femmes et sont nécessaires pour les deux sexes. Leurs devoirs dans la société peuvent différer, mais pas leur humanité fondamentale. Elle est tout à fait conventionnelle quand elle constate que le rôle principal de la femme est d'être épouse et mère et que : « Les soins à donner aux enfants pendant leur tout jeune âge est l'un des grands devoirs qui incombe naturellement aux femmes[10]. » Mais pour élever les enfants correctement, une femme doit avoir « du bon sens » et « une indépendance d'esprit[11] ». Les épouses dociles sont en général des mères stupides qui vouent à leurs enfants une affection animale et les gâtent par une indulgence déplacée, ou alors, elles négligent leurs enfants et laissent le soin de les élever aux domestiques. Une mère intelligente et rationnelle allaitera elle-même ses enfants, activité qui formera dès la naissance un lien entre la mère et son enfant, et ensuite lui portera une attention judicieuse en formant son caractère et en développant son intellect et sa raison très tôt dans sa vie. On n'exigera pas une obéissance aveugle ; au lieu de commander, on raisonnera et on apprendra aux enfants à se soumettre à la raison. Le tout sera tempéré par une manifestation constante d'affection. De beaux principes, mais qui présuppose une famille idéale.

Mais arrivera un moment où l'éducation familiale ne suffira plus. Les parents ayant établi les fondements de la raison et de la vertu, il faut maintenant socialiser les enfants. Et cela ne peut se faire qu'en compagnie de leurs semblables, c'est-à-dire avec des enfants du même âge qui poursuivent les mêmes buts et avec qui ils pourront dire ce qu'ils pensent. Mary Wollstonecraft désapprouve fortement les écoles qui existaient en Angleterre à son époque ; les écoles pour les filles se concentraient sur des choses frivoles et les *public schools* pour les garçons étaient d'après ce qu'elle a observé à Eton (pourtant l'établissement le plus prestigieux), des foyers de méchanceté et de vice. Elle propose un système d'éducation nationale qui implique l'établissement des externats. Ainsi le lien des enfants avec leur foyer et leur famille sera étroitement maintenu, mais les écoles s'occuperont de la socialisation de l'enfant. Puis Mary Wollsstonecraft fait des propositions très concrètes. Un nombre suffisant de maîtres devrait être choisi par un comité de sélection, créé dans chaque paroisse. Ils seront payés par l'État, les libérant des caprices des parents. Mais toute plainte de négligence pourrait être adressée à ce comité à condition qu'elle soit signée par les parents de six enfants. L'école pour les plus jeunes, de 5 à 9 ans, sera gratuite et ouverte à toutes les classes sociales. Et, idée révolutionnaire pour l'époque, on éduquera les garçons et les filles ensemble jusqu'à la fin de l'école, voire la fin de l'adolescence. Tous les élèves porteront un uniforme et seront soumis à la même discipline. La salle de classe devra être entourée d'un large terrain où les enfants pourront faire utilement de l'exercice, car à cet âge il ne faut pas les confiner dans des occupations sédentaires pendant plus d'une heure d'affilée. Pendant ces périodes de détente, on pourrait leur enseigner la botanique, la mécanique et l'astronomie sous forme de divertissement.

Le programme d'étude comportera la lecture, l'écriture, l'arithmétique et l'histoire naturelle. Des notions de religion, d'histoire et d'histoire de la politique pourraient être enseignées sous forme de dialogue, à la manière de Socrate. Mais ces domaines ne devraient jamais empiéter sur la gymnastique en plein air[12].

Après l'âge de neuf ans, on divisera les enfants des deux sexes, en deux groupes. Ceux qui sont destinés aux tâches domestiques ou aux métiers de la mécanique recevront une instruction surtout professionnelle dans d'autres écoles. Les élèves plus doués ou plus fortunés, recevront une éducation libérale qui comportera l'étude des langues mortes et vivantes, de l'histoire, de la politique, quelques notions de science et les belles-lettres[13].

Cette division peut sembler au premier abord refléter la hiérarchie des classes sociales de l'époque. Néanmoins, Mary Wollstonecraft emploie l'expression « les plus doués » ce qui laisse la porte ouverte à la possibilité que l'intelligence et non uniquement la fortune parentale puisse déterminer l'avenir d'un enfant. Et cette position était radicale.

Deux matières que Mary Wollstonecraft voudrait voir comprises dans le programme des écoles publiques et qu'elle considère surtout importantes pour les femmes sont l'anatomie et la médecine. Comme ce sont traditionnellement les femmes qui soignent les gens malades au foyer ces connaissances du corps humain leur seront très utiles non seulement pour se garder elles-mêmes en bonne santé mais aussi pour « s'occuper sainement de leurs jeunes enfants, de leurs parents et de leur mari[14] ».

La perspective la plus audacieuse de l'éducation des femmes proposée par Mary Wollstonecraft est sans doute lorsqu'elle réclame un entraînement professionnel méthodique après l'école pour celles qui le désirent. Évidemment, cela implique qu'on ouvre les professions et le marché du travail aux femmes. Elle veut que les femmes puissent devenir médecins et infirmières, diriger une ferme, tenir une boutique. Elles pourront ainsi « garder la tête haute à gagner leur vie par leur travail[15] ». Ces propositions vont au-delà de simples considérations sur l'éducation. Le fondement de la notion de la libération de la femme s'y trouve. Le mariage ne sera plus le seul moyen pour une femme d'assurer son existence. Une femme pourra se marier par goût ou rester célibataire si c'est « sa tournure d'esprit », elle occupera une situation respectable et son existence matérielle sera assurée. Ces pages dans la *Défense des droits de la femme* sont au cœur même du traité de Mary Wollstonecraft et de sa revendication « qu'il faut reconnaître aux femmes une existence civique qu'elles soient mariées ou célibataires[16] ». Mais pour que cela puisse se faire il faut d'abord éduquer les femmes selon les principes qu'elle a indiqués.

La *Défense des droits de la femme* est un ouvrage écrit avec passion et ardeur. Il a été rédigé à la hâte (en six semaines) et cela se voit dans son organisation et son style. On ne peut nier que le livre est décousu ; il y a un manque de structure et beaucoup de répétitions. Les mêmes idées sont reprises plusieurs fois sans rien ajouter de neuf à l'argument principal. Et le style est souvent lourd. Tous les biographes, critiques et commentateurs de Mary Wollstonecraft sont d'accord sur ce point. Mais on ne peut nier la ferveur qui le pénètre et qui lui donne sa puissance.

Mary Wollstonecraft est bien l'enfant de son siècle. Les concepts de base de son ouvrage se retrouvent dans les œuvres de la plupart des philosophes et des écrivains du Siècle des Lumières. Mais eux, ils ne disent pas l'être humain, ils disent l'homme, au masculin, comme dans la « Déclaration des droits de l'homme et du citoyen ». L'originalité de Mary Wollstonecraft est d'étendre ces idées aux femmes, de les inclure dans une humanité générale ce qui amènera l'égalité des sexes. À la fin de son texte elle lance l'appel suivant : « [...] faites des femmes des créatures rationnelles et des citoyennes libres, et elles deviendront rapidement de bonnes épouses et de bonnes mères, dans la mesure où les hommes ne négligeront pas leurs devoirs de mari et de père [17]. »

Les idées de Mary Wollstonecraft sur l'instruction nationale, voire les externats co-éducationnels, séculiers, entretenus financièrement par la société, ouverts à tous sont à la fois utopiques et prophétiques. À son époque et bien plus tard on se moquait franchement de la notion de coéducation et de l'ouverture aux professions pour les femmes. Mais Mary Wollstonecraft a fini par avoir le dernier mot. Le système scolaire de nos jours, dans les pays d'Occident, ressemble de très près à celui qui a été proposé dans *Défense des droits de la femme*. Et dans l'histoire de la libération de la femme Mary Wollstonecraft reste pour toujours une des premières championnes du sexe féminin dans son effort de revaloriser la femme en transformant son comportement grâce à une éducation solide fondée sur la raison qui la rendra digne des mêmes droits et des mêmes privilèges que l'homme.

Notes

1. Le reste de la vie de Mary Wollstonecraft est plutôt dramatique. À Paris, elle fait connaissance de Gilbert Imlay, un Américain, avec qui elle a eu une liaison tumultueuse et dont elle tombe enceinte. Mais peu après la naissance de sa fille, elle est abandonnée par Imlay. De retour à Londres en septembre 1795 elle sombre dans une dépression et fait une tentative de suicide en se jetant dans la Tamise. Des bateliers dans les parages la sauvent des eaux et petit à petit, entourée d'amis du cercle de Johnson, elle surmonte cette crise et recommence à mener une vie sociale plus

active. Elle renoue connaissance avec William Godwin, devenu célèbre grâce à son livre *Political Justice*, et l'épouse en 1797. Enceinte une deuxième fois, Mary Wollstonecraft donne naissance à une autre fille, nommée Mary comme sa mère. Mais quelques jours après l'accouchement la santé de Mary Wollstonecraft se détériore et elle meurt d'une septicémie. Sa fille épouse le poète Shelley et devient l'auteure bien connue de *Frankenstein*.

2. Mary WOLLSTONECRAFT, *Défense des droits de la femme,* trad. Marie-Françoise CACHIN, Paris, Petite Bibliothèque Payot, 1974, p. 39. Voir à ce sujet : *The Works of Mary Wollstonecraft*, ed. Janet TODD et Marilyn BUTLER, London, Pickering, 1989, 7 vol., *Thoughts on the education of daughters*, vol.4, *A Vindication of the rights of woman*, vol.5. Je renvoie, par ailleurs, aux travaux suivants : GORDON L., *Vindication : a life of Mary Wollstonecraft*, New-York, Harper Collins, 2005, KELLY G., *Revolutionary feminism : the mind and career of Mary Wollstonecraft*, New-York, St. Martin's Press, 1992, RICHARDSON A., « Mary Wollstonecraft on education », *The Cambridge companion to Mary Wollstonecraft*, ed. Claudia L. JOHNSON, Cambridge, U.K., Cambridge University Press, 2002 , p. 24-42.

3. *Ibid.*, p.45.
4. *Ibid.*, p. 74.
5. *Ibid.*, p. 60.
6. *Ibid.*, p. 55-56.
7. *Ibid.*, p. 59.
8. *Ibid.*, p. 112.
9. *Ibid.*, p. 86.
10. *Ibid.*, p. 197.
11. *Ibid.*
12. *Ibid.*, p. 208-209.
13. *Ibid.*, p. 209.
14. *Ibid.*, p. 221.
15. *Ibid.*, p. 192.
16. *Ibid.*
17. *Ibid.*, p. 222.

ENTRE DISCOURS ET RÉALITÉ : L'ÉDUCATION DES ARISTOCRATES POLONAISES SOUS L'INFLUENCE DES LUMIÈRES FRANÇAISES

Agnieszka Jakuboszczak

La Pologne connut, comme tous les pays de l'Europe de l'époque moderne, des débats à propos de l'éducation des filles. Parmi les auteurs polonais les plus célèbres, nous trouvons des défenseurs de l'opinion selon laquelle les femmes sont capables de recevoir une formation intellectuelle, comme Andrzej Glaber de Kobylin, Łukasz Górnicki ou Sebastian Petrycy de Pilzno. Mais la société polonaise traitait ces idées avec méfiance, refusant aux jeunes filles le droit à l'éducation parce que, dans la conscience courante, la fille sage reste celle qui est bonne ménagère. Cependant, la compréhension de leurs besoins personnels et, de plus en plus souvent, de leurs ambitions, augmenta à la fin du XVIIe siècle et surtout au XVIIIe siècle, lorsque l'exigence de l'éducation devint générale dans les cercles aristocratiques. Une étude estime que le progrès de l'alphabétisation des filles des grandes familles est de l'ordre de 70 à 80 %, et 30 à 50 % pour des filles de la noblesse moyenne[1].

À la recherche de l'éducation

La formation de la jeune fille noble reposait entre les mains des religieuses, des précepteurs ou de ses parents. Les parents pouvaient décider d'éduquer leur fille au couvent. En Pologne, aux XVIe-XVIIIe siècles, les établissements étaient dirigés par des congrégations au caractère plutôt fermé et contemplatif : les Augustines, Bernardines, Cisterciennes, Dominicaines, Carmélites chaussées, Clarisses, Norbertines, sœurs de sainte Brigitte et du Saint-Esprit[2]. Dans le cadre de leur formation, les jeunes filles devaient apprendre les règles de chasteté et d'obéissance. Elles étaient obligées de faire régulièrement leur examen de conscience et de méditer sur les vertus cardinales. Cette époque donna aussi naissance à des congrégations féminines dirigées vers le travail dans la société, qui s'occupaient entre autres de l'éducation des filles (des sœurs de Sainte Catherine). Les programmes de l'éducation des écoles religieuses étaient partout les mêmes. Ils proposaient d'enseigner la lecture et l'écriture, parfois le calcul, et les travaux domestiques.

Au milieu du XVIIe siècle, nous observons une grande activité des congrégations françaises. La femme des deux derniers rois polonais de la famille Vasa, la reine Louise-Marie de Gonzague de Nevers (1645-1667), a installé les trois couvents, fondés dans la première moitié de ce siècle. En 1651 sont arrivés les Missionnaires, créés par Vincent de Paul. Ensuite, en 1652, s'installent en Pologne les Filles de la Charité, inspirées par le même saint et Louise de Morillac, en 1633[3]. Leur établissement, après des difficultés initiales, se développa et compta environ dix écoles. À partir de 1654, les filles de nobles et de grandes familles pouvaient aller à l'école des Visitandines[4]. Les religieuses de cet ordre, fondé par Saint François de Sales (1567-1622) et Jeanne Françoise Frémiot de Chantal (1572-1642) en 1610, étaient très proches de Louise-Marie dès le temps de son séjour en France. L'église de cette congrégation se trouvait près du château royal, mais les religieuses disposaient d'établissements avec des écoles également à Cracovie, à Lublin et à Vilnius. Le couvent pouvait accueillir les filles des courtisans français et polonais. Pour eux, l'éducation était payante, mais les sœurs conservaient douze places pour les candidates pauvres. Il y avait six institutrices et le contrôle de l'école revenait à la mère supérieure. Les cours duraient toute la journée et ils se concentraient sur l'écriture et la lecture, surtout en français. Bien évidemment, on enseignait le catéchisme, le chant et la pratique des instruments. Les filles devaient apprendre tous les travaux féminins, comme la broderie et la couture.

L'école connut un grand succès, et en 1661 elle eut besoin d'un bâtiment plus grand. Parfois les filles se décidaient à rester après leurs études au couvent et à devenir religieuses. Dans la vague des nouvelles congrégations qui venaient en Pologne sous l'influence de reines se trouvent les sœurs du Saint Sacrement, en Pologne dès 1687. Cet ordre, issu de Bernardines, a été fondé à Paris en 1653 par Catherine de Bar et, dès le début de leur mission, sur les bords de la Vistule, à la demande de la reine Marie-Casimire (épouse du roi Jean III Sobieski), les religieuses avaient pour mission l'éducation des filles – celles de la noblesse seulement, toutefois. Au XVIIIe siècle, les sœurs du Saint Sacrement avaient deux écoles : dans la capitale et à Léopol, et elles enseignaient le catéchisme franco-polonais. Il faut souligner que tous les établissements religieux français influençaient le fonctionnement des écoles monastiques en Pologne[5].

Des pensions privées pour les filles existaient dans les grandes villes et leurs élèves venaient des familles de moyenne bourgeoisie, d'artisans et de commerçants. Le niveau était varié et les institutrices étaient souvent en même temps les propriétaires des établissements, mais on pouvait rencontrer des pédagogues nomades ou des artisans. À la sortie de l'école, les filles savaient lire, écrire, compter, parfois parler une langue étrangère et pratiquer les travaux manuels. Au XVIIe et XVIIIe siècles, à Gdańsk il y avait beaucoup d'écoles de ce type, où les filles du patriciat savaient très bien tenir les comptes[6].

Dans les riches maisons du patriciat, de la noblesse et de l'aristocratie, les filles recevaient leur éducation sur place. Au cours du XVIIe siècle, le nombre de gouvernantes étrangères augmentait. On note la diffusion de la connaissance de langues telles que l'allemand, le français et parfois le latin. Les filles profitaient des leçons données par les pédagogues engagés pour leurs frères. Toutefois, la mère jouait le rôle le plus important dans l'éducation morale des filles. Elle devait surveiller leur vertu, s'occuper de leur éducation morale et du développement de leur dévotion, « car ni les sciences humaines, ni la gymnastique, ni la peinture ne conviennent aux femmes autant qu'elles font aux hommes. Il est à désirer que toutes les femmes sachent lire et écrire, et certaines encore connaissent quelque chose de la musique, mais sans leur donner une instruction complète[7] ». Plusieurs menaces guettaient les filles – le regard d'un homme, les cadeaux ou l'alcool par exemple[8]. Il fallait donc limiter les visites rendues et bien sélectionner les invités. Une fille ne doit jamais rester seule avec un homme car « Comme l'état de vierge est une chose bonne, belle et placide, il est également fort difficile et mélancolique, car le diable agit à chaque instant pour le souiller, dans l'esprit et dans le corps[9]. » Il fallait toujours la surveiller pour éviter l'occasion de danser. Les parents étaient également obligés d'interdire à leur fille les sourires, les touchers, les baisers, les lettres et toutes les sortes d'écrits.

Selon D. Żołądź-Strzelczyk, spécialiste de l'histoire de l'enfance, aux XVIe et XVIIe siècles, il y avait en Pologne deux approches de l'éducation féminine à la maison[10]. D'un côté l'approche « conservatrice », très fréquente, qui s'appuyait sur la religion et la morale. Dans cette conception, la fille devait se préparer à être l'épouse, la mère et, selon la couche sociale, la maîtresse de la maison ou la ménagère. De l'autre, nous avons la vision « progressiste » qui pose pour principe l'égalité entre les femmes et les hommes. En conséquence, celles-ci peuvent recevoir la même éducation que les garçons. Les représentants de cette conception trouvaient que la négligence intellectuelle dans laquelle le « beau » sexe était gardé était une conséquence de la peur d'une concurrence possible des femmes. D'après eux, une Polonaise, peut-être pas si bien éduquée et si féminine qu'une Italienne, était sûrement capable d'apprendre. Plus, elle pouvait faire tout ce que faisait l'homme[11]. Dans le milieu catholique, Aleksander Maksymilian [Alexandre Maximilien] Fredro (vers 1620-1679) propageait déjà les idées de Fénelon. Il proposait d'enseigner la lecture et l'écriture, l'arithmétique, un cours de base d'astronomie et de cosmographie, de géographie, la lecture de la Sainte Écriture et des auteurs antiques[12]. Il pensait, en revanche, que la jeune fille ne pouvait pas apprendre des langues étrangères, comme le latin ou le français.

Au XVIIe siècle, l'éducation domestique des riches filles nobles pouvait être complétée par un séjour à la cour royale (surtout celle de Louise-Marie de Gonzague et de Marie-Casimire d'Arquien) ou de celle d'un grand noble. Les demoiselles y séjournaient comme « demoiselles de la cour ». Après quelques années dans cette société mondaine, elles avaient appris les règles du savoir vivre, mais leurs horizons intellectuels s'élargissaient par la lecture des livres, par la possibilité de regarder les spectacles et parfois même de jouer des pièces et enfin par la formation au goût européen. La dernière étape, mais rare, du parcours de formation d'une femme bien éduquée était le voyage à l'étranger. Au XVIe siècle, la mobilité de femmes était limitée et leurs voyages n'avaient pas de but éducatif. Elles se déplaçaient à l'intérieur du pays pour accompagner leurs maris, visiter les domaines ou les lieux de pèlerinages. Les riches aristocrates allaient aux eaux, par exemple à Cieplice (en Silésie), ou en Italie, où le climat est plus doux qu'au bord de la Vistule. Les escapades à l'étranger, surtout d'une épouse sans son mari, n'étaient pas bien vues par les moralistes, mais au XVIIIe siècle, les déplacements des femmes sont devenus plus fréquents. Elles allaient en Italie, en France, en Allemagne, en Autriche et en Hollande. Ce n'était plus seulement pour des pèlerinages ou des séjours de santé, mais elles partaient aussi visiter des monuments, et s'amuser au carnaval de Venise. Parfois les aristocrates polonaises avaient une mission politique[13]. À leur retour, la culture tirée de l'éducation à la cour et des voyages leur permettait de dynamiser la carrière de leurs enfants, pour ajouter à la splendeur de leurs familles, ou pour adopter, grâce à leurs connaissances, les nouvelles tendances artistiques en Pologne.

Le discours…

Le XVIIIe siècle est l'époque de la crise de la société sarmate et traditionnelle de la République nobiliaire. La conscience culturelle de l'importance de l'enfance est née dans une ambiance d'indifférence et de négligence pour l'éducation des filles nobles. Cependant, dans ces circonstances défavorables de rencontre du monde sarmate avec les Lumières, des voix s'élèvent en faveur du changement.

... de la perspective féminine

Parmi les textes d'instruction de mères à leurs filles, le plus connu, écrit au XVIIIᵉ siècle, est le celui de la princesse Franciszka Urszula [Françoise Ursule] Radziwiłłowa intitulée *Przestrogi dla córki Anny* [*Les avertissements pour ma fille Anne*] (Nieśwież, 1753). Ses instructions ont le caractère de conseils moraux. Franciszka Urszula est la seule à montrer une érudition relevant d'un côté de l'époque de la Contre-Réforme (la connaissance de la Sainte Bible et de la loi ecclésiastique), de l'autre du temps des Lumières (la géographie et l'histoire). Elle parlait français et italien. Sa personne est caractéristique du mélange du « vieux » monde avec les « nouveaux[14] ». Restant dans le canon de l'instruction parentale, la princesse Radziwiłłowa soulignait l'importance de la foi et de la pratique religieuse. Dans la hiérarchie, les parents ont leur place juste après Dieu. Il faut expier les sept péchés principaux. Cependant ce texte n'a pas le caractère dévot typique de l'époque des Wettin[15]. La raison gardait son rôle fondamental et elle était au-dessus de la nature corporelle. Dans tous ses conseils, Franciszka Urszula n'oublie jamais la provenance sociale de sa fille. Il est certain pour la mère que la cour et la vie mondaine recèlent beaucoup de pièges, et elle donne donc des conseils sur la conduite à venir vis-à-vis des flatteurs, des invités, des domestiques. Par ailleurs, sa position de princesse l'oblige à être miséricordieuse. L'écrivaine attire notre attention, reprenant les idées de la philosophie antique par les écritures de Gracian, vers les problèmes terrestres, vers la joie et l'acceptation de l'opinion publique[16]. Tous les avertissements montrent que la femme de la première moitié du XVIIIᵉ siècle pouvait être la créatrice de sa vie, mais dans un monde créé par les hommes.

Il faut mentionner aussi le texte de la princesse Barbara Sanguszkowa intitulée *Nauka matki córce swej, idącej za mąż daną* [*L'Enseignement d'une mère donné à sa fille*] qui présente sa conception de la « formation » de l'esprit des enfants[17]. Son éducation n'est pas bien connue. Nous savons seulement qu'elle était dans l'école du couvent, tenu probablement par la congrégation française. Dans son texte, nous pouvons observer l'influence du XVIIᵉ siècle et de ses idées introduites par le recueil du cardinal Jean Bona (1609-1674). Dans la partie intitulée « Au sujet des enfants », elle souligne qu'il faut faire attention à l'éducation « des corps », mais aussi à celle des esprits. Selon la princesse, la mère est obligée de surveiller les enfants : « Regarde toujours toutes leurs affaires, sans trop laisser aux personnes qui doivent les accompagner, même si elles semblent les meilleures ; et choisis celles-là avec une grande prudence ; dirige la pensée et le coeur vers Dieu, vers la vertu, depuis leur première jeunesse [18]. » Cependant ce contrôle doit être sage, pour que les enfants voient l'amour dans toutes les décisions de leurs parents, surtout dans les punitions. La plus grande erreur serait de punir de mauvaise humeur ou en colère : « Car [en colère] il ne faut jamais punir personne, et surtout des enfants [19]. » Les filles et les fils doivent être entourés d'amour, mais jamais il ne faut faire preuve de mollesse. Les sentiments à leur égard doivent rester dans les limites de la raison. Barbara pense que l'éducation intellectuelle, adaptée à leur âge, doit également être convenable à leur sexe. Il est très important pour elle qu'ils aient l'amour de la vertu, de la justice et un caractère honnête. Dans l'éducation des enfants, les parents tiennent une place très importante et ils ne doivent pas oublier qu'ils sont pour eux un exemple. En conséquence, les parents doivent rester sensibles aux défauts des jeunes. Il faut détruire chez eux la superbe, l'instabilité, la légèreté, la vivacité, l'indiscrétion, la gourmandise, et surtout l'orgueil et le mensonge. Nous voyons que la princesse se règle sur les dix commandements qui sont le fondement de son point de vue sur la vie, car ils sont universels, et ce modèle de formation peut également s'appliquer à ses fils en tant que futurs pères. Ce qui semble être le plus intéressant, c'est la proposition de la princesse Sanguszkowa de profiter de la raison : « Utilise toutes les puissances de ton âme ; la raison d'abord, pour que tu puisses freiner et harceler par cela les passions maléfiques [20]. » Nous avons ici, ensemble, la religion et la raison – c'est un pas vers les Lumières. Il faut souligner que de nombreuses aristocrates polonaises, surtout bien éduquées, au milieu du XVIIIᵉ siècle, lient la religiosité de l'époque baroque et l'ouverture de l'esprit aux nouvelles tendances philosophiques.

À l'issue de cette courte analyse, nous voyons que Barbara Sanguszkowa donne des conseils pratiques pour la vie quotidienne qui attend sa fille Anna. Mais pas seulement pour elle, car chaque jeune mariée peut y trouver des remarques utiles pour elle. C'est probablement cette raison qui a fait que ce texte, sous le titre *Uwagi pewnej chwalebnej matki...* [*Les remarques d'une mère glorieuse...*] connut quatre nouvelles éditions dans les années 1760-1783 [21].

... de la perspective masculine

Quant à la formation intellectuelle en Pologne, le XVIIIᵉ siècle continuait d'adopter les idées de Fénelon mais il se rendait compte que l'éducation des filles traversait une crise. Les écoles de couvent et les pensions privées voyaient leur niveau baisser. Les institutrices françaises régnaient dans les villes, provoquant, aux yeux des contemporains, une démoralisation de l'éducation [22]. Cependant nous pouvons observer que le niveau intellectuel des Polonaises ne cédait en rien à celui des autres femmes en Europe. Bien plus, selon l'écrivain des Lumières Hugon [Hugues] Kołłątaj, elles étaient meilleures parce que « Bien éduquées, elles ne devaient pas rougir devant toute personnage régnante d'Europe et devaient pas manquer de politesse à quiconque est inférieur par sa naissance, son instruction ou ses biens[23]. » Les Polonaises lisaient avec plaisir des livres plus ambitieux que les romans, elles connaissaient l'histoire de leur patrimoine et la géographie, et bien sûr elles restaient au courant des questions de tout ce qui était à la mode en Europe. Néanmoins, un besoin de changements se faisait constamment sentir.

Parmi les textes français de l'époque des Lumières sur l'éducation présents en Pologne au XVIIIe siècle, nous pouvons trouver les travaux de Fénelon, de Rousseau, de Locke, mais aussi de Mme de Genlis et de Mme de Beaumont.

L'idée de l'éducation naturelle, présentée dans *Émile ou de l'éducation* de Jean-Jacques Rousseau excitait la discussion en Pologne. L'auteur anonyme de l'article du *Magazine varsovien* partage les idées du philosophe de Genève selon lesquelles cette formation des jeunes gens est un moyen contre l'obscurantisme. Il aborde le problème du droit à l'éducation qui ne doit pas dépendre de la couche sociale. L'auteur allait plus loin que Rousseau parce qu'il trouve que le sexe doit être sans influence sur le processus de formation intellectuelle. D'après son texte, les filles peuvent égaler les garçons mais doivent être traitées de la même manière dès l'enfance pour ne pas créer une disproportion – il faut proposer le même programme éducatif aux enfants des deux sexes.

L'influence de Jean-Jacques Rousseau sur les pédagogues polonais du XVIIIe siècle est illustrée en personne de l'enseignant Michał Dymitr [Michel Dimitri] Krajewski (1746-1817). Dans son œuvre *Podolanka wychwycona w stanie natury*, publiée en 1784, il présente une adaptation du livre français de Henri-Joseph Dulaurens *Imirce ou la fille de la nature*. Il faut mentionner ici que les années 1780 étaient une période de grande popularité de la littérature, de la philosophie et de la pédagogie françaises en Pologne. Quels sont les postulats principaux de Krajewski? Premièrement, les filles ne peuvent pas perdre de temps en cours d'histoire ou à la lecture de romans. Elles doivent se consacrer essentiellement à leur future vie pratique. Un seul but: être bonne épouse et mère. Il critique l'éducation des jeunes aristocrates à la cour qu'il connaît bien puisqu'il fut engagé par la célèbre famille noble Małachowski. Il préfère, comme le prince Czartoryski, que les filles soient éduquées à l'école. Cependant les idées de Krajewski changent avec le temps et déjà en 1786 il a publié *Pani Podczaszyna*, où la femme noble est déjà une femme dynamique qui a beaucoup lu.

La réforme de la Commission de l'Éducation Nationale, fondée en 1773, proposait de revenir aux propositions de l'éducation morale du XVIIe siècle, rénovées par les idées des Lumières. Tous les établissements étaient également sous le contrôle de la Commission, en d'autres termes du gouvernement, qui pouvait aider à maintenir partout le même niveau. Dans ce projet, les filles devaient apprendre la langue polonaise à l'écrit et à l'oral, mais également le français et l'allemand. La place la plus importante était dévolue à l'histoire nationale, mais elles pouvaient aussi s'initier aux mathématiques. Sur ce dernier point, tout le monde n'était pas d'accord. Ignacy Krasicki y était très opposé, même s'il souligne l'importance d'« éclairer » les filles, et tout d'abord dans les écoles publiques[24]. Il insistait surtout sur les cours de religion, de géographie et d'histoire, mais il proposait aussi la rhétorique, la poétique et la connaissance de langues étrangères comme le français et l'italien. Nous voyons que Krasicki se concentrait sur le développement de l'oral. L'« émancipation » des filles en matière de mœurs augmentait encore ce besoin d'apprendre pour pouvoir lire, parce que la lecture donnait une possibilité d'accès au monde, y compris aux mondes étrangers. Des projets concrets de créer des écoles pour les filles nobles ont été proposés par le prince Franciszek [François] Bieliński et August [Auguste] Sułkowski[25]. La Commission de l'Éducation Nationale, dans l'esprit des Lumières, met en avant la question de l'éducation des enfants en tant que citoyens. Elle essaie de proposer un programme d'enseignement qui accorde la formation morale avec les besoins laïques.

Réalité de la vie quotidienne

La nécessité d'un accès à l'éducation égalitaire n'est pas un postulat accepté par toute la noblesse. Au XVIIIe siècle, à côté de parents de jeunes aristocrates polonaises qui faisaient un grand effort pour donner la meilleure éducation à leurs filles, comme la famille Czartoryski, nous connaissons des cas où la mère interdisait à sa fille de lire. Marcin Matuszewicz, le célèbre mémorialiste du XVIIIe siècle, mentionne que la princesse Potocka prive sa fille de tout livre, même religieux[26].

Hubert Vautrin, voyageur français qui séjourna en Pologne dans les années quatre-vingt du XVIIIe siècle, critiquait beaucoup l'état de l'éducation des filles, parce qu'elle « n'est d'aucune importance[27] ». Il ajoute aussi que « le cœur est plus négligé que l'esprit[28] ». En conséquence, même si les femmes – et seules les riches, d'ailleurs – savaient l'histoire, la géographie, la musique ou les langues (surtout le français) « la culture de l'esprit ne fait pas la gloire d'une jeune fille, c'est l'innocence de ses mœurs[29] ». Wirydianna Fiszerowa (1761-1826), une fille noble, confirme cette opinion. Dans ses mémoires, rédigés en français et ensuite traduits en polonais pour un lecteur contemporain, elle souligne que la question centrale était la santé de l'enfant et que l'aspect spirituel était souvent négligé. Selon son tuteur, il fallait protéger la peau de Wirydianna, c'est-à-dire limiter le temps passé en dehors de la maison au contact avec la nature, et purger régulièrement son organisme[30]. Il n'est pas sans importance que l'éducation de cette jeune fille noble fût restée dans les mains de sa grand-mère, d'une génération qui vivait encore dans les idées de l'époque de la Contre-Réforme. C'est peut-être ce qui explique que ces pratiques soient déjà bien éloignées des idées des Lumières.

D'après Vautrin, la source de cette vraie crise de l'éducation morale de la jeune fille noble polonaise, réside dans les personnes de son entourage : des femmes de chambre, des gouvernantes en majorité étrangères et enfin des gens mal éduqués qui passent par la maison noble et qui ne créaient que confusion dans les petites têtes des filles. C'était, en effet, la mode d'avoir à la cour un Français ou une Française. Parfois ceux-ci étaient des gens sans expérience et sans préparations – des voyageurs qui avaient des problèmes en France. Ce problème était déjà réel au milieu du XVIIIe siècle, et semble s'aggraver. L'une des premières femmes écrivaines polonaises, Elżbieta Drużbacka, qui passa la majorité de sa vie dans les cours des grandes familles aristocratiques : les Sieniawski, les Branicki, les Czartoryski et les Sanguszko, signale la présence, et en général en Pologne, de personnes qui veulent introduire des mœurs étrangères, et en particulier la mode de ne pas parler en polonais[31]. Drużbacka déclare avec fierté : « Je suis née en Pologne, je suis éduquée en Pologne[32]. » Wirydianna Fiszerowa, déjà citée, ne partage pas cette opinion. Elle parlait très bien le français et pour elle c'était une langue très utile, surtout quand elle est entrée dans le monde des salons varsoviens de la fin du XVIIIe siècle.

Nous ne pouvons pas non plus oublier de parler des différences d'éducation des filles. Bien évidemment, les jeunes aristocrates étaient dans une situation favorable par rapport aux filles des familles moins riches. Elles profitaient souvent de ce que leurs parents engageaient pour leurs frères des précepteurs et des enseignants. Cependant, il faut souligner que le programme était pour elles beaucoup plus modeste, et ce d'autant que nous retrouvons les postulats, tirés des idées de Rousseau, de limiter l'éducation des filles aux questions morales et à la lecture des livres de la prière.

La lecture choisie le plus souvent par les Polonais pour les filles étaient des textes de Madame Le Prince de Beaumont. Ses livres étaient proposés entre autres par le prince Czartoryski. *Les magasins* étaient traduits en polonais avec un grand succès. Le public en Pologne connaissait bien aussi la version polonaise des *Américaines ou La preuve de la religion chrétienne* et des *Contes de fées*. Tous ces livres circulaient en Pologne dans la version originale française et en traduction polonaise, et ils furent même réimprimés jusqu'au XIXe siècle[33].

La deuxième Française dont les livres ont fait carrière en Pologne au XVIIIe siècle était Mme de Genlis[34]. Les lecteurs polonais pouvaient lire des traductions de ses ouvrages entre autres d'*Adèle et Théodore...*, du *Théâtre à l'usage des jeunes personnes...*, des *Veillées du château...*, de *La religion considérée comme l'unique base...* et du *Théâtre de société*. Ces œuvres eurent des rééditions au XIXe siècle. Il ne faut pas oublier, mentionnent les auteurs polonais, que les livres enrichissent le caractère des jeunes, aiguisent le regard sur le monde réel et aident à développer l'intellect. Les Lumières françaises introduisent en Pologne l'idée que tout ce qui figure dans les textes choisis pour les adolescents doit s'adresser à eux[35].

Enfin, même si les punitions physiques étaient critiquées de manière ouverte, elles étaient encore courantes dans la deuxième moitié du XVIIIe siècle. Quelle était la justification de cette pratique « éducative »? La pratique du bien sur terre et la promesse de l'Au-delà, explique à sa petite fille une grand-mère dans les années 60 du XVIIIe siècle[36]. Nous voyons donc que les nouvelles théories éducatives se tiennent aux habitudes et aux pratiques du XVIIe siècle. Nous pouvons voir la source de ces retards entre autres dans l'éducation reçue par les mères elles-mêmes, y compris à la fin du XVIIIe siècle – époque où les idées des Lumières françaises se diffusent en Pologne. Ainsi Teofilia [Théophile] Morawska, née Radziwiłł, aristocrate dynamique et dans son enfance, jeune fille révoltée, écrit à son frère le prince Karol [Charles] Radziwiłł:

> La mode voudrait que les enfants soient les amis des parents, mais je veux qu'ils me considèrent comme leur mère [...] Déterminez mes enfants à m'obéir et dites leur qu'ils y sont obligés[37].

Il n'était pas facile, même aux gens ouverts aux nouveautés, d'accepter les changements dans l'espace des relations morales entre les générations. L'idéologie des Lumières françaises avait besoin encore d'être introduite dans les maisons aristocratiques au cours du XIXe siècle pour devenir la pratique courante. Au XVIIIe siècle, les idées sur l'éducation des filles restaient encore entre réalité et discours.

NOTES

1. W. Urban, « Umiejętność pisania w Małopolsce w II połowie XVI w. » [« La connaissance de l'art d'écrire en Petite Pologne dans la 2ᵉ moitié du xviiiᵉ siècle »], *Przegląd Historyczny*, 1977, cahier 2, p. 251-252.

2. S. Litak, « Z problemów edukacji dziewcząt w Polsce w XVII-XVIII wieku » [« Des problèmes de l'éducation des filles en Pologne aux xviiᵉ-xviiiᵉ siècles »], *Kwartalnik Pedagogiczny*, 1995, n° 3, p. 38.

3. B. Fabiani, *Warszawski dwór Ludwiki Marii* [*La cour varsovienne de Louise-Marie*], Varsovie, PIW, 1976, p. 70-71.

4. K. Targosz, *La cour savante de Louise-Marie de Gonzague et ses liens scientifiques avec la France (1646-1667)*, Wrocław, Ossolineum, 1982, p. 188.

5. Nous observons cette influence, entre autres, par l'introduction à la façon des Visitandines du théâtre d'école aux programmes des Bénédictines polonaises. M. Borkowska, « Teatr w polskich klasztorach żeńskich XVII-XIX wieku » [« Le théâtre dans les couvents polonais féminins des xviiᵉ-xixᵉ siècles »], *Nasza Przeszłość*, 1991, t. I, p. 330-334.

6. M. Bogucka, *Białogłowa w dawnej Polsce. Kobieta w społeczeństwie polskim XVI-XVIII wieku* [*La femme en Pologne moderne. La femme dans la société polonaise des XVIᵉ-XVIIIᵉ siècles*], Varsovie, Trio, 1998, p. 172-173.

7. « albowiem ani nauki humanistyczne, ani gimnastyka, ani malarstwo nie przystoją kobietom tak, jak mężczyznom. Wprawdzie jest rzeczą pożądaną, aby wszystkie kobiety umiały czytać i pisać, a niektóre także znały się nieco na muzyce, nie tak jednak, żeby miały gruntowne wykształcenie ». A. A. Olizarowski, *O społeczności ludzkiej ksiąg troje* [*Trois livres sur la société humaine*], T. Duralska-Macheta (dir.), *O edukacji dawnych Polaków. Materiały z XVI-XVII wieku* [*De l'éducation des anciens Polonais. Les textes des XVIᵉ-XVIIᵉ siècles*], Varsovie, Nasza Księgarnia, 1982, p. 334.

8. *Kazanie na uroczystość S. Barbary* [*Le sermon à l'occasion de la fête de Sainte-Barbe*], Cracovie, 1760, p. 13.

9. « jako dobra, piękna, a spokojna rzecz jest panieński stan, tak też barzo trudna a tęskliwa, abowiem dyjabeł o to zawżdy pracuje, jakoby ją splugawić mógł, duchownie i cielestnie ». J. Seklucyan, *Oeconomia albo gospodarstwo to iest navka iako się wselki krescianski człowiek w gospodarstwie sprawować ma* [*Économie ou le ménage ou comment tous les chrétiens doivent faire dans le ménage*], Cracovie, 1890, p. 53, [première édition en 1546].

10. D. Żołądź-Strzelczyk, *Wychowanie dziecka w świetle staropolskiej teorii pedagogicznej* [*L'éducation de l'enfant dans les lumières de la théorie pédagogique à l'époque moderne*], D. Żołądź-Strzelczyk (dir.), *Od narodzin do wieku dojrzałego. Dzieci i młodzież w Polsce* [*De la naissance à l'âge adulte. Les enfants et les adolescents en Pologne*], t. 1, Varsovie, PAN, 2002, p. 105.

11. Ł. Górnicki, *Dworzanin,* [*Le courtisan*] (1566), Cracovie, Universitatis, 2003.

12. H. Barycz, *Andrzej Maksymilian Fredro wobec zagadnień wychowawczych* [*André Maximilien Fredro envers les questions de l'éducation*], Cracovie, Ossolineum, 1948.

13. M. Bogucka, *op. cit.*, p. 175-176.

14. B. Judkowiak, *Formacja umysłowa sawantki połowy wieku (świat książek i środowisko literackie Franciszki Urszuli Radziwiłłowej)* [*La formation intellectuelle de la savante de milieu du siècle (le monde des livres et la société littéraire de Françoise Ursule Radziwiłł)*], T. Kostkiewiczowa (dir.),

Kultura literacka połowy XVIII wieku [*La culture littéraire du milieu du XVIIIe siècle*], Wrocław, WOK, 1992, p. 152.

15. Eadem, *Słowo inscenizowane. O Franciszce Urszuli Radziwiłłowej – poetce* [*Le mot mise en scène. De Françoise Ursule Radziwiłł – l'écrivaine*], Poznań, WIS, 1992, p. 57.

16. *Ibid.*, p. 58.

17. La version citée se trouve aux Archives Nationales à Cracovie. AN Wawel, ASang, manuscrit 628. L'édition de 1760 avait le titre *Uwagi pewnej chwalebnej matki godnej córce swej, gdy ją za mąż wydała, na pożegnanie dane* [*L'enseignement d'une mère donné à sa fille noble, quand elle s'est mariée, donnée à l'occasion de son adieu*]. La construction de *Nauka matki…* est claire. L'introduction (*arenga*) est suivie de huit points. Elle commence par la question la plus importante – l'attitude envers Dieu. Ensuite elle analyse le comportement face au mari et aux enfants. Elle réfléchit également aux relations avec les proches parents. Selon la princesse, il ne faut pas oublier d'adapter sa conduite selon qu'on a en face de soi des domestiques, des sujets, ou des amis et des invités. En même temps elle attire l'attention sur le problème de la place de la mère dans la vie d'un enfant. À la fin, on s'arrête sur le sujet de l'éternité et de la prière pour les morts. D'après Barbara Sanguszkowa, pour être une bonne mère, celle-ci doit donner les conseils à sa fille pour que la future épouse évite les fautes.

18. « miej ustawicznie oko na ich wszystkie sprawy, niespuszczaiąc się zbytecznie na przydane im osoby choćby się i naylepsze zdawały; i te z wszelką dobieraj przezornością; kieruy myśl i serce od pierwszej młodości ku Bogu, ku cnocie […] », *ibid.*, p. 7.

19. « gdyż w tey nigdy nikogo karać nie należy, a dopieroż dzieci », *ibid.*

20. *Ibid.*, p. 5.

21. La première réédition à Léopol en 1760, la deuxième à Varsovie en 1763, la troisième à Chełmno en 1772 et la quatrième à Kalisz en 1783. E. ALEKSANDROWSKA, « Sanguszkowa z Duninów Barbara Urszula », *Polski Słownik Biograficzny* [*Le dictionnaire polonais des biographies*], t. 34, Wrocław-Cracovie, Ossolineum, 1993, p. 518.

22. H. KOŁŁĄTAJ, *Stan oświecenia w Polsce w ostatnich latach panowania Augusta III (1750-1764)* [*L'état de l'éducation en Pologne dans les dernières années du règne d'Auguste III (1750-1764)*], Hulewicz J. (éd.), Wrocław, Ossolineum, 1953, p. 136.

23. « dobrze edukowana nie upodliła się na widok żadnej panującej w Europie osoby i nie uchybiła grzeczności żadnemu człowiekowi urodzeniem, wychowaniem i majątkiem niższemu. », *ibid.*

24. Z. LIBERA, « O edukacji do Xiężnej Sapieżyny J.A.W.X.L. Kilka uwag o poglądach Krasickiego na znaczenie edukacji młodzieży » [« De l'éducation à la princesse Sapieha J.A.W.X.L. Quelques remarques au sujet des opinions de Krasicki sur l'importance de l'éducation des jeunes »], *Rocznik Towarzystwa Literackiego im. A. Mickiewicza*, n° XXXII, 1997, p. 65-70.

25. M. SERWAŃSKI, « Les formes de l'éducation des filles nobles en Pologne aux XVIe, XVIIe et XVIIIe siècles », Ch. GRELL, A. RAMIÈRE DE FORTANIER (dir.), *L'éducation des jeunes filles nobles en Europe XVIIe-XVIIIe siècles*, Paris, Presses de l'Université Paris-Sorbonne, 2004, p. 82-83.

26. M. MATUSZEWICZ, *Diariusz życia mego* [*Le Memoire de ma vie*], Varsovie, KIW, 1986, t. II, p. 106.

27. *La Pologne du XVIIIe siècle vu par un précepteur français Hubert Vautrin*, présentation de M. CHOLEWO-FLANDRIN, Paris, Calmann-Lévy, 1966, p. 170.

28. *Ibid.*

29. *Ibid.*

30. W. Fiszerowa, *Dzieje moje własne i osób postronnych* [*L'Histoire de ma vie et des autres*], Varsovie, Świat Książki, 1998, p. 26.

31. E. Drużbacka, *Zły obyczaj w Polszcze, kiedy nazacniejsza dama przeląkłszy się czego, szpetne ma przysłowie, które jej stan, modestią i manierę szpeci*, K. Stasiewicz (éd.) *Wiersze wybrance*, Varsovie, Neriton, 2003, p. 105.

32. « W Polszczem zrodzona, w Polszcze wychowana ». *Eadem, Reskryp na wyżej wyrażone punkta*, K. Stasiewicz (éd.), *Wiersze...*, *op. cit.*, p. 101.

33. La version polonaise de ces deux livres: Madame Le Prince de Beaumont, *Amerykanki albo dowód Religii Chrześciańskiey* [*Les Américaines ou la Preuve de la religion chrétienne*], Varsovie, Drukarnia ks. Misjonarzy, 1784-1785 ; eadem, *Czarodziejskie baśnie dla młodego wieku* [*Les contes de fées*], Varsovie, Gennewald, 1879.

34. A. Nikliborc, *L'œuvre de Mme de Genlis*, Wrocław, Ossolineum, 1969.

35. S. Lewinowa, *U początków polskiej teorii wychowania dziecka w wieku przedszkolnym*, Varsovie, Nasza Księgarnia, 1960, p. 82-83.

36. W. Fiszerowa, *op. cit.*, p. 12.

37. « Chcą po modnemu obchodzić się, żeby dziewci byli przyjaciele, ja zaś chcę, żeby mnie znali za matkę [...] nakłoń moje dzieci do winnego mnie posłuszeństwa ». A. Sajkowski, *Staropolska miłość. Z dawnych listów i pamiętników* [*L'amour de l'époque moderne. Des anciens lettres et des mémoires*], Poznań, Wydawnictwo Poznańskie, 1981, p. 339.

NOTICES INDIVIDUELLES

Katherine Astbury, maître de conférences, université de Warwick (Grande-Bretagne).

Publications :

> *The Moral Tale in France and Germany 1750-1789*, SCEV, 2002.

Champs de recherches :

> Les conteurs du XVIIIe siècle.
> Littérature de la Révolution française.

Nadine Bérenguier, professeur de lettres françaises, université du New Hampshire.

Publications :

> *L'infortune des alliances : contrat, mariage et fiction au dix-huitième siècle*, Oxford, The Voltaire Foundation, 1995.
> « D'un mémoire judiciaire à une Cause célèbre : le parcours d'une femme adultère », *Dalhousie French Studies*, n° spécial « Le mariage sous l'Ancien Régime », vol. 56, Fall 2001.

À paraître :

> *The Unfinished Business of the Enlightenment* (extraits), SVEC, 2007.

Champs de recherches :

> Rapports entre droit et littérature.
> Isabelle de Charrière, le chevalier de Cerfvol, Suzanne Necker et Madeleine de Puisieux.
> La littérature de conduite.
> Manuels d'éducation du XVIIIe siècle pour adolescentes.

Marie-Odile Bernez, maître de conférences en langue et littérature anglaise, université de Bourgogne, membre du Centre de Recherche Images/Textes/Langages.

Publications récentes :

> *Une Anglaise défend la Révolution française*, traduction et présentation des œuvres de Mary Wollstonecraft sur la Révolution française, Paris, CTHS, 2003.

« Catharine Macaulay et Mary Wollstonecraft : deux femmes dans le débat sur la Révolution française en Angleterre », *Annales Historiques de la Révolution Française*, n° 344, avril-juin 2006.

« Le voyage en Scandinavie de Mary Wollstonecraft : de la réalité au récit », in *Création au féminin*, Dijon, EUD, 2006.

Champs de recherches :

Étude des mentalités britanniques, et notamment des formes de pensée radicale en Angleterre à la fin du xviiie siècle.

Isabelle BROUARD-ARENDS, professeure de littérature française du xviiie siècle, université Rennes 2 Haute Bretagne, CELAM.

Publications récentes :

Lectrices d'Ancien Régime (dir.), Rennes, Presses Universitaires de Rennes, 2004.

Madame DE GENLIS, *Adèle et Théodore ou lettres sur l'éducation* (éd.), Rennes, Presses Universitaires de Rennes, 2006.

Littérature et engagement pendant la Révolution française, essai polyphonique, sous la direction d'Isabelle BROUARD-ARENDS et Laurent LOTY, PUR, 2007.

Champs de recherches :

Littérature des femmes des Lumières, en particulier la question de l'accès des femmes au savoir et à la culture.

Sonia CHERRAD, doctorante à l'université Rennes 2.

À paraître :

« Genres littéraires et étude de genre dans les *Lettres de Mistriss Fanni Butlerd* de Mme Riccoboni », *Études sur le gender : approches théoriques et champ de recherches en méditerranée*, Actes du colloque de l'Université de Tunis, Carthage, 15-17 février 2007.

« Mme d'Épinay, pédagogue et philosophe », *L'œuvre de Mme d'Épinay écrivain-philosophe des Lumières*, Actes du colloque de l'Université de Nice, 23-24 novembre 2006.

Champs de recherches :

Éducation au xviiie siècle ; genres littéraires dans les œuvres d'auteurs féminins ; questions sociales, économiques et politiques dans les œuvres d'auteurs féminins ; intertextualité entre auteurs féminins et auteurs masculins.

Valeria DE GREGORIO CIRILLO, professeur de Littérature française, università degli Studi de Naples « L'Orientale ».

Publications :

Différents articles sur les Goncourt, Huysmans et Zola.

L'Universo narrativo e simbolico in En rade de J.-K. Huysmans, Naples, 1999.
Voltaire, *Œdipe* (éd.), Naples, 2000.
Pratique et passion de l'écriture. Saggi su Madame de Genlis, Naples, 2003.

Champs de recherches :

Le théâtre français à Naples dans la décennie napoléonienne.
Le xviiie siècle français (Voltaire, Mme de Genlis).

Béatrice Didier, professeur à l'École Normale Supérieure (Ulm).

Publications :

Nombreux ouvrages, articles et communications, sur la littérature française du xviii^e
(Diderot, Rousseau) et du xixe siècles (Stendhal, Sand).

À paraître :

Chateaubriand, *Œuvres complètes*, Champion.
Sand, *Œuvres complètes*, Champion.
Dictionnaire des femmes créatrices, Éditions des Femmes.

Champs de recherches :

Littérature et musique.
Autobiographie et journal intime.
Textes de femmes.

Christine Dousset, maître de conférences en histoire moderne, université Toulouse-Le
Mirail, laboratoire Framespa (UMR 5136).

Publications récentes :

« Des veuves spoliées? Conflits familiaux et justice civile dans le Midi de la France,
xviie-xviiie siècles », *in* Benoît Garnot (dir.), *Justice et Argent. Les crimes et les peines
pécuniaires du XIIIe au XXIe siècle*, Dijon, EUD, coll. « Sociétés », 2005, p. 53-63.
« Femmes et négoce à Toulouse au xviiie siècle », in *Annales du Midi*, t. CXVIII,
n° 253 (numéro consacré aux « Femmes d'affaires »), janvier-mars 2006, p. 31-50.

Champs de recherches :

Histoire du veuvage féminin à l'époque moderne.

Gillian Dow, Chawton Post-Doctoral Research Fellow, university of Southampton.

Publications :

Adelaide and Theodore (ed.), London : Pickering and Chatto, 2007.
Translators, Interpreters, Mediators : Women Writers 1700-1900 (ed.), Bern : Peter Lang,
2007.

Champs de recherches :

Femmes écrivains du XVIIIᵉ siècle, et particulièrement Madame de Genlis.
Traduction des œuvres françaises en anglais au XVIIIᵉ siècle.

Adeline GARGAM, monitrice et doctorante à l'université de Bretagne occidentale (Brest), thèse en cours : « L'image de la femme savante dans le théâtre des Lumières »

À paraître :

« Les cabinets féminins d'histoire naturelle au siècle des Lumières : de l'amateurisme au professionnalisme ».
Dictionnaire des femmes savantes des Lumières.

Champs de recherches :

Thématique de la femme savante dans le théâtre et la poésie.
Représentation de la femme dans les discours anthropologiques, philosophiques et médicaux.
Histoire et représentation littéraire des maladies féminines.

Dena GOODMAN, professeur d'Histoire et des Études des Femmes, université de Michigan.

Publications :

The Republic of Letters : A Cultural History of the French Enlightenment, Cornell University Press, 1989.
Marie-Antoinette : Writings on the Body of a Queen (ed.), Routledge, 2003.
Furnishing the Eighteenth Century : What Furniture Can Tell Us About the European and American Past (ed., avec Kathryn NORBERG), Routledge, à paraître.

Champs de recherches :

La littérature sur les femmes, l'épistolaire, et la culture matérielle au XVIIIᵉ siècle.

Morgane GUILLEMET, doctorante en Littérature française, université Rennes 2 Haute-Bretagne, thèse en cours : « De la représentation au mythe : l'ambiguïté féminine dans le roman libertin du XVIIIᵉ siècle » (sous la direction d'Isabelle BROUARD-ARENDS).

À paraître :

« La femme dans quelques romans libertins de la fin du XVIIIᵉ siècle : l'écriture d'une expérience de l'histoire », actes du colloque international « Les femmes et l'écriture de l'histoire 1400-1800 » (Rouen, 2005), Rouen, Presses universitaires de Rouen et du Havre.
« *Tableaux enchanteurs* : peintures et images de boudoirs dans le roman libertin du XVIIIᵉ siècle », dans un ouvrage collectif (Presses universitaires de Rennes).

Champs de recherches :

La femme et le roman libertin au XVIIIe siècle, les mythes du féminin et la représentation de la femme dans la littérature libertine.

Agnieszka JAKUBOSZCZAK, maître de conférence en Histoire, université Adam Mickiewicz de Poznań (Institut d'Histoire), Pologne.

Champs de recherches :

L'histoire des relations franco-polonaises à l'époque moderne ; l'histoire de la culture ; l'histoire des femmes en Pologne à l'époque moderne.

Huguette KRIEF, maître de conférences en littérature du XVIIIe siècle, université de Provence, secrétaire général du centre aixois d'études et de recherches sur le XVIIIe siècle (CAER 18)

Publications récentes :

Vivre libre et écrire. Anthologie des romancières de la Révolution française, Voltaire Foundation, 2005.
La Sapho des Lumières, université de Saint-Étienne, coll. « Lire le XVIIIe siècle », 2006.

Champs de recherches :

Littérature des Lumières.
Roman de la Révolution française.

Aline LEMONNIER-MERCIER, doctorante en Histoire de l'Art : « Les embellissements du Havre au XVIIIe siècle », sous la direction de Daniel RABREAU, université Paris I, membre du Centre Ledoux.

Publications :

« L'abbé Dicquemare et Melle Le Masson Le Golft, deux intellectuels havrais au siècle des Lumières » Centre havrais de recherche Historique, 2004.

Champs de recherches :

L'architecture et l'urbanisme du Havre au XVIIIe siècle.

Élisabeth LIRIS, chercheur associée à l'Institut d'Histoire de la Révolution Française, université de Paris I.

Publications récentes :

« Quand Paris organise la démocratie dans les districts », *in* Actes du colloque *Être parisien,* Paris, Publications de la Sorbonne, 2002.
Début du *Dictionnaire de la Franc-maçonnerie, Europe États-Unis,* 2003.
Iconographie et épigraphie des drapeaux de la Garde nationale à Paris en 1789. Rennes, Presses universitaires de Rennes, 2006.

« Franc-Maçonnerie entre idéaux et régénération sociale et culturelle », in *Lumières*, n° 7, publication du CIMEL, Université Bordeaux III, 2006.

En préparation :

Réédition et mises à jour du *Dictionnaire de la Révolution française*.
Dictionnaire de la Franc-Maçonnerie.

Philippe Marchand, maître de conférences HDR honoraire en histoire moderne et contemporaine, université Charles de Gaulle-Lille 3, UMR 8529 IRHiS

Publications :

Nombreux articles et ouvrages, rédaction des notices consacrées aux collèges du Nord et du Pas-de-Calais sous l'Ancien Régime.

En préparation :

Publication de correspondances relatives à l'éducation des enfants (1760-1790).

Champs de recherches :

Histoire de l'éducation (xviiie-milieu xxe siècle, enseignement secondaire, enseignement technique et professionnel, relations parents-enfants).
Histoire de l'enseignement de l'histoire (xviiie-xxe siècles).

Isabelle Michel-Evrard, doctorante, université Paris I, thèse : « L'image dans le livre d'éducation en France (1762-1789) : instruire et plaire », sous la direction de Daniel Rabreau.

Publications :

« Les illustrations de l'*Émile* au xviiie siècle : questions d'iconographie », in *Jean-Jacques Rousseau et les arts visuels*, actes du colloque de Neuchâtel, 20-22 septembre 2001, F. Eigendilger (dir.), Genève, Droz, 2003.
« Les ressources interdisciplinaires de l'étude de l'illustration au xviiie siècle » in *The Interdisciplinary century*, Julia V. Douthwaite et Mary Vidal (ed.), Studies on Voltaire and the Eighteenth Century, 2005.

À paraître :

Corésus et Callirhoé de Fragonard : un chef-d'œuvre d'émotion, Daniel Rabreau et Christophe Henry (dir.), Bordeaux, William Blake & Co, 2007.

Champs de recherches :

L'image dans le livre à la lumière de la littérature et de l'art.
L'illustration au xviiie siècle.

Christine Mongenot, normalienne, agrégée de Lettres Modernes, université de Cergy (IUFM).

Publications :

Elle est l'auteur de plusieurs articles et communications sur les écrits pédagogiques de Mme de Maintenon parus en 2000 et 2003 et sur sa correspondance *Lettre et réflexion morale. La lettre, miroir de l'âme*, études réunies et présentées par G. Haroche-Bouzinac, Klincksieck, 1999.

À paraître :

Conversations et Proverbes de Madame de Maintenon ou la naissance du théâtre d'éducation, Paris, Champion, 2008.

Mme de Maintenon, *Correspondance générale*, volume 5, Paris, Champion, 2008.

Champs de recherches :

Les formes du discours moral dans la littérature d'éducation du xviiie siècle et la relation entre ces genres mineurs et l'écriture féminine.

Marie-Emmanuelle Plagnol-Diéval, professeur à l'université Paris XII (Val-de-Marne)

Publications :

Madame de Genlis. Bibliographie Memini, Paris-Rome, diffusion CNRS, 1996.
Madame de Genlis et le théâtre d'éducation au xviiie siècle, *Studies on Voltaire and the Eighteenth Century*, Voltaire Foundation, Oxford, vol. 350, 1997.
Le théâtre de société : un autre théâtre ?, Paris, Champion, 2003.
Co-éditrice avec D. Quéro et D. Trott. de la base de données sur les théâtres de société : *http://www.chass.utoronto.ca/~trott/societe/societe.htm*

Champs de recherches :

Théâtres d'éducation et de société au xviiie siècle ; littérature pédagogique.

Dominique Picco, maître de conférences en Histoire moderne, université Bordeaux III, membre du CAHMC, de la SIEFAR et du centre de recherche d'histoire du château de Versailles.

Champs de recherches :

Saint-Cyr (contenus éducatifs, conditions de vie des élèves et devenir).
Modes d'éducation des filles.
Rôle des femmes dans les sphères politique et culturelle à l'époque moderne.

Helje Porré, professeur émérite, professeur au département d'études françaises au collège universitaire Glendon, université York, Toronto, Canada de 1969 à 1999.

Champs de recherches :

La comédie française avant Molière.
Les écrits personnels des femmes (lettres, mémoires, journaux intimes) au xviie siècle en France et en Angleterre. Plusieurs articles et communications sur ce sujet au Canada, aux États-Unis et en France.

Annie RIVARA, université Lyon II

Publications :

> *Les sœurs de Marianne, suites, imitations, variations*, Oxford, 1991.
> *La traduction des langues modernes*, Paris, Champion 2002.
> Avec Annie COINTRE, au centre d'études des textes et des traductions de l'université de Metz : *La traduction des textes romanesques*, 2000 ; *La traduction des textes non romanesques*, 2003 ; *La traduction du discours amoureux*, 2006.
> *Recueil de préfaces de traductions de romans*, 1720-1820 (avec Annie COINTRE), Presses universitaires de Saint-Étienne, 2006.
> Divers articles sur le roman au XVIIIe siècle.

Champs de recherches :

> La traduction.
> Travaux sur les Gazettes de langue française (centre LIRE, Lyon).

Catriona SETH, professeur de littérature française du XVIIIe siècle, université de Nancy.

Publications :

> *Anthologie de la poésie française*, Paris, Gallimard, coll. « Bibliothèque de la Pléiade », 2000.
> *André Chénier. Le miracle du siècle* (dir.), Paris, Presses de l'université de Paris-Sorbonne, 2005.
> *Marie-Antoinette. Anthologie et dictionnaire*, Paris, Robert Laffont, coll. « Bouquins », 2006.
> *Destins romanesques de l'émigration*, (avec Claire JAQUIER et Florence LOTTERIE), Paris, Desjonquères, 2007.

Champs de recherches :

> Poésie et roman des Lumières.
> L'inoculation et son imaginaire.
> Les enfants trouvés.

Charlotte SIMONIN, agrégée de lettres modernes, doctorante en littérature française : *Françoise de Graffigny (1695-1758) lectrice, spectatrice, critique et auteur de théâtre à travers sa correspondance*, sous la direction de Françoise RUBELLIN, université de Nantes.

Publications :

> Une quinzaine d'articles (Françoise de Graffigny, femmes auteurs, littérature enfantine).

À paraître :

> Édition de *Cénie, Phaza* et *Ziman et Zénise*, Presses de l'université de Saint-Étienne, coll. « Théâtre des femmes ».

Alexandre STROEV, professeur de littérature comparée, université Paris III Sorbonne Nouvelle.

Publications :

> *Le conte littéraire français du XVIIe et du XVIIIe siècles*, Moscou, 1990.
> CASANOVA, *Histoire de ma vie* (éd.), Moscou, 1990, 1991, 1997, 2003, 5 éd.
> *Livres et lecture en Russie*, Paris, 1996.
> *Les aventuriers des Lumières*, Paris, 1997 ; Moscou, 1998.
> *Voltaire et la Russie* (avec A. Mikhaïlov), Moscou, 1999.
> *Ériger une République souveraine, libre et indépendante. Mémoires de Charles Léopold Andreu de Bilistein sur la Moldavie et la Valachie au XVIIIe siècle* (éd., avec I. Mihaila), Bucarest, 2001.
> VOLTAIRE/CATHERINE II, *Correspondance 1763-1778* (éd.), Paris, 2006.

Laurence VANOFLEN, maître de conférences, université de Paris-X-Nanterre.

Publications :

> *Littérature et morale du XVIe au XVIIIe siècle. De l'humaniste au philosophe* (avec Muriel Bourgeois et Olivier Guerrier), Paris, Armand Colin, 2001.
> Collaboration à l'édition des *Œuvres complètes* de Germaine de Staël, Paris, Champion, 2004.

Champs de recherches :

> Isabelle de Charrière.
> La formation de l'individu, la réflexion morale et politique sous la Révolution, et les femmes.

Rotraud VON KULESSA, enseignante en littérature française et italienne, université de Fribourg en Breisgau.

Publications :

> Thèse sur les *Lettres d'une Péruvienne* de Françoise de Grafigny (Metzler, 1997).
> *Études Féminines/gender studies en littérature en France et en Allemagne* (dir.), 2004,

À paraître :

> *La traduction et les transferts culturels.*

Champs de recherches :

> La position de la femme auteur dans le champ littéraire en France et en Italie autour de 1900. Collaboration au projet de la SIEFAR : le *Dictionnaire des Femmes de l'Ancienne France.*

JOUVE
11, bd de Sébastopol, 75001 Paris
Imprimé sur presse rotative numérique
N° 436459S – Dépôt légal : juillet 2007

Imprimé en France